Institut français des relations internationales

ifri

ramses 2020

Rapport annuel mondial sur le système économique et les stratégies

Sous la direction de Thierry de Montbrial et Dominique David

Avec 8 vidéos

DUNOD

Publié par Dunod pour l'Institut français des relations internationales

La rédaction de cet ouvrage a été achevée à la mi-juillet 2019. *RAMSES 2020* est une œuvre collective, créée à l'initiative de l'Ifri, au sens de l'article 9 de la loi n° 57 298 du 11 mars 1947.

Directeur de la publication : Thierry de Montbrial, président de l'Ifri.

Illustration de couverture : © Shutterstock.com

11, rue Paul Bert, 92240 Malakoff
www.dunod.com

ISBN 978-2-10-080113-8

Sommaire

Table des matières

Partie 1
Perspectives

Partie 2
Trois enjeux pour 2020

L'Amérique latine en fusion

Le multilatéralisme a-t-il un avenir ?

Sous la direction d'Éric-André Martin

MOYEN-ORIENT/MAGHREB

AFRIQUE

ASIE

ÉCONOMIE

CLIMAT/ÉNERGIE

NUMÉRIQUE

Partie 4

Repères 303

Index 354

L'équipe du RAMSES 2020 362

Les vidéos du **RAMSES 2020**

Découvrez 8 interviews exclusives sur votre smartphone grâce au QR code placé sur les textes correspondants.

Perspectives, p. 15

Thierry de Montbrial

- Dans quelle mesure la compétition sino-américaine structure-t-elle dès aujourd'hui le système international ?
- La diplomatie de Donald Trump est-elle une diplomatie américaine classique revue par les tweets ?
- Le contexte international actuel est-il favorable à une affirmation croissante de l'identité européenne ?

Du théâtre vivant, sans scénario identifié, p. 36

Dominique David

Présentation des dossiers phares du RAMSES 2020 :

- Les mers dangereuses ;
- L'Amérique latine en fusion ;
- L'avenir du multilatéralisme.

La mer, un espace militairement contesté, p. 58

Morgan Paglia

- Quelle est aujourd'hui l'importance stratégique des espaces maritimes ?
- Quels sont les espaces maritimes déterminants pour la compétition internationale ?
- Quels sont les acteurs dominants de cette compétition ?

L'Amérique latine en a-t-elle fini avec la doctrine Monroe ?, p. 94

Laurence Nardon

- Donald Trump a-t-il vraiment modifié les relations États-Unis/Amérique latine ?
- L'immigration « latino » est-elle un problème de fond – autre qu'électoral – pour les États-Unis ?
- Quel est le poids réel, aujourd'hui, de la Chine en Amérique latine ?

L'Europe multilatérale au défi de la puissance, p. 172

Éric-André MARTIN

- Peut-on dire que l'UE est un acteur multilatéraliste par excellence ?
- Être multilatéraliste, pour l'UE, n'est-ce pas un aveu de faiblesse ?
- Quel rôle peut jouer l'UE pour sauvegarder un multilatéralisme en danger ?

Quelle gouvernance mondiale des migrations ?, p. 226

Christophe BERTOSSI

- Qu'apporte de nouveau le Pacte de Marrakech ?
- Comment s'expliquent les réticences de certains États vis-à-vis de ce pacte ?
- Le Pacte de Marrakech ébauche-t-il une gouvernance collective des migrations ?

Chine : l'émergence d'un pôle, p. 266

Alice EKMAN

- La compétition Chine/États-Unis est-elle vraiment devenue structurante pour le système international ?
- La Chine propose-t-elle un modèle alternatif au modèle occidental ?
- Qui sont aujourd'hui les amis de Pékin ?

GAFA : sous feux croisés, p. 298

Julien NOCETTI

- Les reproches formulés aujourd'hui contre les GAFA sont-ils nouveaux ?
- Les GAFA font-ils peser des menaces sur la démocratie ?
- Taxer les GAFA, est-ce les réguler ?

Partie 1

Perspectives

par Thierry de Montbrial

Perspectives

vidéo
http://dunod.link/fv8r3xg

La compétition sino-américaine : phénomène structurant mais non déterminant du système international

Année après année, la compétition entre les États-Unis et la Chine apparaît plus clairement comme le phénomène structurant du système international des prochaines décennies. Les États-Unis disposent de tous les ingrédients de la puissance, et d'abord des outils du pouvoir : les ressources et la capacité de les mobiliser. Ils ont la volonté d'exercer ce pouvoir pour atteindre leurs buts[1]. Je pense d'ailleurs que, si l'on peut parler d'une grande stratégie américaine depuis la Seconde Guerre mondiale, elle peut se résumer[2] dans l'affirmation constante d'une supériorité technologique et d'une supériorité militaire absolues (les deux étant indissolublement liées). La dimension militaire n'a rien perdu de son importance, mais s'y ajoute désormais l'arme économique, devenue redoutablement efficace grâce ou à cause du progrès technologique. Le recours systématique à cette arme a été théorisé par des stratégistes américains comme Robert Blackwill[3].

La Chine est encore loin du niveau américain en ce qui concerne les ressources et la capacité de les mobiliser. Mais elle montre de plus en plus ouvertement sa volonté de puissance (passage à l'acte), de préférence sur le mode indirect : acculer l'adversaire et l'amener à se soumettre sans avoir à l'écraser. Les cultures stratégiques des deux États sont très différentes.

Ces derniers mois ont également montré combien la diplomatie chinoise a gagné en influence, notamment au sein de l'Organisation des Nations unies (ONU), qu'il s'agisse d'étouffer Taïwan à petit feu en la privant un à un de ses derniers soutiens étatiques dans l'Organisation, en intimidant souvent avec succès les entreprises pour qu'elles fassent figurer l'île sur leurs sites comme partie intégrante de la République populaire de Chine (RPC), ou encore en réussissant à imposer son candidat à la tête de l'Organisation des Nations unies pour l'alimentation et l'agriculture (FAO), ce qui n'avait rien d'évident. Et puis, il y a l'idéologie. On se souvient de l'engouement des intellectuels de gauche pour le maoïsme, dans les

1. J'utilise ici les concepts de pouvoir et de puissance tels que je les ai définis dans *L'Action et le système du monde*, 4e édition, Paris, Presses universitaires de France, collection « Quadrige », 2011.
2. T. de Montbrial, *Vivre le temps des troubles*, Paris, Albin Michel, 2017, p. 122-125.
3. R. D. Blackwill et J. M. Harris, *War by Other Means*, Cambridge (MA), Harvard University Press, 2016.

années 1960 et 1970. Aujourd'hui, c'est le succès objectif de la RPC depuis les réformes de Deng Xiaoping qui suscite l'admiration, bien au-delà du traditionnel clivage gauche/droite, et conforte les défenseurs des « démocraties illibérales », dont certains marquent des points au sein même de l'Union européenne (UE).

Pour toutes ces raisons, nombre d'observateurs et d'analystes, occidentaux ou non, manifestent leur anxiété face à la montée de la Chine, qu'il est devenu banal de comparer à celle de la Prusse dans le système européen du XIXe siècle. Ce souci ne date pas d'hier. Il figurait en tête de la liste des défis que George W. Bush était invité à relever par le patron de la Central Intelligence Agency (CIA) de l'époque au début de son premier mandat, en janvier 2001. Les attentats du 11 Septembre ont fait dérailler le train, et la « guerre contre le terrorisme » n'a cessé d'embrouiller la scène stratégique depuis près de deux décennies. Avec le président Trump, la question chinoise est revenue au premier plan, et selon toute vraisemblance elle y restera longtemps.

Un affrontement entre deux empires

La façon la plus concise de présenter la compétition sino-américaine dans la moyenne ou la longue durée consiste à la voir comme un affrontement entre deux empires[4]. L'expression peut choquer ceux pour qui un empire ne peut être que l'aboutissement (toujours temporaire !) d'un processus de conquêtes territoriales par la force. Les États-Unis ont certes beaucoup utilisé la force pour soumettre leurs adversaires, sans trop se soucier des dommages collatéraux. Mais l'Alliance atlantique ou le traité de sécurité mutuelle avec le Japon n'ont jamais été, ni de près ni de loin, des constructions impériales au sens précédent de ce terme. Pourtant, si l'on généralise la notion d'empire en appelant ainsi tout ensemble d'unités politiques dont l'interdépendance est structurée autour d'un acteur dominant unique, et visant unilatéralement à s'étendre territorialement même avec l'assentiment des pays candidats – comme aujourd'hui le système « euro-atlantique » –, comment nier le caractère impérial de la république américaine, que soulignait déjà Raymond Aron il y a plus de quatre décennies[5] ?

Comment qualifier autrement non seulement la survie mais l'extension de l'Alliance atlantique une trentaine d'années après la disparition des causes qui en avaient été à l'origine, alors que la Russie n'est plus que l'ombre de ce que fut l'URSS ? Comment expliquer que les États-Unis demandent à leurs alliés européens, asiatiques ou autres, de les payer pour leur défense, d'acheter des armements américains, tout en leur déniant l'autonomie stratégique, celle-ci commençant au niveau des moyens ? Dans la formulation de ce genre de questions, l'ombre du général de Gaulle est omniprésente. Et s'il est un reproche que les Atlantistes contemporains font à la Russie post-soviétique – bien sûr, ils ne le disent pas de cette façon –, c'est de se vouloir encore indépendante, et en ce sens gaulliste…

Quant à la Chine, on l'appela « Empire du Milieu » précisément en raison de l'histoire de sa construction territoriale, qui inclut aujourd'hui de vastes espaces hétérogènes comme le Xinjiang ou le Tibet. Sans oublier, de nos jours, les revendications sur Taïwan. Sans oublier, non plus, l'importance en général des Chinois

---

4. C'est le point de vue que j'ai adopté pour mon discours d'ouverture de la Conférence du 40e anniversaire de l'Ifri, le 10 avril 2019, à la Sorbonne.

5. R. Aron, *République impériale. Les États-Unis dans le monde (1945-1972)*, Paris, Calmann-Lévy, 1973.

d'Outre-mer, sans lesquels la renaissance économique du pays à partir de l'élimination de la Bande des Quatre après 1976 n'aurait sans doute pas été possible. Certains pensent que, si le développement économique de la RPC se poursuit assez longtemps sans accroc majeur, le « confetti chinois » qu'est Singapour se retrouvera un jour dans l'escarcelle de Pékin. On n'en est pas là.

Ce qui est nouveau en termes d'une grande stratégie quasiment dévoilée, c'est que, tout en continuant à se penser au milieu, la Chine a entrepris de développer ses tentacules dans le monde entier, à travers par exemple la Belt and Road Initiative (BRI), une intensification des efforts vers l'Europe centrale et orientale (17 pays européens dont 12 membres de l'UE[6]) – sans négliger Monaco qui vient d'adhérer à la 5G de Huawei –, ou encore vers l'Afrique, sans oublier non plus l'ambition arctique pour laquelle elle se heurtera aux États-Unis, à la Russie et, qui sait, à l'UE… Ce nouvel aspect de la grande stratégie du régime communiste s'inscrit dans l'idée que la Chine n'a pas encore tiré tout le parti possible de la mondialisation libérale, dont elle a magistralement bénéficié grâce à son entrée, sans doute trop généreusement octroyée, au sein de l'Organisation mondiale du commerce (OMC). Aujourd'hui encore, elle ne saurait pas substituer rapidement la demande intérieure aux exportations, et le pays est encore loin de l'indépendance technologique, comme l'a révélé l'affaire des semi-conducteurs de Huawei.

Le système international reste hétérogène, global, multipolaire et complexe

Je reviendrai plus loin sur ces questions, en discutant certains aspects de la diplomatie transactionnelle de Donald Trump. Pour le moment, je m'en tiendrai à quelques remarques complémentaires sur le système international dans son ensemble. Tout d'abord, même si la politique extérieure du 45e président des États-Unis a augmenté le niveau d'anxiété et d'incertitude des dirigeants économiques et politiques partout sur la planète, il est encore trop tôt pour parler sérieusement de dé-globalisation. Ainsi les chaînes de valeur de nombre de grandes entreprises internationales souffrent-elles, mais leur remise en cause radicale n'est pas à l'ordre du jour. Ce ne serait tout simplement pas faisable, ou plutôt dé-faisable, dans le temps court. À ce stade, personne n'y a encore intérêt.

Pour autant, à plus long terme, on aurait tort de décréter la dé-globalisation impossible. Ne voit-on pas certains États, comme justement la Chine, exercer un contrôle de plus en plus orwellien sur leurs citoyens ? Cela est rendu possible par les progrès de la technologie. Ne voit-on pas également Mark Zuckerberg, fondateur de Facebook, longtemps libertaire comme tous les pionniers des réseaux sociaux, prendre aujourd'hui des positions favorables à la réglementation du Net – à laquelle en effet il faudra bien aboutir, mais le chemin sera long – ? À long terme, la reconstitution des blocs est concevable[7]. Mais actuellement, la mort de la mondialisation ou globalisation n'est pas à l'ordre du jour et la compétition sino-américaine n'est pas sur le point de se réduire à une réplique d'un monde purement bipolaire, qui n'a d'ailleurs jamais vraiment existé même aux temps les plus

6. Bulgarie, Croatie, Estonie, Grèce, Hongrie, Lettonie, Lituanie, Pologne, Roumanie, République tchèque, Slovaquie, Slovénie, Albanie, Bosnie-Herzégovine, Monténégro, Macédoine, Serbie.

7. Je renvoie à mon discours d'ouverture de la World Policy Conference 2017, disponible sur : www.wordpolicy-conference.com.

durs de la guerre froide ; ou à une sorte de *condominium*, comme disait Michel Jobert – le ministre des Affaires étrangères de Georges Pompidou – en exprimant sa crainte que la détente américano-soviétique se fasse sur le dos de l'Europe. On était alors au début des années 1970.

Dans le contexte actuel, près d'un demi-siècle après, la confrontation sino-américaine, facteur structurant du système international des prochaines décennies comme je l'ai dit, n'empêche pas ce système de rester hétérogène, global, multipolaire et complexe[8]. Dans ce qui suit, j'insisterai surtout sur la multipolarité.

Inde, Japon, Vietnam, Russie et Arabie Saoudite

Quelques exemples illustreront ce point. Tout d'abord l'Inde, dont la conversion au libéralisme remonte au début des années 1990. La victoire écrasante de Narendra Modi aux élections du 23 mai 2019 contre le parti du Congrès national indien de Rahul Gandhi est singulière. Sur le plan politique, ces élections ont été marquées par les coups les plus bas, le recours sans retenue aux *fake news*, l'exacerbation du nationalisme hindou et des sentiments antimusulmans, la haine du voisin pakistanais, et j'en passe. Ceux qui croyaient encore au mythe de la non-violence comme état naturel dans « la plus grande démocratie du monde » en sont une fois de plus pour leurs frais. Cela dit, on peut s'attendre à ce que Modi persiste dans les réformes nécessaires à la poursuite du développement économique, dont il est d'ailleurs possible que la réalité soit plus modeste qu'on ne l'a dit (la même remarque est souvent faite à propos de la Chine). L'un des plus grands défis pour Modi est l'amélioration du sort des plus pauvres. De ce point de vue non plus l'Inde n'est pas unique.

Le grand dessein de Narendra Modi est de porter son pays au deuxième rang économique mondial vers le milieu du siècle. Pour autant, aucune grande stratégie claire n'accompagne cette ambition qui, actuellement, sur le plan géopolitique, se contente d'affirmer l'Inde comme puissance régionale et de compléter son traditionnel jeu de bascule entre la Russie d'un côté, le Pakistan et la Chine de l'autre, tout en lorgnant davantage vers les États-Unis. D'un point de vue historique, la rivalité entre l'Inde et la Chine est l'un des grands marqueurs de la géopolitique mondiale. L'Inde est ainsi un excellent exemple de « pôle » dans un système international toujours multipolaire.

Deuxième exemple : l'île du Soleil levant. Avec l'abdication de l'empereur Akihito s'est achevée l'ère Heisei dont le début, en 1990, avait coïncidé avec l'arrêt brutal de la croissance japonaise. On était alors à la veille du tournant libéral de l'Inde et du décollage économique du sous-continent. La nouvelle ère – dont le nom Reiwa, qui signifie « ère de la belle harmonie », a fait polémique dans le contexte d'un monde plutôt discordant – s'ouvre dans une ambiance économique, démographique et géopolitique lourde de nuages. Ainsi s'explique, au moins en partie, la longévité politique exceptionnelle de Shinzo Abe. Celui-ci incarne le renouveau nationaliste d'un pays sans doute vieillissant et durement concurrencé, mais qui n'en reste pas moins la troisième puissance économique mondiale et dont les capacités militaires, déjà considérables, se renforcent.

8. Voir : *Vivre le temps des troubles, op. cit.*, p. 153 et suivantes, ainsi que les « Perspectives » des précédentes éditions du *RAMSES*.

Sur ce plan, et contrairement par exemple à l'Allemagne, le Japon se montre de plus en plus audacieux. En tête de ses intérêts vitaux figurent la Chine et la Corée. On a écrit que Tokyo et Pékin, ces éternels voisins, s'étaient réconciliés lors du sommet du G20 à Osaka sur le dos de Washington. Un tel jugement est naïf. Les deux États sont des rivaux de toujours, et le principe de la *balance of power* suffit à expliquer que le Japon continue d'avoir besoin de l'alliance américaine. La Chine, qui excelle dans l'art du réalisme, le comprend fort bien. Mais les Japonais, comme les autres alliés des États-Unis, ont appris progressivement qu'ils ne pouvaient pas s'en remettre entièrement à Washington. Cela aussi, les Chinois le savent. Et tous deux savent également qu'aucune solution durable pour la péninsule coréenne ne pourra émerger sans le concours des principaux acteurs régionaux concernés, parmi lesquels la Russie. On est bien loin ici de l'idée d'un monde bipolaire.

Toujours en Asie, le cas du Vietnam est lui aussi fort intéressant. Voilà un État dont les relations avec l'Empire du Milieu ont toujours été difficiles, pour des raisons que les bases de la géopolitique (idéologie relative aux territoires) suffisent à expliquer. À l'époque de la décolonisation, l'épisode de la guerre du Vietnam a pu faire illusion dans l'esprit des Occidentaux, obnubilés par la perspective de l'extension implacable du communisme. À cette époque, on pouvait croire que les facteurs classiques de la géopolitique, principalement marqués par la géographie et par l'histoire, seraient durablement étouffés par la déferlante de l'idéologie communiste. Il a d'ailleurs fallu du temps aux analystes occidentaux pour prendre toute la mesure du schisme sino-soviétique. Toujours est-il qu'au Vietnam comme ailleurs, on en est revenu à des réalités plus traditionnelles.

La multipolarité, un concept toujours pertinent

Hanoï s'est rapproché de Washington, mais n'entend pas se laisser enfermer dans les mailles d'un filet tendu par un nouveau G2. D'où l'importance du traité de libre-échange conclu le 30 juin 2019 entre le Vietnam et l'UE, qui élargit la marge respiratoire de l'ancienne colonie française. Certes, un traité de commerce n'est pas une alliance militaire, mais dans la phase actuelle où le multilatéralisme commercial est en recul, les accords de ce type revêtent une signification géopolitique qu'ils n'ont pas toujours. Plus généralement, on entrevoit un point sur lequel je reviendrai par la suite : dans un système international de plus en plus structuré par la compétition entre les États-Unis et la Chine, l'UE constitue potentiellement un bassin d'attraction pour tous les États soucieux d'échapper à l'emprise excessive de l'un comme de l'autre. Je dis potentiellement, car l'Union n'a toujours pas digéré sa mutation, non préparée, consécutive à la chute de l'URSS.

J'ajouterai deux autres remarques pour justifier la pertinence toujours actuelle du concept de multipolarité. La première concerne la Russie, dont l'économie souffre des sanctions infligées par les Occidentaux pour la punir de sa posture vis-à-vis de l'Ukraine. Le fléchissement de la popularité de Vladimir Poutine – ou tout simplement sa lassitude – suscite quelques interrogations sur les élections présidentielles de 2024. Il se dit beaucoup à Moscou que Poutine pourrait se préparer une sortie comparable à celle de Noursoultan Nazarbaïev au Kazakhstan, et l'on spécule déjà sur des noms de personnalités post-soviétiques susceptibles de lui succéder au Kremlin.

Pour le moment, deux points me paraissent solides. D'une part, la Russie a largement réussi à retrouver une place éminente dans le concert des nations. Elle a obtenu sa réintégration au Conseil de l'Europe, au grand dam de Volodymyr Zelensky, l'acteur comique élu à la présidence de l'Ukraine le 21 avril 2019, dont on attend avec curiosité qu'il fasse ses preuves. D'autre part, le rapprochement entre Moscou et Pékin, en conséquence de la nouvelle mini-guerre froide avec les Occidentaux, a jusqu'ici beaucoup servi les intérêts de la puissance montante, ce qui n'est pas viable à long terme. Sur ce long terme, les intérêts russes et chinois sont antinomiques, ne serait-ce que pour des raisons géographiques : une Sibérie regorgeant de richesses naturelles et vide de population face à la muraille humaine chinoise. Et, sur le plan le plus large, le cœur de la Russie n'a jamais cessé de battre plutôt du côté de l'Europe.

Une question délicate ne manquera pas de se poser de plus en plus explicitement : qui dit rapprochement futur avec « l'Europe » signifie-t-il rapprochement avec « les Occidentaux » ? Cette question a toujours été esquivée, ce qui allait de soi à l'époque soviétique. Mais le monde continue à se transformer, et la perspective du Brexit ouvre des horizons nouveaux. La Grande-Bretagne – dont la politique étrangère traditionnelle était de favoriser, ou d'entretenir, la division sur le continent, et pas seulement pour protéger la route des Indes – s'est-elle convertie depuis la Seconde Guerre mondiale jusqu'à résister à la tentation de créer une nouvelle relation spéciale avec les États-Unis, à un moment où un président Trump ne mâche pas ses mots quand il s'agit de dénigrer l'UE ? Réfléchir à l'avenir, c'est analyser les dits mais aussi affronter les non-dits. Et il y a beaucoup de non-dits entre nous, à l'intérieur de l'UE, avec ou d'ailleurs sans la Grande-Bretagne.

Un nouveau rôle pour l'Arabie Saoudite ?

Comme dernier exemple, je prendrai l'Arabie Saoudite. Après une longue révolution au sein de la famille royale – laquelle n'est peut-être pas totalement achevée –, elle apparaît aujourd'hui comme l'une des grandes puissances du Golfe persique, à côté de l'Égypte, d'Israël, de l'Iran et de la Turquie. L'homme fort du royaume, le prince Mohammed Ben Salman, a suivi son mentor Mohammed Ben Zayed, le prince héritier d'Abou Dabi. Il affiche le choix de la modernité, qu'il s'agisse de combattre les Frères musulmans ou de s'engager dans un ambitieux plan de développement pour l'horizon 2030.

Mohammed Ben Salman, ayant fraternisé avec Jared Kushner, le gendre de Donald Trump, s'est engagé dans une sorte d'alliance avec les États-Unis, l'État hébreu, et dans une certaine mesure l'Égypte. Le but principal de cette alliance est, à ses yeux, de casser définitivement (s'il est permis de parler ainsi en histoire) les tendances hégémoniques de l'Iran. Pour Trump, l'enjeu principal, lié à la politique intérieure américaine, est israélien : il s'agit premièrement de protéger Tel-Aviv (ou plutôt, pour lui : Jérusalem) des menaces de Téhéran, et deuxièmement de « résoudre » le problème palestinien selon les termes de ses amis du Likoud. Les objectifs de Washington et de Riyad se recouvrent, mais ne coïncident pas. Le roi Salman, qui n'a pas encore complètement quitté la scène, a joint ses efforts à ceux du président américain pour tirer son fils d'un mauvais pas après les remous suscités par l'horrible affaire Khashoggi. Mais il l'aurait aussi sermonné au sujet du plan Kushner, refusant que le royaume abandonne complètement la cause des Palestiniens, pour désespérée qu'apparaisse, de plus en plus, cette dernière.

Je veux en venir à ceci. Un coup de théâtre est toujours possible, mais il est assez vraisemblable que le moment approche où Mohammed Ben Salman se sera approprié la totalité des pouvoirs, que son père soit vivant ou mort. Pour autant, doit-on penser que le prince ou roi Mohammed sera un fidèle sujet du président Donald ou de ses successeurs ? Je ne le crois pas un instant. Après avoir consolidé un pouvoir autoritaire, sinon absolu, le maître de l'Arabie aura le temps devant lui. Déjà Riyad flirte avec la Russie dans l'Organisation des pays exportateurs de pétrole (OPEP), mais aussi avec la Chine dont les ambitions dans le Golfe sont palpables. Bref, qu'on aime ou pas les méthodes de son souverain de fait, l'Arabie est devenue l'une des clés du système multipolaire, car les effets de sa puissance se font sentir sur la planète tout entière, qu'il s'agisse de la lutte contre le terrorisme ou de l'économie de l'énergie.

J'ai voulu montrer à travers ces exemples qu'en dépit de la perspective d'un affrontement durable entre les deux « empires », américain et chinois, le système international n'était pas près de se réduire à un avatar du système de la guerre froide, lequel, répétons-le, n'a d'ailleurs jamais été strictement bipolaire. Le plus important est la tendance qui semble se renforcer vers un retour à la géopolitique traditionnelle, c'est-à-dire antérieure à la Seconde Guerre mondiale. Ceci, en raison de la liquéfaction, voire même de la vaporisation, de l'idéologie communiste, mais aussi à cause de l'affaiblissement progressif des institutions de la gouvernance politique et économique mondiale, à une époque où l'accélération incessante du progrès technologique imposerait, au contraire, leur renforcement – l'exemple le plus frappant étant la 5G, dont on a beaucoup parlé ces derniers mois. C'est pourquoi, malgré son caractère encore peu probable, je n'hésite pas à inclure parmi les scénarios des prochaines décennies celui du retour à un monde divisé en blocs.

La diplomatie

Reste un point majeur. On confond souvent relations internationales et diplomatie (cela est vrai même chez certains historiens), alors qu'on devrait réserver le second terme à cette partie des relations internationales qui traite des principes et de la conduite des négociations. Celles-ci s'exercent toujours dans un cadre coutumier ou juridique. Le cadre coutumier, en partie symbolique comme le protocole, est aussi important que peuvent l'être dans la vie ordinaire le respect des « bonnes manières » – tenue vestimentaire, attitude à table, formules de politesse, etc. Certes, les codes évoluent, comme tout. Et un acte de transgression peut avoir ses raisons. Il n'en reste pas moins que ces codes sont importants. Il ne s'agit pas de simple psychologie. François Mitterrand, qui n'avait pas la politesse des rois, trouvait normal de faire longuement attendre ses homologues et cette incivilité n'a pas provoqué de guerre – du reste, il a mal réagi le jour où il a dû faire antichambre auprès du roi Hassan II…

Trump a introduit le recours systématique à l'insulte publique et au *tweet* comme langage et support de sa diplomatie. Chacun peut comprendre que cela puisse affecter négativement les relations. Plus grave : comment croire que ces nouvelles manières introduites par le chef de l'État le plus important du monde puissent ne pas susciter des effets d'imitation, comme en Italie le vociférant Matteo Salvini avec ses accents mussoliniens ?

En diplomatie, la forme et le fond sont inséparables. L'un des grands acquis de l'après Seconde Guerre mondiale semblait être le développement de la diplomatie multilatérale, dont l'importance croissante s'expliquait par l'augmentation de l'interdépendance, et donc la multiplication des effets externes de toute nature des actions de chaque État les uns sur les autres. Une interdépendance qui, avec la mondialisation, a non seulement changé de degré, mais encore de nature. Sauf quelques égarés, plus personne ne conteste aujourd'hui le changement climatique, dont les effets sont de mieux en mieux compris. Pourtant, malgré des succès de vitrine comme celui de la COP21 portée par la France, et en dépit d'un savoir-faire développé au cours des décennies, l'effectivité du droit international dans des domaines aussi complexes que celui du climat est faible. Ce qui l'est moins, c'est l'action des organisations non gouvernementales (ONG), et les mouvements comme peut-être celui autour de la jeune Suédoise Greta Thunberg. Les entreprises n'attendent pas les États pour « verdir » leurs stratégies, au nom de leurs intérêts privés bien compris. L'impact d'une opinion publique qui tend, sous certains aspects, à se mondialiser, se fait sentir ici ou là, et encore tout récemment à New York, dont le maire vient d'annoncer des mesures pour réduire drastiquement la consommation d'énergie dans les gratte-ciel.

Si l'existence d'une opinion publique mondiale se confirme et se renforce dans les prochaines décennies, l'actuel droit international mou pourra servir de matrice à l'élaboration d'un droit plus dur, et contraignant. Mais tout cela s'étendra dans la durée, et entre-temps le réchauffement climatique deviendra une réalité de plus en plus sensible, à laquelle il faudra tant bien que mal s'adapter. Sans oublier les méfaits de bien d'autres phénomènes d'interdépendance, souvent plus prosaïques, comme l'accumulation des déchets ou la pollution des océans.

Quel que soit le bilan du président Donald Trump au jour de son départ de la Maison-Blanche, on peut d'ores et déjà affirmer qu'en jetant par-dessus bord les principes éprouvés de la diplomatie et les acquis du multilatéralisme, il s'est rendu coupable d'une faute majeure, dont l'humanité aura du mal à se remettre. À moins qu'après lui les États-Unis ne ressentent le devoir de mettre les bouchées doubles à titre de réparation. L'espoir est toujours permis.

L'an III de l'ère Trump

Troquer ou transformer

Dans un de ses livres, le professeur américain Joseph Nye – qui occupa d'importantes fonctions dans l'administration de Jimmy Carter – explique que, du point de vue de la politique extérieure, les présidents des États-Unis se répartissent en deux catégories : ceux pour qui la diplomatie est une suite de transactions ; et ceux qui cherchent à transformer tout ou partie du système international[9]. Les présidents de la première catégorie agissent comme des commerçants, dont ils partagent les traits psychologiques. Leur cadre préféré est le bilatéral, plus ou moins mis en scène comme chez les marchands de tapis. Leur mode opératoire est

9. J. S. Nye, *Presidential Leadership and the Creation of the American Era*, Princeton, Princeton University Press, 2013.

le troc : je te donne ceci et tu me donnes cela en échange. Chacun des deux utilise tous les moyens à sa disposition – éventuellement l'intimidation par le chantage ou la menace – pour obtenir plus en payant moins. À la limite, en ne payant rien du tout. Sur un ton pacifique, le roi du Maroc Hassan II, lors d'un entretien qu'il m'avait accordé en 1986, m'avait ainsi présenté sa conception en matière de diplomatie. Les présidents de la seconde catégorie veulent « changer le monde ». Ce fut le cas du président Wilson au lendemain de la Première Guerre mondiale. Il raisonnait en juriste qu'il était.

La distinction de Nye peut sembler trop tranchée. Un commerçant peut chercher à transformer le cadre dans lequel s'effectuent ses transactions – une démarche familière aux banquiers par exemple. Inversement, même l'élaboration d'un simple communiqué au G20 suppose quelques transactions. Et que dire des traités qui ont mis fin à la Première Guerre mondiale ! Au cours du G20 d'Osaka fin juin 2019, Shinzo Abe a lâché un peu de lest sur le climat pour obtenir davantage de la part de Trump sur le commerce. En fait, les présidents qui veulent changer le monde ressemblent moins à des juristes qu'à des entrepreneurs. Le commerçant veut un profit immédiat ; l'entrepreneur cherche d'abord à construire une œuvre singulière qui ait des chances de s'inscrire dans la durée. Rares sont les entrepreneurs qui sont de bons commerçants et réciproquement. Qu'on pense, aujourd'hui, aux difficultés du génial Elon Musk.

Présidents américains : entre commerçants et entrepreneurs ?

Revenons à la présidence des États-Unis et à Donald Trump. Nul ne peut douter que ce dernier soit de la catégorie des commerçants, des marchands de biens. Dans ses actions de politique étrangère, on dirait que son but est toujours de gagner immédiatement de quoi augmenter sa réserve électorale. D'ailleurs, les *mid-term elections* ont préservé ses chances de réélection fin 2020, qui paraissent actuellement fort sérieuses. Son approche transactionnelle de la politique étrangère y est certainement pour beaucoup. En tout cas actuellement. On cherchera vainement dans ses discours et interventions quelque esquisse de processus, ou d'architecture, visant à améliorer la gouvernance mondiale dans la durée, sujet dont il ne semble pas même reconnaître la pertinence. Ce qu'il veut, c'est faire les meilleurs *deals*, commerciaux dans les cas les plus simples, avec ses partenaires – amis ou ennemis –, et les faire valoir auprès de son électorat. En matière proprement politique, il se limite à quelques objectifs simples à formuler, et également porteurs devant les urnes, comme empêcher l'immigration *via* le Mexique ou interdire les armes nucléaires et leurs vecteurs à la Corée du Nord ou à l'Iran.

Trump est aussi un opportuniste. Ainsi aurait-il bien voulu qu'au Venezuela Juan Guaidó gagne contre Nicolás Maduro. Mais quand la chose lui est apparue plus compliquée qu'il le croyait, il a reculé, et Maduro est toujours là. Il est aussi arrivé à la Maison-Blanche avec quelques idées générales claires : par exemple ne pas intervenir militairement à tort et à travers à l'instar de ses prédécesseurs marqués par le néoconservatisme. C'est pourquoi il n'est pas allé déloger le dictateur de Caracas. Ainsi, à ce jour, n'est-il intervenu militairement ni en Iran, ni bien sûr en Corée, malgré les démangeaisons de son Conseiller national pour la sécurité, le très va-t-en-guerre John Bolton. En le recrutant, Trump n'avait pas nécessairement l'intention de le suivre. En cela, il est un vrai chef.

Il se dégage de l'action de Donald Trump un curieux mélange de détermination et d'indétermination, qui pourrait conduire à des accidents, comme en Iran. Trump n'est pas fait pour la complexité. Un autre aspect de son caractère en politique est son absence totale d'intérêt pour la question des valeurs, si sensible aux yeux des Européens qui voudraient croire que les Américains leur ressemblent. D'ailleurs, l'idéalisme politique européen a vite atteint ses limites. L'hypocrisie est le trait le mieux partagé de part et d'autre de l'Atlantique. Mais chacun est hypocrite à sa manière.

Les succès de Trump : deux exemples

Dans la mesure où l'attention de Donald Trump reste fixée sur l'échéance de l'élection présidentielle de 2020, il n'est pas surprenant que sa diplomatie transactionnelle ait déjà porté de beaux fruits, et d'abord dans l'ordre commercial. Face au chantage et à la menace, face au rouleau compresseur de la Maison-Blanche, que pouvaient faire le sémillant Premier ministre canadien Justin Trudeau ou le tout nouveau président mexicain Andrés Manuel López Obrador ? Mais la raison du plus fort n'est qu'accessoirement une question de personnes. La domination de l'Amérique du Nord par les États-Unis est une réalité géographique et historique. Trump a donc aisément gagné son pari de refonte de l'Accord de libre-échange nord-américain (ALENA), rebaptisé Accord Canada–États-Unis–Mexique (ACEUM). J'ai toutefois envie d'ajouter : à vaincre sans péril, on triomphe sans gloire… La gloire se rattache à l'idée qu'on se fait du long terme. Or, le long terme n'est pas un concept trumpiste.

Plus frappante encore est la seconde victoire du 45e président américain contre le Mexique, obtenue elle aussi en recourant à l'arme de la dissuasion économique. Il ne sera pas nécessaire de construire entièrement le fameux mur : désormais les Mexicains vont se charger directement, et à leurs propres frais, d'empêcher les candidats latino-américains à l'émigration d'atteindre la frontière mexico-américaine. Pour cela, rien de plus efficace que de les bloquer à l'entrée au Mexique.

Trump n'aurait pas ainsi tordu le cou de son grand voisin du Sud s'il n'avait pas pensé, ce faisant, augmenter ses chances de réélection. La culture américaine en matière d'immigration se distingue de l'européenne. Les Américains se font une idée précise de l'immigration utile du point de vue de leur intérêt national. Les Européens dissimulent leur embarras idéologique derrière une rhétorique ambiguë, comme celle du Pacte de Marrakech. En dépit ou à cause de son imprécision – les deux sans doute –, ce pacte a d'ailleurs suscité quelques remous, et même la chute du gouvernement belge de Charles Michel. Le mur de Trump n'a pas eu à céder devant celui, purement virtuel et encore, des défenseurs des droits humains. De leurs côtés, les gouvernements européens ne restent pas inertes face au flux des réfugiés et à l'immigration, en payant la Turquie ou en agissant directement en Libye ou dans les pays du Sahel. Mais ils tentent de rester les plus discrets possible pour ne pas alimenter une querelle devenue un symbole de la distinction entre démocraties « libérales » et « illibérales ».

Les autres fronts de la guerre commerciale : l'Union européenne et la Chine

Trump est cependant loin d'en avoir fini avec ses guerres commerciales. Ce bulldozer sait aussi faire des pauses. Ainsi a-t-il repoussé à la fin de l'année 2019 les surtaxes annoncées à l'encontre de l'UE. Ici, la partie s'annonce plus difficile en raison des règles communautaires, mais l'UE est politiquement fragile et les États-Unis maîtrisent l'art de diviser ses membres. La France est, elle, plutôt encline à la fermeté, alors que l'Allemagne redoute par-dessus tout la pénalisation de son marché automobile, dont la prospérité est essentielle à sa santé économique, et le gouvernement d'Angela Merkel est entré dans une phase d'agonie peu propice à la prise de décisions difficiles. À quoi s'ajoute le fait, autrement plus grave, qu'au-delà du commerce les États-Unis s'en prennent désormais à la construction européenne elle-même. En matière de transformation, Trump est meilleur dans la destruction que dans la construction. Difficile donc de s'en tenir au seul différend commercial, comme s'il constituait un champ bien circonscrit.

J'en viens maintenant à la question principale de la confrontation sino-américaine. Plusieurs fois espéré ces derniers mois, aucun accord n'est encore intervenu, et les trêves ont été de courte durée. En fait, l'affaire Huawei a montré que l'enjeu réel allait bien au-delà d'une simple transaction commerciale. Il ne s'agit plus seulement de rééquilibrer des balances de paiements, mais de prendre toute la mesure des conséquences du nouveau saut qualitatif qui s'annonce dans l'interdépendance entre les nations avec des révolutions comme celle de la 5G.

La guerre économique n'est plus une figure de style, à cause des armes dont les États-Unis font désormais usage sans vergogne, mais aussi en raison de la domination technologique que les Américains veulent à tout prix renforcer. À tout prix, c'est-à-dire en n'écartant aucun moyen pour arriver à leurs fins. La Chine est le seul pays au monde à afficher ouvertement, et de façon crédible, l'objectif d'atteindre ou de dépasser les États-Unis technologiquement mais aussi, à terme, militairement. Les deux objectifs vont de pair comme on l'a déjà souligné au début de ces *Perspectives*. L'affaire Huawei a révélé que les Chinois sont encore loin du but, en l'occurrence dans le domaine des semi-conducteurs. De leur côté, les Américains ont besoin des terres rares chinoises. Et sans doute ces exemples ne constituent-ils que la partie visible de l'iceberg de l'interdépendance.

La guerre économique n'est plus une figure de style

À court terme – l'échelle de temps qui intéresse Trump –, aucun des deux protagonistes n'a intérêt à pousser trop loin le bouchon. L'effet boomerang sur l'économie américaine d'un dérapage majeur des négociations compromettrait les chances de réélection du milliardaire. De son côté, Xi Jinping a besoin de détente. Et peut-on imaginer les conséquences de la faillite d'un empire comme Huawei ? Le plus vraisemblable est donc qu'un accord interviendra dans les prochains mois, dont Trump pourrait tirer immédiatement parti et qui donnerait un véritable répit à Pékin. Mais rien ne pourra trancher catégoriquement le vrai problème, qui est celui de la rivalité entre la puissance dominante et la puissance ascendante.

À quoi il faut ajouter que Trump est arrivé au pouvoir à un moment crucial pour le développement de la Chine. Le Parti communiste avait anticipé depuis longtemps que ce développement était entré dans une phase plus difficile, avec la nécessité de mener des réformes de plus en plus dures socialement. La croissance économique réelle du pays est sans doute inférieure à celle qu'affichent les statistiques officielles. La fragilité du système monétaire et financier est préoccupante. D'où, pour succéder à Hu Jintao, le choix de l'implacable Xi Jinping puis, au terme de son premier mandat, la modification constitutionnelle lui permettant de rempiler au-delà du deuxième sans avoir à subir l'affaiblissement lié à toute transition. D'où, aussi, le durcissement impitoyable du Parti et l'encadrement quasi orwellien de la population, tout en s'efforçant de ne pas nuire à l'économie. D'où, encore, parallèlement, la lutte contre les excès de pouvoir – au sens large – susceptibles de porter atteinte à la légitimité dudit Parti aux yeux de la population. L'élite au pouvoir sait mieux que tous les observateurs extérieurs que nul régime politique ne peut survivre indéfiniment quand il a perdu sa légitimité. On en voit tous les jours des exemples. Ainsi en Algérie avec la chute de la maison Bouteflika. Ainsi, peut-être, dans la Turquie d'Erdogan, qui a perdu Ankara et Istanbul. Dans le même temps, et conformément à un jeu de bascule tout à fait classique, le gouvernement de Pékin se montre de plus en plus nationaliste.

Sa volonté d'annexer Taïwan tôt ou tard est affichée quasi explicitement. En menaçant Taipei, ou en lui proposant un statut proche de celui de Hong Kong, le pouvoir ne s'attend pas à une soumission immédiate. Il s'agit d'une gesticulation destinée à rappeler *urbi et orbi* que la RPC considère le rattachement de l'île comme un objectif vital, sur lequel aucun compromis n'est concevable. Quant à Hong Kong, 22 ans après la rétrocession, on est encore loin d'un retour intégral à la mère-patrie, même s'il est déjà une réalité pour les élites dirigeantes de l'île. Mais ici encore, la partie n'est pas définitivement gagnée pour Pékin.

En politique comme dans la vie, il suffit parfois d'une maladresse pour mettre le feu aux poudres. En l'occurrence, une loi pour que des personnes accusées de crimes à Hong Kong puissent être extradées sur le continent. Les autorités de Pékin n'avaient pas envisagé l'ampleur de la réaction populaire contre ce projet aberrant. L'échéance de 2047 (cinquante ans après la rétrocession… et deux ans avant le centième anniversaire de la victoire de Mao) peut paraître lointaine. À l'échelle de l'histoire, c'est demain. Mais entre aujourd'hui et demain, bien des incidents ou accidents sont possibles. Encore une fois, les élites du Parti communiste le savent, comme ils sont conscients de traverser une période périlleuse. Leur grande stratégie, qui est d'égaler voire de surpasser les États-Unis à l'horizon 2049, n'en est pas moins déterminée.

Une grande stratégie chinoise

Au-delà de la guerre commerciale, l'année 2018-2019 a permis à tout un chacun de saisir un enjeu de l'interdépendance qui nous concerne tous. Prenez l'exemple de la 5G et imaginez qu'ayant gagné la bataille contre la Chine les Américains en deviennent les maîtres planétaires. Imaginez alors qu'un clone de Donald Trump occupe la Maison-Blanche et dispose de la 5G pour sanctionner partout sur la planète les unités actives qui ne se soumettraient pas à ses injonctions. Je laisse au lecteur la liberté de compléter ce conte, ou d'en bâtir un autre en supposant cette fois que deux États, et non plus un seul, disposent du Graal numérique… Mon but ici n'est pas de spéculer sérieusement sur ces questions, mais seulement de souligner deux points désormais incontournables dans toute réflexion sur l'avenir du système international.

Premièrement, en déclarant tous azimuts la guerre commerciale, Donald Trump a, volontairement ou pas, fait sauter deux verrous : celui qui régulait les échanges dans le cadre de l'OMC ; et celui qui faisait du recours au protectionnisme au nom de la sécurité nationale l'exception à la règle. Tous les échanges sont désormais politiques, au moins potentiellement. Deuxièmement, Trump profite de la position dominante des États-Unis pour banaliser le recours aux sanctions économiques comme arme à l'encontre de ses adversaires ou de ses alliés – la distinction étant d'ailleurs secondaire pour le *dealer* qu'il se vante d'être. Vus comme un tout, ces deux points laissent prévoir non la fin de la mondialisation ou la reconstitution prochaine de blocs – j'ai évoqué ce sujet précédemment –, mais une transformation radicale de la conception de la place de l'économie dans les réseaux d'une interdépendance elle-même sensiblement différente de ce que le monde a connu jusqu'ici. En d'autres termes, la géopolitique des prochaines années sera inséparable de la nouvelle géoéconomie définie plus haut dans ces *Perspectives*. C'est à un réexamen des éléments de la puissance et des idéologies relatives aux territoires que nous invitent Donald Trump et Xi Jinping.

La Russie et la Corée du Nord

Plus les sujets ont de dimensions, moins la méthode transactionnelle sous sa forme élémentaire a des chances de réussir. Un exemple frappant est la relation entre les États-Unis et la Russie, qui a sombré encore un peu plus au cours des derniers mois, faute pour les deux présidents d'avoir pu ou su se placer au niveau des visions d'ensemble (à l'époque de la guerre froide, on utilisait le mot allemand *Gesamtkonzept*) ; en raison aussi des turbulences autour des accusations d'immixtion des services russes dans les affaires intérieures américaines. Même genre de constatation au niveau russo-européen.

En conséquence, les acquis comme le savoir-faire de la maîtrise des armements ou *arms control* sont en voie d'anéantissement, et les désaccords entre les principaux protagonistes de la guerre froide sur des questions comme les forces nucléaires intermédiaires, les systèmes défensifs anti-missiles ou les déploiements de forces conventionnelles risquent de déboucher mécaniquement sur une nouvelle relance de la course aux armements. Voilà un échec pitoyable dont le président Trump n'est certes pas le seul responsable.

C'est à lui et à lui seul, en revanche, que l'on doit l'engagement américain avec Kim Jong-un, ou encore la dénonciation de l'accord nucléaire (Joint Comprehensive Plan of Action – JCPOA) avec l'Iran, dont nous allons maintenant dire quelques mots. Il fallait un immense ego, et le zèle d'un néophyte, pour s'imaginer qu'un problème aussi difficile que celui posé par la Corée du Nord pouvait être résolu par quelques rencontres entre le président américain et le dictateur nord-coréen. Pour l'essentiel, je n'ai rien à changer sur ce sujet à mes *Perspectives* de l'an dernier, sauf sur un point. Grâce peut-être à sa forme d'inconscience, Donald Trump a changé les termes d'un problème qui, tel qu'il était posé, paraissait durablement insoluble. J'ai souvent observé qu'en politique comme en mathématiques, quand un problème est insoluble, il faut changer le problème. Les rencontres de Singapour et de Hanoï n'ont produit aucun résultat apparent, mais elles ont changé le climat et permis à Kim Jong-un de rejoindre le concert des nations. Pour autant, il n'a rien changé à ses pratiques les plus cruelles, comme on l'a vu à la manière dont il a traité ses conseillers après Hanoï. On peut effectivement reprocher à Trump d'avoir décerné un brevet d'honorabilité à un tyran de la pire espèce, de surcroît sans rien obtenir en échange.

Pour qui se rattache à l'école réaliste des relations internationales, la position de Trump peut se justifier si elle a rendu possible une phase de négociations plus classique, prévoyant une normalisation étape par étape de la péninsule coréenne. Or cette hypothèse n'est pas exclue, grâce cette fois à des sanctions dont Kim, maintenant qu'il est reconnu, peut espérer se libérer progressivement moyennant des concessions sur son arsenal nucléaire. Il était inenvisageable d'entreprendre pareille négociation avant l'initiative de Trump.

Après l'échec de Hanoï, puis le nouveau geste hautement symbolique de la rencontre à Panmunjeom, toute l'interrogation porte sur les concessions concevables. Si Trump continue d'exiger de Kim l'abandon intégral de sa capacité de dissuasion pour obtenir la seule levée des sanctions, le succès est hautement improbable. S'il peut se contenter d'un gel, tout devient ouvert au terme d'un cheminement diplomatique qui devra alors entrer dans la norme. Avec une bonne mise en scène, la seconde voie pourrait aider à la réélection de Trump. Et tant pis, alors, pour les fulminations de John Bolton.

La bombe iranienne

Il me reste à parler de l'Iran. Je ne reviens pas sur les calculs qui ont conduit Donald Trump à dénoncer unilatéralement le JCPOA en mai 2018. Sans doute aussi doit-on garder en tête un esprit de vengeance : les Américains n'ont jamais oublié la prise d'otages de l'ambassade américaine à Téhéran en 1979, et leur humiliation à l'époque. Quoi qu'il en soit, là aussi, le président américain a manifesté une foi aveugle en sa méthode, et sans doute s'est-il cru capable d'embobiner l'ayatollah Khamenei en allant le rencontrer quelque part, avec cette erreur de jugement supplémentaire que l'Iran n'est pas dirigé par un dictateur.

Je continue à penser qu'il s'est lourdement trompé. D'abord, en faisant doublement violence à ses propres alliés : en ignorant leur point de vue et en les soumettant eux-mêmes au régime des sanctions. Ces sanctions ont été étendues et s'appliquent aujourd'hui à des pays comme la Chine qui en avaient été initialement dispensés. Pareille violence aura inévitablement des conséquences à long terme sur le système international des paiements, mais aussi sur l'appréciation de la valeur de la signature américaine dans les traités.

En ce qui concerne l'Iran lui-même, nul ne peut sous-estimer les conséquences des sanctions, dévastatrices pour la population comme naguère en Irak à l'époque de Saddam Hussein. Tout confirme cependant que le régime n'est pas au bord du gouffre. Les Gardiens de la Révolution tiennent le haut du pavé et leur chef, le général Qasem Soleimani, déclare attendre les Américains de pied ferme. Il n'est pas un enfant de chœur. Et nul ne sait exactement qui prend quelles décisions dans un système constitutionnel fort subtil, conçu au lendemain de la chute du shah pour éviter le risque d'un retour au pouvoir personnel…

Trump espérait une capitulation sans conditions. Il ne l'obtiendra pas. Bolton et ses amis poussent à l'action militaire. Leur chef veut l'éviter, comme on l'a vu au lendemain de l'affaire du drone américain abattu par un missile iranien. Mêmes hésitations après celle, plus confuse, des tankers. En bonne logique, après des mois de « patience », le régime de Téhéran somme les Européens de respecter leurs engagements, ce qu'ils sont incapables de faire puisqu'ils sont ligotés par les États-Unis. Du coup, l'Iran se considère délié de ses propres engagements et recommence à enrichir son uranium, dans un premier temps seulement très peu au-dessus du plafond prévu par le traité. Ensuite, qui sait ?

En Iran, les partisans de la bombe ont du grain à moudre. L'exemple de Kim Jong-un les encourage. Trump donne l'impression de ne plus trop savoir quoi faire. En fait, ni les États-Unis ni l'Iran ne veulent la guerre, ni même peut-être Israël, car chacun pense aux aléas du nouveau cataclysme qui pourrait s'abattre sur leur région martyre. Après la révolution khomeyniste, l'Iran a souffert la décennie d'une guerre effroyable. On aurait pourtant tort de penser que les Iraniens seraient incapables de repartir au combat et d'infliger des dommages considérables en Irak ou au Yémen par exemple. Peut-être même aux Émirats arabes unis (EAU). On aurait tout aussi tort d'oublier leur coopération avec les Occidentaux contre les talibans après le 11 Septembre. Le risque majeur est à présent le déclenchement accidentel d'un conflit que nul n'aurait voulu. De toutes les aventures dans lesquelles le 45e président des États-Unis s'est lancé, la dénonciation du JCPOA est sans doute la plus gravement irréfléchie. Ce n'est pas par la diplomatie du *tweet*, mais bel et bien par un retour à la diplomatie classique qu'il pourra peut-être s'en sortir.

L'Union européenne, secouée mais pas tout à fait réveillée

Le Brexit pose la question de l'identité européenne. L'année 2018-2019 couverte par ce *RAMSES* a été dominée, en ce qui concerne l'UE, par les tribulations du Brexit et les demi-surprises des élections européennes. Au fil des mois, le débat britannique a mis en évidence l'ampleur de leurs divisions, dont les déboires de la malheureuse Theresa May n'auront été qu'un pâle reflet. La Commission de Bruxelles aura été jusqu'aux limites de ses possibilités pour négocier une rupture à l'amiable, grâce à l'acharnement du valeureux Michel Barnier. Mais dans notre monde tempétueux, les vents sont plus favorables pour les Donald Trump, Matteo Salvini ou Boris Johnson. Il a fallu du temps aux gens normaux pour réaliser que l'échéance du 29 mars 2019 ne serait pas respectée, et se faire à l'idée – choquante pour le bon sens – qu'en conséquence les Britanniques seraient représentés au nouveau Parlement européen. Mais les vicissitudes de la politique reflètent celles de la vie, l'impensable ne cesse d'advenir, et l'incertitude sur l'issue du Brexit demeure entière au moment où j'écris ces lignes.

S'il se confirme que Boris Johnson est sur le point de réaliser son ambition en devenant Premier ministre d'une Majesté qui en aura vu de toutes les couleurs, le bouillant personnage est capable de nous réserver encore bien des surprises. Qu'il s'installe ou non au 10 Downing Street, le prochain gouvernement sera le vrai successeur de celui de David Cameron, par lequel le tremblement de terre est arrivé. C'est lui qui devra résoudre la quadrature du cercle, et pour cela il lui faudra changer le problème, soit en allant vers un Brexit « dur », soit en obtenant de nouvelles concessions sans – ou plus vraisemblablement avec – la complicité des membres continentaux de l'Union qui ont toujours été favorables à l'appartenance de la Grande-Bretagne à l'UE. À la clé, il y a aussi la survie du Royaume-Uni. Nicola Sturgeon, la Première ministre écossaise, n'a pas renoncé à remettre sur le tapis l'hypothèse d'un référendum sur l'indépendance de son pays.

En fait, la partie qui se joue va bien au-delà de la recherche d'accords économiques ou financiers. Sa nature est fondamentalement politique et touche au cœur de l'identité européenne elle-même. Pour le général de Gaulle, qui avait le sens de l'Histoire, c'est-à-dire celui de ses invariants, l'entrée de la Grande-Bretagne dans ce qu'on appelait alors la Communauté devait avoir l'effet du cheval de Troie. Ses opposants en la matière, français ou non, ne raisonnaient que par rapport à l'Alliance atlantique, avec ses deux « piliers » inséparables, le nord-américain (États-Unis et accessoirement le Canada) et l'européen (la Communauté). Georges Pompidou, plus féru de littérature et d'économie que d'histoire, crut bien faire en levant le véto du fondateur de la ve République, et peut-être a-t-il pensé qu'avec le temps les Britanniques avaient changé. Changé, c'est-à-dire adhéré au projet d'une construction européenne à la française, donc vue comme une unité politique d'un genre nouveau, sans doute indéfinissable *ex-ante* mais en tout cas ayant vocation à devenir « indépendante », c'est-à-dire indépendante des États-Unis.

À vrai dire, depuis le début de la construction européenne, et *a fortiori* au cours de ses élargissements successifs, les États membres n'ont jamais affronté la question de l'identité communautaire, pressentant que toute tentative pour la préciser se briserait sur l'océan des non-dits. Seul Jacques Delors a connu une certaine fortune avec sa « fédération d'États nations », une dénomination heureuse mais qui doit son succès à sa fausse précision. L'extension de l'Union à marche forcée n'a fait qu'augmenter la confusion.

La nécessité de lever le tabou avec les États-Unis

Pour les unités politiques, la question de l'identité est à la fois aussi difficile et importante que celle du *moi* dans la psychologie humaine. Difficile, comme le sait quiconque a tant soit peu réfléchi à la nature du dialogue que nous entretenons tous entre notre *je* et notre *moi*. Un dialogue qui passe nécessairement par des récits sur soi-même, comme pour les unités politiques. Le lecteur pourra reconnaître au passage un aspect particulièrement intéressant de la pensée de Paul Ricœur.

Pourquoi la question de l'identité est-elle si importante, et même essentielle, pour une unité politique ? Parce que, si l'on n'est pas capable de l'éclairer, comment pourrait-on prétendre aborder celle de la sécurité ou de la défense de ladite unité, et d'ailleurs pourrait-on même parler d'unité pour une construction sociale qui n'existerait que par des liens juridiques ou des transferts financiers, qu'en tant que concept au mieux partagé au sein d'une petite minorité des humains supposés en faire partie ?

Revenons donc à l'UE, si fragmentée aujourd'hui entre l'ouest et l'est, le nord et le sud, mais aussi peut-être entre chacun de ces points cardinaux et lui-même. La relation franco-allemande est lourdement éprouvée. N'entendons-nous pas Matteo Salvini, actuel homme fort d'un des pays fondateurs de l'UE et de l'euro, évoquer maintenant la sortie de la monnaie unique ? Où peut-on lire, ou entendre, sur l'Europe, un récit ou même un discours cohérent et surtout représentatif d'une quelconque unité ? En même temps, on sent bien qu'aucun État membre ne semble actuellement tenté de suivre l'exemple de la Grande-Bretagne, tous semblant attendre de connaître le destin de la grande île voisine. Pourtant, jamais on n'a autant parlé de sécurité européenne, d'autonomie stratégique ou encore de politique étrangère commune. Il y a là manifestement un paradoxe qu'il faut tenter d'expliquer.

Cela nous ramène au président Trump, et plus profondément à la fin de la guerre froide. En règle générale – on l'a rappelé –, les alliances ne résistent pas à la disparition des causes de leur constitution. Si l'Alliance atlantique a déjà tenu trois décennies depuis la chute du Mur de Berlin, c'est pour quatre raisons principales me semble-t-il : la tendance de tout être (en l'occurrence l'Organisation du traité de l'Atlantique nord – OTAN –, par opposition à l'Alliance elle-même) à persévérer dans son être – c'est le fameux *conatus* de Spinoza – ; l'intérêt pratique du commandement militaire intégré de l'OTAN ; la peur de la Russie éprouvée par d'anciens membres du Pacte de Varsovie devenus membres de l'Alliance atlantique ; enfin, le sentiment qu'au-delà d'une alliance, les membres de l'OTAN constituent une véritable communauté.

Les deux premières raisons concernent surtout les initiés et ne touchent pas les gens. La première est universelle. Quant à la seconde, il suffit de rappeler que les Français se sont à peine rendu compte que, depuis de Gaulle, leur pays ne faisait plus partie du commandement militaire intégré jusqu'à la décision, largement passée inaperçue, de Nicolas Sarkozy de le rejoindre.

Le troisième point est essentiel, mais il soulève deux questions épineuses. D'abord : qui définit les menaces et sur quelles bases ? L'évaluation des menaces est inséparable d'un oligopole décisionnel, d'un appareil de renseignement, d'un cadre diplomatique (négociations entre alliés, et entre alliés et adversaires, etc.), hors duquel on est comme suspendu dans le vide. D'où une seconde question. L'histoire de l'Alliance atlantique, et en réalité aussi celle de la Communauté devenue Union européenne, ont été dominées par le phénomène du *leadership* américain. Seule la France, au temps du général de Gaulle, a sérieusement tenté – dans les limites très étroites imposées par la réalité – de conserver un minimum d'indépendance. Encore faut-il s'entendre sur le sens des mots.

Quelle identité pour l'Europe ?

Il n'y a pas de *leader* sans *follower*, mais les *followers* peuvent l'être de plus ou moins bon gré. La France était un suiveur récalcitrant des États-Unis, comme Nicolae Ceausescu de l'Union soviétique. Il n'empêche que, globalement, à l'époque de la guerre froide, les membres de l'Alliance atlantique étaient des *followers* zélés ; et ceux du Pacte de Varsovie, des *followers* par obligation.

Quand on regarde les choses du point de vue des empires, dans l'acception très générale du terme que nous avons retenue au début de ces *Perspectives*, on les voit un peu différemment. Dans un système décisionnel impérial perçu comme légitime, le leadership devient une réalité endogène complètement intégrée, et les suiveurs croient sincèrement à leur libre arbitre. Ils suivent en croyant qu'ils décident. Ces considérations demanderaient bien sûr à être nuancées, mais l'essentiel ici, s'agissant de ce qu'est devenue l'Alliance atlantique, est de comprendre que la façon dont elle envisage la menace russe, par exemple, n'est pas le simple reflet des peurs polonaise, estonienne ou autres, mais le produit d'une machine décisionnelle dominée par les États-Unis qui voient les choses à leur échelle et à leur façon. C'est ainsi, par exemple, qu'ils ont divisé leurs alliés européens dans la guerre de 2003 contre Saddam Hussein. Quand ils savent ce qu'ils veulent, c'est toujours leur point de vue qui s'impose.

Pour résumer tout ce qui précède d'une façon abrupte, je dirai que, plus de 60 ans après le traité de Rome, l'identité européenne n'est rien d'autre que celle d'un théâtre d'opérations de la République impériale (je reprends encore le mot de Raymond Aron), consolidé à l'intérieur par une entente franco-allemande qui, malgré toutes les difficultés, a résisté au temps, ou par des réussites institutionnelles que les Européens doivent à leur propre génie – comme, à mon sens, la création de l'eurozone.

De là à parler d'autonomie stratégique ou de politique étrangère commune, il y a un abîme. Les Européens ne sont pas aujourd'hui capables de définir une grande politique étrangère commune indépendante, même à propos de leurs flancs est (Ukraine, Russie...) ou sud (Moyen-Orient...), où ils ne jouent que les seconds rôles, parfois au détriment de leurs intérêts. Dès que les intérêts majeurs des États-Unis sont en cause, les Européens courbent l'échine. Cela ne veut pas dire que telle ou telle puissance européenne ne conserve pas une certaine marge d'autonomie, s'agissant par exemple de l'Afrique du Nord ou du Sahel, face à des événements considérables comme la transition encore indécise en Algérie. On ne doit pas non plus oublier le Conseil de sécurité de l'ONU, dont la France et la Grande-Bretagne sont membres permanents. Mais les occasions d'affrontement avec les États-Unis à ce niveau sont rares, avec peu d'effets autres que symboliques.

La solution du paradoxe d'où nous sommes partis s'impose d'elle-même. Si les Européens commencent à parler – timidement – d'autonomie stratégique ou autres concepts voisins, c'est que, secoués par Trump, ils s'aperçoivent enfin que les Américains ne couchent plus dans leur lit. Les participants à la Conférence de Munich sur la sécurité en février 2019 ont été médusés par l'ampleur des divergences entre les deux rives de l'Atlantique. Officiellement, les États-Unis soutiennent toujours l'Alliance, mais à condition que les Européens paient et suivent. Le fait est qu'ils paient trop peu, à commencer par l'Allemagne.

Le sens de la construction européenne

Certains Européens veulent croire que le moment venu, le successeur de Trump permettra aux choses de reprendre leur cours naturel. Au-delà du Brexit et de ses lourdes implications pour la question de l'identité européenne, les membres de l'Union sont condamnés à s'interroger à nouveaux frais sur le sens d'une construction qui continue sur sa lancée, mais cahin-caha. Une dynamique de somnambule. Que le pire ne soit pas certain, les résultats des élections européennes du 26 mai 2019 l'ont encore montré.

Elles ont suscité un réel intérêt. En dépit de leur succès relatif, les partis « populistes » restent marginaux. Au terme d'un marathon qu'on craignait sans issue, les nominations pour les principaux postes ont favorablement surpris les personnes informées, même si certains choix se sont portés sur des personnalités en difficulté chez elles, comme Charles Michel en Belgique ou Ursula von der Leyen en Allemagne. Mais tous sont d'excellente qualité. En particulier, la nomination de Christine Lagarde à la tête de la Banque centrale européenne (BCE) revêt une forte signification. Rares sont les grandes fonctions internationales pour lesquelles compétence technique, jugement politique et capacité de communication sont aussi importants.

***

Pour conclure, j'en reviens au début de ce texte. Pour penser leur avenir, les États doivent se positionner résolument dans la perspective de la compétition sino-américaine. Que les Américains s'intéressent moins au Vieux Continent, et qu'ils « pivotent » vers l'Asie, est une conséquence naturelle de l'évolution du monde, annoncée de longue date, à laquelle les Européens doivent faire face en adultes, et non comme des vieillards apeurés. L'année écoulée a favorisé quelques prises de conscience salutaires, comme la nécessité affichée par Bruno Le Maire et Peter Altmaier de bâtir une politique industrielle européenne, ou d'adapter les principes de la politique communautaire de la concurrence. Même si la défense européenne est encore un objectif hors d'atteinte, des petits pas sont possibles, comme aussi des approches enrichies et mieux coordonnées vis-à-vis de l'Afrique. En politique étrangère, on peut certainement aussi avancer ensemble sur des sujets comme les réfugiés ou l'immigration, en s'efforçant de les dés-idéologiser. Je crois que toute approche collective trop directement centrée sur la relation avec les États-Unis serait vouée à l'échec.

En revanche, je continue à penser qu'une réflexion commune, structurée, sur l'avenir de notre projet européen permettrait d'avancer dans cette quête d'identité nécessaire à toute ambition. Pareille réflexion devrait aussi porter sur les non-dits, en particulier sur la place de la Grande-Bretagne ou les relations avec la Russie. À mon sens, les deux sujets sont liés. Je crois qu'une Europe démocratique forte économiquement, technologiquement mais aussi stratégiquement, une Europe qui serait capable de contribuer par elle-même et selon ses propres critères à la sécurité de son environnement proche, capable aussi de peser son juste poids dans les grandes affaires du monde, une telle Europe est attendue partout où, sur la planète, on craint que les peurs millénaristes, très fortes ici ou là, ne se transforment en apocalypse. Je termine avec les mêmes accents que l'an dernier : les Européens commencent à peine à se réveiller. Ils doivent oser reprendre le train de l'Histoire.

Thierry de Montbrial
Membre de l'Académie des Sciences morales et politiques
Fondateur et Président de l'Ifri
Fondateur et Président de la *World Policy Conference*
Le 14 juillet 2019

Partie 2

Trois enjeux pour 2020

Du théâtre vivant, sans scénario identifié

vidéo

http://dunod.link/1tyt8pn

Sur la scène, trois enjeux d'ampleur mondiale – pour l'avenir proche, pour aujourd'hui. La mer, parce qu'elle est l'espace, l'instrument, le vecteur de la mondialisation. L'Amérique latine, parce qu'elle est, comme souvent, la matrice et l'écho de nos propres dynamiques politiques. Le multilatéralisme, parce que le rêve d'un monde ordonné par le dialogue et la négociation semble en plein recul face au brouhaha de la puissance.

La mer de toutes les batailles ?

Hors les marins, peu nombreux sont les analystes à relever que le statut stratégique des espaces maritimes a, ces dernières décennies, radicalement changé : la mondialisation, c'est la mer.

Les océans ont toujours été des espaces privilégiés d'échanges entre communautés humaines. Aujourd'hui, la globalisation des chaînes de valeurs économiques dépend de circulations sans précédent, et la mer est leur vecteur. Les flux commerciaux, les circulations humaines, que symbolisent les super-tankers ou les super-paquebots, sont l'image même du temps. Les sociétés de l'information – les nôtres – n'existent pas sans les mers : si les informations sont stockées par des systèmes basés à terre – en attendant d'être immergés pour gagner espace et énergie –, elles transitent pour l'essentiel par câbles sous-marins. Quant à la préoccupation environnementale qu'imposent l'évolution du climat, la croissance des échanges et le décollage des économies émergentes, elle concerne d'abord les océans, victimes premières des pollutions modernes, et pourtant réserves de survie humaine – en particulier dans les dimensions génétique et alimentaire.

Être une puissance, c'est contrôler son intérieur et s'imposer à l'extérieur par la projection de sa force. Or l'espace libre pour la projection de cette force, c'est la mer. Toutes les grandes puissances de l'histoire ont été, ou se sont efforcées d'être, de grandes puissances maritimes. La compétition de puissance se fait donc aujourd'hui, comme toujours, sur la mer. Et le croisement d'une domination maritime traditionnelle (États-Unis), d'intérêts commerciaux et énergétiques plus étendus, et d'affirmations croissantes de nouvelles puissances, redessine la géographie des stratégies maritimes.

Les espaces maritimes asiatiques deviennent centraux : flux commerciaux, présence américaine, affirmation chinoise… Les voies d'exportation chinoises – en plein renouvellement avec la stratégie des Nouvelles routes de la soie –, les transits énergétiques vers les économies asiatiques, imposent progressivement une géographie qui pourrait, à terme, pousser aux marges les espaces nord-américain et européen. Dans cette géographie inédite jouent de nouveaux acteurs. Les États sont de plus en plus nombreux à renforcer leur présence en mer ou près de la mer, *via* la croissance des flottes et la multiplication des revendications de bases maritimes, en Méditerranée orientale ou autour du golfe Arabo-Persique. Au-delà, les acteurs non étatiques sont légion : grandes entreprises maritimes à la nouvelle puissance, organisations non gouvernementales, pirates, ou terroristes jouant de nouvelles technologies…

La mer sera demain un théâtre privilégié pour les compétitions d'un nouveau monde. Là peut s'exprimer la puissance, appuyée sur les progrès technologiques réunissant espaces terrestres et maritimes, de manière souple, diversifiée, avec un risque plus limité qu'à terre, au moins dans un premier temps, pour l'initiateur de l'emploi de la force. Les lourdes flottes sont le privilège financier des grandes puissances, mais les moyens limités ont leur efficacité : attaques ponctuelles, sabotages, blocage des passages resserrés… Là peuvent se mettre en scène la recomposition anarchique du monde, la fluidité des oppositions, l'émiettement des acteurs, la vulnérabilité des sociétés modernes dans leurs composantes commerciales ou informationnelles. Là se traduit notre impuissance à gérer, pour l'heure, nos biens communs. La mer n'est pas encore un champ de bataille ouvert, mais les affrontements s'y préparent.

Amérique latine, l'insolent miroir

Si proche des puissances dominantes de l'Occident – États-Unis, Europe –, mais d'apparence éloignée, depuis la fin de la guerre froide, des grands affrontements du monde, l'Amérique latine se rappelle brusquement à nous : rapports heurtés avec les États-Unis de Donald Trump ; étranges et chaotiques évolutions internes ; retour sur un échiquier international où elle semblait ne figurer qu'aux marges. En Amérique latine s'invente aussi le monde nouveau : dans sa double dimension interne et internationale.

Officiellement guidée par l'unique obsession du *deal*, l'Amérique de Trump trouve au sud du continent de curieux et contradictoires échos : poids de l'influence évangélique – si présente dans l'électorat du président américain –, élection de Jair Bolsonaro au Brésil, drames migratoires au Mexique, dérives tragiques de la « guerre contre la drogue », divisions autour de l'affaire vénézuélienne…

Tous sont des éléments symboliques pour l'avenir. Symboles des relations que Washington entend imposer au reste du monde : renégociation des rapports commerciaux, choix évolutifs des partenaires, montage de coalitions ponctuelles et mépris des alliances de long terme… Échos, aussi, de glissements politiques auxquels les démocraties libérales d'Europe sont désormais très attentives. L'Amérique latine est la terre d'élection de divers types de populismes, qui refleurissent aujourd'hui dans la déception héritée de certaines expériences de gauche, et des ravages de la crise du début du siècle. Avec un Brésil une fois de plus emblématique : hier vedette des BRICS en marche vers la puissance économique et l'affirmation internationale, aujourd'hui miné par la décomposition sociale et politique.

Sujet international éclaté, l'Amérique latine est aussi aujourd'hui un objet stratégique. Objet d'échanges – inégaux – avec les puissances asiatiques, avec au premier chef la Chine, très présente sur le continent, en particulier au Brésil. Objet de nouvelles rivalités – on se souvient du rôle des « périphéries » durant la guerre froide, et de l'affrontement rampant qui opposait sur le sous-continent Union soviétique et États-Unis. L'agressivité de la diplomatie de Trump, les évolutions internes de plusieurs pays, le délitement des systèmes de coopération régionaux, divisent à nouveau le sous-continent, et des camps opposés se reforment, par exemple autour du Brésil ou du Venezuela. Avec, en perspective, peut-être une nouvelle guerre froide, complexe, incertaine. Les camps mondiaux s'ébauchent, les alliances sont peu claires. Les États-Unis sont toujours au cœur du dispositif, perturbateurs aux stratégies brouillonnes ; et l'Amérique latine s'en trouve plus divisée.

Celle-ci revêt une fois encore l'apparence d'un laboratoire. Périphérie réactivée dans une géographie mondiale en brutale recomposition. Creuset d'idéologies de retour sur les ravages d'une mondialisation mal gouvernée, idéologies doublées d'une dimension religieuse qui modifie en profondeur les pratiques sociales et les références politiques. Espace de vastes mouvements migratoires, qui semblent irrépressibles à travers une des trois grandes lignes de fracture démographique du monde. Proposant, dans sa diversité, de multiples modèles : populisme à la Bolsonaro, populisme post-Chávez, bonne volonté démocratique se heurtant aux réalités des rapports de force (Andrés Manuel López Obrador au Mexique), démocraties vulnérables (Argentine). L'Amérique latine s'impose dans notre réflexion stratégique. Les événements s'y précipitent. Surtout, elle est le miroir de nos propres errances et de notre difficulté à penser les dérives du monde.

Multilatéralisme : le paradoxe de la puissance

Le multilatéralisme a peu à voir avec la bonté des hommes ; et beaucoup avec l'administration de la puissance. Entrer à plusieurs dans une négociation, insérer cette négociation dans un cadre juridique plus ou moins pérenne, se référer plus aux règles nées de la négociation qu'à la force brute : la logique multilatérale est une des modalités d'expression de la puissance, et des équilibres entre puissances concurrentes.

Quand les États-Unis inventent le multilatéralisme moderne à l'issue du premier conflit mondial, puis le remodèlent au sortir du second, ils définissent l'insertion de leur nouveau pouvoir dans le monde. Le multilatéralisme de la guerre froide traduit l'équilibre entre les deux super-puissances – négociations entre « camps », directement bilatérales comme en matière d'armements par exemple, ou négociation bilatérale en matière nucléaire –, y compris dans les marges où s'agite une Organisation des Nations unies (ONU) sans prise réelle sur les grands événements conflictuels.

L'ordre international de l'après-guerre froide est multilatéral en ce que la puissance dominante – les États-Unis – juge alors que sa force peut maîtriser des institutions organisant la gestion des armements, le commerce international, voire légitimant la gestion des crises par les plus forts. Et parce que la disparition de la bipolarité fait rêver d'un monde plus plat, moins structuré par la puissance brute, plus organisé autour d'un consensus réglé par le droit. Ce temps multilatéral sera court. Parce que Washington a toujours préservé ses choix unilatéraux (refus de la Cour pénale internationale, primauté des intérêts nationaux dans les interventions militaires, « avec l'ONU si possible, sans si nécessaire »...), lesquels prévalent définitivement après la grande peur du 11 Septembre. Et parce que les équilibres de puissance changent rapidement dans le monde avec la mondialisation, ces équilibres cherchant à se traduire dans de nouvelles négociations, dans de nouveaux montages.

Le multilatéralisme est toujours une question d'équilibre des puissances. Les puissances dominantes peuvent avoir intérêt à inscrire dans le droit leur domination ; les pays plus faibles à se servir de ce droit pour résister à la domination. Mais l'équilibre n'est jamais stable ; et encore moins en temps d'émergence accélérée de nouveaux acteurs globaux, de nouvelles puissances.

La crise du multilatéralisme – que Trump met en scène sans l'avoir inventée –, c'est aujourd'hui la compétition entre acteurs qui estiment que le système actuel ne garantit plus leur prééminence (États-Unis), ou qui veulent peser plus en redéfinissant le système selon leurs normes (Chine, Russie), ou encore jugeant que le retour à la logique de puissance est dangereux pour leurs forces limitées (Europe), ou enfin pensant que le système global ne rend pas justice aux besoins d'équilibres locaux (puissances régionales, ici ou là).

La crise du multilatéralisme, c'est l'émiettement des stratégies et des cadres de dialogue. Un émiettement inévitable en temps de recomposition du système international. Un émiettement dangereux si la logique de puissance est seule à la barre pour définir une nouvelle gouvernance du système.

La puissance ne s'exprimera jamais autrement que par la force ; la question est de savoir si cette dernière peut s'insérer dans des cadres qui la limitent et l'ordonnent autour d'intérêts communs. Autour de la défense de biens publics – par exemple la préservation de l'environnement – ; d'un ordre de sécurité moins dangereux – processus de maîtrise des armements – ; de règles organisant l'anarchie commerciale, la concertation pour la gestion des crises...

***

Vain est le *lamento* sur le délitement de l'ordre multilatéral de l'après-guerre froide. Cet ordre – qui n'était qu'un équilibre fugace – se délite parce que le monde change, dissipant l'illusion d'une communauté internationale réduite aux idées et à la domination occidentales. La question est de savoir quels types de dialogues préserver et reconstruire. La nostalgie des « ordres » du passé est impuissante. Nous allons vers de nouveaux équilibres, qui eux-mêmes seront des déséquilibres en souffrance de changement. Le théâtre du monde est un spectacle vivant : à nous d'en ébaucher les scénarios.

D. D.

Une prospective du transport maritime

Vers une Méditerranée asiatique ?

Le commerce maritime est à la fois l'instrument privilégié de la mondialisation et une industrie aux règles de développement propres. L'Asie concentre aujourd'hui les flux maritimes majeurs, ce que traduit la stratégie chinoise des Nouvelles routes de la soie. Au nombre des problèmes majeurs que pose l'évolution du commerce maritime figurent la concentration des compagnies et la question de la sauvegarde de l'environnement.

Et si le XXIe siècle voyait l'affirmation d'une « Méditerranée asiatique », nouveau centre du monde ? Des grandes découvertes aux années 1970, le monde a été Atlantique. Brièvement, dans les années 1980, on crut que le monde devenait Pacifique. Aujourd'hui, le transport maritime participe à l'émergence d'une nouvelle mer intérieure mondiale, agitée par des flux commerciaux et maritimes multiples, de Dubaï à Tokyo, et bordée au nord par l'Asie qui concentre près de 60 % de la population mondiale.

Elle est structurée par de vastes régions urbaines qui s'imposent comme des *hubs* à même de drainer et redistribuer capitaux, innovations, mais aussi flux de voyageurs et de marchandises grâce à de puissantes installations portuaires et aéroportuaires. D'ouest en est se relaient Istanbul, les villes littorales des pays du Golfe, Abou Dabi et Dubaï, Mumbai, Singapour qui commande le détroit de Malacca, Hong Kong, Shenzhen, Guangzhou et Macao autour du delta de la rivière des Perles, Shanghai à la tête du delta du Yangtsé, Séoul, et enfin la mégalopole japonaise qui s'étire de Tokyo à Osaka.

Les flux maritimes s'y concentrent le long des mers Rouge, d'Arabie et de Chine, et s'y resserrent à des points de passage obligés : canal de Suez, détroit de Bab-el-Mandeb, détroit d'Ormuz et détroit de Malacca. Les océans Indien et Pacifique donnent accès aux « dépendances » africaine et australienne, riches de leurs matières premières minières et agricoles, tandis que les routes maritimes transpacifique et sino-européenne s'ouvrent sur l'Amérique du Nord et l'Europe, peut-être les deux nouvelles périphéries du monde.

Une industrie aux règles propres

Une prospective du transport maritime ne peut s'abstraire des grandes évolutions géopolitiques du monde. Comme service, il achemine les flux du commerce international et est donc dépendant de leurs évolutions. Mais il est aussi une industrie, avec sa propre logique d'organisation, et qui influe en retour sur les flux et l'organisation du monde.

Il est l'outil nécessaire de l'économie mondialisée. Près de 11 milliards de tonnes de marchandises ont circulé sur les mers du globe en 2017 contre seulement 550 millions de tonnes en 1950. Il permet d'acheminer sur des distances intercontinentales des flux considérables et de toutes natures : pétrole brut transporté grâce aux tankers, vrac solide (charbon, minerais, grains...) dans les vraquiers, marchandises les plus diverses à bord des porte-conteneurs. Ces navires spécialisés et standardisés disposent d'une remarquable capacité à produire de la tonne-kilomètre à bas coût et avec une grande fiabilité, à permettre une adaptation flexible de l'offre à la demande. L'augmentation de leur taille permet des économies d'échelle. La capacité des plus gros porte-conteneurs dépasse aujourd'hui 20 000 EVP[1], contre 3 000 dans les années 1970. Face au blocage prolongé et hypothétique d'un détroit ou d'un canal à la suite d'une crise, des routes maritimes alternatives seraient toujours possibles – ce fut déjà le cas lors de la fermeture du canal de Suez de 1967 à 1975. À l'inverse, l'ouverture d'une route maritime arctique entre l'Asie orientale et l'Europe relève pour l'heure du fantasme, tant les contraintes de navigation y restent fortes. Néanmoins, les trafics maritimes liés à son exploitation minière ou pétrolière pourraient s'y développer fortement.

La concentration asiatique

La concentration des flux maritimes en Asie ne cesse de se renforcer. En 2017, 17 des 20 plus grands ports mondiaux sont asiatiques, 13 sont chinois – 14 avec Hong Kong. Les trois autres sont Singapour et les deux ports sud-coréens de Busan et Gwangyang, situés au sud de la péninsule à environ 300 kilomètres de Séoul.

Les quantités de pétrole et de gaz transportées par la voie maritime ont été multipliées par plus de deux – de 1,4 milliard de tonnes à 3,1 entre 1970 et 2017 –, même si leurs parts relatives dans l'activité totale du transport maritime ont diminué de 55 % à moins de 30 %. Le pétrole n'est plus, comme lors des Trente Glorieuses, un des moteurs de la croissance, mais il reste une énergie incontournable avec une demande alimentée par les pays émergents, avec en premier lieu la Chine. Les États de l'Asie orientale sont dépendants à 80 % des exportations du Moyen-Orient, ce qui alimente une route maritime stratégique en provenance du Golfe persique, avec comme point relais Singapour, l'un des trois plus grands *hubs* pétroliers au monde avec Houston et le duo Anvers-Rotterdam. Comme hier les Européens, les Chinois cherchent aujourd'hui à diversifier leurs sources d'approvisionnement. Ils se tournent notamment vers le Brésil, le Venezuela ou le Mexique, moins sollicités ou boycottés par les États-Unis en passe de devenir autosuffisants. Cela devrait se traduire par des routes maritimes du pétrole plus longues, et donc une utilisation accrue de pétroliers de grande capacité.

1. EVP ou Équivalent Vingt Pieds : correspond à un conteneur équivalent 20 pieds. Il existe principalement des conteneurs 20 pieds et 40 pieds. La capacité de transport des navires porte-conteneurs est donnée en EVP : par exemple un porte-conteneurs de 5 000 EVP est capable de transporter 5 000 conteneurs équivalents 20 pieds.

Pour les vracs secs, la demande chinoise devrait rester impressionnante pour de longues années tant les besoins d'équipement de ce pays sont considérables. La Chine absorbe par exemple à elle seule 70 % des importations mondiales de minerais de fer... L'Australie en est le premier exportateur mondial et occupe la seconde position pour le charbon, derrière l'Indonésie. L'Inde s'équipe aussi massivement en infrastructures.

Une restructuration de l'industrie

Cette demande en matières premières traduit un équipement accru des pays émergents, ou producteurs de pétrole, en industries lourdes (raffineries, sidérurgies), grâce à des zones industrialo-portuaires (ZIP). Ces dernières concurrencent directement les complexes sidérurgiques ou pétrochimiques des ZIP européennes des Trente Glorieuses, qui vivaient à l'abri de leur marché intérieur. En permettant un décloisonnement généralisé des marchés, le transport maritime met à mal les sites industriels les plus fragiles, notamment en période de surcapacité, surtout lorsque ceux-ci sont soutenus par les États.

Il n'est pas exclu que des restructurations importantes (fermeture de sites) touchent à terme des complexes sidérurgiques ou de raffinage situés dans les ZIP européennes et contrôlés par des grands groupes internationaux. Pour la sidérurgie, elles s'inscriraient dans la suite de l'extinction des hauts-fourneaux intérieurs comme ceux de Florange ou de Liège dès 2011, et pour le raffinage, dans celle de la fermeture de petites unités de production comme la raffinerie Total de Dunkerque en 2010 ou celle de Pétroplus en 2012 à Rouen. Cela représente le risque d'une désindustrialisation de l'Europe et d'une marginalisation sur la carte du monde, avec un transport maritime qui permet la reconfiguration des systèmes productifs à l'échelle mondiale. À des importations de matières premières vers l'Europe se substitueraient dès lors des flux de produits semi-finis (acier, produits raffinés) en provenance de pays hier simples exportateurs de matières premières. Pour le transport maritime, cela signifierait paradoxalement, à terme, moins de vracs liquides ou solides à transporter.

Près des deux tiers des conteneurs manutentionnés dans le monde le sont dans des ports asiatiques, dont près de la moitié dans des ports chinois. Pendant près de quatre décennies – des années 1970 à 2008 –, le transport conteneurisé a été un marché en croissance très rapide, avec des taux moyens annuels de 8 %. Depuis 2008, ils ont été ramenés à 3 ou 4 % par an. Afin de s'affirmer sur la scène internationale, les États d'Asie orientale ont utilisé la conteneurisation comme un outil stratégique au service de leur commerce extérieur, en se dotant de puissantes compagnies maritimes et d'installations portuaires adossées à des zones industrielles.

L'Asie orientale reste au cœur du dispositif, avec un axe maritime qui court de Tokyo à Singapour et inclut les ports sud-coréens de Busan et Gwangyang, le port taïwanais de Kaohsiung, et les trois grandes régions portuaires chinoises regroupant les deltas de la rivière des Perles et du Yangtsé (Shanghai-Ningbo), et au Nord, les ports du golfe du Bohai (Yantai, Tianjin, Qinhuangdao, Dalian). De l'Asie orientale partent les deux plus grandes routes conteneurisées transocéaniques : la route transpacifique Asie-Amérique du Nord (26,6 millions d'EVP en 2017) ; la route reliant l'Asie orientale à l'Europe (24 millions d'EVP) – alors que la route transatlantique ne pèse que 7,6 millions d'EVP.

Mais les croissances les plus rapides concernent les flux conteneurisés entre l'Asie orientale, l'Asie du Sud (Pakistan, Inde, Bangladesh, Sri Lanka) et le Moyen-Orient. Ces flux ont été multipliés par deux en dix ans, pour peser 15 millions d'EVP en 2016. Il en va de même pour les flux intérieurs à l'Asie orientale avec 64 millions d'EVP, ce qui en fait en valeur absolue le plus grand marché mondial conteneurisé. La division internationale du travail ne cesse de se renforcer dans cette partie du monde avec une imbrication de plus en plus forte des économies asiatiques. La Méditerranée asiatique, de Dubaï à Tokyo, prend alors toute son ampleur.

Concentration et surcapacité : quelles crises ?

Il est aisé de comprendre l'initiative des Nouvelles routes de la soie du président chinois Xi Jinping, destinée à renforcer l'intégration régionale asiatique au service de la puissance chinoise en favorisant les investissements dans les infrastructures de transport. Les routes ferroviaires passant par les pays de l'Asie centrale, avec à leur bout l'Europe, sont plus complémentaires que concurrentes des routes maritimes, qui permettent des acheminements massifs de marchandises de toute nature.

Plus que jamais dépendant de cette Méditerranée asiatique, le transport maritime aurait tout à pâtir d'une guerre commerciale de grande ampleur qui opposerait la Chine aux États-Unis et à l'Europe, ou pire de conflits armés qui affecteraient cette zone asiatique, ce qui ne tient plus de l'illusion tant l'expansionnisme chinois se renforce, notamment pour contrôler la mer de Chine méridionale *via* les îles Paracels ou Spratleys, entre le Vietnam et les Philippines.

Les crises signifient pour le transport maritime crises de surcapacité, avec comme conséquence des mouvements de restructuration et de concentration qui affectent particulièrement les compagnies maritimes de conteneurs, tant ces dernières doivent déployer des moyens considérables afin de garantir à leurs clients chargeurs des lignes régulières et maillées à l'échelle mondiale. La concurrence justifie le recours à des navires toujours plus grands, qui génèrent des économies d'échelle mais alimentent aussi les surcapacités quand la demande n'est pas au rendez-vous. Cette économie à rendements croissants tend naturellement vers le monopole. La crise de 2008 n'a fait qu'amplifier un mouvement ininterrompu de concentration, qui s'effectue par paliers au gré des crises. En 2018, les cinq premiers opérateurs de conteneurs détiennent près de 64 % de la capacité mondiale de transport conteneurisé, ce qui correspond à plus que la part des vingt premiers en 2005… Celle des cinq premiers ne s'élevait qu'à 24 % en 2000 et 14 % en 1990. Trois alliances, à l'instar de celles qui existent dans le transport aérien, détiennent plus de 90 % des parts de marchés sur les trois grands segments Europe-Asie, transpacifique et transatlantique.

Cette concentration risque de mettre les chargeurs, mais aussi les ports maritimes voire le commerce extérieur des États, dans une situation de dépendance étroite vis-à-vis de quelques compagnies maritimes. En 2014, le gouvernement chinois avait refusé l'alliance proposée par les trois plus grands opérateurs mondiaux pour abus de position dominante. En concurrence sur une même rangée maritime, les ports doivent moderniser leurs outils (chenaux, terminaux, portiques…) pour recevoir des navires toujours plus gros, exploités pourtant par une poignée d'opérateurs. Si les armateurs réalisent des économies d'échelle sur mer, ils reportent de fait sur la partie portuaire et terrestre des coûts logistiques que doivent supporter les deniers publics, au nom, à juste titre, de la compétitivité économique et de l'intérêt stratégique du commerce extérieur, de l'emploi et de l'indépendance nationale. La dépendance vis-à-vis de ces grandes compagnies maritimes et la concurrence anesthésient toute esquisse de réflexion collective en matière d'aménagement portuaire qui pourrait être menée à l'échelle des rangées maritimes.

Environnement : un risque majeur ?

Les dimensions atteintes par le transport maritime posent une question environnementale, associée à des questions de sécurité et d'acceptabilité. La croisière donne une dimension médiatique à ces problèmes, tout en révélant les contradictions de nos sociétés développées. Elle est plébiscitée par les consommateurs, avec des taux de croissance supérieurs à 5 % par an – plus de 26 millions de croisiéristes en 2017, sans doute dix de plus d'ici à 2025, principalement concentrés dans les bassins caribéen et méditerranéen. Le marché asiatique pourrait donner des perspectives de croissance infinie à ce secteur. Mais un risque majeur d'accident ne peut être exclu pour des navires qui transportent jusqu'à 8 000 passagers. Plusieurs alertes ont déjà eu lieu, la dernière en date à Venise en juin 2019. Le risque concerne aussi les porte-conteneurs géants, dont la valeur des cargaisons peut dépasser le milliard d'euros, sans oublier les pétroliers. Les rejets d'hydrocarbures en mer ont atteint un niveau historiquement bas mais il a fallu pour cela des mesures drastiques, suite à plusieurs catastrophes (Erika, Prestige, Exxon Valdez).

Le transport maritime est confronté à la problématique du réchauffement climatique. Selon l'Organisation maritime internationale (OMI), il est responsable en 2012 de 2,5 % des émissions mondiales de gaz à effet de serre, soit plus qu'un pays comme l'Allemagne[2]. Il est aussi source de fortes pollutions locales, liées à l'utilisation de fuels lourds pour les soutes des navires. Il émet 15 % des émissions mondiales d'oxyde d'azote, et 13 % de celles d'oxyde de soufre. Dans une ville portuaire comme Marseille, ces chiffres s'élèvent respectivement à 20 % et 70 %, sans oublier 2 % des émissions primaires de particules fines d'après une étude du ministère de la Transition écologique et solidaire[3]. Selon France Nature Environnement, un bateau de croisière consommant en moyenne 2 000 litres par heure en mer et 700 litres à quai, polluerait autant qu'un million de voitures. *La Croisière s'amuse* tournerait-elle au cauchemar, surtout lorsqu'elle est synonyme de milliers de touristes déversés le temps d'une brève escale sur des centres historiques fragiles et de taille limitée ?

Et si le « toujours plus » du transport maritime mondialisé menait à l'asphyxie ? Sous l'égide de l'OMI, des mesures sont prises pour limiter les émissions des navires. Dès 2020, la teneur en soufre des combustibles ne devrait pas dépasser 0,5 % contre 4,5 % en 2005. Depuis 2015, l'OMI a désigné quatre zones de contrôle des émissions : la mer Baltique, la mer du Nord, la Manche et la mer des Caraïbes. La surveillance doit y être plus rigoureuse et la teneur en soufre ne doit pas y

2. Organisation maritime internationale, *Third IMO Greenhouse Gas Study 2014*, 2014.
3. Ministère de la Transition écologique et solidaire, « Restitution de l'étude sur la réglementation des émissions des navires en Méditerranée », 18 janvier 2019.

dépasser 0,1 %[4]. En dehors de l'OMI, les Chinois ont établi trois zones de contrôle des émissions : le delta de la rivière des Perles, le delta du Yangtsé et le golfe de Bohai. La teneur en soufre ne doit pas non plus y dépasser, pour l'heure, les 0,5 %. De même, l'OMI encourage le renforcement de l'efficacité énergétique des navires pour réduire les émissions de CO_2. Cette dernière devrait augmenter de 20 % d'ici 2025 par rapport à 2014.

La vraie question est celle de la capacité à tenir ces objectifs ambitieux, aucune solution n'étant vraiment satisfaisante : réduction de la teneur en soufre des carburants, équipement des navires pour filtrer les gaz d'échappement, ou réduction de la vitesse des navires pour limiter leur consommation. Face aux investissements à réaliser, l'industrie maritime exerce un lobbying actif pour repousser les échéances, tout en clamant son engagement pour le développement durable. Acteurs économiques, les armateurs ne sont sensibles qu'aux coûts. Plus les prix de l'énergie seront élevés, plus ils seront enclins à réduire la consommation de leurs navires par nécessité. Comme dans le transport aérien, les carburants ne sont pas taxés car les trajets sont internationaux.

À quand une fiscalité sur le transport maritime international (et aussi sur le transport aérien) permettant de financer des actions internationales pour la préservation de la biodiversité des océans, de la restauration des littoraux, ou pour alimenter les budgets des grandes organisations internationales comme l'ONU nées au lendemain de la Seconde Guerre mondiale dans l'esprit du multilatéralisme ? Seule la pression forte d'opinions publiques éclairées, notamment dans les villes portuaires, pourrait mener vers ce qui relève pour l'instant de l'utopie. Notre monde est plutôt guidé par le retour dangereux des nationalismes, l'affirmation de la Méditerranée asiatique sous domination chinoise en étant la meilleure expression.

A. F.

Pour en savoir plus

- « 50 Years of Review of Maritime Transport, 1968-2018: Reflecting on the Past, Exploring the Future », Conférence des Nations unies sur le commerce et le développement (CNUCED), novembre 2018.
- A. Frémont et A. Frémont-Vanacore, « Les espaces maritimes », *La Documentation photographique*, Paris, La Documentation française, 2015.
- A. Frémont, « Le monde en boîtes. Conteneurisation et mondialisation », *Les Collections de l'INRETS*, Synthèse n° 53, 2007.

Voir également la carte « Les mers : commerce et transits », p. 324 de cet ouvrage.

4. Organisation maritime internationale, « Nouveau plafond de la teneur en soufre du fuel-oil utilisé par les navires à partir du 1er janvier 2020 ».

L'océan, un espace numérique convoité ?

Des mers de câbles

L'espace maritime est un des piliers de la mondialisation contemporaine, et l'infrastructure numérique dépend largement du fond des océans. La géographie des déploiements de câbles, leur gestion, leur éventuelle vulnérabilité deviennent de véritables éléments géopolitiques. L'importance des océans ne peut que croître dans l'avenir, avec le développement de la demande de connectivité : protection, résilience des installations, gouvernance globale du monde numérique...

Si la problématique de sécurité que pose la nouvelle génération des réseaux de communication mobile (5G) fait l'objet d'une attention poussée du politique et des médias, son équivalent maritime est passé sous silence : le poids grandissant de l'entreprise chinoise Huaweï Marine Network – récemment cédée pour partie au groupe Hengtong – dans le secteur des câbles sous-marins de communication reste encore peu présent dans le débat.

La logique semble pourtant similaire : les câbles sous-marins forment un réseau de communication électronique permettant de faire transiter la grande majorité de nos données vers l'international. Or la place du géant chinois sur ce marché est croissante ces dernières années, bien qu'elle n'y menace pas aussi clairement les concurrents américains et européens que dans le cas de la 5G. L'un des prochains câbles envisagés sur le sol français, *Peace*[1], prévu pour 2020 entre le Pakistan et l'Europe, devrait notamment être construit et opéré par des entreprises chinoises, dans la continuité des Routes de la soie digitales terrestres, sans provoquer d'alarmisme comparable.

Principaux fournisseurs de câbles sous-marins, en kilomètres de câbles produits entre 2013 et 2017

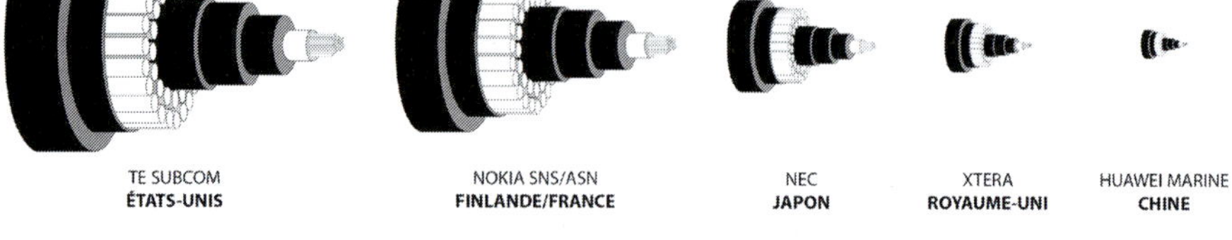

Source : Submarine Telecoms Industry, n° 6, 2017-2018.

1. « Orange et PCCW Global s'associent pour déployer le nouveau câble sous-marin *Peace* qui atterrira en France », Communiqué de presse, Orange, 26 novembre 2018.

Le milieu maritime est souvent omis dans la réflexion sur le numérique et le cyber. À la fois vaste et mal maîtrisé, cet espace est cependant traversé par de multiples flux de communication. Si l'imaginaire collectif associe la donnée à l'immatériel, le cyberespace se réalise et se concrétise, au moins pour partie, dans l'espace maritime. L'océan est devenu un véritable espace « connecté », et continuera à se développer dans ce sens au cours des prochaines années, entraînant son lot de défis.

Un espace « connecté »

En tant que milieu de transit entre deux territoires, l'espace maritime est devenu l'un des piliers de la mondialisation contemporaine. D'abord par le transport maritime, puis par le numérique.

Le rôle des TIC dans les espaces maritimes

Contrairement aux idées reçues, les technologies de l'information et de la communication (TIC) sont omniprésentes dans la vie en mer. À bord des navires, la transmission de la voix ou de données en temps réel est primordiale, qu'il s'agisse d'échanger avec un autre navire par système radio, d'alerter les centres de secours à terre grâce au Global Maritime Distress and Safety System, de naviguer avec précision grâce à des systèmes électroniques utilisant le Global Positioning System (GPS) *via* satellites, d'informer de sa position à l'aide de l'Automatic Identification System (AIS), ou encore de suivre la trace de la marchandise transportée à destination du prochain port. Sans compter que les exigences de notre société numérique poussent plus loin encore cette connectivité. Les compagnies maritimes doivent s'adapter à leur époque en procurant aux passagers et à leur équipage une capacité permanente de connectivité à internet pendant leur séjour en mer, sous peine de perte d'attractivité.

Les navires ne sont cependant pas les seuls à nécessiter des échanges continus d'informations dans le grand bleu. Les plates-formes *offshore* possèdent, par exemple, des systèmes automatisés de contrôle indispensables à la sécurité de leurs opérations. Les parcs éoliens en mer sont pilotés *via* des sous-stations électriques, elles-mêmes reliées à la terre par de la fibre optique[2]. Les robots sous-marins, dont l'emploi et la commercialisation se développent toujours plus, sont eux aussi commandés à distance depuis des bâtiments, ce qui exige une transmission de données par fil.

Hormis ces flux qui relient directement les acteurs du monde maritime entre eux ou au littoral, certaines communications se contentent de transiter par les espaces maritimes : c'est le cas de l'ensemble des communications électroniques internationales que dessert aujourd'hui le réseau de câbles sous-marins.

La toile sous-marine comme infrastructure numérique

Une vaste toile de plus de 370 câbles de fibre optique s'étend aujourd'hui sous la mer, sur un total cumulé de 1,2 million de kilomètres. L'objectif est de répondre à une exigence croissante de connectivité autour du globe. Plus de 98 % des données

2. V. Groizeleau, « La sous-station électrique, élément clé d'un champ éolien offshore », blog Mer et Marine, 13 mars 2017.

internet et appels téléphoniques internationaux sont en effet transportés depuis le fond des mers : cette infrastructure mondiale permet de faire transiter entre continents l'ensemble des données binaires nécessaires à la reconstitution des communications électroniques internationales, le tout à la vitesse de la lumière. Le rôle des satellites dans cette fonction s'avère ainsi seulement complémentaire de celui des câbles (capacité inférieure de transmission, latence plus importante, moindre sécurité des transmissions…).

L'enjeu économique

Les enjeux économiques rattachés aux communications sous-marines sont donc très importants. Nos activités quotidiennes exigent pour la plupart une transmission de données vers l'international, même si cela échappe à notre conscience : la connexion à une messagerie type Gmail depuis la France vers une autre adresse en France peut, par exemple, solliciter des serveurs positionnés à l'étranger. La localisation d'infrastructures hors du territoire national provoque dès lors le passage de la donnée par la mer (par exemple sur l'axe transatlantique), avant qu'elle ne revienne en Europe par un chemin identique ou connexe. De même, la commande d'un livre à partir d'un site marchand exige une connectivité numérique jusqu'à sa réception : du règlement de l'achat jusqu'au suivi de la livraison en passant par la production du bien en plusieurs lieux. Le monde de la finance sollicite par ailleurs quotidiennement, depuis le milieu du XIXe siècle, l'infrastructure sous-marine. Relayer les informations le plus rapidement possible entre les places boursières, c'est la logique qui sous-tendait la pose du premier câble télégraphique sous-marin entre Calais et Douvres en 1852, reliant les Bourses de Londres à Paris, et qui sous-tend encore aujourd'hui celle des câbles de fibres optiques spécifiquement conçus pour servir le *trading* haute fréquence (THF), comme Hibernia Express dans l'Atlantique nord. Plus largement, la connectivité de certains États à l'internet mondial est cruciale pour leur développement économique : l'accès d'un territoire au haut débit permet notamment d'ouvrir le marché local à l'international, de favoriser la productivité du travail, et par conséquence la croissance.

Au-delà de l'enjeu économique, les câbles sont le support physique de nos aspirations individuelles et de notre liberté de communiquer. Ils nous permettent d'accéder plus facilement à la connaissance et à l'information, et d'échanger et partager nos idées à l'international, par exemple *via* les réseaux sociaux. Or ces liaisons sous-marines sont majoritairement possédées et gérées par des acteurs privés depuis la privatisation du secteur des télécommunications dans les années 1980.

Si cette gestion du système de communication mondial semble *a priori* fonctionner, les investissements répondent de fait à une logique de marché. Les acteurs qui gèrent ces réseaux sous-marins – principalement des opérateurs de télécommunications internationaux tels que AT&T, Verizon, Orange, Telxius, China Telecom… – n'ont cependant pas tous les mêmes intérêts et zones de prédilection : d'où la concentration des câbles sur certains axes majeurs où la demande est forte (comme l'axe Europe-Asie passant par le canal de Suez ou l'axe Atlantique nord), au détriment de certaines zones délaissées, telles l'Atlantique sud ou le Pacifique sud, ou faiblement connectées, comme le continent africain.

L'avenir de la donnée est-il maritime ?

Cette connectivité croissante du maritime n'est pas prête de s'arrêter. De nouvelles technologies vont – et ont déjà commencé à – révolutionner nos modes de consommation, et le fonctionnement de l'industrie 4.0 rend la société toujours plus dépendante des outils numériques et des échanges de données. Le monde maritime, du fait de son importance pour l'économie mondiale et de sa place privilégiée comme lieu de développement des infrastructures numériques, n'échappe pas à cette logique.

La conquête progressive du maritime

Le *cloud computing* – ou informatique en nuage – joue déjà un rôle majeur dans la logistique et le transport maritimes, grâce à un ensemble de solutions intégrées comprenant le stockage de données en ligne. Or l'usage de cette technologie ne fait que commencer : l'informatique en nuage devrait s'étendre dans les pratiques des armateurs et des ports, du fait de ses atouts pour l'industrie. Cette technologie est par ailleurs un important facteur de croissance de transmission des données entre *data centers*, ce qui pourrait stimuler la pose de nouveaux câbles sous-marins... L'emploi des objets connectés dans le secteur maritime va également accroître cette relation de dépendance aux TIC. Les technologies de la donnée permettent désormais de créer des plates-formes uniques et intelligentes rendant le transport maritime plus efficient[3]. À titre d'illustration, la connectivité générale acquise par la United Arab Shipping Company lui aurait permis de réduire de 3 % à 5 % ses coûts liés au carburant, en associant en temps réel des informations sur le tracé suivi, la vitesse du navire et le prix du carburant : un atout majeur pour le monde maritime.

Les centres physiques de stockage de données eux-mêmes, nécessaires à la chaîne de transmission globale, sont désormais pensés pour être immergés. Le prototype de *data center* installé en 2018 par Microsoft avec Naval Group en mer du Nord est le premier du genre. L'hébergement de données devrait donc progressivement se développer sous l'eau, afin de réduire la consommation d'énergie requise pour refroidir les serveurs contenus et rapprocher le stockage au plus près des utilisateurs finaux sur le littoral, des énergies renouvelables marines... comme des autoroutes de l'information[4].

Par ailleurs, l'arrivée depuis 2012 des géants du Net sur le marché du câble – tels Google, Facebook ou Microsoft –, crée un nouvel élan pour la pose de câbles sous-marins, à l'image de celui généré par la bulle internet des années 2000 par d'autres investisseurs privés. Ces entreprises, appelées *over the top* – ou « fournisseurs de services par contournement » –, investissent dans leur propre infrastructure sous-marine. Elles cherchent à s'émanciper du passage par les *consortiums* d'opérateurs, modèle de propriété partagée des câbles qui dominait jusqu'à présent le marché. Cela provoque un accroissement du nombre de câbles sous-marins posés dans le monde depuis 2012, et plus particulièrement depuis 2017. En effet, 32 nouveaux

3. « World Maritime Day: 6 Ways ICTs Can Help to Connect Ships, Ports and People », *ITU News*, 28 septembre 2017.
4. S. Gallois, « Naval Group et Microsoft plongent un *data center* sous la mer, au large de l'Écosse », *Ouest-France*, 6 juin 2018.

systèmes sous-marins ont été ajoutés ces deux dernières années, soit presque le double du total cumulé sur la période 2014-2016.

La place de la donnée dans la société va donc continuer à croître dans les prochaines années, et l'océan en sera inévitablement un milieu de développement privilégié.

Des défis globaux

Cette réalité numérique du maritime ne va pas sans poser un certain nombre de défis. Si la plupart ne sont pas spécifiques au milieu maritime, la complexité de l'environnement, des technologies associées, ainsi que des acteurs impliqués dans ce domaine contribue à les accentuer.

Le premier problème est d'ordre sécuritaire : le risque de cyberattaques pèse sur les nombreux systèmes numériques employés – sur le littoral ou embarqués –, au niveau du transport, du stockage ou de l'analyse de la donnée. Pirater certains systèmes numériques embarqués, tels que les cartes électroniques ou les systèmes AIS, peut induire de graves événements, comme la prise de contrôle et la redirection d'un navire à distance. Ce constat a progressivement fait prendre conscience de la nécessité de sécuriser davantage ce milieu au niveau supra-étatique, alors que se développent notamment les navires autonomes.

L'essor déjà évoqué du *cloud computing* va par ailleurs rendre armateurs et ports toujours plus dépendants des TIC, et donc plus vulnérables à cette cyber-menace dans les prochaines années. Du côté des câbles sous-marins, les systèmes informatisés employés pour la gestion des flux à terre sont eux aussi soumis à cet aléa, comme les *Network Management Centers.* Sans compter que l'intégrité et la confidentialité des données transportées en mer peuvent être mises à mal par les pratiques de renseignement des États sur le flux de données (Edward Snowden a ainsi révélé en 2013 que les agences américaine et britannique – la National Security Agency et le Government Communications Headquarters – avaient mis en place de telles pratiques à partir des câbles sous-marins), et par les dommages physiques qui peuvent être infligés aux infrastructures transportant ou stockant de la donnée, en mer ou sur le littoral (*data centers*, câbles en mer…).

Résilience, protection, gestion

Se pose également un problème de résilience générale relative à ces technologies, en dehors de leur protection effective. Comment faire face à une coupure simultanée de câbles sous-marins de grande capacité, ou au détournement numérique de l'identité d'un navire à passagers ?

Cette omniprésence des communications électroniques dans le milieu maritime est par ailleurs source de tensions au niveau géopolitique. Si l'information est au cœur du jeu des puissances dans le système international, celle qui est produite et transportée dans le milieu maritime n'échappe pas à la règle. Qu'il s'agisse de démonstrations de force de la Russie en matière de communications maritimes en mer du Nord, ou de sa présence au-dessus des câbles sous-marins ; de la mise en place, par les États-Unis, de législations contraignantes au travers de la Federal Communication Commission pour conserver leur domination sur le marché des télécoms ; ou encore des déclarations d'émancipation du Brésil face à l'impérialisme américain en matière d'infrastructure d'internet, les manifestations d'intérêts nationaux pour ces moyens de communication ne manquent pas.

La question de la durabilité des acteurs et infrastructures pose un défi supplémentaire au développement massif des TIC dans le monde maritime. Ces outils sont en effet envisagés au bénéfice d'une navigation intelligente et verte. Cherchant à réduire la facture d'énergie, le principe du stockage des données dans l'eau s'inscrit, on l'a vu, dans une démarche plus respectueuse de l'environnement, à l'heure où les *data centers* se multiplient et consomment énormément. Au niveau des câbles, le numérique pourrait devenir une véritable source d'information utile à l'environnement. Les câbles intelligents, ou *smart cables*, permettraient notamment à la science de profiter des kilomètres d'infrastructures maillant le globe pour améliorer la connaissance des fonds marins, au service de l'étude du changement climatique et de la prévention des catastrophes naturelles.

Enfin, à un niveau plus global, c'est la question de la gouvernance du monde numérique qui se pose, en lien avec les enjeux économiques, sociaux et environnementaux portés par les TIC dans les espaces maritimes. La place de l'État et des organisations internationales dans des secteurs jugés critiques (transport maritime, énergie en mer, câbles sous-marins…), aujourd'hui aux mains d'acteurs privés, doit notamment être questionnée. Si les États sont en effet les seuls capables d'infléchir des logiques de marché pour améliorer le maillage et réduire la fracture numérique (là où l'investissement commercial ne peut se faire qu'à perte), ils sont souvent vus comme une ombre menaçante derrière tout réseau, et particulièrement ceux d'information et de communication en mer : surveillance de masse, censure de messages, déni d'accès ou encore abus autoritaires en matière d'accès des populations à internet, sont des cas (parmi d'autres) d'ingérence déjà rencontrés au XXIe siècle.

C. M.

Pour en savoir plus

- « Analysis of Cybersecurity Aspects in the Maritime Sector », European Network and Information Security Agency (ENISA), novembre 2011.
- M. Sechrist, « New Threats, Old Technology: Vulnerabilities in Undersea Communications Cable Network Management Systems », Harvard Kennedy School/Belfer Center for Science and International Affairs, février 2012.
- Submarine Cable Map, TeleGeography, disponible sur : www.submarinecablemap.com.

Voir également la carte « Les mers : commerce et transits », p. 324 de cet ouvrage.

Écologie des espaces maritimes

Gérer ensemble un bien commun précieux

L'écosystème océanique doit être protégé, en particulier des interventions humaines qui l'affectent au-delà des évolutions naturelles de l'environnement du vivant. Plusieurs régimes juridiques et une véritable ingénierie écologique tentent de structurer cette protection. Il s'agit désormais également d'organiser la recherche sur les ressources génétiques marines et l'exploitation équitable de leurs données.

L'océan figure dans le préambule de l'accord de Paris comme écosystème à protéger, et la communauté internationale se mobilise depuis des années pour une gestion durable de la haute mer et de ses ressources.

Les conséquences du changement climatique

Migrations d'espèces

La distribution des espèces dans l'océan évolue en fonction de changements environnementaux, et l'une des premières conséquences du changement climatique est une migration des espèces. Il suffit d'une variation minime de température pour déclencher ces déplacements. Entre 1977 et 2001, en mer du Nord, un réchauffement moyen de près de 1 °C a entraîné la migration de la moitié des espèces de poissons. Un groupe d'espèces planctoniques lié au golfe de Gascogne a réalisé une migration spectaculaire de près de 1 000 kilomètres en une vingtaine d'années et est aujourd'hui présent sur les côtes norvégiennes. Soles et morues pourraient disparaître de la mer du Nord vers 2050 avec un réchauffement de 1,5 °C à 2 °C – fourchette attendue par les climatologues. Laminaires, coquilles Saint-Jacques et bulots pourraient aussi disparaître des côtes françaises avant la fin du siècle.

Avec + 2 °C, environ 80 % de la superficie de l'océan mondial seraient affectés, avec des changements significatifs en termes de services écosystémiques – services de régulation et d'approvisionnement de l'océan, qui rapportent chaque année entre 15 et 51 trillions d'euros. La biodiversité marine permet l'exploitation annuelle de 80 millions de tonnes de poissons et d'invertébrés marins. Ses changements provoqueront une réorganisation globale des espèces dans l'océan.

Les mangroves

Les services écologiques fournis par la mangrove sont nombreux. Son rôle de protection des côtes est aujourd'hui reconnu en Birmanie ou en Indonésie : lors d'événements cycloniques, les secteurs dépourvus de mangroves ont subi les pertes humaines et matérielles les plus importantes. La mangrove est aussi l'habitat de nombreuses espèces marines qui s'y nourrissent et s'y reproduisent, et son rôle est important dans la rétention des polluants.

Mais cet écosystème est aujourd'hui menacé par les activités humaines. Les mangroves ultramarines françaises représentent environ 100 000 hectares et sont confrontées à des pressions anthropiques directes particulièrement fortes à Mayotte et aux Antilles. L'Asie du Sud-Est a la plus grande superficie de mangroves (33 % des surfaces planétaires), mais elle est aussi la région où elle a le plus régressé. Des surfaces considérables sont défrichées pour laisser place à des bassins d'élevage de crevettes au Vietnam, en Indonésie ou aux Philippines. La construction de digues côtières ou de barrages en amont des mangroves contrarie la dynamique littorale, avec des conséquences néfastes sur ces écosystèmes dans plusieurs pays : Mozambique, Pakistan…

Entre 1980 et 2005, la surface des mangroves a reculé de près de 1 % par an, d'où une perte de distribution de l'écosystème mondial de près de 20 %. La reconnaissance des services écologiques rendus, les actions de protection, les plans de compensation carbone ralentissent ce recul, mais les situations restent très contrastées. L'importance de ces écosystèmes, comme de l'ensemble des zones humides, est encore largement sous-évaluée.

Espèces invasives

L'espèce humaine induit des changements environnementaux variés, comme l'illustre l'introduction biologique, accidentelle ou délibérée, d'espèces majeures. C'est sans conteste le transport maritime qui contribue le plus à la modification de la biodiversité. Il a joué un rôle dans l'introduction de l'algue brune *Sargassum muticum* venue d'Asie, qui se retrouve aujourd'hui le long de l'Amérique, du Mexique à l'Alaska, et en Europe, du Maroc à la Norvège. De même, la répartition actuelle de l'huître creuse *Crassostrea gigas* dépasse largement ses capacités de dispersion naturelle. Sa distribution dans les deux hémisphères de l'Atlantique et du Pacifique résulte de son introduction délibérée à des fins ostréicoles à la fin du XIXe siècle.

Les activités humaines sont ainsi responsables de l'introduction d'environ 1 400 espèces marines à l'échelle des mers européennes. L'invention de bateaux en acier munis de ballasts d'eau de mer a modifié la donne, permettant de transporter et de disperser de multiples formes de vie. Plus de 1 000 espèces ont été identifiées dans les ballasts de 550 navires étudiés, et le rythme de ces introductions s'est accéléré au XXe siècle avec la mondialisation du commerce. Dans les mers d'Europe de l'Ouest, entre 1970 et 2013, le nombre d'espèces non-indigènes a crû de 173 %, et de plus de 200 % en Méditerranée, avec le canal de Suez.

Les conséquences de ces introductions biologiques sont multiples. À l'échelle mondiale, elles contribuent à homogénéiser la diversité biologique. On ignore encore pourquoi, après une phase de latence, certaines espèces se mettent à proliférer, ou au contraire à régresser, et quelle sera l'évolution de ces processus sur le long terme. La modification des aires de distribution des espèces remet en cause la définition académique des limites biogéographiques assignées jusque-là aux espèces marines. Que les effets soient évalués comme positifs ou négatifs, les espèces introduites sont indéniablement de nouveaux acteurs de la biodiversité et de l'évolution des écosystèmes marins.

Impacts sur la santé humaine

Près de 15 millions d'intoxications alimentaires sont dues à l'ingestion de fruits de mer contaminés chaque année aux États-Unis. La vitesse de progression des pathogènes est beaucoup plus élevée dans le milieu liquide que sur terre, car il est impossible de pratiquer un isolement des zones contaminées. La prolifération d'algues toxiques constitue un autre problème lié au réchauffement des eaux. Elles produisent des toxines qui affectent de nombreux organismes marins et qui, concentrées dans la chaîne alimentaire, provoquent des maladies de sévérités variables, parfois létales comme la *ciguatera*. Elles peuvent aussi provoquer des problèmes respiratoires, cutanés, neurologiques de moindre gravité. Les effets toxiques d'*Ostreopsis ovata*, algue microscopique unicellulaire vivant d'ordinaire dans les eaux tropicales, sont désormais ressentis en Méditerranée, où elle provoque des maladies respiratoires sans contact direct avec l'eau de mer.

La prolifération brutale de ces microbes qui atteignent désormais des eaux tempérées est source de contamination des eaux et des coquillages par des bactéries (*Vibrio, Listeria, Salmonella, Aeromonas, Clostridium*...), des virus (*Norwalk-like*, Herpès...), des parasites (nématodes, cestodes), et constitue ainsi un vrai risque sanitaire pour des populations fragilisées par la dénutrition ou l'immunosuppression.

L'ingénierie écologique

En France, le domaine public maritime artificiel gagné sur la mer a été multiplié par deux entre 1965 et 1980. Si les tendances démographiques actuelles se confirment, environ sept milliards de personnes dans le monde devraient se trouver en 2025 à moins de 100 kilomètres des côtes, soit presque deux fois plus qu'aujourd'hui. Les bienfaits de ce développement sont clairs du point de vue économique, mais moins d'un point de vue environnemental.

La restauration et l'ingénierie écologiques sont activées pour obtenir une gestion durable de l'environnement, fondée sur l'idée qu'il est possible de répondre aux dégradations humaines du milieu naturel. Le but de la restauration écologique est de ramener un écosystème dégradé à sa trajectoire historique, pour qu'il puisse s'adapter et se développer de manière autonome, par des processus d'autorégénération et d'adaptation.

Peut-on réparer les fonds marins ? L'expérience montre qu'une réparation à 70 % du milieu détruit est une performance rare, et une partie des pertes écologiques est définitive. C'est le cas pour les coraux profonds ou certains herbiers comme les posidonies en Méditerranée. Face aux faibles performances des techniques de restauration et d'ingénierie écologiques en mer, le bon sens voudrait que nombre de projets ne soient pas autorisés. Si l'histoire de la nature révèle de nombreuses trajectoires « naturelles » pour les écosystèmes, on ne sait encore pas très bien sur quelles bases guider l'action publique pour réparer ces milieux. De nombreux travaux sont en cours, et seule une approche pluridisciplinaire permettrait d'anticiper les conséquences des aménagements marins, pour que nos décisions d'artificialiser – ou non – ces milieux soient prises en connaissance de cause.

La pêche et l'approche écosystémique

La pêche a un impact direct sur les ressources et des effets indirects sur d'autres écosystèmes, comme les habitats marins. La surexploitation de poissons prédateurs, comme les thons ou les requins, engendre une instabilité des écosystèmes : sardines, anchois ou harengs – appelés poissons fourrages – sont autant de nourriture soustraite aux prédateurs, poissons, oiseaux ou mammifères. Dragues et chaluts, en dégradant les fonds, ont des effets significatifs sur l'état des écosystèmes, et les rejets en mer d'espèces non commercialisables impactent aussi la biodiversité marine. À ces impacts écosystémiques de la pêche, se combinent des effets de nature anthropique comme la destruction d'habitats aboutissant à la régression des mangroves des zones humides, et ce sont les propriétés globales des écosystèmes qui peuvent en être affectées, notamment leur résilience.

L'idée d'une exploitation durable des ressources respectueuse des écosystèmes marins s'est récemment imposée avec l'approche écosystémique des pêches (AEP). Elle vise à réconcilier l'exploitation et la conservation de l'ensemble des espèces en s'appuyant sur les écosystèmes, aujourd'hui reconnus comme échelle appropriée pour l'intégration des connaissances scientifiques. L'AEP a émergé avec la déclaration de Rio de 1992 et le Code de conduite des pêches responsables de l'Organisation des Nations unies pour l'alimentation et l'agriculture (FAO) en 1995. Cette approche a aujourd'hui des répercussions directes sur la gestion des pêches, et 47 pays l'ont adoptée. En Europe, l'AEP est inscrite dans la politique commune de la pêche. Les textes européens font également référence à la nécessité de « minimiser l'impact de la pêche sur les écosystèmes ».

Il ne s'agit plus seulement d'analyser et de modéliser la dynamique des stocks exploités, mais de comprendre les interactions déterminant le fonctionnement des écosystèmes marins et des systèmes d'exploitation. Une nouvelle discipline émerge : l'écologie des interactions. La construction de scénarios d'évolution des socio-écosystèmes dans un contexte de changement climatique a beaucoup évolué avec de nouvelles techniques de modélisation. Des modèles de simulation des écosystèmes permettant de coupler changements climatiques, évolutions de la productivité biogéochimique des océans et exploitation des populations marines, sont aujourd'hui développés en trois dimensions, avec des résolutions spatiales et temporelles fines. Des approches par indicateurs permettent de mieux évaluer les performances économiques et écologiques des modes de pêche. Ces avancées de l'écologie des interactions devraient permettre de revisiter la gestion des ressources marines.

Les Aires marines protégées, outils de gestion écosystémique

Les Aires marines protégées (AMP) visent à sauvegarder la biodiversité et les services écosystémiques qui lui sont liés. Plus de 11 300 AMP existent dans le monde : intégralement protégées, où tous types d'usages destructifs, comme l'exploitation minière, et extractifs comme la pêche, sont prohibés ; partiellement protégées, où certaines activités extractives sont autorisées et réglementées. Les AMP multi-usages, enfin, combinent des aires intégralement et partiellement protégées en plusieurs zones.

Bien que nombreuses, ces AMP ne couvrent que 3,7 % des mers et océans, et les deux tiers de la surface protégée sont sous protection partielle, comme en

Méditerranée (6 % en protection partielle contre 0,04 % en protection intégrale). De nombreux États se sont engagés à protéger 10 % de leurs eaux territoriales suivant l'Objectif du développement durable n° 14 et l'Objectif d'Aichi n° 11 de la Convention sur la diversité biologique des Nations unies, et de très grandes aires intégralement protégées sont créées autour d'îles peu ou non habitées, dont la surveillance doit être réalisée par satellite.

Les bénéfices des aires intégralement protégées peuvent être de nature écologique, halieutique ou socio-économique, et déborder des limites mêmes de l'aire. On sait aujourd'hui que, dans les aires intégralement protégées, les bénéfices écologiques démarrent dès la cessation des activités de pêche. À court terme, la qualité de l'habitat est améliorée et la densité et la taille des poissons augmentent, d'où une augmentation des biomasses individuelles et reproductrices. Les aires partiellement protégées sont utiles pour le développement d'usages plus respectueux de l'environnement, et pour le dialogue entre différents usagers de la mer. Une nouvelle classification est actuellement travaillée par l'Union internationale pour la conservation de la nature, et la France doit réviser sa stratégie AMP avant son congrès de 2020.

Ressources génétiques et partage des avantages

La Convention sur la diversité biologique attribue aux États signataires la responsabilité de la conservation et de la gestion durable de la biodiversité à terre comme en mer, avec un partage équitable des avantages éventuels de l'utilisation des ressources génétiques (tout ou partie des organismes, bactéries ou virus, ou des simples échantillons métagénomiques prélevés dans le milieu marin). Tout matériel ayant contenu des « unités fonctionnelles de l'hérédité » est une ressource génétique, même si ce matériel est mort.

Cette vision modifie notre perception du vivant, puisque ce n'est plus seulement d'ADN qu'il s'agit, mais de l'ensemble des composés que le matériel génétique peut coder, c'est-à-dire de la production du vivant dans son ensemble. Une telle approche remet en cause, à terme, la définition des ressources vivantes habituelles : un poisson, par exemple, pourra entrer comme tel pour la pêche dans le cadre de la Convention des mers régionales, mais il pourra aussi être vu comme un ensemble d'unités génétiques spécifiques et échapper aux réglementations habituelles des pêches.

Depuis longtemps, les demandeurs d'accès à ces ressources génétiques sont les États du Nord – ce qui déséquilibre les échanges Nord/Sud, ces mêmes États disposant des moyens techniques et financiers pour valoriser ces ressources. 38 millions de séquences génétiques venant de la mer ont déjà été brevetées. Seules 13 000 d'entre elles sont associées à 860 espèces marines. Mais sur l'ensemble des séquences identifiées à partir de matériel marin, près de 50 % appartiennent aujourd'hui à une seule entreprise privée : BASF.

Les négociations BBNJ

La Convention des Nations unies sur le droit de la mer est le cadre juridique des activités en haute mer depuis 1982. Plusieurs autres conventions s'appliquent à la protection du milieu marin, mais le cadre de gouvernance reste fragmenté et peu efficace au regard des problématiques nouvelles : ressources génétiques, partage des avantages, ou menaces pesant sur les océans. Les Nations unies ont adopté en 2015 une résolution pour un accord juridiquement contraignant sur la conservation et l'utilisation durable de la biodiversité marine dans les zones hors juridictions nationales (Biodiversity Beyond National Jurisdiction – BBNJ), dans le cadre de la Convention sur le droit de la mer. Un accord sur la haute mer comprendrait des dispositions sur les AMP en haute mer, un cadre d'accord sur les études d'impact environnemental, l'établissement d'un régime d'accès aux ressources génétiques marines, un système de partage des avantages issus des produits commercialisés, et des mesures organisant les transferts de technologies et le renforcement des capacités entre les États concernés.

Au niveau multilatéral, deux tendances se dégagent aujourd'hui. La majorité des États souhaitent un accord ambitieux – la Russie marquant, elle, son opposition. Les États-Unis sont en retrait, mais resteraient ouverts à un accord *a minima* ; le Japon, l'Islande et le Canada sont sceptiques. La Chine se rapproche des positions de l'Union européenne et de la France. Pour le G77, la reconnaissance des ressources génétiques marines comme patrimoine commun de l'humanité et le partage des avantages sont au cœur de la négociation, ainsi que le transfert des technologies et le partage des résultats de la recherche scientifique. Les petits pays insulaires sont très présents dans la négociation : la biodiversité marine des océans est au cœur de leur vision, d'autant que, dans un contexte de changement climatique, la protection de cette biodiversité apparaît décisive.

La haute mer représente 64 % des océans, soit la moitié de la planète. Cet espace, soumis aux pressions croissantes des activités humaines, doit être géré dans l'intérêt de tous. La notion d'océan comme bien commun de l'humanité est actuellement largement discutée. Elle n'a pas de contenu juridique, contrairement au concept de patrimoine commun de l'humanité, mais elle mérite une attention particulière dans le contexte d'un futur accord : l'océan global est désormais sous notre responsabilité, dans les zones économiques exclusives et bien au-delà.

F. G.

Pour en savoir plus

- A. Euzen, F. Gaill, D. Lacroix et P. Cury (dir.), *L'Océan à découvert*, Paris, Éditions du CNRS, 2017.
- B. Guilloux, *Les Ressources génétiques marines, R&D et droit 1. Des objets complexes d'usage*, Londres, Iste Éditions, 2018.
- F. Tuffnell et J. Bignon, « Terres d'eau, terres d'avenir », Ministère de la Transition écologique et solidaire, janvier 2019.

La mer, un espace militairement contesté

vidéo
http://dunod.link/v6m2gwr

Une mutation des enjeux et des moyens

Les équilibres internationaux dépendent aujourd'hui largement de l'action en mer et la liberté d'action navale peut être contestée par un nombre croissant d'acteurs. Les puissances régionales, ainsi que les grandes puissances renforcent leurs capacités dans des espaces vus comme stratégiques. La compétition navale est de retour, obligeant les principales marines à d'importantes adaptations, quantitatives et technologiques.

Jusqu'au XXe siècle, l'accès des nations au commerce mondial dépendait en grande partie de leur capacité à armer une flotte militaire capable de sécuriser les routes commerciales et de protéger leurs intérêts outremer. Des vagues de colonisation à la diplomatie de la canonnière, la montée en puissance de l'Occident s'est largement appuyée sur des rapports de force qui, dans le domaine naval comme dans l'ensemble du domaine militaire, lui étaient avantageux. Considérée dans le droit international comme un espace commun, la haute mer est maintenue hors du champ de la souveraineté des États. Cette neutralité a accompagné une expansion inédite du commerce international au cours du second XXe siècle.

Quant aux marines, si leurs missions ont évolué, la protection des voies de communication maritime n'a jamais semblé aussi importante, tant pour protéger des intérêts économiques que pour asseoir une capacité d'action stratégique à longue distance. La capacité à assurer la maîtrise des mers reste aujourd'hui un prérequis indispensable dans les opérations militaires. De la première guerre du Golfe (1991) jusqu'à la lutte contre l'État islamique en Irak (2014), les opérations de projection de force ont constitué le cœur des interventions occidentales. Et au cours de cette période, la capacité inégalée des armées américaines à maîtriser les espaces communs (haute mer, air, espace) a paru intimement liée à la capacité des États-Unis à assumer leurs responsabilités internationales, et, partant, à leur statut de superpuissance.

De nouveaux équilibres internationaux

La liberté d'action qui caractérise le domaine d'action des flottes rencontre cependant des obstacles qui pourraient, à moyen terme, infléchir les équilibres internationaux. Des acteurs étatiques et non étatiques développent des stratégies de contestation de la suprématie occidentale en mer, reflétant non seulement la tendance à la diffusion de technologies avancées mais aussi, de manière plus structurelle, un rééquilibrage des rapports de force mondiaux. L'objet principal de ces stratégies de contestation semble être de dissuader, ou à tout le moins d'augmenter le coût humain, économique et donc politique, des opérations de projection de force.

Susceptibles de sanctuariser des zones de haute valeur ou d'intérêt stratégique, les stratégies militaires de contestation permettent aussi à des États désireux de « territorialiser » des espaces maritimes (en mer de Chine, en Méditerranée orientale et Arctique notamment) de pousser plus fermement leurs revendications et ambitions. Jouant sur la « zone grise » séparant la paix de l'agression armée, ils procèdent à un grignotage progressif des espaces maritimes, qu'ils justifient par une interprétation libre, voire biaisée, de la Convention des Nations unies sur le droit de la mer. Si les raisons à l'origine de ce mouvement sont diverses – les motifs les plus courants étant de nature économique (contrôle des ressources énergétiques, halieutiques ou des minerais stratégiques) –, la liberté de naviguer peut être également contestée par des acteurs menaçant de bloquer les grandes voies de communication maritimes. Présentes au cœur de cette problématique, les marines militaires sont tenues d'adapter leurs capacités et leurs modes opératoires.

Les modes de contestation

En temps de paix, les dynamiques de contestation prennent des formes variées allant du harcèlement à l'arraisonnement et à la séquestration des navires étrangers et de leur équipage. Une menace militaire plus latente semble aujourd'hui s'affirmer, en lien avec le développement et la diffusion de systèmes d'armes modernes, disposant de longues portées qui rendent possibles des stratégies d'intimidation et de chantage. Le positionnement avantageux de certains systèmes d'armes et l'implantation d'installations clandestines sur des territoires contestés peuvent ainsi être employés pour exercer une pression politique, et décourager l'implication des flottes de pays rivaux ou tiers dans une zone d'influence ou un différend territorial.

La mer de Chine

En mer de Chine méridionale par exemple, la stratégie chinoise de contestation navale se manifeste sous la forme de « bulles » défensives, architectures de systèmes d'armes composés d'éléments de guerre électronique, de systèmes antiaériens et antinavires portant souvent jusqu'à plus d'une centaine de kilomètres. Pékin positionne ces capacités sur des bancs de sable immergés, « poldérisés » (donc remblayés) et transformés en bases militaires. Les installations les plus abouties disposent d'une piste d'atterrissage pouvant accueillir des avions de combat et de transport stratégique, des stations d'écoute et des installations portuaires. Depuis 2013, l'effort de construction s'est accéléré, permettant à l'armée chinoise de disposer aujourd'hui de 27 points d'appui dans la région. Par leur seule présence, et sans même être employées dans un conflit ouvert, ces capacités font peser une menace latente sur tout navire – en particulier militaire – qui ne respecterait pas les procédures dictées par les entités administratives chinoises dans la zone.

Le golfe Arabo-Persique

Dans le golfe Arabo-Persique où passe, chaque année, 30 % du trafic de pétrole brut mondial, Téhéran renforce des capacités depuis longtemps tournées vers la contestation navale. La proximité du goulet d'étranglement formé par le détroit d'Ormuz confère à l'Iran un puissant levier. L'impact économique immédiat et considérable d'actions de harcèlement, voire d'une tentative de blocus, sur l'ensemble de l'économie mondiale, impose au régime la prudence, mais tient en parallèle lieu d'argument de négociation dans le bras de fer avec Washington.

Les Gardiens de la Révolution cherchent à crédibiliser leurs menaces par des démonstrations de force régulières et mettent en scène à grand frais leur capacité à fermer le détroit. Lors de l'exercice *Grand Prophète 9* de 2015, ils se sont ainsi entraînés à détruire une réplique de porte-avions américain. Les déclarations ultérieures des officiels iraniens ne laissent guère de doute quant à l'objectif psychologique et médiatique de la manœuvre. La stratégie de contestation iranienne combine des capacités de harcèlement et de minage ainsi que des missiles sol-sol et antinavires capables de frapper entre autres les bases à partir desquelles les forces américaines opèrent sur la rive opposée du golfe Persique.

Un troisième axe de contestation est mis en œuvre par des groupes non étatiques affiliés à Téhéran. Appuyés par leur allié iranien, les Houthis ont revendiqué des attaques sur des navires, émiratis et américains, en mer Rouge en 2016 et en 2018 au moyen de drones navals et de missiles antinavires. Là aussi, la proximité de deux points de passage stratégiques – le détroit de Bab-el-Mandeb et le canal de Suez – offre à Téhéran et à ses alliés un levier certain. Toutefois, celui-ci est sans doute plus fort lorsque la menace reste latente que si elle est mise à exécution, ce qui aboutirait à l'isolement de l'Iran.

Mer Noire et mer Baltique

En mer Noire, en Méditerranée orientale et en mer Baltique, la Russie a procédé de façon analogue en positionnant des systèmes à longue portée censés lui offrir la capacité d'appuyer l'action de ses flottes sur ces théâtres régionaux, voire de verrouiller ceux-ci en temps de crise par la seule menace d'attaque. Après l'annexion de la Crimée, la Russie a rapidement positionné des batteries de son système antiaérien *S-400* et de missiles antinavires, marquant par là une double volonté de sanctuariser sa stratégie de fait accompli et de décourager une intervention militaire conventionnelle occidentale. À proximité de mers intérieures comme la mer Noire ou la mer Baltique, la possession et le déploiement de capacités d'intervention à longue portée depuis la Crimée ou l'enclave de Kaliningrad revêtent un potentiel de nuisance géographiquement circonscrit, mais d'autant plus considérable qu'il se double de navires de surface, de sous-marins et de capacités aériennes locales (chasse, patrouille maritime, lutte anti-sous-marine).

Le retour de la compétition navale

Les ambitions stratégiques accompagnant certaines des économies émergentes ont fait naître une dynamique de compétition navale à travers le globe. Celle-ci est nulle part plus active qu'en Asie, où les programmes de construction ont atteint des rythmes inédits. Au rythme de production actuel des chantiers navals chinois, la Marine de l'Armée populaire de libération (MAPL) arme tous les quatre ans l'équivalent en tonnage de la Marine nationale française, ou de la Royal Navy britannique. L'entrée en service du destroyer lourd type *055* prévue en 2019 ou la montée en puissance des capacités aéronavales chinoises – les deux premiers porte-avions devant être admis au service actif en 2022 – attestent que le processus n'est pas seulement quantitatif et ambitionne une montée en compétence sur l'ensemble du spectre capacitaire.

Cette évolution suscite nombre d'inquiétudes chez les voisins de Pékin, les plus directement exposés à des capacités de plus en plus robustes et à un niveau d'ambition grandissant. À l'échelle de la région, l'effort de modernisation vise un large panel de capacités (porte-avions, frégates antiaériennes, capacités de détection et de surveillance), destinées à appuyer la projection des marines dans des espaces océaniques. La tendance est particulièrement nette sur le segment des sous-marins, où des programmes d'acquisition étoffés (Australie, Corée du Sud, Inde) permettront à terme, *via* des transferts de technologie, de développer des compétences nationales. La Russie est également très présente grâce à la large diffusion qu'ont connu les sous-marins de la classe *Kilo*, exportés en Chine, Inde, Algérie, Iran, et dernièrement au Vietnam.

Les limites russes

En Europe, la réaffirmation stratégique de la Russie depuis 2014 a conféré à ses flottes une visibilité renouvelée. Sa longue intervention militaire en Syrie a illustré l'ambivalence de sa remontée en puissance militaire déclinée dans le domaine naval. La modernisation de sa flotte l'a dotée de capacités nouvelles, démultipliant les moyens de frappe en profondeur, mais l'ambitieux programme de construction navale russe connaît nombre de ralentissements, peinant à rajeunir la flotte. Les programmes de construction navale bénéficiant d'une coopération technique avec des pays étrangers (Allemagne, France, Ukraine…) ont souffert des suspensions de livraison décidées dans le cadre des sanctions suite à l'annexion de la Crimée, et d'un budget de défense contraint. Ce ralentissement, combiné au retrait des grands navires de surface construits à la fin de la guerre froide, crée un phénomène de pénurie, qui a amené la marine russe à adapter plusieurs bâtiments (croiseurs *Kirov*, destroyers *Udaloy*, sous-marins *Oscar*), ainsi que des corvettes, à l'emport de missiles de croisière mer-sol *Kalibr* à longue portée, pour compenser la réduction de la flotte.

La compétition navale peut aussi prendre d'autres formes, accessibles à un plus large nombre d'États. Techniquement très exigeant, le domaine naval militaire a toujours été l'apanage d'États riches et dotés des meilleurs chantiers de construction navals. Or la plupart des marines émergentes dépendent encore, à des degrés divers, de technologies étrangères (Corée du Sud, Turquie, Inde, Brésil). D'autres acteurs, comme les forces iraniennes, choisissent de compenser leur faiblesse capacitaire en armant un nombre plus important de vedettes obsolètes mais équipées de lance-missiles performants et à longue portée. La destruction de la corvette *Cheonan* par un sous-marin de poche nord-coréen en avril 2010 a démontré que des capacités de contestation limitées peuvent se révéler dangereuses.

Quelle réponse pour les marines occidentales ?

En dépit des risques bien réels pesant sur leurs bâtiments, les marines de guerre occidentales ont pu, ces trente dernières années, s'affranchir des menaces auxquelles elles étaient confrontées. Plusieurs approches pouvaient être envisagées pour garantir leur sécurité : limiter les risques en opérant hors de la zone menacée par les systèmes adverses grâce à une allonge supérieure (missiles de croisière, aviation embarquée) ou, au contraire, accepter une plus grande prise de risque en pénétrant dans la zone sous menace. Le plus souvent, une part de vulnérabilité des navires de surface est acceptée, compensée par des mesures de protection : mobilité des navires ainsi difficiles à cibler à longue portée, systèmes de contre-mesures électromagnétiques contrant les capteurs adverses, défense antiaérienne et antimissile…

Le durcissement de la menace et la perspective de scénarios de confrontation avec des adversaires plus sophistiqués telles la Chine ou la Russie font toutefois ressurgir les débats de la fin de la guerre froide sur la pertinence des marines de surface dans un environnement marqué par la profusion des capacités de frappe antinavire. Des études menées depuis cette époque ont ainsi mis en cause la capacité des grands navires de guerre (*capital ships*) à se prémunir contre un éventail grandissant de moyens de frappe tirés depuis la côte. En particulier, le développement par la Chine de missiles balistiques antinavires (variantes des missiles *DF-21* et *DF-26*, portant respectivement à 1 700 et 3 000-4 000 kilomètres), qui semblent destinés à neutraliser les porte-avions américains à très longue distance, a suscité des interrogations, aux États-Unis comme en France, sur l'avenir du porte-avions comme colonne vertébrale des marines de guerre.

Les observateurs les plus sceptiques avancent que ces derniers seraient vulnérables non seulement dans les espaces maritimes resserrés comme la Méditerranée ou le golfe Arabo-Persique, mais aussi dans les espaces plus ouverts tels les océans – le Pacifique occidental focalisant l'attention. Toutefois, la réalité opérationnelle et les atouts stratégiques des porte-avions ont pour l'heure abouti à préserver leur rôle futur. Par ailleurs, il reste techniquement difficile de prendre pour cible des navires modernes à des centaines de kilomètres de distance, d'autant qu'un porte-avions n'est jamais déployé sans une escorte compensant ses faiblesses relatives, et pouvant répondre aux capacités adverses susceptibles de l'attaquer.

La réponse des marines de surface

Pour faire face à l'augmentation qualitative de la menace, la marine américaine développe l'autoprotection de ses navires. De manière plus structurelle, la tendance est pour l'US Navy au retour de la « masse », gage de résilience et de capacités opérationnelles et stratégiques accrues – notamment dans le cas où plusieurs crises interviendraient simultanément. Elle a ainsi formellement réhaussé fin 2016 le niveau d'ambition de sa structure de force, avec un objectif de 355 bâtiments dont 66 sous-marins (contre 287 fin 2016). Pour l'heure cependant, il est impossible d'envisager une échéance précise quant à la réalisation de cet objectif.

Les interrogations sur le sort des flottes de surface – par opposition aux flottes sous-marines, relativement moins exposées – trouvent un écho particulier en

Europe, où le format des flottes, victimes de la contraction des budgets de la défense depuis la fin de la guerre froide, a fortement diminué, les rendant moins résilientes à la perte de l'un de leurs bâtiments.

En France, la Marine nationale a initié le plan Mercator, qui vise à adapter les capacités navales à l'hypothèse d'une intervention dans des mers contestées, à l'horizon 2030. Si l'intégration systématique des drones (combat, observation, lutte antimines...), des capacités de surveillance des navires dans des architectures de veille collaborative, et le renforcement des capacités offensives et défensives font partie des mesures phares, le renouvellement des plates-formes (sous-marins nucléaires d'attaque, frégates de premier rang) et la croissance quantitative de certaines classes de bâtiments (patrouilleurs, bâtiments multimissions) seront des enjeux majeurs pour garantir l'aptitude à faire face à la diversité des scénarios d'engagement.

***

La période qui s'ouvre expose les pays européens à un dilemme qui pourrait les conduire à disperser leurs efforts. La préparation à la guerre de haute intensité en mer s'annonce à nouveau comme une tendance structurante. Cette situation implique, comme l'a souligné le chef d'État-major de la Marine nationale, d'apprendre à opérer dans un milieu « miné, brouillé, "hacké", NRBC (arme nucléaire radiologique, biologique et chimique), tout en se préparant à faire face [...] aux missiles les plus complexes ».

Mais la diffusion rapide à l'échelle mondiale de capacités de contestation plus rustiques et moins coûteuses complique encore la situation. Face à ces tendances, trois lignes d'effort se proposent. Tout d'abord, l'allocation de moyens financiers adaptés à la remontée en puissance, et alloués à des capacités non seulement à hauteur de la menace mais disponibles en nombre suffisant. Puis, face à des menaces complexes et variées, le renforcement de l'interopérabilité entre les capacités terrestres, aériennes, spatiales et cybernétiques, qui s'annonce central. Enfin, les océans étant trop vastes pour pouvoir être contrôlés en permanence par un seul acteur, le renforcement des partenariats stratégiques et opérationnels, en Europe et au-delà, est appelé à rester un enjeu décisif.

M. P.

Pour en savoir plus

- J. I. Bekkevold et G. Till, *International Order at Sea: How It Is Challenged. How It Is Maintained*, New York, Palgrave MacMillan, 2016.
- R. Castex, *Théories stratégiques*, édité par H. Coutau-Bégarie, Paris, Economica, 1996.
- *Plan Mercator. Projection vers 2030. Un cap, un équipage, notre marine*, Marine nationale, 2018.

Piraterie maritime : espaces, formes et évolutions

Une menace bien réelle, mais évolutive

La résurgence de la piraterie au large des côtes somaliennes dans les années 2000 a poussé les opérateurs maritimes et les puissances internationales à investir massivement pour sécuriser les grandes routes commerciales. Cette réponse a progressivement porté ses fruits, et le théâtre principal de la piraterie maritime s'est déplacé vers le golfe de Guinée. Aujourd'hui, l'efficacité des mesures de prévention et de protection dépend de la capacité des acteurs à communiquer exhaustivement sur les incidents, et à réagir de manière systématique et coordonnée.

En dépit des efforts des grands acteurs du secteur maritime pour prévenir les attaques visant les navires marchands, et mieux les protéger du risque de piraterie, la menace reste vive dans plusieurs régions du globe. Le fait que mers et océans apparaissent à nouveau comme des espaces d'affrontements (golfe Arabo-Persique, golfe d'Oman, mer de Chine méridionale, mer Noire, mer d'Azov…) ou comme des zones de tension politique entre alliés (crise migratoire en Méditerranée) ne peut faire oublier la permanence du risque de piraterie et de brigandage maritimes.

La Convention des Nations unies sur le droit de la mer (CNUDM) définit ainsi la piraterie dans sa version de 1982 :

> « a) tout acte illicite de violence ou de détention, ou toute déprédation, commis par l'équipage ou des passagers d'un navire ou d'un aéronef privé, agissant à des fins privées, et dirigé 1) contre un autre navire ou aéronef, ou contre des personnes ou des biens à leur bord, en haute mer, 2) contre un navire ou aéronef, des personnes ou des biens, dans un lieu ne relevant de la juridiction d'aucun État ;
>
> b) tout acte de participation volontaire à l'utilisation d'un navire ou d'un aéronef, lorsque son auteur a connaissance de faits dont il découle que ce navire ou aéronef est un navire ou aéronef pirate ;
>
> c) tout acte ayant pour but d'inciter à commettre les actes définis aux lettres a) ou b), ou commis dans l'intention de les faciliter.[1] »

1. Organisation des Nations unies, « Convention des Nations unies sur le droit de la mer », *Recueil des Traités*, n° 31363, 16 novembre 1994.

Le brigandage maritime se distingue de la piraterie en ce qu'il intervient en principe dans les eaux intérieures, archipélagiques ou territoriales d'un État[2].

Un peu d'histoire

Dès l'antiquité gréco-romaine, les commerçants méditerranéens prennent des mesures pour se prémunir contre l'attaque des navires marchands. Aux XVIe et XVIIe siècles, le phénomène s'organise et se professionnalise. Des groupes de bandits peuvent agir sur des mers et océans toujours plus divers et lointains, car ils jouent désormais sur un échiquier géopolitique mondial qui voit les puissances navales européennes s'affronter pour la maîtrise des routes commerciales vers l'Asie et les Amériques. C'est la grande époque des pirates, boucaniers, flibustiers ou corsaires qui usent de méthodes similaires et qui sont mandatés par les États pour s'en prendre aux intérêts commerciaux de leurs rivaux. Atlantique nord, Caraïbes, Afrique de l'Ouest, océan Indien, mer de Chine : toutes les grandes routes maritimes sont touchées par le phénomène.

Au XIXe siècle, les puissances coloniales européennes, soucieuses de démontrer leur capacité à sécuriser l'ensemble de leurs territoires, font de la lutte contre la piraterie une priorité. Le phénomène tend dès lors à s'estomper. Pendant plusieurs décennies, les pirates ne sont plus que trafiquants et contrebandiers, sans réelle base géographique fixe, et ne disposant que d'une capacité de nuisance limitée sur les activités commerciales internationales.

L'avènement de la piraterie moderne

C'est à la fin du XXe siècle que la piraterie réapparaît comme enjeu sécuritaire grandissant sur divers espaces maritimes. La résurgence du phénomène est d'abord observée dans le Sud-Est asiatique. À partir des années 1990, le nombre d'incidents rapportés dans le détroit de Malacca et dans les eaux indonésiennes voisines augmente régulièrement : plus d'un tiers des attaques mondiales sont enregistrées dans cette zone au début des années 2000. Les pirates de la région ciblent alors en priorité les cargaisons des navires, notamment les chargements de pétrole, de gaz et d'autres matières premières. Une coopération entre les États concernés permet de limiter le nombre d'attaques dans cette zone au milieu des années 2000.

Au même moment, la piraterie refait massivement surface autour des côtes est-africaines. Disposant d'un des plus longs littoraux du continent, sur les eaux d'un golfe d'Aden hautement stratégique pour le commerce international, avec une population jeune, extrêmement pauvre et sensible aux discours selon lesquels les grandes sociétés étrangères pillent ses ressources halieutiques, la Somalie apparaît très vite comme propice à l'explosion de la piraterie moderne. Les premières attaques sont menées par des petits groupes et visent le vol d'équipements des navires marchands, d'effets personnels des membres d'équipage, voire de cargaisons de produits alimentaires et d'aide humanitaire.

2. Organisation maritime internationale, « Code of Practice for the Investigation of Crimes of Piracy and Armed Robbery against Ships », Résolution A.1025(26), 2 décembre 2009.

La question somalienne

Mais très vite la piraterie somalienne s'organise et devient une véritable industrie criminelle, faisant peser une menace extrême sur l'ensemble du transport maritime. Les pirates somaliens acquièrent alors expertise et moyens leur permettant de cibler une grande diversité de types de navires, dans des zones toujours plus éloignées de leurs bases terrestres. Entre 2008 et 2011, alors que le phénomène est à son apogée, des centaines d'attaques sont enregistrées chaque année dans la zone du golfe d'Aden, de la mer d'Arabie et de l'océan Indien. Les pirates sont alors capables de détourner des navires de grande taille transitant à plusieurs centaines de miles nautiques au large de la Somalie et de kidnapper les équipages pour exiger des rançons. Au-delà des enjeux sécuritaires, l'impact économique du phénomène est considérable. La Banque mondiale évalue alors le coût économique de la piraterie est-africaine à plusieurs milliards de dollars par an.

Toutefois, les rançons versées et les dommages aux navires attaqués ne représentent qu'une part limitée de ce coût global. Celui-ci s'explique principalement par l'ensemble des mesures prises pour lutter contre la piraterie. Parmi celles-ci, les modifications d'itinéraires et l'augmentation de la vitesse des navires lors des transits dans les eaux dangereuses sont les plus onéreuses : elles impliquent un surcoût en carburant qui, pendant plusieurs années, représente la part la plus importante des dépenses engagées par les opérateurs pour se protéger contre les pirates. Les compagnies maritimes doivent également faire face à des surcoûts liés à l'installation d'équipements de protection spécifiques sur leurs navires, à l'augmentation des primes d'assurance, et à l'augmentation des frais relatifs aux ressources humaines (versement de primes de risque, formation renforcée des équipages…).

Prévenir les attaques, protéger les navires

Le développement, puis le déploiement, des outils juridiques, militaires et sécuritaires qui, en quelques années, permettent d'endiguer le phénomène au large de la Corne de l'Afrique, se fait également à cette période au prix d'investissements massifs. La réglementation évolue pour exiger des opérateurs une plus grande maîtrise du risque, notamment en termes de prévention. De grands bailleurs de fonds institutionnels financent un certain nombre de programmes visant à renforcer les forces de sécurité et le système judiciaire des pays d'origine des pirates.

La protection physique des navires de commerce est assurée par le lancement, à la fin des années 2000, de plusieurs opérations militaires coordonnées, telles la *Combined Task Force 151* (réunissant plusieurs dizaines de pays à l'initiative des États-Unis) ou la mission européenne *Atalante*. Ces opérations ont depuis été régulièrement renouvelées. Elles assurent des patrouilles régulières autour des principaux corridors commerciaux du golfe d'Aden, mettent parfois à disposition des bâtiments pour l'escorte des convois, et peuvent dans certains cas déployer des commandos à bord de navires marchands. C'est aussi dans le cadre de ces opérations que des individus suspectés de piraterie peuvent être appréhendés en pleine mer et que des missions de sauvetage sont menées à bien en cas d'attaque. Par ailleurs, les compagnies maritimes ont davantage recours, depuis les années 2010, aux services de compagnies de sécurité privées pour déployer à bord de leurs navires des gardes de plus en plus souvent armés, pour protéger leur flotte en transit au large de la Somalie. Là encore, les législations s'adaptent pour encadrer la pratique et permettre sa généralisation progressive.

Le golfe de Guinée

En 2012, les efforts conjoints des opérateurs, des forces navales et des administrations commencent à porter leurs fruits au large de la Somalie, si bien que le nombre de marins attaqués dans la zone commence à diminuer de manière significative. Pourtant, les pirates continuent à sévir. Progressivement, le centre de gravité du phénomène se déplace de la Corne de l'Afrique vers le golfe de Guinée, à l'ouest du continent. Les pirates ne sont plus somaliens, mais en grande majorité nigérians. Les eaux du Nigéria ont toujours été menacées par des groupes criminels pouvant dans une certaine mesure être apparentés à des pirates, mais pendant longtemps ces derniers ont agi près des côtes, voire dans les eaux intérieures du delta du Niger, et ont concentré leurs efforts sur le détournement de cargaisons de produits pétroliers. À partir de 2012, on observe dans la zone une nouvelle tendance : les cas de kidnappings se multiplient à bord de navires marchands. Petit à petit, les pirates nigérians s'aventurent plus loin de leurs bases, menant des attaques à plusieurs dizaines de miles nautiques des côtes, y compris au large d'autres pays ouest-africains. Depuis lors, l'évolution du cours du pétrole influence directement le fait que les pirates nigérians s'en prennent soit à la cargaison, soit à l'équipage des navires ciblés.

La piraterie somalienne a marqué les esprits. Elle a été fortement médiatisée et a provoqué une réaction massive des acteurs publics et privés. Mais on ne doit pas s'y tromper : depuis plusieurs années maintenant, la piraterie nigériane est un problème plus immédiat et quotidien pour les opérateurs maritimes. Les attaques dans le golfe de Guinée sont beaucoup plus fréquentes et généralement plus violentes que dans l'océan Indien. Les moyens déployés pour la protection des navires marchands y sont également plus limités. En effet, là où l'absence totale de contrôle étatique rendait souhaitable, et possible, une délégation de souveraineté à d'importantes coalitions internationales pour faire face au risque de piraterie dans l'océan Indien, le golfe d'Aden et les eaux somaliennes, les États d'Afrique de l'Ouest – et notamment le Nigéria – restent très attachés à leur souveraineté et se montrent beaucoup moins enclins à accepter une présence navale étrangère directe et massive dans leurs eaux territoriales ou leurs zones économiques exclusives. Pour ces mêmes raisons, le déploiement de gardes armés à bord des navires marchands est plus difficile à mettre en place dans le golfe de Guinée qu'au large de la Corne de l'Afrique.

Aujourd'hui : un état des lieux

Si l'on ajoute à ce qui précède les difficultés des autorités nigérianes à exercer un réel contrôle sur l'ensemble de leurs territoires donnant sur le delta du Niger, on comprend que le phénomène continue à s'aggraver dans la région. Selon les statistiques publiées par le Bureau maritime international (BMI), sur les 223 incidents de piraterie et brigandage maritime de l'année 2018, plus d'un tiers (81) ont eu lieu près des côtes ouest-africaines, dont une majorité (48) dans les eaux du Nigéria. La mer de Chine méridionale est la deuxième zone la plus affectée si l'on se réfère à la fréquence des attaques ; 57 incidents ont été rapportés au BMI en 2018. Suivent la zone comprenant l'océan Indien, la mer d'Arabie, le golfe d'Aden et l'ensemble de l'Afrique de l'Est (36 incidents), l'Amérique du Sud et les Caraïbes (22 incidents), puis les détroits de Malacca et Singapour (8 incidents).

Pour bien comprendre la particularité du phénomène dans le golfe de Guinée, il faut insister sur le fait que c'est la seule région du monde à avoir vécu une forte hausse du nombre d'incidents graves (navires détournés ou ayant essuyé des tirs, membres d'équipages kidnappés) ces dernières années. C'est là que le ratio des attaques impliquant l'usage d'armes à feu est le plus important (26 % des attaques en 2018, contre 17 % au niveau mondial). C'est également là que le plus grand nombre d'attaques a été enregistré hors des eaux territoriales des États côtiers.

Partout ailleurs, la menace relève désormais plus du brigandage maritime que de la piraterie en haute mer, puisque la grande majorité des navires sont abordés dans les eaux territoriales, à l'ancrage, lors d'opérations de transbordement, de cabotage, de remorquage, voire à quai dans les infrastructures portuaires. En dehors du golfe de Guinée, seules quelques rares attaques dans l'océan Indien ou en mer de Chine méridionale se sont produites dans les eaux internationales. En 2018 toujours, les incidents enregistrés dans les eaux internationales ne représentaient plus que 22 % des incidents globaux, contre 43 % encore l'année précédente. Le nombre de marins kidnappés a aussi globalement diminué entre 2017 et 2018. Mais là encore, la région du golfe de Guinée ne suit pas le mouvement : 84 des 93 marins kidnappés dans le monde en 2018 l'ont été dans des zones où sont actifs les pirates nigérians.

Prévention, sensibilisation, protection

L'expérience des deux dernières décennies suggère plusieurs conclusions. D'abord, lorsqu'elles sont coordonnées et autant que possible généralisées, les mesures de prévention et de protection développées pour lutter contre les pirates sont généralement efficaces. Ces derniers, comme la plupart des acteurs criminels, choisissent le plus souvent leurs cibles en fonction de leur vulnérabilité apparente ou supposée. Le respect des recommandations d'usage contenues dans divers documents de référence (*Best Management Practices to Deter Piracy and Enhance Maritime Security in the Red Sea, Gulf of Aden, Indian Ocean and Arabian Sea (BMP5)* ; *Guidelines for Owners, Operators and Masters for Protection against Piracy in the Gulf of Guinea* ; *Global Counter Piracy Guidance for Companies, Masters and Seafarers* ; *Regional Guide to Counter Piracy and Armed Robbery against Ships in Asia…*) permet de limiter cette vulnérabilité. Si les mesures qui y sont préconisées suffisent souvent à décourager les assaillants, elles permettent aussi de réduire les chances de succès d'une attaque ou d'en limiter les conséquences.

Par ailleurs, la collusion entre résurgence des activités criminelles en mer et détérioration des conditions économiques, politiques et/ou sécuritaires à terre se confirme au fil du temps. Comme on l'a vu, à l'exception des eaux du golfe de Guinée et de quelques cas isolés en océan Indien, les incidents se produisent désormais le plus souvent très près des côtes, voire dans les ports.

Parmi les zones les plus touchées ces dernières années, on peut notamment citer, en Amérique, l'État vénézuélien d'Anzoátegui, la baie de Port-au-Prince (Haïti) ou les alentours du port péruvien de Callao. En Afrique, Lagos (Nigéria) est le port autour duquel les tentatives d'abordage criminel de navires marchands sont les plus nombreuses. Mais d'autres ports importants comme Takoradi (Ghana), Pointe-Noire (Congo), Abidjan (Côte d'Ivoire), Conakry (Guinée), Lomé (Togo), Cotonou (Bénin), Monrovia (Libéria) ou encore Freetown (Sierra Leone) doivent faire face à la menace de brigandage maritime. En Asie, les incidents ne sont pas rares autour de Chittagong (Bangladesh), Kandla (Inde), Caofeidian (Chine), Cam Pha (Vietnam), Manille et Batangas (Philippines), et près des îles de l'archipel de Riau (Indonésie), des Sulu (Philippines), ainsi qu'à l'approche des ports indonésiens situés dans les détroits de la Sonde et de Macassar.

Dans la plupart de ces zones, la fréquence des incidents de brigandage maritime augmente à mesure que la situation économique et sociale se détériore à terre, que les conditions environnementales se dégradent, ou que d'autres failles de sécurité (liées notamment aux trafics) apparaissent.

En outre, il reste parfois difficile pour les principaux organismes spécialisés, dont le BMI, d'obtenir une cartographie fidèle et à jour de la menace de piraterie. En dépit des efforts de sensibilisation menés auprès des opérateurs, la fiabilité du *reporting* des incidents reste très insuffisante dans de nombreuses régions du monde. C'est ainsi qu'en Amérique latine, des abordages de porte-conteneurs sont parfois présentés comme relevant de la piraterie alors qu'ils sont souvent liés au trafic de drogue, et que l'intention des assaillants est très différente de celle de potentiels pirates. Dans le même temps, de nombreuses attaques de plates-formes pétrolières ou de navires de support dans le golfe du Mexique ne font pas l'objet de *reporting*, alors même que leur mode opératoire évoque des attaques qui peuvent être observées, par exemple, dans le golfe de Guinée. Un *reporting* efficace est une étape essentielle dans le processus d'évaluation de la menace, en ce qu'il permet de lui apporter les réponses appropriées avant qu'elle ne prenne trop d'ampleur.

S. B.

Pour en savoir plus

- Bureau maritime international, « Piracy and Armed Robbery against Ships », juillet 2018.
- S. Benotti, « Piraterie maritime : la maîtrise du risque ? », *Note de synthèse n° 199*, Institut supérieur d'économie maritime Nantes–Saint-Nazaire, avril 2018.
- Y. Giron (dir.), « Les nouvelles criminalités maritimes », *Sécurité globale*, n° 13, été 2018.

Voir également la carte « La piraterie dans le monde en 2019 », p. 323 de cet ouvrage.

Le corridor maritime d'Asie orientale

Le nouveau cœur du système-monde ?

Le corridor maritime d'Asie orientale s'appuie sur un héritage historique renouvelé par la redéfinition et la re-hiérarchisation des capacités économiques régionales. Les principaux *hubs* portuaires se sont d'abord affirmés en avance économique sur les pays qu'ils desservaient. Ils sont, pour les plus importants d'entre eux, désormais reliés à des économies dynamiques. L'équilibrage entre les *hubs* historiques et les ambitions chinoises s'annonce comme un enjeu géopolitique majeur.

Toute étude d'un système portuaire transnational ou d'un réseau maritime régional se doit de débuter par une mise en perspective avec des aires géographiques comparables, pour faire ressortir points communs et spécificités. Ce que l'on pourrait appeler le « corridor maritime d'Asie orientale », de Singapour à Vladivostok, relève d'un squelette à la configuration ancienne, héritée à la fois de l'époque coloniale et du *global shift* d'après-guerre[1].

Une configuration traditionnelle

Les principaux piliers asiatiques qui servent de *hubs* de redistribution (ou transbordement) à conteneurs sont inchangés depuis les années 1960-1970 : ce sont les « Dragons » (Corée du Sud, Hong Kong, Taïwan et Singapour), devenus rivaux du Japon et de la Chine, les grandes puissances économiques et politiques régionales. Ces *hubs* maritimes, qui reçoivent les plus gros navires et polarisent le corridor depuis des décennies, ont en commun d'être d'anciennes cités-États britanniques (Hong Kong et Singapour) ou des îles séparées du continent pour des raisons d'abord politiques (39e parallèle depuis 1953 pour la Corée du Sud, indépendance de Taïwan en 1949), tous ayant en commun d'être des enclaves capitalistes dans une région morcelée où la guerre froide subsiste sous différents visages (par exemple la Corée du Nord, le Laos, le Vietnam, mais aussi l'ambivalence chinoise).

Si la configuration d'autres régions maritimes de transbordement (comme celle des *hub-and-spokes*) repose sur des critères communs, bien des spécificités confèrent à l'Asie orientale un caractère unique. Les Caraïbes et la Méditerranée sont deux

1. Les historiens maritimistes et/ou de l'Asie font remarquer que les ports modernes, tout comme en Méditerranée, se sont développés sur les ruines des anciens royaumes et comptoirs.

bassins semblables du point de vue de la présence d'une synapse vitale, mais de nature différente : les canaux transocéaniques de Suez et Panama jouent le rôle du détroit de Malacca, mais restent des entités physiques et stratégiques bien différentes, ayant chacune un coût et une gouvernance particuliers. C'est d'ailleurs pour ces raisons que la Chine tente d'imposer ses Nouvelles routes de la soie par le contournement de Malacca (pont terrestre *via* la Birmanie), Suez (pont terrestre *via* Israël) et Panama (projet de canal au Nicaragua). Un autre point commun est l'insularité, ou la péninsularité, des *hubs* portuaires principaux, comme la Jamaïque (Kingston), Puerto Rico (Ponce), les Bahamas (Freeport) ou encore la Floride (Miami) dans les Caraïbes ; le sud du Portugal (Sines), le Rif marocain (Tanger Med), le sud espagnol (Algésiras), la Sardaigne (Cagliari), le sud de l'Italie (Gioia Tauro, Tarente), Malte (Marsaxlokk), la Grèce (Le Pirée) et la Méditerranée occidentale (certains ports de Chypre, de la Turquie et de l'Égypte).

Or une particularité majeure est qu'en Asie orientale ces *hubs* se doublent d'une avance économique énorme sur les pays qu'ils desservent, ce qui n'est pas le cas des autres bassins, où ce sont plutôt des périphéries qui concentrent les flux. Dans tous les cas, ce ne sont pas (ou plus) les grandes puissances politiques qui centralisent le réseau régional. Le Japon, les États-Unis et l'Europe méridionale ont œuvré pour le déplacement des fonctions portuaires majeures le long d'une artère circumterrestre permettant la rationalisation des circulations, donc des gains opérationnels évitant aux géants des mers les anciens détours par les ports traditionnels voisins, plutôt localisés sur les continents (par exemple Bangkok, Houston ou Gênes). Les logiques portuaires concurrentielles ne sont donc pas les mêmes d'un bassin à l'autre.

Point commun entre la Méditerranée et l'Asie orientale : les *hubs* à conteneurs actuels se sont arrimés sur les anciens complexes d'industrie lourde dans le premier cas, et sur les zones franches d'industrie légère dans le second. Ce chemin de dépendance ne se retrouve pas dans les Caraïbes, où la logique politique prend le pas sur la logique économique. En effet, le *Jones Act* de 1982 interdit à tout navire étranger de réaliser du cabotage dans les eaux territoriales des États-Unis, rejetant de façon partiellement artificielle la fonction de *hub* vers les petits États caribéens, souvent caractérisés par une situation politique instable et une économie hyper-spécialisée.

Cette mise en perspective constitue le cadre de fond de l'évolution interne du corridor est-asiatique, et éclaire ses différentes temporalités et logiques, à la frontière de la logistique et de la géopolitique. Pourquoi la croissance portuaire chinoise – fulgurante – n'a-t-elle toujours pas abouti à une domination maritime sur ses voisins, lesquels conservent une avance qui n'est pourtant ni technologique ni économique (coûts portuaires) ? À l'inverse, quel est le bénéfice, pour les *hubs* principaux, de concentrer l'activité de transbordement, et donc la domination du système régional, étant donné les faibles retombées économiques de cette activité de transfert physique, et le développement parallèle de fonctions tertiaires supérieures comme la haute finance ou les industries *high-tech* ?

Les grandes tendances d'évolution de l'Asie orientale maritime

Importance des trafics portuaires

D'après le schéma 1, l'Asie orientale tout entière serait passée de 17 % du trafic maritime mondial en 1977 à plus de 35 % en 2016, soit un doublement qui la hausse à plus du tiers du total mondial. De façon régulière, l'Asie du Nord-Est concentre environ les deux tiers du trafic de l'Asie orientale, contre un tiers pour l'Asie du Sud-Est. Comment expliquer une telle évolution ?

Schéma 1 – Trafic maritime de l'Asie orientale, 1977-2016 (en tonnes de poids en lourd)

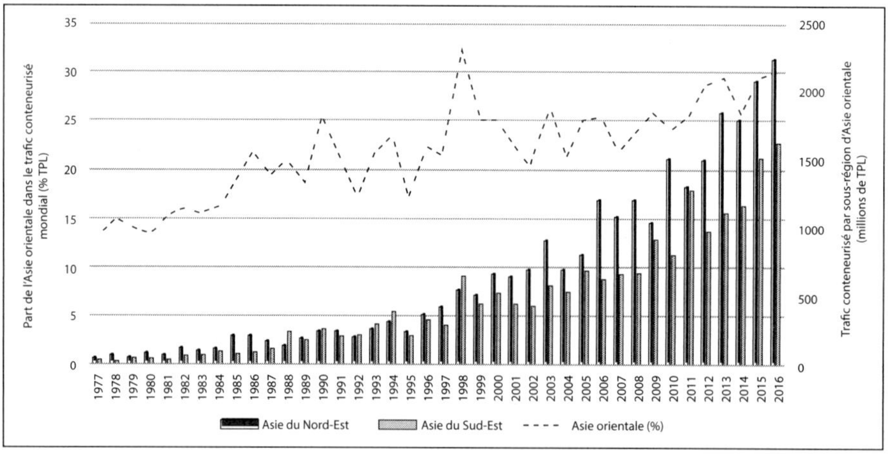

Source : auteurs, à partir des données Lloyd's.

Tout d'abord, l'Asie orientale a connu le *global shift* : une migration des usines japonaises vers les « Dragons » en interne, puis l'attraction de nombreuses usines et industries occidentales au cours du temps. Ces délocalisations semblent très artificielles, dans des pays qui ont connu la famine dans les années 1960 et sont quasiment dépourvus de matières premières (Corée du Sud) ou ne bénéficient pas d'un grand bassin de main-d'œuvre (Singapour, Hong Kong, Taïwan). Il y a donc mélange entre logique économique (faibles coûts salariaux, main-d'œuvre efficace et captive, développement de zones franches) et logique (géo)politique (contrôle des flux et renforcement d'un front capitaliste en temps de guerre froide). La stratégie de remontée de filière a permis aux « Dragons » de réitérer ces migrations manufacturières vers les « Tigres » (Malaisie, Philippines, Thaïlande, Indonésie, Vietnam) et d'investir le secteur tertiaire (industries *high-tech*), tout en gardant une base industrielle lourde vivace et innovante, parfois même protectionniste (comme le secteur automobile sud-coréen).

En général, les ports – même anciens – se sont développés en lien avec ce redéploiement industriel, mais ont aussi opéré du transit ou du transbordement international, comme entre Taïwan et la Chine *via* Hong Kong, ou entre le Japon, la Corée du Nord, l'Extrême-Orient russe et le nord de la Chine *via* la Corée du Sud (aide humanitaire et commerce réel). Des événements ou chocs brutaux comme le tremblement de terre de Kobé (1995) ou encore la dislocation du bloc soviétique (1991) sont aussi à la source de cette croissance. Depuis le début des années 2010, l'essentiel du trafic nord-coréen passe par la Chine, tandis que Busan continue d'être un *hub* régional pour le nord du Japon et la Chine septentrionale. La baisse absolue de trafic en 2009 pour l'Asie du Nord-Est – contrairement au Sud-Est – vient de ce que la première est plus peuplée et plus vulnérable à la crise financière mondiale, la seconde reposant surtout sur le transit. La réouverture aux échanges mondiaux en 1978 et l'accession de la Chine à l'Organisation mondiale du commerce (OMC) en 2001 expliquent également le surpoids du Nord par rapport au Sud.

Mutations fonctionnelles

Ces changements ont poussé les pays d'Asie orientale et leurs ports à adopter des stratégies ambitieuses pour rester dans la course, dans un contexte de transformation en profondeur du transport maritime : diffusion de la conteneurisation, croissance de la taille des navires, rationalisation des services réguliers des armateurs. Depuis la rétrocession (partielle) de Hong Kong à la Chine en 1997, le port de Yantian (Shenzhen) a été le premier à accueillir un gros-porteur sans passer par le *hub* hongkongais, en 1998. Cet événement marque le début de l'abandon progressif par Hong Kong des opérations de manutention, au profit de la Chine continentale et d'activités plus lucratives apportant davantage de valeur ajoutée (finance, courtage, assurance). Les ports chinois se sont depuis haussés au top 10 mondial des ports à conteneurs. Shanghai, bien qu'étant devenu le plus grand port du monde, toutes marchandises confondues, devant Singapour et Rotterdam, n'a pas encore misé, comme les « Dragons », sur la fonction de transit international ; il reste, même avec l'extension de Yangshan en 2005 qui représente en termes d'infrastructures dix fois Port 2000 au Havre, un nœud d'import-export à vocation domestique.

La Corée du Sud a, elle, continué à miser sur les deux tableaux : modernisation et expansion portuaire fulgurante depuis le milieu des années 1990, doublées d'une stratégie de *hub* logistique et financier (ainsi qu'aérien) en Asie du Nord-Est. Incheon, qui a remplacé Séoul comme aéroport international par poldérisation en 2001, a non seulement reçu plusieurs années de suite le titre de meilleur aéroport du monde, mais aussi développé des zones franches multifonctionnelles de pointe comme à Songdo, et partout sur le littoral ouest et sud. Incheon est aussi le seul nœud logistique avec Hong Kong à exercer, depuis peu, le transfert *air-sea*, c'est-à-dire utilisant l'aérien pour l'envoi rapide de produits à haute valeur ajoutée reçus par bateaux, surtout depuis la Chine.

Singapour est un cas à part. Cité-État mal reliée au continent, elle consacre l'essentiel de son activité portuaire au transit (plus de 80 % de son trafic conteneurisé). La concurrence régionale reste très faible, Singapour misant sur les opérations physiques de pointe mais aussi sur les activités maritimes liées (instituts, finance) pour garder une grande longueur d'avance en Asie du Sud-Est. C'est aussi le *hub* de l'Asie pour bien d'autres trafics comme le pétrole et le gaz, redistribués à toute l'Asie orientale depuis le Moyen-Orient. L'exception de 2001 a confirmé la règle : le départ en Malaisie (Tanjung Pelepas) de Maersk – le plus grand armateur conteneurisé mondial – a fait perdre 30 % au trafic de Singapour, avant qu'il n'y revienne une fois les coûts portuaires revus à la baisse. La concurrence peine ainsi à émerger dans cette région, même si l'Indonésie et la Malaisie continuent à renforcer leurs infrastructures, avec notamment l'expansion de Tanjung Priok (Djakarta) en 2018.

D'autres exemples vont dans ce sens, comme le renforcement des grands ports japonais depuis 2015 (politique des « super-ports ») : Tokyo-Yokohama, Nagoya et Osaka-Kobé, après une phase de déclin et de repli pour raisons environnementales. Taipei, avec son nouveau port créé en 2014, permet d'éviter 400 kilomètres de camionnage depuis Kaohsiung, *hub* portuaire traditionnel de l'île et première zone franche d'Asie, ouverte en 1966. La réouverture des relations commerciales, et donc des flux directs, entre Taïwan et la Chine continentale est une autre motivation, faisant d'autant plus perdre à Hong Kong son rôle de *hub* de transit entre les deux anciens rivaux.

Ports et géopolitique

La vision, ou la volonté, chinoise de développer une Nouvelle route maritime de la soie (*Maritime Silk Road*) a fait couler beaucoup d'encre. En faisant capoter le projet d'alliance Triple-A entre les trois grands armements européens et mondiaux (Maersk, CMA-CGM et MSC), la Chine s'est imposée comme puissance économique et politique dans ce secteur, libéralisant davantage ses ports (concessions à des opérateurs étrangers) et créant un circuit maritime distinct des routes habituelles circumterrestres. La fusion de China Shipping et de COSCO en 2018, suite à la banqueroute de Hanjin Shipping en Corée, confirme cette ambition accrue de puissance.

Deux éléments fondateurs de cette stratégie émergent au fur et à mesure de sa mise en place. Le premier est la volonté de contourner les pivots majeurs habituels, comme Singapour et le détroit de Malacca (voir le pont terrestre Chine-Myanmar), mais aussi le coûteux canal de Suez (pont ferroviaire traversant Israël) à l'ouest, mais aussi à l'est : projet de contournement du canal de Panama *via* le Nicaragua, le tout sur investissements chinois. La route terrestre Asie-Europe reste peu empruntée sauf pour des pondéreux allant vers les usines isolées en Russie et Asie centrale. La route arctique, contrairement aux idées reçues, est peu prometteuse pour des flux Asie-Europe directs, par manque d'infrastructures portuaires adéquates et de marchés à desservir ; la fonte des glaces y est saisonnière, d'où le besoin de navires brise-glaces à l'opération très coûteuse (assurances, pilotage). De plus, l'emprise douanière russe y est présente : le gain de temps et d'argent devient en conséquence caduc. Les flux sud-sud entre BRICS (Brésil et Chine notamment) se sont d'autant plus multipliés qu'ils ne passent plus par Suez. La route est devenue rentable, n'étant plus soumise au problème du retour à vide des conteneurs depuis l'Amérique du Nord vers la Chine.

L'autre pendant de la stratégie chinoise est l'investissement de manutentionnaires chinois dans les ports étrangers le long de cette route, comme au temps des comptoirs commerciaux : Gwadar (Pakistan), Djibouti, Le Pirée (COSCO) n'en sont que quelques exemples, qui marquent une prise d'autonomie par rapport aux réseaux portuaires traditionnels. Ces logiques privées au service de l'État se portent aussi vers le reste de l'Europe et surtout l'Afrique, celle-ci ayant basculé ces dernières années vers l'Asie, et surtout la Chine en termes d'échanges et d'investissements. La stratégie d'ensemble chinoise en étant encore à ses débuts, elle ne peut masquer la résilience des réseaux déjà établis et fortement contrôlés par les puissances et les nœuds capitalistes. Dubaï, Hong Kong et Singapour restent des pivots majeurs de la conteneurisation et des manutentionnaires globaux (DPW, HPH, PSA), avec chacun un réseau global sous forme de concessions, à l'instar de leurs homologues européens comme à Tanger Med, Malte et les grands ports d'Europe du Nord, Anvers et Rotterdam (CMA-CGM, Maersk, etc.).

***

Schéma 2 : Le corridor maritime d'Asie orientale en 2016 (en tonnes de poids en lourd)

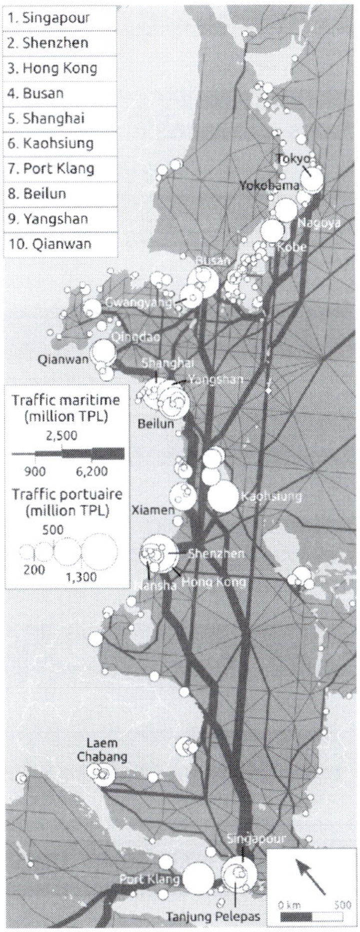

Source : auteurs, à partir des données Lloyd's.

Tous ces éléments concluent au renforcement de l'ossature du corridor d'Asie orientale (schéma 2), le top 10 de la hiérarchie portuaire étant composé des « Dragons » jouant le rôle de *hubs* de transbordement (Busan et Gwangyang en Corée du Sud, Hong Kong, Singapour, Taïwan), mais aussi de ports d'arrière-pays desservant des économies dynamiques (la Chine-atelier-du-monde : Shenzhen, Shanghai/Yangshan, Beilun/Ningbo, Qianwan/Qingdao ; mais aussi Port Klang en Malaisie). Si d'autres ports s'imposent comme Manille, la mégalopole japonaise, Laem Chabang (Thaïlande), la plupart d'entre eux reste loin derrière ces géants. Pour la Corée du Nord, très faiblement conteneurisée, plus de 80 % de son commerce international est transfrontalier (*via* Sinuiji et Dandong), le reste étant maritime *via* Dalian en Chine.

Enfin, le corridor se concentre à Malacca vers l'Asie du Sud, l'Europe et l'Afrique, tandis que les flux trans-Pacifique sont plus ramifiés, n'étant pas contraints de la même façon. Les grands enjeux pour l'avenir de ce corridor sont la création d'un tunnel sous-marin Japon/Corée, la réunification des deux Corées, qui permettrait une expansion terrestre majeure, le renforcement de la stratégie chinoise vis-à-vis du reste du monde, et l'accession, encore hypothétique, de Shanghai au rang de *hub* de l'Asie.

C. D. & J. B.

Pour en savoir plus

- C. Ducruet, *Maritime Networks: Spatial Structures and Time Dynamics*, Londres/New York, Routledge, 2015.
- C. Ducruet, S. W. Lee et A. K. Yu Ng, « Concurrence portuaire et polarisation réticulaire au sein du corridor maritime d'Asie orientale », *Territoire en mouvement*, vol. 10, 2011.
- F. Gipouloux, *La Méditerranée asiatique. Villes portuaires et réseaux marchands en Chine, au Japon et en Asie du Sud-Est, XVIe-XXIe siècle*, Paris, CNRS Éditions, 2009.

La montée en force navale de la Chine

Vers une présence globale et multiforme

Longtemps limitée à la défense des côtes du pays, la marine militaire chinoise se dote rapidement de moyens d'action régionale. Mais elle entend se projeter au-delà de cet espace, à la fois pour affirmer une capacité de dissuasion globale et pour protéger les intérêts économiques d'une puissance de plus en plus étendue. Le développement de sa marine, de ses relais et de ses déploiements affirme la stratégie mondiale de la Chine et sa volonté de contester la domination américaine.

L'émergence militaire de la Chine tend à s'accélérer depuis le début des années 2000 et, sauf réorientation majeure, est appelée à se poursuivre au cours des trois prochaines décennies. L'ambition stratégique de Pékin a été clairement exprimée par Xi Jinping : l'Armée populaire de libération (APL) doit devenir à l'horizon 2050 une armée « de classe mondiale ».

La récente croissance du potentiel militaire chinois influence mécaniquement le rapport de forces non seulement en Asie-Pacifique, mais également au-delà. Après des siècles de tradition militaire continentale, puis des décennies durant lesquelles la stratégie de défense de la Chine est restée essentiellement tournée vers la protection de ses divers intérêts stratégiques dans son environnement géographique proche, le niveau d'ambition du pays et ses capacités se portent dorénavant bien au-delà de la mer de Chine méridionale. L'ambition chinoise se décline aujourd'hui par la mise en œuvre d'une stratégie intégrant moyens civils et militaires en vue d'appuyer ses intérêts commerciaux, stratégiques et diplomatiques présents sur les différents continents.

De la défense des côtes à une projection mondiale

L'histoire récente de la Marine de l'Armée populaire de libération (MAPL) chinoise est marquée par une volonté politique forte de développement et de modernisation, soutenue par des investissements massifs. En quelques décennies, la marine chinoise est passée d'un statut d'armée secondaire contribuant à la défense du territoire continental – l'APL était avant tout, sous Mao, une armée de Terre – à celui d'élément central des forces chinoises.

La faiblesse de la Chine dans ce domaine durant la guerre froide, reflet des priorités stratégiques et de la culture militaire dominantes à l'issue de la guerre civile, a perduré jusqu'au milieu des années 1990. Dès les années 1970 toutefois, il est envisagé de conférer à la MAPL une place plus importante dans la défense des approches littorales et de la zone d'opérations allant jusqu'à la première chaîne d'îles – extrémité sud du Japon, Philippines, Bornéo et bien évidemment Taïwan. La façade littorale n'est plus seulement perçue comme une source de vulnérabilité face aux ingérences et pressions extérieures, et devient progressivement un axe de renforcement de la puissance chinoise.

En dépit de la vision et des efforts de l'amiral Liu Huaqing, qui commande la MAPL entre 1982 et 1988 et promulgue une doctrine de « Défense active dans les mers proches », la transition d'une organisation principalement tournée vers la défense des côtes à une marine portée vers la haute mer s'effectue très lentement. Ce rythme s'explique aisément par la priorité accordée au développement économique du pays, et par le temps et les efforts requis pour tenter de rééquilibrer le rapport de force naval dans la région en faveur de la Chine. Cette lenteur avait été, qui plus est, largement anticipée par Liu Huaqing, qui avait fixé trois horizons à la MAPL : 1) pouvoir, en cas de besoin, établir un contrôle des mers jusqu'à la première chaîne d'îles en 2000 ; 2) jusqu'à la seconde chaîne d'îles (îles centrales de l'archipel japonais, Guam, Iles Marianne, Micronésie, Papouasie-Nouvelle-Guinée) à l'horizon 2020 ; 3) être en mesure de conduire des opérations navales majeures à l'échelle mondiale à l'aide de groupes aéronavals en 2050.

Le sort de Taïwan a longtemps été au cœur de ce renforcement des capacités navales chinoises. La troisième crise du détroit, en 1995-1996, qui voit deux groupes aéronavals américains s'y déployer en réponse aux pressions chinoises sur Taïwan, a lourdement contribué à rehausser le niveau d'ambition navale chinois, en l'intégrant dans le cadre d'une stratégie destinée à contrer toute intervention américaine. De cet objectif ont dérivé nombre de priorités du développement capacitaire de la MAPL, qu'il s'agisse du renforcement des capacités sous-marines et de l'augmentation du nombre de plates-formes porteuses de missiles antinavires, dans la perspective d'un blocus de l'île, ou du développement de moyens amphibies en vue d'une reconquête de celle-ci.

Au regard des avantages comparatifs qui lui étaient accessibles pour mettre en œuvre une telle stratégie d'interdiction, la Chine a dû compenser sa relative faiblesse initiale dans le domaine naval par un renforcement des capacités terrestres d'action à longue distance déployées sur ses côtes. Avions de combat et de surveillance maritime, missiles antinavires et antiaériens à longue portée, et radars ont reçu pour mission d'épauler des forces navales trop faibles pour tenter de s'opposer seules à la superpuissance aéronavale américaine.

En résumé, en l'absence d'une marine militaire suffisante pour établir un contrôle des mers proches, la Chine a développé une stratégie qui vise à contrôler les mers à partir du continent, en mettant en œuvre une posture d'interdiction régionale (déni d'accès) considérablement plus robuste, diverse et sophistiquée qu'avaient pu l'être, en leur temps, les stratégies d'interdiction de Moscou ou de Berlin.

Aujourd'hui, le renforcement de la puissance maritime est un moyen de défendre ce que la Chine considère comme ses « intérêts fondamentaux » (*hexin liyi*) et d'affirmer la souveraineté chinoise sur des territoires situés en dehors de la Chine continentale, qu'il s'agisse de Taïwan ou, de manière parallèle, des îlots et récifs des mers de Chine méridionale et orientale. Surtout, l'avènement de la Chine comme puissance commerciale l'amène mécaniquement à considérer la sécurisation des débouchés extérieurs pour ses productions comme des intérêts nationaux qu'il convient de protéger.

Préserver, aussi, les intérêts économiques

Parallèlement à ces évolutions, le développement économique et commercial rapide à compter de 1978 et surtout la forte augmentation des investissements chinois à l'étranger au cours des décennies 1990 et 2000 marquent l'émergence d'une conception plus holistique de la puissance maritime, qui abandonne son caractère d'instrument purement militaire pour en faire l'un des piliers d'une stratégie globale de défense des intérêts économiques du pays. La croissance des investissements à l'étranger, ainsi que du nombre de ressortissants chinois présents outre-mer (ouvriers, touristes, fonctionnaires...), a amené Pékin à renforcer sa mission de protection des entreprises et des ressortissants nationaux. Ainsi, la nécessité d'évacuer rapidement, avec l'aide d'autres marines, près de 36 000 ressortissants chinois lors de la crise libyenne de 2011, puis plus de 600 ressortissants chinois présents au Yémen en 2015, a constitué une alerte pour la marine chinoise, qui a depuis renforcé ses capacités en la matière.

De manière concomitante, la vitalité de l'économie du pays et l'augmentation du niveau de vie moyen ne sont rendues possibles que par la possibilité pour Pékin de garantir des approvisionnements stratégiques, notamment énergétiques, dont l'immense majorité transite par des espaces maritimes. Dans cette perspective, les lignes de communication maritimes deviennent de plus en plus vitales pour la Chine, ce qui pousse ses dirigeants à orienter la stratégie maritime nationale vers la sécurisation des flux depuis leur origine, ainsi que dans les passages resserrés critiques pour l'approvisionnement du pays – détroits de Malacca, Lombok, Ormuz ou Bab-el-Mandeb.

Vers une marine de portée et de rang mondiaux

La MAPL poursuit une montée en puissance tant quantitative que qualitative, travaillant à réduire dans ces deux dimensions l'écart qui la sépare de l'US Navy. Cette montée en puissance était avant tout qualitative dans les années 2000 : il s'agissait moins de chercher à égaler les États-Unis – objectif irréaliste compte tenu du large écart existant entre les deux marines – que de viser un « rattrapage asymétrique », c'est-à-dire de réorganiser la MAPL pour pouvoir mieux utiliser les capacités existantes et mieux défendre les intérêts chinois dans l'environnement géographique proche.

Jusqu'au milieu des années 2010, l'accent a ainsi été mis par Pékin sur l'amélioration des plates-formes et le renforcement des capacités de conception et de production de l'industrie navale, afin de rendre le pays plus autonome vis-à-vis des matériels russes, qui constituaient peu après la fin de la guerre froide le fer de lance de la MAPL. Cette période a vu la conception et le déploiement de modèles de bâtiments chinois dont l'équipement et les caractéristiques s'approchaient pour la première fois des standards occidentaux et russes. Les destroyers de classes

Luyang-II et *Luyang-III* emportant des radars modernes et plusieurs dizaines de missiles surface-air et antinavires à longue portée, ou les sous-marins à propulsion diesel de classes *Song* et surtout *Yuan*, de plus en plus discrets et équipés de missiles antinavires, constituent deux exemples, parmi de nombreux autres.

Cette première phase de renforcement qualitatif se double aujourd'hui d'une montée en puissance quantitative, voyant le volume de plates-formes croître dans plusieurs domaines. Le nombre de grands bâtiments de combat de surface opérationnels (principalement des frégates et des destroyers lourds et légers) est passé de 72 en 2014 à près de 90 aujourd'hui ; une flotte entière de corvettes a fait son apparition depuis cinq ans, qui compte aujourd'hui une quarantaine de navires, et la MAPL dispose depuis 2016 de quatre sous-marins nucléaires lanceurs d'engins (SNLE) de classe *Jin*, nombre suffisant pour conférer pour la première fois à Pékin un potentiel de dissuasion océanique.

Dissuasion globale et projection de longue distance

L'entrée en service de ces SNLE, dont l'activité opérationnelle demeure incertaine, reflète un volet important, même si moins visible, de la montée en puissance d'une marine chinoise à vocation mondiale. Tandis que la classe précédente de SNLE (classe *Xia*) semblait destinée à tester des techniques et technologies associées aux missions de dissuasion océanique (intégration des systèmes, tirs de missiles balistiques depuis des sous-marins, etc.), la classe *Jin* représente un pas supplémentaire de Pékin dans l'acquisition d'une force de dissuasion nucléaire crédible, chaque sous-marin pouvant emporter 12 missiles balistiques mer-sol *Ju-Lang-2* à tête nucléaire.

La MAPL compte depuis 2016 un porte-avions, le *Liaoning*, inséré dans un groupe aéronaval réputé avoir atteint une première capacité opérationnelle à la mi-2018. Un deuxième porte-avions, le premier à avoir été conçu et produit par l'industrie chinoise, pourrait entrer en service opérationnel fin 2019, tandis que la production de deux à quatre porte-avions supplémentaires pourrait être programmée pour les prochaines années. La naissance de cette capacité d'action aéronavale, le renforcement de la force amphibie chinoise, et le nombre grandissant de plates-formes modernes autonomes, vont donner à Pékin une capacité d'action à longue distance jusqu'alors réservée aux seuls États-Unis.

L'activité opérationnelle de la marine chinoise constitue elle aussi un clair indicateur de ses ambitions mondiales. Là où celle-ci se limitait à la fin des années 2000 à des déploiements dans l'océan Indien et au large des côtes somaliennes dans le cadre de missions de lutte contre la piraterie, les bâtiments de la marine chinoise opèrent dorénavant sur toutes les mers du globe. En complément à ses déploiements réguliers en Méditerranée, la MAPL opère en Arctique et en mer Baltique, où trois navires ont participé pour la première fois à des manœuvres navales sino-russes à l'été 2017. En septembre 2018, la Chine a également participé aux exercices russes *Vostok* en Sibérie. Ces dernières années, l'armée chinoise a ainsi multiplié les exercices militaires conjoints, en premier lieu avec la Russie mais aussi avec d'autres pays, avec pour objectif premier de combler le manque d'expérience opérationnelle de ses forces.

En août 2017, la Chine a inauguré à Djibouti sa toute première base militaire à l'étranger ; d'autres pourraient être créées dans les prochaines années, en Afrique, en Asie centrale ou du Sud-Est, afin de tisser un réseau d'implantation qui renforceront ses capacités de projection.

Une étroite intégration civilo-militaire

Ces déploiements de la MAPL au-delà de la région asiatique, désormais bien visibles, se doublent d'une activité plus discrète mais très soutenue de recherche océanographique et de cartographie des fonds marins, conduite non seulement dans les mers de Chine mais encore dans les océans Indien, Pacifique et Atlantique. Si la compréhension et l'analyse du milieu sous-marin répondent à des intérêts scientifiques et économiques, elles conditionnent aussi l'aptitude à conduire des missions sous-marines lointaines dans de bonnes conditions.

En parallèle, dans le cadre de son projet des Nouvelles routes de la soie (Belt and Road Initiative – BRI), la Chine renforce et diversifie depuis fin 2013 ses investissements dans plusieurs types d'infrastructures maritimes. Dans les infrastructures portuaires tout d'abord, avec des investissements dans plus d'une douzaine de ports de la Méditerranée, et de nombreux investissements dans les ports d'Asie du Sud-Est ou d'Afrique. La Chine essaie également de rattraper son retard dans le développement de câbles sous-marins – infrastructures essentielles aux télécommunications intercontinentales.

L'importance des infrastructures

Si Pékin, par ses investissements méthodiques et souvent coordonnés qui allient planification étatique, entreprises d'État et acteurs privés, est parvenu à rattraper une partie de son retard sur ce type d'infrastructure, cette stratégie de rattrapage commence à se heurter à de nouveaux obstacles. Des inquiétudes sur le coût et la viabilité financière de certains projets ont émergé, notamment à propos du cas du port de Hambantota au Sri Lanka. Surendettées, les autorités sri-lankaises ont accordé fin 2017 la concession du terminal portuaire pour 99 ans à la société d'État chinoise China Merchants Port Holdings, contre l'effacement de plus d'un milliard de dollars d'emprunts chinois. Plus récemment, dans le contexte de tensions commerciales renforcées entre la Chine et les États-Unis, le développement international de l'entreprise Huawei, devenu leader dans les technologies de réseau mobile 5G, marque le pas.

En dépit de ces obstacles, la Chine poursuit sa politique d'investissement dans une diversité d'infrastructures stratégiques, voyant là l'occasion de réduire sa dépendance à l'égard de l'étranger. À terme, elle espère également que ces infrastructures puissent faire référence pour l'organisation du trafic maritime mondial, et lui permettent de mieux promouvoir ses intérêts commerciaux et géostratégiques. Les ports contribuent ainsi, dans la vision chinoise, à la maîtrise des océans, vecteur de puissance recherché par les grandes économies du monde.

Certaines de ces infrastructures civiles sont considérées comme d'intérêt stratégique et peuvent avoir un usage militaire. De fait, la distinction entre infrastructures civiles et militaires devient de plus en plus floue à l'heure de l'intégration croissante des nouvelles technologies dans les équipements militaires, et alors que la Chine, comme d'autres avant elle, renforce massivement cette intégration civilo-militaire. Élevée au rang de « stratégie nationale » à compter de mars 2015, cette intégration encourage l'utilisation des capacités de production militaires à des fins civiles, et le développement du secteur civil (notamment de la recherche) pour la modernisation militaire. De même, elle facilite l'accès des entreprises non étatiques au secteur de la défense, comme les transferts de technologies entre secteurs militaire et civil.

***

La Chine a très fortement investi ces dernières années dans le développement de sa puissance maritime, à la fois civile et militaire. Depuis 2014, la Chine a mis à l'eau l'équivalent de la puissance navale totale britannique, française ou japonaise.

Si la Chine a engagé avec efficacité un rattrapage asymétrique sur d'autres puissances installées, elle demeure pourtant loin derrière la puissance maritime américaine, à la fois en termes de qualité et de quantité. Le nombre de porte-avions et autres bâtiments modernes, le réseau de bases navales, l'expérience et la capacité de projection chinois demeurent largement inférieurs à ceux des États-Unis. Ces derniers conservent également un avantage très net dans le domaine de la détection acoustique et de la guerre sous-marine, domaines dans lesquels ils collaborent étroitement avec le Japon.

Toutefois, malgré cet écart, la Chine pourrait parvenir à long terme à s'établir comme une puissance maritime susceptible de rivaliser avec les États-Unis, si elle gardait les moyens de poursuivre sa politique d'investissements massifs dans ce domaine, et de développer une présence et des partenariats avec un cercle plus large de pays. Pékin espère atteindre cet objectif en lançant un « nouveau type de partenariat de sécurité » en Asie-Pacifique, qui puisse, à l'avenir, constituer une alternative au système d'alliances américain, et au regroupement « indo-pacifique ».

C. B. & A. E.

Pour en savoir plus

- *China's Military Strategy*, Pékin, Conseil des affaires de l'État, 2015.
- B. D. Cole, *China's Quest for Great Power: Ships, Oil, and Foreign Policy*, Annapolis, Naval Institute Press, 2016.
- R. O'Rourke, *China Naval Modernization: Implications for U.S. Navy Capabilities – Background and Issues for Congress*, Washington D. C., Congressional Research Service Report, août 2018.

Les espaces maritimes du Moyen-Orient

De la compétition pacifique à l'affrontement ?

Les espaces maritimes du Moyen-Orient, de la Méditerranée orientale au golfe Arabo-Persique, demeurent essentiels à l'approvisionnement énergétique mondial. S'y croisent les acteurs étatiques régionaux, toutes les grandes puissances extérieures qui y défendent leurs intérêts, et les acteurs infra-étatiques issus des décompositions politiques locales. La compétition y est pour l'heure relativement pacifique, mais elle pourrait tourner à l'affrontement armé, volontairement ou par accident.

Dans le monde multipolaire d'aujourd'hui, la compétition grandit entre États pour le contrôle des mers, des lignes de communication, pour l'accès aux marchés mondiaux et à la recherche de partenariats diplomatiques. Le monde hyper-connecté, la diffusion des technologies modernes auprès d'acteurs étatiques, non étatiques ou hybrides, multiplient les possibilités de perturber le transit maritime ou même de mener de véritables guérillas maritimes. La portée des senseurs et des armements modernes s'est allongée, réunissant les espaces maritimes et terrestres sous une même menace.

Au XXIe siècle, l'espace moyen-oriental – de l'Égypte à l'Iran, incluant Chypre, la Turquie, la Méditerranée orientale et la côte africaine de la mer Rouge – voit se profiler le spectre d'engagements navals glissant de la confrontation pacifique au conflit armé. Les facteurs de cette évolution sont divers : ses vastes ressources en hydrocarbures, le fait qu'il englobe quatre passages resserrés d'importance mondiale, la myriade de conflits qui y opposent États ou acteurs non étatiques, la piraterie, la crise migratoire, la présence croissante de marines régionales ou extérieures…

La dimension énergétique

Le Moyen-Orient abrite cinq des dix pays aux plus larges réserves de pétrole, et quatre des plus grosses réserves de gaz – et d'autres pays pourraient y détenir d'autres réserves d'hydrocarbures, en Méditerranée orientale, dans la mer Rouge ou le golfe Arabo-Persique. Cette donnée majore son poids économique, mais multiplie également les risques de disputes et d'interventions extérieures. En Méditerranée orientale, le partenariat naissant entre Chypre, la Grèce et Israël, avec accrochage possible de l'Égypte, fait de l'Union européenne (UE) le protagoniste possible d'un conflit avec la Turquie sur la délimitation des espaces maritimes. La Russie dispose désormais aussi d'un levier de plus pour peser sur la géopolitique de la région, en particulier dans le domaine énergétique, pour redéfinir les normes internationales d'approvisionnement en hydrocarbures, et former des prix qui lui soient plus favorables.

Le Moyen-Orient comprend quatre des sept passages cruciaux du transport maritime de l'énergie : le détroit d'Ormuz, plus gros point de transit du pétrole brut et autres produits pétroliers ; le canal de Suez et le pipeline SUMED qui traverse l'Égypte ; le détroit du Bab-el-Mandeb ; les détroits turcs.

Les plus grands consommateurs du brut moyen-oriental sont désormais les marchés asiatiques (Chine, Japon, Inde, Corée du Sud et Singapour). Près de 80 % du brut transitant par le détroit d'Ormuz est destiné à l'Asie. Le Moyen-Orient est donc un espace crucial pour la sécurité énergétique de cette partie du monde. Les marines chinoise et japonaise sont déjà présentes dans cette région contestée, et Pékin affiche depuis 2013 ses ambitions dans le cadre de sa stratégie économique Belt and Road Initiative (BRI). Fin 2018, l'Inde a pris des responsabilités opérationnelles à Chabahar, seul port iranien situé sur le golfe d'Oman.

Le théâtre maritime au Moyen-Orient est un lieu de coopération et de compétition entre les puissances majeures, mais aussi et de plus en plus pour des acteurs moins importants, régionaux ou extérieurs, étatiques ou para-étatiques. La perturbation des échanges par les sanctions – particulièrement pour l'Iran – touche l'ensemble des marchés de l'énergie et est source de conflits en mer. En mai 2019, une attaque de drone sous-marin a frappé quatre pétroliers norvégien, saoudiens et émirati dans le golfe d'Oman, au large du port émirati de Fujaïrah. En l'absence de revendication, l'assureur norvégien a pourtant estimé « hautement probable » que les Gardiens de la Révolution iraniens aient facilité l'attaque. Des acteurs hybrides, activés par des États ou semi-indépendants, pourraient donc provoquer des chocs importants, pouvant dégénérer en conflits ouverts.

La piraterie n'a pu être éradiquée au large des côtes de la Somalie, bien qu'elle y soit moins grave qu'entre 2008 et 2011, où cette zone était celle du plus haut danger pour la marine marchande. L'érosion d'États comme le Yémen ou la Somalie, tout comme le redéploiement de groupes terroristes locaux, laissent présager de possibles guérillas, incluant l'usage de la piraterie. Au cœur de l'efficacité anti-piraterie dans la région figure la coalition de forces maritimes (Combined Maritime Forces – CMF), avec son quartier général à Bahreïn. Les pays extérieurs à cette force ont pu aussi jouer leur rôle : les efforts anti-piraterie ont ainsi pu être invoqués à l'appui de la montée en force navale chinoise dans la région.

Les stratégies des acteurs locaux

Au XXIe siècle, la puissance se distribue de manière inédite entre acteurs étatiques, non étatiques et hybrides. Les acteurs régionaux disposent ainsi d'un plus large éventail de choix stratégiques. Ils peuvent dissimuler leurs interventions, adopter des stratégies maritimes allant bien au-delà des traditionnelles postures défensives, se procurer plus aisément des systèmes d'armes avancés, des capacités cyber, voire user d'engins explosifs improvisés (IED), pour interrompre les circulations commerciales, en particulier énergétiques. Certains acteurs hybrides fonctionnent comme des États, contrôlant un territoire, usant de violence évidemment hors des standards internationaux, comme les Houthis au Yémen, ou le Somaliland. Et les affrontements mêlant acteurs de la région et acteurs extérieurs supposés y avoir des intérêts ne respectent plus guère la classique distinction paix/guerre, ébauchant ces « zones grises » qui conduisent aux guerres hybrides.

Celles-ci se caractérisent par l'ambiguïté des stratégies, l'opacité des parties engagées, l'incertitude sur les moyens politiques et juridiques pouvant être mis en œuvre. En l'absence de puissance régionale dominante, et du fait d'intenses disputes sur les espaces maritimes, une myriade d'acteurs locaux cherchent à étendre leur contrôle commercial et militaire, y compris grâce à des bases hors de leurs frontières. Pour les États de la région, c'est pourtant d'abord les flux commerciaux qu'il importe de protéger, et les forces navales sont surtout au service de la défense des côtes, des implantations énergétiques *offshore*, et des lignes de navigation – à quelques exceptions près, peu nombreuses mais significatives.

L'Iran

La marine de la République islamique d'Iran a clos en 2017 une décennie de réorganisation. Désormais, la composante navale des Gardiens de la Révolution exerce sa responsabilité sur le golfe Arabo-Persique, et œuvre de concert avec la marine iranienne pour contrôler les deux débouchés du détroit d'Ormuz. Cette dernière s'est dotée d'une capacité d'opérer en haute mer, le plus loin possible des côtes iraniennes. Elle s'est également déployée dans des ports extérieurs à la zone – Zhanjiang en Chine – et, dans la région, à Djibouti, Port-Soudan en mer Rouge, et Lattaquié en Méditerranée orientale. La doctrine des Gardiens de la Révolution est, elle, basée sur le concept d'asymétrie, censé lui permettre de se défendre contre et de combattre une force navale plus puissante, et de projeter sa force dans le golfe Arabo-Persique. Cette stratégie s'appuie sur l'usage combiné de mines, de missiles de croisière de défense côtière, de navires légers, de forces spéciales et d'aviation navales. L'Iran fait partie du petit nombre d'États de la région à disposer d'une force sous-marine, mais il n'a pas de base hors de son territoire.

Les Émirats arabes unis

Parmi les États du Golfe, les Émirats arabes unis (EAU) ont la stratégie navale la plus ambitieuse. Avec leur force militaire et leur bras commercial – DP World est une des plus grosses entreprises navales du monde –, les EAU cherchent à assurer leur prééminence commerciale dans la région. Dans la course à l'installation de bases navales sur la mer Rouge, ils se sont installés aux deux bouts du détroit de Bab-el-Mandeb – à Assab en Érythrée et à Berbera dans l'auto-proclamée République du Somaliland. DP World a obtenu une concession de 30 ans pour opérer sur la base de Berbera, confirmant ainsi l'existence de zones grises où un État et une entité autoproclamée et stable, mais non reconnue internationalement, peuvent passer contrat. Jusqu'à récemment, les EAU disposaient, avec DP World, d'une base à Djibouti – qu'ils avaient installée sur leur carte stratégique dans les années 1990 avec la construction d'un vaste port à Doraleh. Ils ont perdu l'accès à ce port en 2018 quand Djibouti en a repris le contrôle, réalisant que son monopole sur le commerce avec l'Éthiopie et au-delà était battu en brèche par l'expansion de Berbera, et d'autres ports internationaux.

Les EAU ont pu projeter d'installer une base navale sur l'île yéménite de Socotra, mais ce projet est contrarié par des difficultés météorologiques et des oppositions locales et saoudiennes. Durant leur intervention au Yémen, les EAU ont apparemment échoué dans une opération amphibie contre le port de Al-Hudaydah. La dispute qui oppose les EAU à l'Iran sur les îles de Tunb et d'Abou-Moussa dans le golfe Arabo-Persique constitue une incitation supplémentaire, pour les premiers, à renforcer leur force navale.

Égypte, Israël, Arabie Saoudite

D'autres acteurs régionaux – Égypte, Israël, Arabie Saoudite – ont aussi renforcé leurs actions navales, bien au-delà des patrouilles côtières et de la protection des installations *offshore*. Traditionnellement, la marine égyptienne est la moins importante des forces armées du pays, chargée pour l'essentiel de patrouiller en Méditerranée pour contrer Israël. Avec l'amélioration des relations avec Israël, elle reporte son attention sur les menaces pesant sur le pays : terrorisme au Sinaï, piraterie, migrations, influence iranienne… Simultanément est intervenu un redéploiement vers la mer Rouge. Les troupes censées combattre l'État islamique dans la province du Sinaï ont été transportées par voie maritime. Ce groupe a d'ailleurs mené des attaques contre des navires de la marine égyptienne.

Avec le lancement au Caire, en 2019, du Forum est-méditerranéen du Gaz (Eastern Mediterranean Gas Forum – EMGF), le rôle des forces navales égyptiennes pourrait se renforcer en Méditerranée orientale. Ce forum, qui regroupe l'Égypte, Chypre, la Grèce, Israël, l'Italie, la Jordanie et l'Autorité palestinienne, entend faire respecter les droits de ses membres sur leurs ressources dans le cadre des normes internationales et développer la coopération entre ses membres. L'EMGF rapproche aussi l'Égypte et Israël sur les thématiques énergétiques et de sécurité maritime, et inclut Le Caire dans un dialogue exclusif avec l'Autorité palestinienne, seule représentante légitime des Palestiniens, court-circuitant ainsi le Hamas mais aussi la Turquie, le Qatar et l'Iran.

Quant à la marine israélienne, hier vouée à contrer les menaces venues de la mer, avec des moyens de frappe à terre et de blocus maritime contre Gaza, elle est désormais partie intégrante de la défense globale d'Israël. Elle détient des capacités de seconde frappe pouvant être activées loin des rivages du pays. Israël est, de plus, un des bénéficiaires majeurs des découvertes de gisements de gaz dans l'est-méditerranéen. Sa marine doit donc aussi désormais assurer la sécurité des installations *offshore* et des lignes de transit.

Mais la compétition est vaste en la matière. L'absence de délimitation des frontières maritimes entre Israël et le Liban, l'incertitude sur la répartition des revenus du gaz chypriote et le rôle de la Turquie, le statut ambigu des eaux territoriales de Gaza, le dialogue entre Israël, Chypre et la Grèce : tous ces éléments élargissent à la fois les défis et les opportunités israéliennes en matière navale.

La marine saoudienne a, elle, deux espaces d'opérations séparés : le golfe Arabo-Persique et la mer Rouge. Traditionnellement, son rôle est de défendre les ports, les plates-formes *offshore* et les voies de navigation. Pour l'heure, les menaces venant de l'Iran et des Houthis appuyés par Téhéran au Yémen constituent ses principales lignes d'effort. Elle a interdit les tranferts par mer d'armes et de personnels venant de Téhéran à destination des Houthis. Elle est devenue une force de haute mer, bien que n'usant pas de son potentiel maximal. Depuis que Djibouti a récupéré le contrôle de Dorelah, Riyad négocie pour y établir une base navale. L'Arabie Saoudite a aussi recouvré la souveraineté sur les îles Tiran et Sanafir en mer Rouge, contrôlées par l'Égypte jusqu'en 2017, ajoutant ainsi aux tâches de sa marine celle de garder l'entrée du golfe d'Aqaba, point d'accès stratégique pour Israël et la Jordanie.

Les publications des organisations terroristes – comme les affidés d'Al-Qaïda ou de l'État islamique en Égypte – manifestent clairement leur intérêt pour les opérations navales ou proches des rivages. Al-Qaïda identifie clairement le détroit de Bab-el-Mandeb comme un point stratégique essentiel. L'attaque de l'*USS Cole* en 2000 demeure une référence, à la fois pour les terroristes et pour les États de la région dépourvus des moyens nécessaires pour s'opposer aux forces des puissances majeures.

La Turquie

Enfin, les intérêts et la présence turcs ne peuvent être ni ignorés ni aisément contournés, comme semblent le croire certains acteurs de la région. Membre de l'Organisation du traité de l'Atlantique nord (OTAN), Ankara a des frontières maritimes dans la mer Noire, la mer Égée, la Méditerranée orientale, et contrôle les détroits. La marine et les forces côtières turques jouent un rôle central dans la gestion des migrations vers l'Europe, donnant à Ankara un important levier vis-à-vis de ses partenaires européens. La Turquie a des bases en Somalie et au Qatar, et négocie apparemment pour en ouvrir une dans le port soudanais de Suakin, où Doha est déjà un investisseur majeur. En matière politique et du fait de sa présence militaire au Qatar, le grand rival d'Ankara est Riyad.

Les rivaux majeurs d'Ankara, politiquement et pour l'exploitation des hydrocarbures, sont membres de l'EMGF dans l'Est méditerranéen ; et pour l'implantation de bases, il s'agit de l'Arabie Saoudite et du Soudan. Appui important du gouvernement somalien, la Turquie soutient la perspective d'une Somalie unifiée. Son rival, les EAU, travaille avec le Puntland, soutenant des arrangements de nature fédérale entre cette région et Mogadiscio.

Le jeu des grandes puissances

La confrontation globale entre grandes puissances se confirme. Chine et Russie tentent de redéfinir les normes du système international, dont celles qui gouvernent les domaines maritimes, en des termes qui leur seraient plus favorables. Alors que la mer de la Chine du Sud et l'Arctique sont vues par certains analystes comme les prochains espaces d'affrontements navals, c'est au Moyen-Orient que la Chine et la Russie ont leurs seules bases navales extérieures, et qu'une multitude d'acteurs hybrides se tiennent prêts à mener des actions d'ordinaire réservées aux États légitimes.

Moscou est désormais un joueur majeur, de l'Est Méditerranéen jusqu'au golfe Arabo-Persique, en dépit des faiblesses persistantes de ses moyens maritimes. La

Russie n'a pas besoin des hydrocarbures du Moyen-Orient, mais elle est devenue un acteur important des politiques énergétiques régionales. Elle consolide son rôle en usant sans mesure de la force en Syrie, hors de considérations idéologiques, concluant des accords d'armements sans conditionnalité politique, et avec une constance remarquable dans son action et ses moyens. Avec efficacité. La Russie dispose ainsi d'une base navale à Tartous depuis les années 1970. En 2017, Damas a offert à Moscou la location gratuite de long terme ainsi que la souveraineté sur cette base. La Russie mène, de plus, des conversations avec le Soudan pour établir une base de ré-approvisionnement sur la mer Rouge.

En 2017, la Chine a officiellement pris possession de sa seule base extérieure à Djibouti, après en avoir utilisé les équipements au service de sa lutte anti-piraterie. Djibouti, qui avait rejeté une demande de base russe, accueille des bases de ses anciennes puissances coloniales – France, Allemagne, Italie, Espagne, États-Unis –, ainsi que la seule base japonaise extérieure. Avec l'initiative des Nouvelles routes de la soie (BRI), la présence navale chinoise s'affirme en mer d'Arabie. Pékin devrait renforcer sa présence dans un port pakistanais, Gwadar ou Jiwani. La présence maritime chinoise – avec sans doute une dimension militaire – se rapproche ainsi du débouché du golfe Arabo-Persique.

***

Pour des raisons tenant aux hydrocarbures et au gaz, le Moyen-Orient demeure central dans les rapports stratégiques mondiaux. Ses espaces maritimes sont essentiels pour le transit et pour la recherche de ces ressources naturelles. La compétition d'influence, notamment pour l'installation de bases en mer Rouge, va se poursuivre, les États tentant d'exclure leurs rivaux de ces bases en usant de tous les moyens économiques disponibles.

Le système de sécurité du Golfe va continuer à balancer entre les divers niveaux de la confrontation, une confrontation qui pourrait tourner au conflit, voulu ou accidentel. Enfin, en Méditerranée orientale, les déploiements turcs et russes sont sans doute voués à se renforcer. Mais ces prédictions pourraient aussi, dans un sens comme dans l'autre, se trouver très rapidement balayées…

A. T.

Pour en savoir plus

- C. L. Glaser et R. A. Kelanic (dir.), *Crude Strategy: Rethinking the US Military Commitment to Defend Persian Gulf Oil*, Washington, Georgetown University Press, 2016.
- J. M. Richardson, « A Design for Maintaining Maritime Superiority, Version 2.0 », Washington D. C., United States Navy, décembre 2018.

Voir également la carte « Passages maritimes du Moyen-Orient », p. 330 de cet ouvrage.

La stratégie maritime de la Russie

Ambition démesurée, moyens insuffisants

La position géographique de la Russie a toujours rendu complexe sa stratégie maritime, éclatée en théâtres très éloignés les uns des autres. Le vieillissement des matériels soviétiques, ainsi que des choix budgétaires qui les désavantagent limitent désormais très sérieusement les volumes et les capacités des flottes du pays. Les moyens déployés et annoncés sont en fort décalage avec les ambitions affichées.

Dans la nouvelle confrontation entre la Russie et l'Occident, la première est certaine de ses forces terrestres mais non de ses forces navales. Or c'est depuis et par la mer qu'elle est la plus vulnérable. L'armée de Terre russe a acquis une expérience de combat variée depuis la fin de l'ère soviétique, tandis que la Marine s'est cantonnée aux opérations d'intimidation et à quelques patrouilles contre la piraterie dans l'océan Indien, jusqu'à l'intervention en Syrie qui a mis à l'épreuve ses capacités de projection de forces, pour un résultat mitigé.

Dans la lutte des lobbies autour du *Programme d'État d'armement 2027* (PEA 2027) approuvé début 2018, la Marine a été le grand perdant. Les projets des amiraux de construire une série de navires d'assaut amphibies (semblables aux *Mistral* que la France a refusé de fournir en 2014) ont été rejetés, et la demande d'un porte-avions repoussée *sine die*. Pour adoucir le coup, Vladimir Poutine annonçait en avril 2019 que les coques de deux nouvelles frégates et deux navires de débarquement étaient en cours de conception. Cela ne suffira pas à assouvir l'ambition de « la deuxième Marine de combat du monde » que proclame le document clé *Fondements de la politique navale de l'État* approuvé mi-2017.

Le problème stratégique fondamental de la Russie est la distance séparant ses quatre théâtres maritimes : l'Arctique, le Pacifique, la mer Baltique et la mer Noire – ces deux dernières étant en outre fermées par des détroits. Quatre flottes doivent opérer séparément, l'interaction étant compliquée par des lignes de communication très étendues et traversant des eaux contrôlées de fait par des forces américaines et otaniennes. Il existe aussi une flotte Caspienne. Moscou avait envisagé dans les années 2000 de la renforcer mais ces plans ont été abandonnés.

Surmonter une crise perpétuelle

La marine russe équivaut à peine à un dixième de la marine soviétique, qui comptait quelque 300 bâtiments de surface et 350 sous-marins au début des années 1990. La mise hors service des navires obsolètes se poursuivra jusqu'à la fin de la prochaine décennie.

Signe le plus visible du vieillissement : la sous-performance et le retrait graduel du combat des croiseurs et du seul porte-avions russe, l'*Amiral Kouznetsov*. Ce dernier fait l'objet de réparations importantes après l'échec de son déploiement au combat en Méditerranée orientale fin 2016, tandis que le croiseur lance-missiles *Moskva*, vaisseau amiral de la flotte de la mer Noire, doit être révisé et que son navire-jumeau *Varègue*, vaisseau amiral de la flotte Pacifique, attend son tour. Deux croiseurs nucléaires de classe *Kirov* seront mis au rancart, un autre (*Amiral Nakhimov*) sera peut-être opérationnel après une longue révision en 2022, et le *Pierre le Grand*, vaisseau amiral de la flotte du Nord, doit entrer en révision. Le planning de ces révisions est désorganisé par la perte de la plus grande cale sèche russe (PD-50) en novembre 2018, après une sortie maladroite de l'*Amiral Kouznetsov*, sans que son remplacement ne soit prévu.

Le retrait de ces vaisseaux entraîne la reconfiguration des flottes en escadrons de plus petits navires, notamment depuis que le programme de construction d'une série de contre-torpilleurs de classe *Lider* a été repoussé. L'effort porte aujourd'hui sur une série de frégates de classe *Amiral Gorchkov* : la première a été engagée en 2018, la seconde est attendue pour 2019, et la troisième en 2022, alors que deux coques supplémentaires sont construites en avril 2019. Ces frégates sont souvent plus petites que les yachts de certains oligarques russes ; elles auraient pu être utiles dans une force opérationnelle interarmes, par exemple autour d'un vaisseau amiral de classe *Mistral*, mais, seules, leurs performances sont limitées. Plusieurs modèles de corvettes sont en production, y compris de classes *Steregouchtchi* et *Karakurt*, ce qui promet des problèmes de maintenance et d'interopérabilité entre des navires construits en un nombre limité d'exemplaires.

L'atout majeur de cette « flotte miniature » est sa capacité de frappe à longue portée ; cette capacité à projeter une puissance de feu à terre est un élément clé de la stratégie navale russe. À l'inverse, celle mener des opérations amphibies se réduit comme une peau de chagrin, avec le retrait de navires de débarquement âgés de 40 ans et plus (de classe *Alligator* et *Ropucha*) ces dix prochaines années. Même si quatre navires de débarquement de classe *Ivan Gren* sont produits (les essais sur le navire amiral sont peu concluants), les brigades d'infanterie de la Marine manqueront cruellement de moyens de transport.

Priorités reconnues : la modernisation et le renforcement des capacités de combat sous-marin. Le projet le plus coûteux du PEA 2027 est le déploiement d'une nouvelle génération de sous-marins stratégiques de classe *Boreï*, équipés de missiles balistiques. Trois d'entre eux sont entrés en service en 2013-2014, un est en commande pour 2019, quatre autres pour 2022, la construction de deux unités supplémentaires étant prévue pour le milieu des années 2020. Le retrait des sous-marins de classe *Delta-III* est presque achevé, et les sous-marins *Delta-IV* resteront en service encore huit à dix ans, ce qui permettra à la composante navale des forces stratégiques russes de demeurer solide, à moins d'un nouvel échec du missile *Boulava*. Une nouvelle classe d'armes stratégiques est en cours de développement : le président Poutine a annoncé un projet de déploiement de véhicules sous-marins à propulsion nucléaire, appelés *Poséidon*, et le premier sous-marin de transport *Belgorod* a été lancé en avril 2019, après 17 années de construction.

Parallèlement, une nouvelle série de sous-marins d'attaque de classe *Iassen* est déployée, quoiqu'avec retard : le *Severodvinsk*, dont la construction a été lancée en 1993, n'a été engagé qu'en 2013 ; le *Kazan* doit suivre en 2019, et quatre autres sous-marins sont en construction. La nouvelle génération de sous-marins nucléaires de classe *Husky* en est encore à la conception, mais le nombre de sous-marins avec de nouveaux navires à propulsion diesel électrique tend à augmenter. Les essais en mer du premier sous-marin de classe *Lada* ayant révélé de nombreux problèmes, la série se limitera sans doute à trois exemplaires, et le financement initial a été réaffecté à la construction de sous-marins de classe *Varchavianka*, relativement bon marché et fiables.

Les choix – déjà difficiles –, encadrés par des ressources en déclin, sont compliqués par des manœuvres politiques, et la mauvaise gestion chronique de la construction navale biaise les priorités stratégiques. La structure de la Marine est déséquilibrée, l'un des secteurs sous-développés étant celui de l'aviation : ses capacités de reconnaissance, d'acquisition de cibles et de lutte anti-sous-marine sont insuffisantes.

La longue portée de la flotte du Nord

Le théâtre arctique fait l'objet d'une attention spéciale dans la doctrine russe, et la flotte du Nord – traditionnellement la plus puissante – est l'instrument majeur de la projection des forces dans et au-delà de la région. Le Quartier général de la flotte du Nord est devenu, en décembre 2014, le Commandement stratégique interarmées de l'Arctique – statut équivalent à un District militaire, qui lui donne le contrôle de tous les moyens militaires du nord-ouest de la Russie. La flotte comprend un escadron de sous-marins stratégiques, et la seule usine de production de sous-marins nucléaires est implantée à Severodvinsk, près d'Arkhangelsk, un grand centre de maintenance étant installé à Severomorsk, près de Mourmansk, où sont également entreposées des armes nucléaires navales non stratégiques.

La flotte du Nord a pour nouvelle mission d'opérer le long de l'immense côte Arctique de la Russie. Elle manque de navires brise-glaces, ce qui complique la croisière annuelle le long du passage du Nord-Est (*Sevmorput*), lancée en 2013. En août et septembre 2018, ce voyage a été jumelé avec l'exercice stratégique *Vostok 2018*, impliquant deux navires de débarquement transportant une compagnie de marine jusqu'à Tchoukotka, à l'extrême Nord-Est. C'était également le premier voyage pour le brise-glace *Ilya Mouromets*, intégré fin 2017 à l'ordre de bataille de la flotte du Nord (qui n'avait jamais eu ses propres brise-glaces). La coque d'un navire brise-glace de plus petite taille a été lancée fin 2018, mais la construction du premier brise-glace nucléaire *Arktika* subit des retards, cette série devant remplacer la flotte vieillissante des brise-glaces nucléaires civils soviétiques.

La mission première de la flotte du Nord est de protéger les bases des sous-marins stratégiques et d'assurer le contrôle de la mer de Barents. Il n'y a pas assez de navires de combat pour établir un « bastion » naval dans la zone, mais les amiraux peuvent désormais intégrer les moyens de la 6e armée de l'Air et de la Défense aérienne (reconstituée en 2015), y compris les missiles sol-air modernes *S-400* et les systèmes mobiles de missiles de défense côtière *Bastion-P*. Le groupement de forces classiques déployé dans la péninsule de Kola, incluant la brigade arctique formée en 2015, s'entraîne activement à des opérations offensives complexes et à la projection de forces à terre. Par ailleurs, la flotte du Nord cherche à perturber les exercices de l'Alliance atlantique, comme le *Trident Juncture 2018*, en effectuant des essais de missiles dans la zone d'exercice et en brouillant le signal GPS.

Avec le déploiement des sous-marins nucléaires de classe *Iassen*, la Russie pourrait être à nouveau en mesure de menacer les lignes de communication dans l'Atlantique nord ; mais son objectif reste pour l'heure d'affirmer sa domination sur la mer de Norvège et l'espace aérien du nord de la Scandinavie.

La faiblesse de la flotte de la Baltique

Le théâtre Baltique est une interface majeure de la confrontation Russie-OTAN (Organisation du traité de l'Atlantique nord), et la Russie est ici, en ce qui concerne les forces navales, dans une position vulnérable. La flotte de la Baltique a été significativement réduite lors des réformes de 2008-2012, et son commandant a été limogé sans préavis en juin 2016 par le ministre de la Défense pour manquement grave à son devoir.

Son ordre de bataille inclut deux frégates, une demi-douzaine de corvettes et un sous-marin à propulsion diesel ; elle n'est donc pas en mesure de sécuriser la communication entre Saint-Pétersbourg et le quartier général de la flotte à Baltiisk, dans l'enclave de Kaliningrad. Le groupement de forces de Kaliningrad – dont le 11e corps d'armée – est subordonné au commandement de la flotte de la Baltique, même si les forces navales ne peuvent apporter qu'une contribution limitée aux opérations défensives ou offensives dans cette « région spéciale ».

Moscou a consenti des efforts importants pour Kaliningrad, en y déployant les missiles tactiques *Iskander*, les missiles sol-air *S-400* et les systèmes de missiles de défense côtière *Bastion-P*. Le stockage de munitions nucléaires a été modernisé, mais aucune ogive nucléaire n'y a été transportée pour l'instant. La concentration de systèmes modernes vise à empêcher l'OTAN d'accéder à la zone sud-est de la mer Baltique et à son espace aérien, même si la stratégie militaire russe n'a pas l'équivalent du concept de « déni d'accès » ou d'« interdiction de zone ». L'interopérabilité de ces systèmes est toutefois problématique, et la faiblesse des capacités de reconnaissance/ciblage rend fragile la « bulle » s'étendant quelque 200 kilomètres au-delà des frontières de la zone militarisée.

Mer Noire : une flotte sous pression

L'annexion de la Crimée a modifié la configuration stratégique de la mer Noire et donné à la Russie une position déterminante, l'intervention en Syrie en septembre 2015 étendant ce théâtre jusqu'à la Méditerranée orientale. La modernisation des infrastructures militaires en Crimée est en cours, ainsi que le déploiement dans la zone de moyens militaires de longue portée – y compris de missiles sol-air *S-400* –, pour faire du secteur une « région spéciale » similaire à celle de Kaliningrad. Les bombardiers longue portée *Tu-22M3* se sont rendus plusieurs fois sur les bases aériennes de Crimée, mais il n'est pas prévu qu'ils y stationnent à long terme, et aucune munition nucléaire n'y est présente. La flotte de la mer Noire s'est vue adjoindre trois frégates et six nouveaux sous-marins de classe *Varchavianka*, mais elle sert désormais avant tout de support aux opérations de combat en cours en Syrie.

Après son déploiement prolongé en Méditerranée orientale, son navire amiral *Moskva* (engagé en 1983) a été retiré du service pour des réparations aux délais incertains. Plus grave encore : le problème de ses sept navires de débarquement – dont le plus vieux a été engagé en 1966 et le plus jeune en 1990. Signe d'épuisement, le vaisseau *Liman* a fait naufrage près du détroit du Bosphore en avril 2017. La transformation de l'installation navale de Tartous en base permettra d'y déployer de petits navires, comme les corvettes de classe *Buyan-M*, pouvant tirer des missiles longue portée *Kalibr 3M-14* sans même quitter le port.

L'engagement en Syrie a compliqué la mission de la flotte de la Baltique, qui consiste à dominer les eaux côtières, même avec l'aide des moyens des Forces aérospatiales déployés en Crimée. Moscou s'inquiète de voir l'OTAN chercher des capacités d'endiguement sur ce théâtre, et recourt à des survols et interceptions de provocation durant des exercices maritimes au centre de la zone. La capture agressive de deux équipages et d'un remorqueur ukrainiens près de Kertch en novembre 2018 a montré le risque élevé d'escalade des tensions maritimes.

La flotte du Pacifique en manque d'apparat

La volonté de la Russie de se tourner vers l'Est n'est pas soutenue par la construction correspondante de forces militaires. La flotte du Pacifique se bat pour maintenir en état de marche son vieillissant croiseur amiral *Varègue* et cinq destroyers (des années 1980) qui forment son principal escadron porte-drapeau. Seuls renforts : quelques modifications sur des corvettes de classe *Steregouchtchi*, deux étant arrivées en 2017-2018 et quatre autres attendues pour 2020-2021. La flotte attend également six sous-marins diesel de classe *Varchavianka*, pour remplacer les appareils de même classe de la fin des années 1980. Sur ses quatre navires de débarquement, le plus vieux date du milieu des années 1970, et deux autres du début des années 1980 ; ces chevaux fourbus ne pourront sans doute pas être remplacés prochainement.

La flotte du Pacifique est confrontée à un problème fondamental : la distance entre ses deux bases principales, Vladivostok et Petropavlovsk-Kamtchatski. Vladimir Poutine a tenu à conserver cette dernière, rejetant la logique stratégique qui voudrait concentrer tous les sous-marins stratégiques dans la flotte du Nord, laquelle dispose d'une meilleure infrastructure de soutien. Deux nouveaux sous-marins stratégiques de classe *Boreï* sont aujourd'hui basés au Kamtchatka, mais ils n'ont fait l'objet d'aucun test de lancement de leurs missiles *Boulava*. Ni Vladivostok ni Petropavlovsk-Kamtchatski ne sont protégées aussi fortement que Severomorsk par une combinaison de défense aérienne, de défense antinavires et de troupes au sol. Les ambitions politiques exigeraient le déploiement de forces supplémentaires, y compris de systèmes de missiles antinavires *Bastion-P* et *Bal*, sur les îles Kouriles méridionales, au cœur d'un conflit territorial avec le Japon.

La flotte du Pacifique participe désormais chaque année à des exercices navals conjoints avec la Chine, comme le *Joint Sea 2019* en mer Jaune, et il sera de plus en plus difficile d'égaler la puissance des escadrons chinois. La modernisation de la défense aérienne japonaise avec les avions de chasse *F-35 Lightning II*, et la conversion de deux destroyers de classe *Izumo* en porte-avions, affaiblit encore l'aviation navale de la flotte du Pacifique.

***

La marine russe est contrainte de passer d'escadrons mixtes autour de grands bâtiments de surface à des groupes de plus petits bâtiments armés de missiles à longue portée, tout en augmentant ses forces de sous-marins nucléaires et diesel. Ses capacités amphibies et de combat anti-sous-marins se dégradent, mais elle pourrait progressivement réussir à mieux intégrer moyens maritimes et systèmes antiaériens et antinavires basés au sol.

Une percée majeure pourrait intervenir avec l'introduction des systèmes de missiles hypersoniques, technologie grâce à laquelle Moscou espère gagner une longueur d'avance sur Washington et Pékin. Le missile *Zircon* (*SS-N-33*) a réussi ses essais depuis des lanceurs au sol en 2017-2018, mais rien n'assure que les essais depuis des navires donneront le signal d'une production et d'un déploiement de masse. Des défaillances techniques sont prévisibles. Mais la technologie des missiles supersoniques rend les grands bâtiments de surface très vulnérables et pourrait fortement affecter la stratégie de la guerre maritime.

La marine russe, son commandement, ses unités, ses navires, opèrent dans un environnement plus risqué que le niveau jugé acceptable dans les pratiques de l'OTAN. L'appétence au risque peut être vue comme un avantage dans la confrontation, mais elle entraîne en pratique une probabilité élevée d'incidents techniques. L'élément le plus inquiétant pourrait être le retrait des Initiatives présidentielles nucléaires (*Presidential Nuclear Initiatives*), approuvées en 1991 avec les États-Unis : il permettrait le retour d'ogives nucléaires non stratégiques sur les navires de combat, et leur utilisation dans les entraînements et exercices.

P. B.

Pour en savoir plus

- P. Baev, « L'armée russe : état des lieux », *RAMSES 2018. La guerre de l'information aura-t-elle lieu ?*, Paris, Ifri/Dunod, 2017.
- I. Delanoë, « La stratégie maritime russe en mer Noire », *Revue Défense Nationale*, n° 802, été 2017.
- Le portail des forces navales de la Fédération de Russie (blog), disponible sur : rusnavyintelligence.com.

Ce texte a été traduit de l'anglais par Cécile Tarpinian.

L'Amérique latine en a-t-elle fini avec la doctrine Monroe ?

vidéo http://dunod.link/gv2tof7

Entre Donald Trump et Xi Jinping

Traditionnellement très présents économiquement, politiquement, voire militairement en Amérique latine, les États-Unis s'en éloignent-ils sous la présidence Trump ? L'obsession migratoire, l'hostilité au régime de Nicolás Maduro au Venezuela et la volonté de renégocier les accords de libre-échange modifient la posture de Washington. La Chine, elle, de plus en plus présente, pèse désormais très lourd dans les économies latino-américaines.

Les États-Unis sont un voisin écrasant pour l'Amérique latine. Avec 9 826 675 km^2, ils sont plus étendus que le Brésil (8 514 877 km^2). Leur PIB par habitant atteint presque 60 000 dollars en 2017, contre 8 346 dollars en moyenne pour les pays d'Amérique latine et des Caraïbes[1]. Conséquence de cette asymétrie, les États-Unis sont un partenaire primordial pour toutes les économies latino-américaines, alors que seuls le Mexique et le Brésil figurent parmi les 15 premiers partenaires commerciaux des États-Unis. Surtout, le rôle international prédominant et la puissance militaire des États-Unis rendent difficile pour les pays d'Amérique latine l'exercice d'une influence marquante sur la scène mondiale.

Cette situation va de pair avec une politique d'influence américaine ancienne. Dès 1823, la doctrine Monroe récuse l'ingérence des anciennes puissances coloniales européennes dans les Amériques. Son corollaire, énoncé en 1904 par le président Theodore Roosevelt, autorise les États-Unis à faire la police, du Rio Grande à la Terre de Feu. Avec ce corollaire, ce n'est plus « l'Amérique aux Américains », mais plutôt « les Amériques aux États-Uniens ». En témoignent, outre le fait que les États-Unis se soient appropriés l'adjectif « américain », un certain nombre d'interventions militaires en Amérique centrale dans le premier quart du XXe siècle, suivies d'ingérences de toutes sortes dans l'ensemble de l'Amérique latine durant la guerre froide, du coup d'État au Chili en 1973 au soutien des Contras au Nicaragua dans les années 1980.

Un anti-américanisme multiforme se manifeste en retour chez les voisins des États-Unis. Ce rejet relève de trois courants, souvent entremêlés : la défense d'un caractère

1. Moyenne hors-paradis fiscaux, Banque mondiale, 2017.

latino-américain spécifique, fondé sur l'origine ethnique, la langue et la religion ; le choix de politiques nationalistes, comme par exemple celles de Juan Perón en Argentine ; et une posture anti-impérialiste, surtout prisée des gouvernements de gauche. Le régime communiste de Cuba a longtemps été la tête de file de ce dernier courant. L'Équateur sous la présidence de Rafael Correa (2007-2017), et le Venezuela sous la présidence d'Hugo Chávez (1999-2013) puis de Nicolás Maduro (depuis 2013) ont pris la relève. Cette attitude trouve des relais à Washington même : sur son blog The Americas, le Center for Economic and Policy Research (CEPR), un *think tank* très marqué à gauche, accuse par exemple l'administration Obama d'avoir mené de nombreuses opérations pour affaiblir les gouvernements de gauche ou réformateurs d'Amérique latine, dont le tort était de chercher à être plus indépendants par rapport aux États-Unis. Le blog dénonce actuellement le rôle des sanctions américaines dans l'effondrement de l'économie vénézuélienne.

L'effet Trump

À l'heure où l'Amérique latine est touchée par un recul démocratique et par des troubles économiques et sécuritaires entraînant d'importants mouvements de population, ainsi que par une présence économique chinoise croissante, l'élection de Donald Trump en novembre 2016 constitue un bouleversement supplémentaire. Celui-ci s'est en effet fait élire sur un projet de repli vis-à-vis du monde extérieur. Depuis janvier 2017, il met en œuvre une fermeture des frontières américaines à l'immigration et remet en cause les multiples accords de libre-échange signés par les États-Unis. Ces deux attitudes impactent directement les pays d'Amérique latine, au travers du projet de construction d'un mur à la frontière entre les États-Unis et le Mexique, et de la renégociation de l'Accord de libre-échange nord-américain (ALENA) exigée par Washington.

Les amitiés et inimitiés idéologiques du président jouent également. Ainsi, le processus de réconciliation avec Cuba entamé par le président Obama a-t-il été interrompu par Trump, tandis que le très controversé Elliott Abrams[2] a été nommé en janvier 2019 au poste d'envoyé spécial pour le Venezuela, avec pour mission de hâter le départ du président Maduro. En revanche, la rencontre avec le nouveau président du Brésil Jair Bolsonaro, en mars 2019, a été un succès. Les deux leaders populistes de droite ont pu souligner leurs nombreux points de convergence.

Quelles sont les reformulations actuelles et prévisibles de la politique d'influence américaine dans ce contexte ? Et si les États-Unis délaissaient leur rôle de gendarme du continent américain, la Chine pourrait-elle les y remplacer ?

La construction du mur

Dans la campagne de 2016 ou celle de 2020, les meetings du candidat Trump résonnent des appels à « Construire le mur ! » (*Build the wall !*). Ses propos très hostiles à l'immigration latino-américaine mobilisent les thèmes traditionnels de l'extrême droite américaine, opposant les fondateurs anglo-saxons et protestants

2. Elliott Abrams a été condamné pour son rôle dans le scandale Iran-Contra (ou *Irangate*) des années Reagan, puis comme l'un des architectes de la guerre en Irak sous l'administration Bush.

du pays à une « invasion » venue du Sud – oubliant au passage que les Espagnols furent les premiers colons d'une large partie du pays, de la Floride à la Californie. En février 2016, Trump avait été jusqu'à mettre en doute la capacité d'un juge américain d'ascendance mexicaine à juger de façon impartiale.

En 2017, 18 % de la population américaine se dit d'origine latino, soit 59 millions de personnes. Une statistique à croiser avec l'estimation du nombre d'immigrés illégaux, actuellement autour de 11 millions, dont 8 à 9 millions venus d'Amérique latine. Ces derniers restent majoritairement originaires du Mexique, bien que les réfugiés venus de trois pays particulièrement touchés par les violences (Nicaragua, Salvador, Honduras) affluent depuis 2014, rejoints depuis 2015 par les Vénézuéliens. Les adultes en situation illégale se trouvent aux États-Unis depuis 15 ans en moyenne.

Les relations avec le Mexique

Durant les premiers mois de la présidence Trump, les garde-frontières ont observé une chute des arrivées illégales, prouvant l'effet dissuasif des discours du président. La situation des Latino-Américains ne s'arrangeant pas, les arrivées ont pourtant repris en 2018. On a ainsi vu le passage de 76 000 personnes pour le seul mois de février 2019. Appliquée à l'été 2018, la séparation des familles à la frontière – les parents étant envoyés en prison tandis que les mineurs étaient conduits dans des centres de rétention –, a fait scandale dans l'opinion américaine. Mais le président ne désarme pas. En juin 2019, il a menacé le Mexique d'une hausse des tarifs douaniers si ce dernier n'arrivait pas à tarir les flux démographiques en provenance du Sud. Dénoncées par Trump, les « caravanes de migrants » parties du Honduras sont ainsi bloquées dans les villes frontières au nord du Mexique.

Quant au fameux mur prévu le long de la frontière avec le Mexique, les prototypes sont en cours d'étude, même si son financement reste difficile à boucler. Le Congrès n'a voté que 1,4 milliard de dollars, sur les 5,7 milliards réclamés par le président. Ce dernier a donc déclenché une procédure « d'urgence nationale » en février dernier, lui permettant de demander un milliard de dollars au département de la Défense, pour construire 91 kilomètres d'un mur de 5,5 mètres de haut dans la région d'El Paso au Texas.

Et pourtant, l'opinion publique américaine reste majoritairement favorable à l'immigration. Selon une enquête du Pew Research Center de janvier 2019, 62 % des personnes interrogées estiment que les arrivants sont une chance pour le pays, contre 28 % qui pensent qu'ils représentent un poids économique. Ce point de vue majoritaire est portée par l'opposition démocrate : face aux projets du président, la représentante de New York Alexandria Ocasio-Cortez, très à gauche, a souhaité par exemple la suppression de l'Agence de police des frontières (Immigration and Customs Enforcement – ICE).

Le clivage gauche-droite sur l'immigration est en réalité assez récent. Après la réouverture des frontières par le président Johnson en 1965, les deux partis n'étaient pas univoques sur cette question. Côté républicain, les *business conservatives*, partisans du libéralisme économique, étaient favorables à une forte immigration de travail pour assurer les emplois maraîchers dans le sud-ouest du pays. Côté démocrate, les syndicats se montraient méfiants face à l'arrivée de travailleurs prêts à accepter des conditions de travail médiocres. Ils avaient d'ailleurs appuyé, aux côtés de mouvements racistes comme le Ku Klux Klan, la fermeture des frontières en 1922 et 1924.

C'est ainsi que la dernière grande loi de régularisation des immigrés illégaux date de 1986, sous Reagan ; que le mur réclamé par Trump existe déjà, sous la forme d'une « clôture » d'environ 1 000 kilomètres construite entre 2007 et 2015 ; et que le président Obama a renvoyé un nombre record d'illégaux chez eux entre 2009 et 2016... Signe de la fin d'une époque bipartisane sur les questions migratoires, la grande réforme proposée en 2013 par un groupe de huit sénateurs – dont les républicains John McCain, Lindsey Graham et Marco Rubio – ne fut même pas mise à son ordre du jour par la Chambre des représentants.

La renégociation de l'ALENA

Depuis 1945, les États-Unis et leurs alliés ont considéré le libre-échange comme une panacée pour l'économie mondiale. Mis en place en 1994, l'ALENA a ainsi multiplié les échanges commerciaux entre les trois pays d'Amérique du Nord, Canada, Mexique et États-Unis. L'administration Obama avait, pour sa part, négocié un vaste accord économique de nouvelle génération, le Partenariat Trans-Pacifique (TPP). Liant 12 États des Amériques, d'Asie et d'Océanie, l'accord établissait des standards sanitaires et de sécurité pour de nombreux produits. Le TPP devait avoir pour effet, entre autres, d'imposer ces standards à la Chine, qui n'avait pas été conviée à participer à l'accord.

Le programme de campagne du candidat Trump en 2016, rompait totalement avec cette vision positive du libre-échange. Trump accusait l'ALENA d'avoir entraîné le départ de nombreuses usines américaines du textile ou de l'automobile vers le Mexique, faisant sombrer les habitants de la région des Grands Lacs dans le chômage de longue durée. Au lendemain de son investiture, le président annonça que les États-Unis se retiraient du TPP et qu'il allait exiger du Canada et du Mexique une renégociation de l'ALENA.

Les discussions ont commencé rapidement, conduites du côté américain par le Représentant au commerce Robert Lighthizer. Ce dernier, dont le credo central est la défense de la classe ouvrière américaine, s'est révélé être un négociateur sans concessions. Le nouveau traité, dit Accord Canada–États-Unis–Mexique (ACEUM) ou *United-States–Mexico–Canada Agreement* (USMCA), a été signé le 30 novembre 2018 en marge du G20 de Buenos Aires.

Laissant en place le principe d'absence de droits de douane pour les entreprises, le texte modifie les règles concernant le numérique, l'automobile et l'agriculture, afin d'encourager le retour de la production aux États-Unis. En ce qui concerne l'automobile par exemple, le nouvel accord exige que 75 % de la valeur des voitures soient fabriqués en Amérique du Nord, contre 62,5 % auparavant. L'acier, l'aluminium et les pièces détachées devront être locaux. Surtout, 40 à 45 % de la voiture devront être fabriqués par des employés gagnant au moins 16 dollars de l'heure. Cette dernière condition va favoriser les usines des États-Unis par rapport aux usines mexicaines. Elle réjouit les syndicats de la région des Grands Lacs.

Reste à voir à quelles complications les gouvernements des trois pays vont se heurter pour faire ratifier le traité par leurs législateurs respectifs. On sait que le Sénat américain est particulièrement ombrageux sur ce point. Ensuite seulement viendront les difficultés liées à l'application de l'ACEUM, compte tenu de l'imbrication des chaînes de production entre les trois pays et leurs sous-traitants étrangers.

Avec la Chine, l'Amérique latine change-t-elle de maître ?

Dans ce contexte de repli voire de rejet de la part de Washington, les avancées de la Chine en Amérique latine revêtent une grande importance. L'Empire du Milieu est en effet devenu un acteur économique de premier plan dans la région. Cette présence économique se double-t-elle d'un projet politique voire stratégique pour Pékin ? Est-elle bénéfique pour les pays d'Amérique latine ?

Le premier *Livre blanc* chinois sur les relations du pays avec l'Amérique latine date de 2008. Partant alors de zéro, les échanges de biens entre les deux zones ont depuis explosé, atteignant 266 milliards de dollars en 2017, soit l'équivalent des échanges de biens entre l'Amérique latine et les États-Unis. Pékin importe des ressources stratégiques : hydrocarbures, minéraux, matières premières et produits alimentaires (80 % des cerises chiliennes sont exportées vers la Chine). La même année, la Chine est devenue le troisième partenaire commercial de l'Amérique latine – le deuxième pour le Pérou, le Mexique et le Costa Rica, et le premier pour l'Uruguay, le Brésil, le Chili et l'Argentine.

Entreprises et banques chinoises s'impliquent aussi directement, avec des prêts, des fusions-acquisitions et pas moins de 25 milliards d'investissements directs en 2017, principalement vers le Brésil, le Pérou et l'Argentine. Sont concernés les secteurs miniers, l'énergie, les télécommunications et les infrastructures. La Chine a également invité les pays d'Amérique latine à participer à son immense projet dit des Nouvelles routes de la soie (Belt and Road Initiative – BRI), pourtant géographiquement situé en Eurasie. À l'heure actuelle, 14 des 20 pays d'Amérique centrale et d'Amérique du Sud ont signé un accord en ce sens.

Technologie et soft power

L'un des points les plus significatifs des avancées chinoises en Amérique latine tient au développement de la 5G. Depuis plusieurs mois, l'administration Trump demande à ses alliés du monde entier de ne pas conclure d'accords avec la firme chinoise Huawei. Elle souligne les risques que posent de telles coopérations en termes d'espionnage, tout en menant une guerre commerciale contre la Chine. Mais les grands pays d'Amérique latine, tels le Mexique, l'Argentine, le Chili, et même le Brésil de Jair Bolsonaro, ont indiqué qu'ils ne souhaitaient pas renoncer à utiliser les services de la firme chinoise.

Sur le plan politique, et contrairement à ce que la doctrine Monroe a pu amener les États-Unis à accomplir dans la région, la Chine ne cherche pas ouvertement à imposer son modèle communisto-capitaliste aux pays d'Amérique latine. Elle a cependant des exigences sur la question de Taïwan : depuis 2017, le Panama, la République dominicaine et le Salvador ont ainsi rompu avec Taipei et reconnu la Chine continentale. Pékin espère maintenant obtenir les mêmes concessions du Honduras, du Guatemala, du Paraguay et de Haïti.

D'autres éléments montrent une volonté d'influence de la Chine sur le long terme. Ainsi, la multiplication des instituts Confucius dans la région (43 en 2019) permet au *soft power* chinois de se diffuser. Les contacts bilatéraux, incluant des discussions entre militaires et des contrats d'armement, se développent également. Tous ces sujets seront abordés en novembre 2019, lorsque Xi Jinping se rendra au sommet des BRICS à Brasilia.

Un risque chinois

L'emprise économique de la Chine n'est cependant pas sans risques pour l'Amérique latine. D'une part, les exportations massives de matières premières vers la Chine affaiblissent les industries de transformation dans les pays de la région. Ce début de désindustrialisation est aggravé par l'importation massive de produits de consommation chinois, plus abordables. L'évolution est préoccupante, même si, depuis la fin du cycle de forte demande de matières premières par la Chine, autour de 2014, le commerce entre les deux régions n'augmente plus aussi rapidement.

D'autre part, le surendettement lié aux prêts gigantesques consentis par les banques chinoises pose un risque pour l'indépendance même des pays de la région. L'Équateur, qui a reçu 19 milliards de dollars de prêt durant les dix dernières années, doit maintenant exporter 80 % de sa production de pétrole vers la Chine – à un prix inférieur à ceux du marché – pour tenter d'éponger cette dette. En proie à un scandale lié à des pots-de-vin chinois versés dans le cadre de la construction du barrage hydroélectrique de Coca Codo Sinclair, le pays tente d'augmenter sa production de pétrole en exploitant les gisements situés dans la forêt amazonienne.

Même si les États d'Amérique latine connaissent leurs propres dérives en la matière, la corruption et les atteintes à l'environnement forment un aspect si important des échanges avec la Chine qu'ils conduisent désormais les acteurs régionaux à une certaine circonspection. Tout n'est pas perdu : en avril 2019, la tribu amérindienne Huaorani a gagné un important procès contre plusieurs administrations équatoriennes, pour garantir ses droits sur son territoire ancestral contre l'exploitation pétrolière.

L. N.

Pour en savoir plus

- Dossier « Amérique latine : les espoirs déçus ? », *Politique étrangère*, vol. 81, n° 3, septembre 2016.
- A. Schipani, J. Webber et B. Mander, « Latin America Resists US Pressure to Exclude Huawei », *Financial Times*, 9 juin 2019.
- J. Zaugg, « Pékin avance ses pions en Amérique latine », *Le Temps*, 17 juillet 2019.

Voir également la carte « L'Amérique latine et ses voisins du Nord », p. 328 de cet ouvrage.

Amérique latine : la démocratie à la dérive

Après la déception démocratique

Les élections présidentielles brésiliennes ont révélé l'écho qu'a, en Amérique latine, le malaise généralisé de la démocratie représentative. Les politiques redistributives brisées par la crise économique, la corruption des institutions et des politiques, l'explosion des insécurités, donnent leur chance à des candidats d'apparence hors système. Les coopérations régionales sont elles aussi menacées par de nouvelles polarisations. Des mobilisations citoyennes pourraient pourtant relancer les dynamiques démocratiques.

La large victoire de Jair Bolsonaro le 28 octobre 2018 a suscité stupeur et perplexité. Comment un candidat faisant ouvertement l'apologie des dictatures militaires, dans son pays et ailleurs, a-t-il pu l'emporter aussi facilement ? Le Brésil s'apprête-t-il à grossir les rangs des démocraties en danger de mort dans le monde ?

La montée de l'extrême droite au Brésil est le produit d'une singulière conjonction de facteurs. L'usure du Parti des travailleurs (PT) au pouvoir depuis 2002, l'ampleur des mobilisations sociales de 2013, la difficile réélection de Dilma Rousseff (PT) en 2014, les ahurissantes révélations de scandales de corruption à compter de 2015 – qui ont valu la prison à l'ancien président Lula –, et la très grave crise économique ont permis à la droite, quatre fois défaite dans les urnes par le PT (2002, 2006, 2010, 2014), de prendre sa revanche avec la destitution controversée de Dilma Rousseff en 2016. Mais cette droite a elle aussi sombré avec l'intérim catastrophique de Michel Temer (2016-2018), creusant un vide politique qu'un obscur député d'extrême droite a su combler à son profit. Les outrances de Jair Bolsonaro sont à la mesure de l'ampleur de la corruption et de la sévérité de la crise économique au Brésil.

La démocratie représentative discréditée ?

En rester là serait réducteur. Au-delà de la complexe séquence de crise propre au pays, Bolsonaro est un révélateur du malaise profond qui frappe la démocratie représentative au Brésil et dans le monde. Le Brésil est de ce point de vue un cas emblématique : il y a encore une décennie, il était l'objet de louanges unanimes. Le PT avait « réinventé » la démocratie, grâce aux pratiques participatives à l'échelle locale, dans un contexte de progrès sociaux rapides (PIB/habitant multiplié par quatre entre 2003 et 2013, soit 35 millions de personnes sorties de la pauvreté). Ces avancées politiques, économiques et sociales, semblent aujourd'hui bien compromises, d'où un revirement rapide et profond de l'opinion publique vis-à-vis de la classe politique et, au-delà, de la démocratie représentative.

En dix ans (2008-2018), l'indice de satisfaction concernant la démocratie est passé au Brésil de 38 % à 9 %[1]. Le niveau de confiance dans les institutions s'est effondré : de 34 % à 12 % pour le Parlement et de 20 % à 6 % pour les partis politiques. Et que dire de la cote de popularité du chef d'État, qui a chuté de 79 % (Lula) à 7 % (Temer) ?

La démocratie représentative a aujourd'hui perdu tout crédit, tout comme les pratiques ou institutions qui lui sont associées. Pour autant, l'attrait pour l'autoritarisme ne progresse pas : entre 2000 et 2017, la part des Brésiliens estimant que « dans certaines circonstances, un gouvernement autoritaire peut être préférable » a baissé, de 25 % à 17 %. C'est l'indifférence qui est de mise, d'où la tolérance pour des régressions démocratiques de plus en plus fréquentes.

L'Amérique latine s'est pourtant longtemps battue pour la démocratie. Au moment où le continent célèbre le quarantième anniversaire de l'ouverture des transitions vers la démocratie, il n'est pas inutile de rappeler les immenses progrès réalisés. L'époque des dictatures militaires est lointaine, et les dérives autoritaires ont été relativement rares depuis quatre décennies. L'Amérique latine vit sans conteste la plus longue période démocratique de son histoire.

La démocratie désenchantée

Mais les démocratisations ont d'emblée suscité un profond désenchantement. La crise économique des années 1980 puis les réformes néolibérales des années 1990 ont engendré pauvreté et inégalités, portant les catégories les plus modestes à penser que leurs intérêts n'étaient pas pris en compte par les acteurs et les rouages de la démocratie représentative.

À l'opposé, le boom économique des années 2000 et les politiques redistributives qu'il a permis de financer ont substantiellement réduit pauvreté et inégalités. Les électeurs ont plébiscité les partis – surtout de gauche – qui ont orchestré ces progrès sociaux. La démocratie n'était alors pas contestée : en 2010, 61 % des Latino-Américains la soutenaient (contre 48 % en 2018).

La crise économique importée des États-Unis a brutalement interrompu cet âge d'or. Selon un schéma classique, la frustration est proportionnelle aux attentes suscitées par la période de progrès. Les catégories moyennes et basses ont alors commencé à réclamer dans la rue de meilleurs services publics pour consolider leurs trajectoires ascendantes, sans être entendues. À quelques exceptions près, l'Amérique latine est embourbée depuis presque dix ans dans une croissance économique médiocre. Les préférences des électeurs en sont affectées. En 2018, 79 % des Latino-Américains estiment que les gouvernements défendent des intérêts privés puissants (90 % au Brésil !). Le mécontentement glisse des figures qui

1. Toutes les données de sondages citées sont extraites du Latinobarómetro, disponibles sur : www.latinobarometro.org.

incarnent la démocratie à la démocratie elle-même parce que le régime représentatif est affaibli.

Trois offensives contre la démocratie

En premier lieu, les outsiders dénigrant la politique et les mécanismes d'intermédiation ne constituent pas vraiment une nouveauté en Amérique latine. Dans les années 1990 déjà, face à l'incapacité des gouvernements à apporter des solutions à la crise économique, certains candidats se positionnaient contre les partis classiques, érigeant leur virginité politique en atout électoral. Alberto Fujimori a incarné cette stratégie antipolitique : elle lui a permis de gouverner le Pérou durant dix ans (1990-2000), en marginalisant un pouvoir législatif vu comme un obstacle à la gouvernabilité du pays. En 2018, Bolsonaro a emprunté le même registre discursif dans sa campagne, tandis qu'au Mexique le candidat de gauche Andrés Manuel López Obrador revendiquait aussi une rupture salutaire avec la domination des partis ayant gouverné le pays avant lui. Bolsonaro et Obrador ont tous deux fustigé le caractère moralement inacceptable des inégalités et de la corruption, recourant aux ressources discursives des Églises évangéliques.

Peu importe que Bolsonaro et Obrador ne soient pas d'authentiques outsiders. Ils se sont comportés comme tels, et les électeurs les ont suivis. Une fois en fonction, ces présidents font courir à la démocratie représentative un risque évident, car ils ne croient ni en la légitimité des contre-pouvoirs, ni en l'utilité des partis pour l'agrégation des préférences des citoyens.

En second lieu, les leaders qui refusent la défaite électorale sont aussi issus d'une longue lignée. Le « continuisme » a longtemps été enraciné en Amérique latine, écho d'une logique de capture de l'État par des intérêts privés. La nouveauté réside aujourd'hui dans un excès d'ambition des élus. Lorsque le président bolivien Evo Morales s'assigne en 2005 pour objectif de fonder un État postcolonial, il n'a certainement pas en tête d'y parvenir en quatre ans. S'il est réélu en 2019, il occupera la présidence jusqu'en 2025, soit vingt ans. Ses opposants le soupçonnent même d'envisager d'aller au-delà : durant sa campagne de 2019 Morales a évoqué un plan de développement économique pour l'horizon 2030.

Certains gouvernements, souhaitant développer un agenda de réformes inépuisable, recourent à des manipulations électorales rendant la victoire de l'opposition impossible. La révolution bolivarienne au Venezuela incarne une telle dérive autoritaire. Minoritaire dans le pays depuis les législatives de décembre 2015, le gouvernement s'emploie à empêcher l'opposition de revenir au pouvoir par les urnes. Pour justifier sa pérennité au pouvoir, le camp chaviste use et abuse des argumentaires conspirationnistes. La consolidation de la défense de la souveraineté, menacée par l'interventionnisme nord-américain, est une œuvre de longue haleine qui ne saurait être remise en cause à chaque élection…

Enfin, une part de responsabilité incombe aux oppositions qui perdent patience. Au Venezuela, les partis modérés qui alternaient au pouvoir et se partageaient la rente pétrolière depuis quarante ans, n'ont pas accepté la victoire d'Hugo Chávez en 1998 et 2000, et ont tout fait pour le renverser sans attendre les élections suivantes : coup d'État en avril 2002, grève « civique » dans le secteur pétrolier en décembre de la même année, référendum révocatoire en 2004. Autant d'échecs, mais l'attitude agressive de l'opposition a clairement provoqué un durcissement du régime. D'autres cas peuvent être mentionnés, qui mettent aussi en scène des secteurs conservateurs souhaitant accélérer leur retour aux affaires. Au Honduras en 2009, les militaires ont renversé le président Manuel Zelaya, soupçonné de vouloir changer la Constitution pour autoriser sa réélection. Son rapprochement du Venezuela chaviste avait incommodé les milieux d'affaires. Au Paraguay en 2012, au Brésil en 2016, ce sont des procédures de destitution plus ou moins légales qui ont été utilisées contre des présidents dont la droite voulait se débarrasser.

Corruption et insécurité

À ces trois types d'attaque contre la démocratie, il faut ajouter une exaspération de l'opinion publique sur la corruption, l'insécurité et l'annulation des progrès sociaux. Le scandale Odebrecht – du nom d'une entreprise brésilienne de travaux publics – n'en finit pas de susciter des vagues d'arrestations dans les milieux politiques et patronaux d'Amérique latine, y compris au plus haut niveau. Au Brésil, où le scandale a pris naissance, une bonne partie de la classe politique est éclaboussée. Les Brésiliens, pourtant très cyniques sur la vénalité de leur personnel politique, estiment à présent que le système est en cause. Le « présidentialisme de coalition », qui permet à la démocratie brésilienne d'être gouvernée en dépit d'un multipartisme extrême (plus de 30 partis représentés à la Chambre des députés), exige que la fidélité des parlementaires soit constamment récompensée. Le président Lula, qui avait contribué à rénover la démocratie brésilienne, avait aussi mis en place un dispositif de versement de chèques mensuels aux membres de sa coalition. De grandes entreprises comme Odebrecht et la compagnie pétrolière Petrobras ont été largement sollicitées pour financer ces dispositifs. D'autres pays sont aussi sévèrement touchés par la corruption. Au Pérou, par exemple, le scandale Odebrecht est à l'origine de la destitution du président Pedro Pablo Kuczynski et de la détention de Keiko Fujimori.

La violence bat par ailleurs des records, tant au Brésil qu'au Mexique, alimentant toutes les dérives démagogiques des candidats et provoquant une inquiétante militarisation des tâches policières. La police est déjà responsable d'un quart des homicides au Brésil. Les interventions militaires aggravent les atteintes aux droits de l'homme et replacent l'institution militaire au centre de la vie politique.

Enfin, comme déjà signalé, une partie des progrès sociaux réalisés grâce au boom des exportations et aux politiques redistributives de la décennie 2003-2013, est remise en cause. Les grandes villes latino-américaines sont le théâtre de la prolifération d'enclaves sécurisées, où vivent les catégories les plus fortunées, et qui jouxtent parfois les zones d'habitat précaires. L'égalité citoyenne dans de telles conditions de ségrégation socio-spatiale est une fiction : les Latino-Américains n'y croient plus.

Les engagements des campagnes précédentes n'ont guère été suivis d'effets. Les candidatures hors norme bénéficient de cet état de l'opinion publique et les atteintes à la démocratie qu'elles peuvent susciter sont passées par pertes et profits. Ces scénarios de dérive autoritaire ne rencontrent guère de résistance dans le continent. Les opinions sont en majorité indifférentes, et sur le plan international l'impuissance est de règle.

Les coopérations régionales à la peine

Pourtant, depuis les années 1980, l'Amérique latine construit une politique multilatérale destinée à consolider la démocratie. Au sortir des dictatures, l'Argentine et le Brésil ont notamment expérimenté une stratégie collective inspirée par l'Europe du Sud. Pour l'Espagne, le Portugal et la Grèce, la perspective d'adhésion à la Communauté européenne a servi d'incitation à la consolidation de la démocratie. En 1985, un premier sommet a lieu entre l'Argentine et le Brésil pour lancer un processus d'intégration à finalité politique. L'intention était de créer de l'interdépendance, de se lier les mains, pour défendre collectivement la démocratie. L'Uruguay s'est ensuite joint au groupe et de nombreux protocoles de coopération ont été signés.

En 1989-1990, cette dynamique est interrompue par l'élection simultanée de dirigeants néo-libéraux en Argentine (Carlos Menem), au Brésil (Fernando Collor) et en Uruguay (Luis Alberto Lacalle), suscitant un recadrage du projet. L'intégration se centre désormais sur la dimension commerciale. Le Marché commun du Sud (MERCOSUR), associant l'Argentine, le Brésil, l'Uruguay et le Paraguay, naît en 1991 sans ambition politique. Pourtant, le thème de la défense de la démocratie resurgit à la faveur d'une tentative de coup d'État au Paraguay en 1996, et le MERCOSUR se dote d'une clause démocratique en 1998. Le mécanisme prévoit la suspension d'un État membre connaissant un épisode de rupture de la démocratie.

Dans les années 2000, la plupart des accords d'intégration suivent cet exemple. L'Union des nations sud-américaines (UNASUR), créée en 2008, se singularise avec l'adoption en 2010 d'une clause démocratique particulièrement sévère. Son champ d'application est élargi à toutes les menaces contre la démocratie, et les sanctions encourues peuvent aller jusqu'à un embargo.

En 2012, un coup d'État au Paraguay a permis de tester ce dispositif. Le pays a bel et bien été temporairement suspendu, mais aucune sanction n'a été prise, et le Paraguay a été réintégré sitôt sa situation politique « normalisée » par des élections confirmant la destitution du président progressiste Fernando Lugo.

Depuis 2015, la dérive autoritaire du Venezuela a davantage contribué à discréditer les organismes multilatéraux comme l'UNASUR, impuissante à orchestrer une diplomatie collective pour mettre un terme à la crise, bien que ce soit son rôle premier. Dès 2008 en effet, cet organisme naissant avait efficacement servi de médiateur pour calmer les ardeurs sécessionnistes de plusieurs départements boliviens. Dix ans après, l'UNASUR est paralysée par l'incapacité des États membres à s'accorder sur le nom d'un nouveau secrétaire général.

Ce dysfonctionnement est le produit d'un nouveau climat de guerre froide qui règne dans la région. La révolution bolivarienne est en grande partie responsable de ce climat tendu, qui remonte aux tentatives d'Hugo Chávez de peser de tout son poids sur les évolutions politiques de la région. N'hésitant pas à faire campagne dans les pays voisins pour soutenir des candidats de gauche, il a fait naître au sein de la droite latino-américaine une haine tenace à son égard, que son successeur actuel n'a rien fait pour apaiser.

Accentuée par l'hostilité nord-américaine envers la gauche, la polarisation est telle aujourd'hui qu'aucun dialogue n'est possible, situation inédite au regard de l'histoire. En Amérique centrale dans les années 1980, pourtant en pleine guerre froide, les présidents de la région étaient parvenus à se réunir en sommet à Esquipulas (Guatemala) pour évoquer la pacification et la démocratisation des pays de l'isthme. Le plan de paix du président costaricien Oscar Arias fut récompensé par le prix Nobel de la paix.

Aujourd'hui, la polarisation a pour corollaire une politisation de tous les instruments multilatéraux. L'Organisation des États américains (OEA), qui a elle aussi une charte démocratique depuis 2001, s'est déchirée sur le dossier vénézuélien. Son secrétaire général a pris position pour un changement de régime au Venezuela, s'interdisant par là d'assumer une médiation. Le groupe des pays gouvernés par la droite a acté l'impuissance collective des instruments existants et s'est attaché à créer le Groupe de Lima puis le Forum pour le progrès et le développement de l'Amérique du Sud (PROSUR) pour relancer l'intégration contre le groupe de pays encore bienveillants à l'égard du Venezuela (Bolivie, Nicaragua) ou prônant la neutralité (Uruguay, Mexique). Il est improbable que ce groupe parvienne à ses fins.

***

La crise vénézuélienne, et le drame humanitaire et migratoire qu'elle provoque, est aujourd'hui la matrice des évolutions politiques du continent. Pour autant, elle agit comme un écran de fumée. D'autres atteintes à la démocratie ont tendance à passer inaperçues, comme les violations continues des droits de l'homme dans nombre de pays. Parallèlement, et à l'inverse, les progrès de la démocratie sont aussi frappés d'invisibilité. Or l'Amérique latine voit proliférer depuis quelques années des dispositifs de vigilance citoyenne qui contraignent les gouvernements à rendre des comptes. Des mobilisations sociales importantes, de femmes ou de jeunes, font évoluer les mentalités et contribuent à un élargissement de la citoyenneté. Dans le climat morose et fortement polarisé qui caractérise ses débats politiques comme ses relations diplomatiques, l'Amérique latine continue d'être une terre d'innovations démocratiques. Ce n'est pas le moindre des paradoxes.

O. D.

Pour en savoir plus

- C. Launay-Gama et O. Dabène (dir.), *Los efectos de los procesos participativos en la acción pública*, Buenos Aires, Teseo, 2019.
- S. Levitsky et D. Ziblatt, *How Democracies Die? What History Reveals about Our Future*, New York, Viking, 2018.
- A. Fung, « Reinventing Democracy in Latin America », *Perspectives on Politics*, vol. 9, n° 4, décembre 2011.

Les néo-populismes latino-américains

Une mondialisation du justicialisme

Le populisme fait son retour en Amérique latine, traditionnellement l'une de ses terres d'élection. Il s'y réimplante sur les impasses du « tournant à gauche » des années 2000, tentant de se substituer à ses échecs. Il réaffirme une dimension de violence révolutionnaire appuyée sur un « justicialisme » prompt à dénoncer physiquement les inégalités de toutes sortes. C'est sans doute sur ce continent latino-américain qu'on peut le mieux analyser les liens qui existent entre démocratie et populisme.

Si le tout premier populisme a trouvé naissance en Russie rurale ou dans les États-Unis profonds, on peut toutefois considérer qu'outre la France (berceau du bonapartisme et productrice des grandes figures populistes que sont Boulanger ou De Gaulle), l'Amérique latine – avec une mention toute particulière pour l'Argentine –, est la terre de prédilection du populisme. Ce populisme se manifeste, d'une part, avec vigueur dans les moments de crise de la démocratie et dans les changements d'époques, de transition globale. D'autre part, le populisme a partie liée avec la démocratie, dans une relation ambivalente ou ambigüe. On pourrait définir aujourd'hui ce populisme comme l'ombre portée, ou la réverbération, de la démocratie sur une réalité sociale contrastée, sur une société atomisée d'individus aux demandes disparates.

En Amérique latine, après les premières avancées démocratiques du début du XXe siècle (suffrage universel à bulletin secret, élargissement du corps électoral, lois garantissant les libertés publiques notamment), le populisme apparaît dans les années 1930, en s'affirmant à la fois comme luttant contre la résistance oligarchique au changement, et comme l'alternative à la mobilisation de classe par les partis et les syndicats de gauche. Mais contrairement au fascisme, qui reste sa principale source d'inspiration, le populisme composera à partir de 1945 avec la démocratie. Ainsi, Juan Domingo Perón se fait élire en Argentine à deux reprises (1946 et 1952), après sa participation à la dictature de Pedro Ramírez puis d'Edelmiro Farrell (de 1943 à 1945) ; au Brésil, Getúlio Vargas revient au pouvoir par élection en 1950 après sa dictature de 15 ans (1930-1945) ; Juan José Arévalo au Guatemala et Omar Torrijos au Panama, arrivés au pouvoir par des *golpes* respectivement en 1945 et 1968, vont progressivement (ré)introduire la démocratie politique associée à plus de justice sociale ; Carlos Ibañez del Campo est élu démocratiquement en 1952 au Chili, après ses présidences autoritaires dans les années 1920-1930.

L'héritage du « tournant à gauche »

Après la période des dictatures militaires des années 1970 et les transitions vers la démocratie des années 1980, le populisme fait son grand retour dans la région, porté par la vague du « tournant à gauche » de l'Amérique latine au début des années 2000. Cette vague mêlait des gouvernements progressistes de gauche historique – comme les socialistes chiliens Ricardo Lagos et Michelle Bachelet ou les présidents du *Frente Amplio* uruguayen Tabaré Vaźquez et José Mujica – à des leaders aux profils plus incertains comme le syndicaliste Lula da Silva élu et réélu au Brésil, ou l'indigéniste Evo Morales en Bolivie, élu en 2005 puis réélu à deux reprises, ou à d'autres encore plus mal définis que l'on ne tardera pas à qualifier de populistes comme l'ancien putschiste Hugo Chávez au Venezuela ou l'ancien militaire péruvien Ollanta Humala.

Élu démocratiquement en 1998 au Venezuela, Hugo Chávez deviendra même la figure tutélaire et comme le marqueur d'un néo-populisme latino-américain qui suscite la passion bien au-delà de sa région d'origine. Le couple Kirchner en Argentine – Néstor élu en 2003 puis Cristina élue en 2007 et réélue au premier tour en 2011 – constituera également un modèle influent de ce néo-populisme « de gauche ». L'aura de cette vague se ternit avec le successeur de Chávez, Nicolás Maduro, et une dérive autoritaire manifeste doublée d'une catastrophe économique patente, et le retour de Daniel Ortega au Nicaragua, ancien leader du Front sandiniste de libération pratiquant un népotisme prédateur et s'alliant à des éléments parmi les plus autoritaires et rétrogrades du pays.

Le populisme, challenger de la gauche

Dans les années 2000, même si elle persiste au pouvoir avec succès au Chili ou en Uruguay, la gauche latino-américaine, historiquement toujours affaiblie par l'émergence des populismes, se trouve concurrencée une nouvelle fois par des *outsiders* de la politique qui lui disputent la représentation populaire. Tandis qu'une nouvelle gauche révolutionnaire réapparaît, notamment sous les habits des luttes urbaines comme les *piqueteros* en Argentine, des luttes indigénistes en Équateur et en Bolivie, ou encore de l'alter-mondialisme au Brésil, les nouveaux leaders populistes, reprenant souvent certains thèmes de l'ancienne gauche révolutionnaire et ralliant des masses populaires parmi les plus pauvres et les plus méprisées, se lancent à la conquête du pouvoir par les urnes.

Le Venezuela d'Hugo Chávez constitue alors l'archétype de ce type de situation. Face à une gauche historique qui fut glorieuse, et désormais déconsidérée, incapable de proposer une alternative, un leader charismatique en appelle « à "régénérer" la démocratie de l'intérieur, en rappelant au système politique que le principe de légitimation reste la souveraineté du peuple, et que la vie politique en démocratie ne saurait se réduire au respect de ses formes procédurales[1] ». Après les années de la démocratie sociale et redistributive du parti membre de l'Internationale socialiste Action démocratique, le pays est en effet rongé par la sclérose des institutions, la corruption et l'accroissement constant des inégalités. Contre une petite élite enrichie qui se radicalise à droite, Hugo Chávez fait alors rêver

1. P.-A. Taguieff, *L'Illusion populiste. Essai sur les démagogies de l'âge démocratique*, Paris, Flammarion, 2007.

à un nouveau Rómulo Betancourt, tombeur du dernier dictateur en 1958 dans une alliance avec des militaires républicains, fondateur de l'Organisation des pays exportateurs de pétrole (OPEP) au grand dam des États-Unis, et promoteur de l'État social vénézuélien démocratique.

C'est sans doute la caractéristique la plus intéressante du populisme : sa capacité à se substituer à la gauche (associant d'ailleurs souvent, aujourd'hui comme hier, civils et militaires), en la combattant lorsqu'elle était active, en occupant sa place laissée vide lorsqu'elle s'est corrompue au pouvoir ou laissée dominer par une pensée devenue unique qui l'empêche de se distinguer de la droite. Mais la forme de compromis de classe qu'ont pu mettre en œuvre, plus ou moins durablement, des régimes populistes latino-américains des années 1930 à 1960, ne peut plus être reproduite : « la matrice étato-centrique[2] » sur laquelle ils s'appuyaient a volé en éclat. Sans donner de solution durable au problème, le populisme pointe néanmoins la responsabilité de la gauche, cherchant la construction de nouvelles pistes pour remettre en route l'ascenseur social.

Par ailleurs, le populisme d'aujourd'hui exalte l'aspiration à une démocratie accomplie en lieu et place de l'existante, partielle, tâtonnante, déroutante, décevante. Le populisme annonce un changement radical, brutal, rapide face aux atermoiements, aux ajustements, aux bricolages des techniciens et des gestionnaires de la politique. D'une certaine façon, s'expriment à travers le populisme une volonté radicale de démocratie et d'autonomie, et une recherche de démocratie directe, d'un pouvoir total et immédiat du peuple.

Retrouver la violence révolutionnaire

Le populisme d'aujourd'hui renoue paradoxalement plus solidement avec une dimension essentielle des populismes historiques et du populisme en général : la violence révolutionnaire. La parole du leader libère et accompagne à la fois la violence spontanée des masses. Pas de lien direct, sans doute, entre le discours de Chávez sur « ceux qui ont tué le Christ » fin décembre 2005, la descente de police en avril 2008 dans un centre d'études hébraïques soupçonné d'avoir abrité des agents du Mossad, les attaques verbales réitérées contre Israël d'un côté, et la synagogue vandalisée à Caracas fin janvier 2009 par un petit groupe de Chemises rouges de l'autre. Mais on ne peut que constater qu'une telle agression antisémite ne s'était jamais produite au Venezuela avant l'arrivée de Chávez au pouvoir. Inutile de revenir ici sur l'efficacité d'un antisémitisme *soft* d'allusion, de voisinage et de fréquentation.

Plus ou moins maîtrisées ou tolérées par le pouvoir populiste en place, des mobilisations populaires prennent des formes extrêmes au niveau symbolique et/ou réel : pogroms, agressions, saccages, profanations, crémations d'images et d'effigies, simulacres de tribunaux populaires, menaces verbales ou silencieuses, interdits lancés sur certaines pratiques et certains propos. Dans son inclination autoritaire, le populisme se soutient en effet paradoxalement d'une certaine autonomie des masses en mouvement, s'en remet à la spontanéité de la mobilisation

2. M. Cavarozzi, « Grandeur et décadence du modèle étato-centrique en Amérique latine », *Cahiers des Amériques latines*, n° 26, 1997.

populaire, et ménage des espaces d'improvisation et de défoulement pourvu qu'ils produisent de la violence confortant *in fine* le pouvoir.

Aussi les éléments d'extrême gauche qu'agrège le populisme sont-ils volontiers de type luxembourgiste ou guévaro-trotskiste (faisant notamment leur l'idée d'entrisme au sein du mouvement populaire, comme a pu le théoriser John William Cooke depuis son exil cubain à propos du mouvement péroniste pendant l'exil de Perón dans l'Espagne franquiste). Les dérapages et débordements populistes s'inscrivent dans tous les cas dans le cadre de revendications « justicialistes » (axées sur un idéal abstrait, immédiat et total de justice, et fondées sur un ressentiment profond et diffus). Ils sont produits par des redresseurs de torts autoproclamés, agissant contre une prétendue impunité.

Le « justicialisme »

Un autre « populithème » (au sens que Lévi-Strauss donne au mythème) structurant du populisme démocratomorphe est en effet la notion d'impunité. Elle est utilisée au départ à propos de la justice à appliquer aux crimes des dictatures. On assiste, notamment dans l'Amérique latine des années 2000, à l'extension de cette notion d'impunité aux « crimes économiques » ; et plus généralement, son usage se répand pour dénoncer les privilèges des puissants.

Ainsi, les *escraches* en Argentine (scandales organisés devant les domiciles de militaires et d'acteurs économiques) conspuent, insultent et visent à entraver la liberté de mouvement de personnes non condamnées par la justice mais considérées comme coupables par des « tribunaux du peuple ». Ces actions directes, apparentées à la pratique des *piqueteros* apparus en Argentine pendant la grave crise de 2001 (barrages de routes et de rues, piquets de grève des exclus du travail salarié jetés à la rue), sont de type « justicialiste » au sens propre du terme (ils réclament justice et prétendent la rendre). Ils s'agrègent d'ailleurs aisément au mouvement péroniste en perpétuelles évolutions et recompositions.

Initié dans les années 1990 par le mouvement Hijos regroupant notamment des enfants de disparus sous la dictature de 1976-1983, ce type de manifestations violentes bénéficie de la complaisance d'une partie de l'opinion publique argentine. Les *escraches* sont à l'époque dirigés contre des responsables de la terrible répression de la dictature, graciés par le président récemment élu Carlos Menem alors qu'ils avaient été condamnés par la justice sous Raúl Alfonsín, ou jamais inquiétés du fait des lois limitant le champ des procédures possibles, votées en 1986 et 1987 sous la menace de militaires en rébellion contre le gouvernement démocratique.

Cette pratique s'est généralisée et étendue à l'encontre de tous ceux qui étaient considérés comme des ennemis du peuple. En Argentine, elle est aujourd'hui totalement intégrée au répertoire d'action des « péronistes de gauche » kirchnéristes (partisans des présidents Nestor Kirchner et Cristina Kirchner, son épouse). Ainsi, en août 2014 à Buenos Aires, lors d'une conférence à l'Université catholique, deux fonctionnaires K (K comme Kirchner) participèrent à un *escrache*, clamant que Cavallo n'avait « pas le droit de parler » ; et le mouvement *Quebracho* – groupe se présentant comme réunissant des « patriotes et fils de San Martín », *libertador* argentin – empêcha également le lendemain la tenue d'une conférence de Ricardo López Murphy, ancien ministre de l'Économie du gouvernement de centre-gauche de Fernando de La Rúa.

Le retour de la « justice populaire »

Cette expression de « justice populaire », légitimation d'une violence révolutionnaire physique et symbolique, est aujourd'hui présente bien au-delà de l'Amérique du Sud (où on la retrouve dans l'Uruguay voisin mais aussi au Chili, sous le nom *funa,* ou celui de *roche* au Pérou), et sévit notamment en Espagne[3]. Ce type d'action est le plus souvent vanté dans les milieux intellectuels pour sa dimension provocatrice et novatrice, plutôt que réprouvé comme relevant d'un certain terrorisme de basse intensité : « Les *escraches*, bruyants, provocateurs, perturbent et sont donc difficiles à ignorer. Ils sont un message puissant et fort pour dire à la société : "Je ne vous laisserai pas oublier". En raison de leur originalité et de leur créativité, les *escraches* ont obtenu une excellente couverture des grands médias.[4] ». Les justiciers médiatisés sont ainsi les nouveaux révolutionnaires latino-américains, exportant leur modèle vers le reste du monde.

On retrouve en effet cette même dimension de « justicialisme » bien au-delà de l'Argentine, patrie originelle du mot lui-même, choisi par le parti péroniste lors de sa renaissance en 1972. Les mobilisations populistes reposent en effet sur le principe implicite de la légitimité absolue de la volonté des masses, ou de la volonté populaire. Les leaders n'en sont en quelque sorte que des porte-paroles parmi d'autres, notamment la presse tribunicienne ou à scandale, ou les juges anticorruption poursuivant les élites. Et à l'ère d'internet, la mobilisation populiste s'organise et s'entretient de façon autonome et auto-référencée à travers blogs et réseaux sociaux.

L'idée du complot n'est alors jamais loin de la vision anti-impérialiste. Pour se libérer, les peuples doivent démasquer les ennemis intérieurs, dénoncer leur connivence avec « l'Empire » (entendez : les États-Unis et leurs alliés), les empêcher de nuire. La mobilisation populiste se présente comme une autodéfense : la violence du populisme serait une réponse à une violence plus grande à l'encontre du peuple et des peuples opprimés. Assemblées participatives, expéditions punitives, soutiens aux actions terroristes internationales sont ainsi intégrés dans une même chaîne de solidarité. Ces manifestations font écho à la stigmatisation des ennemis du peuple, structurant discours et visions du monde sur une « logique de la conspiration », ou autour d'une « thèse du complot », et plus généralement suivant ce que Léon Poliakov appelait la « causalité diabolique ».

Capté et recyclé par l'antisémitisme politique contemporain, l'antisionisme constitue dès lors une pièce centrale du nouveau dispositif populiste transnational. Élément intégrant du nouveau discours anti-impérialiste, et en retour capté et assimilé par l'antisémitisme politique contemporain, l'antisionisme permet de faire la connexion la plus sûre entre droite et gauche populistes. Largement diffusée, la mentalité justicialiste s'agrège et coagule au gré des événements et

3. « El escrache, de Argentina al mundo », *El Diario*, 6 mars 2013.
4. S. Kaiser, « Escraches: Demonstrations, Communication and Political Memory in Post-Dictatorial Argentina », *Media, Culture & Society*, n° 24, juillet 2002.

des manipulations politiques. De tonalité rouge-brune, la nouvelle rhétorique démocratomorphe oscille ainsi entre spontanéisme des masses, mobilisation autour de divers leaders et actions de commandos comme les *colectivos* vénézuéliens, ces Chemises rouges chavistes qui font le coup de poing et peuvent aller jusqu'au meurtre lors des manifestations d'opposants démocrates au régime qui dénoncent régulièrement depuis 2014 un régime autoritaire, corrompu, répressif et incompétent.

***

L'Amérique latine a servi de terrain privilégié pour l'élaboration des premières théories sur le populisme dans les années 1960, à la suite de Gino Germani. Aujourd'hui, la liaison entre démocratie et populisme y est mise en évidence avec force, tout particulièrement depuis les années 2000. Partis « antisystème », « populismes de gauche », « démocratie participative », « mobilisations multisectorielles » : ces nouveaux concepts, nés de la politique latino-américaine, sont souvent analysés comme les éléments d'un « tournant à gauche » de la région. Jean-Luc Mélenchon a titré un de ses livres : *Qu'ils s'en aillent tous !*, reprenant le slogan des émeutes de 2001 en Argentine, mais sans rejeter la forme électorale : les manifestants de Buenos Aires n'ajoutaient-ils pas dans la foulée « Des élections tout de suite ! » ?

La rhétorique démocratique d'Hugo Chávez est ainsi emblématique. Il est à la fois un archétype du leader populiste d'aujourd'hui, un exportateur de modèle pour une gauche radicale (tout particulièrement en Europe) et un leader à vocation transnationale. Et le paradoxe démocratique d'une certaine gauche populiste argentine apporte des éléments complémentaires pour l'esquisse de la nouvelle radicalité qui se développe dans un monde globalisé. Montage éminemment paradoxal, le néo-populisme présente à la fois trois grandes caractéristiques : l'accent mis sur la démocratie politique ; la valorisation de la violence révolutionnaire ; et un certain affaiblissement du rôle du leader au profit de groupes d'individus « indignés ».

R. F.

Pour en savoir plus

- M.-C. Esposito, A. Laquièze et C. Manigand (dir.), *Populismes : l'envers de la démocratie*, Paris, Vendémiaire, 2012.
- R. Fregosi, *Les nouveaux autoritaires. Justiciers, censeurs et autocrates*, Paris, Éditions du Moment, 2016.
- R. Fregosi, « Les troubles connivences de l'antisémitisme politique et du populisme », *in* E. Sommerer et J. Zaganiaris (dir.), *L'obscurantisme. Formes anciennes et nouvelles d'une notion controversée*, Paris, L'Harmattan, 2010.

L'Amérique latine face à la déferlante évangélique

Le Brésil a ouvert la voie

L'élection de Jair Bolsonaro, qui a placé sa présidence sous le signe de Jésus, révèle l'importance de l'influence gagnée par les Églises évangéliques. À partir de la défaillance des structures de l'État, celles-ci ont mis en place des réseaux sociaux, économiques et culturels, qui se traduisent désormais au niveau politique. L'affirmation évangélique – aux dépens de la traditionnelle catholicité –, est surtout visible au Brésil, mais elle s'étend de plus en plus en Amérique latine.

« *Libérée, délivrée…* » : sur une vidéo tournant en boucle sur les réseaux sociaux brésiliens, on voit une femme d'une cinquantaine d'années entonner la mélopée du dessin animé *La Reine des Neiges*, un des grands succès de Disney. Un sourire ironique précède l'explication : « Vous savez pourquoi à la fin elle se retrouve seule ? Parce qu'elle est lesbienne !!!! Si on continue comme ça, c'est elle qui va réveiller la Belle au Bois dormant avec un baiser gay ! Moi, je rêvais d'un prince charmant, aujourd'hui on apprend aux petites filles de trois ans à rêver d'une princesse ! »

La scène semble encore plus surréaliste quand on sait que l'auteur de la tirade, pasteure évangélique, est ministre des Droits de l'Homme, de la Famille et des Femmes au Brésil depuis janvier 2019. L'épisode fait rire, ou désole, mais récolte l'adhésion de millions de Brésiliens. Il illustre le poids des évangéliques dans la vie politique, sociale et culturelle du Brésil, et à quel point ils sont devenus l'un des symboles du conservatisme dans le pays.

Bolsonaro, élu des évangéliques ?

Le Brésil est habitué à ce type d'image depuis le 1er janvier 2019, date de l'investiture de Jair Bolsonaro. À l'étranger, son élection a fait l'effet d'un coup de tonnerre. Comment le Brésil de Luis Inacio Lula da Silva, syndicaliste, ex-ouvrier métallurgiste, qui avait réussi à tirer des millions de citoyens d'une misère dont lui-même venait, pouvait-il se jeter dans les bras de Jair Bolsonaro, ex-capitaine renvoyé de l'armée, député médiocre, homme politique connu pour son racisme, son homophobie, sa misogynie et sa détestation des intellectuels ? Comment le

Brésil, premier pays catholique du monde, supportait-il de voir son nouveau président, au soir de son élection du 28 octobre, demander à un pasteur de conduire une prière évangélique retransmise en direct sur tous les écrans ?

En plaçant explicitement son mandat sous la tutelle de Jésus, fait inédit au Brésil, le nouveau président faisait moins acte de provocation que de reconnaissance. Bolsonaro a remporté le second tour avec 57,8 millions de suffrages exprimés (55,13 %), contre 47 millions pour Fernando Haddad, candidat du Parti des travailleurs (44,87 %), la formation de Lula qui, emprisonné, n'a pu se présenter. « Cette différence correspond exactement aux 11 millions d'évangéliques qui ont voté en faveur de Bolsonaro, comme l'indiquaient les sondages trois jours avant le vote », précise José Eustaquio Alves, démographe à l'École nationale des sciences statistiques de Rio de Janeiro. C'est d'ailleurs dans les États de la fédération où les évangéliques sont les plus présents (Rondônia, Roraima, Acre et Rio de Janeiro) que Bolsonaro a enregistré ses meilleurs scores.

Selon le recensement de 2010, le Brésil reste, avec 123 millions de fidèles, le premier pays catholique du monde, mais « c'est un titre qu'il devrait perdre dans les prochaines années », poursuit José Eustaquio Alves. En 1970, 92 % de la population se déclarait catholique ; le chiffre tombait en 2010 à 64,6 %. Cet effondrement s'explique par l'expansion des Églises évangéliques, tirée par les pentecôtistes et néo-pentecôtistes, la part des protestants traditionnels (luthériens, baptistes et méthodistes) demeurant stable.

La montée en puissance des évangéliques

En 2010, les évangéliques représentaient 22,2 % de la population. Difficile d'estimer exactement ce qu'il en est aujourd'hui, l'Institut brésilien de géographie et de statistiques (IBGE) n'organisant un recensement exhaustif que tous les dix ans. Des enquêtes partielles d'instituts nationaux et internationaux laissent présager une accélération du déclin du nombre de fidèles catholiques, au profit des évangéliques. « Cela signifie que les catholiques représenteront moins de la moitié de la population dès 2022, année du bicentenaire de l'indépendance du Brésil », résume Alves. Dix ans plus tard, ils devraient être minoritaires : 38,6 % de catholiques contre 39,8 % d'évangéliques.

Cette révolution est visible dans le paysage urbain. Au centre de Rio de Janeiro, de São Paulo ou d'autres métropoles, théâtres, cinémas et usines abandonnés ont fait place à de gigantesques temples. Sur les façades, brillent au néon les noms des diverses chapelles : Église universelle, Dieu est amour, Église mondiale du royaume de Dieu… Dans les quartiers populaires et les *favelas*, elles sont moins spectaculaires, mais plus nombreuses, dans d'anciens bars ou des garages désaffectés. Alors que le lieu de culte catholique est sanctifié dès sa construction, il suffit ici d'une quarantaine de sièges en plastique, d'un pupitre, d'un clavier et de deux micros pour que les fidèles affluent.

En Amazonie, des bicoques en bois font office de temple, tout comme à la frontière agricole du pays. « Dès qu'un petit groupe de paysans ou de mineurs s'installe, un pasteur suit et devient la référence de la communauté, seule source de réconfort dans ces terres hostiles », explique le géographe Hervé Théry, professeur à l'Université de São Paulo. C'est d'ailleurs, dit-il, le point commun entre les campagnes dépeuplées et les ceintures des banlieues pauvres : « D'un côté il y a ceux qui défrichent la forêt, de l'autre ceux qui ont émigré des États pauvres vers les grandes villes, pour n'y trouver finalement que la violence et le chômage ; dans les deux cas, il s'agit de fronts pionniers... »

De nouvelles structures sociales

Dans ces deux cas, les institutions traditionnelles – famille, Église catholique, État – sont absentes, alors que le quotidien de l'immense majorité des Brésiliens est rude. Ceux qui ont la chance d'avoir un emploi passent plus de quatre heures par jour dans des transports publics surchargés, revenant le soir dans des banlieues marquées par la violence du narcotrafic, de la police ou de milices en tous genres. Quand un chef de famille – très souvent des femmes seules dans les milieux populaires – perd son emploi, ce sont les « frères et sœurs » de l'Église qui l'aident à en trouver un autre. En attendant, une collecte de la communauté lui permet d'obtenir régulièrement un carton de victuailles. Quand l'école ferme, plusieurs jours par an, du fait de la violence, c'est au sein de l'Église que les enfants s'abritent. C'est aussi dans ses murs qu'on prépare Noël et la Fête des mères, chantant et confectionnant des gâteaux. Pour les femmes seules, c'est un lieu de socialisation où elles ne risquent pas d'agression.

« Les évangéliques apportent une forme d'aide sociale, des loisirs et une véritable écoute. C'est une des clés de leur succès », estime Cesar Romero Jacob, professeur de sciences politiques à l'Université pontificale catholique de Rio de Janeiro. Les velléités de certains évêques de porter secours aux pauvres, au nom d'une théologie de la Libération qui les place au centre de l'action de l'Église, ont été cassées net par l'arrivée de Jean-Paul II au Vatican. Y voyant là le reflet d'une idéologie communiste, il a démantelé les évêchés progressistes et condamné au silence les prêtres rebelles. Les évangéliques se sont engouffrés dans la brèche : « Ils n'ont pas progressé pour des raisons théologiques, mais sociologiques », commente Cesar Romero Jacob.

D'autant que les pasteurs ne connaissent pas de crise des vocations. On ne leur impose ni vœu de chasteté, ni interminables études. N'importe qui, Bible sous le bras, peut s'autoproclamer pasteur – trois mois de formation, offerts par plusieurs églises, suffisent pour manier le vocabulaire. Hier, les candidats à la verve facile rêvant d'ascension sociale se tournaient vers les syndicats et les partis politiques. Ces derniers étant en panne, ce sont les églises qui les recrutent.

Ces ministres du culte suscitent l'identification de leurs ouailles. Contrairement aux prêtres qui visitent une fois par semaine les communautés pauvres, ceux-ci y sont nés et souffrent comme les autres de la pauvreté des services publics et de la violence. Mariés, ils sont plus crédibles pour évoquer les difficultés conjugales. Et alors que les femmes sont exclues de la hiérarchie catholique, elles ont un rôle chez les évangéliques – même s'il reste souvent secondaire –, pouvant même devenir pasteures.

Les cérémonies évangéliques sont rythmées par des chants et des témoignages marqués par la transe et la catharsis. Chacun y trouve son compte : certaines églises prêchent l'austérité quand d'autres exaltent l'enrichissement et la consommation. Le message est taillé sur mesure dans une véritable stratégie de marketing. C'est ainsi qu'on a vu apparaître le temple Boule de Neige destiné aux surfeurs, ou l'Église des Athlètes du Christ, ciblant les sportifs. Les homosexuels eux-mêmes, honnis par la majorité des pasteurs, sont accueillis dans des églises dites « inclusives ».

Seul point commun : à la fin du culte, il faut mettre la main à la poche. Les fidèles doivent verser chaque mois un dixième de leur revenu au pasteur, et parfois plus. Lors des grandes campagnes, certaines églises assurent que, pour avoir droit à un miracle – la guérison d'une maladie grave, un emploi retrouvé après une longue période de chômage, un fils débarrassé du vice de l'alcoolisme –, il faut se défaire de ses biens les plus précieux. On voit alors des fidèles remettre les clés de leur voiture ou le titre de propriété de leur appartement. « Pour beaucoup, ce sacrifice est naturel », analyse Cesar Romero Jacob. « Dans un contexte d'absence de l'État et de déstructuration de la famille, l'Église apparaît comme un mécanisme d'autodéfense de la communauté. En versant le dixième de leurs revenus, les fidèles scellent une appartenance, certains espèrent un miracle, tous savent qu'ils pourront compter sur l'aide des autres. »

Culture populaire et effet politique

Au-delà du paysage urbain, c'est la culture populaire qui est profondément transformée. On se reconnaît entre évangéliques grâce à des codes : on s'habille évangélique, on écoute de la musique évangélique, on regarde des *télénovelas* évangéliques. Autant de marqueurs générant des marchés économiques. La mode évangélique a ainsi révolutionné le secteur textile depuis les années 1990, avec des chemises sans décolleté ni transparence et des jupes longues pour les femmes – le pantalon leur étant interdit dans les lieux de culte. La Bible est de loin le livre le plus vendu dans le pays, décliné sous toutes les formes : « Bible pour militaires », « Bible pour la femme moderne », jeux de société pour enfants…

Dans un pays où la piraterie fait rage, le marché des disques chrétiens fait figure d'exception. Parmi les vingt albums les mieux vendus, quinze sont le fait de chanteurs religieux – catholiques pour certains, en majorité évangéliques. Au-delà du traditionnel gospel, on loue Jésus sur des airs de samba, de *sertanejo* (la *country* locale), de rock et de rap. Les interprètes sont des pasteurs austères, de petits gros à chapeau de cow-boy, ou des nymphettes aux allures faussement sages. Toutes les maisons de disques ont créé leur label *gospel*, à l'image des géants Sony et EMI. On se retrouve une fois par an, lors des spectaculaires Marches pour Jésus – à São Paulo, elle réunit près de trois millions de personnes –, pour scander ces tubes dans l'espace public.

« Les grands pasteurs ont d'abord un temple, puis une radio, une télévision, une maison de disques. Chaque activité alimente l'autre, et leur notoriété augmente ; le succès des évangéliques s'explique aussi par leur habileté à bâtir de véritables empires médiatiques », résume Valdemar Figueredo Filho, politologue et théologien, directeur de l'Institut Mosaico. C'est l'Église universelle du royaume de Dieu, plus communément appelée Universal, qui a montré le chemin. Elle détient la *Folha Universal*, un hebdomadaire qui tire à 1,8 million d'exemplaires, distribué gratuitement aux portes des temples et aux bouches de métro, mais surtout la Rede Record, deuxième chaîne de télévision du pays, des dizaines de radios, des portails et des sites internet. Depuis, les églises concurrentes ont copié la pratique.

« Au lendemain de la dictature militaire, avec la popularité des pasteurs chanteurs et le poids croissant des prêches à la télévision, les évangéliques ont pris conscience de leur pouvoir de communication », pointe Denise Rodrigues, professeur de sciences politiques à l'Université d'État de Rio de Janeiro. « Les conditions étaient réunies pour transférer cette capacité de leadership dans le champ politique », ajoute-t-elle. Le premier test, en 1988, est un succès : 33 députés évangéliques sont élus. La progression est, depuis, pratiquement ininterrompue. Ils sont aujourd'hui 90 députés et 9 sénateurs au niveau fédéral, et ils dominent de nombreux parlements locaux.

Jouer la carte des évangéliques est payant en politique, « et tous les politiques, de droite comme de gauche, ont tenté de les instrumentaliser », insiste le sociologue Ricardo Mariano, de l'Université de São Paulo. On a ainsi vu Dilma Rousseff, qui se disait agnostique et qui était initialement en faveur de l'avortement, promettre qu'elle s'y opposerait une fois élue à la tête de l'État. « De la part des partis de gauche, c'est surtout une stratégie d'autodéfense, pour éviter le boycott des évangéliques, étant donné qu'ils ont beaucoup moins d'affinité que les conservateurs avec les évangéliques », reconnaît Ricardo Mariano. Tous ont pourtant en tête le slogan : « Un frère vote pour un frère », qui résume la tendance des évangéliques à préférer un candidat issu de leurs rangs. Plus assidus aux cultes, souvent moins éduqués car issus des couches populaires, ils sont plus sensibles à la parole de leurs pasteurs.

Du local au national

Des années durant, pasteurs et analystes furent convaincus que les évangéliques devaient cantonner leur action aux scrutins législatifs, aux niveaux fédéral et local, le système électoral brésilien facilitant le vote de niche. En 2016, l'élection de l'évangélique Marcelo Crivella à la mairie de Rio de Janeiro – au scrutin majoritaire – change la donne. Crivella est parvenu à attirer une majorité d'électeurs avec un discours mêlant la haine du Parti des travailleurs, la guerre contre l'« idéologie du genre », et la remise en question du rôle de l'école présentée comme centre de promotion du marxisme et de la dépravation sexuelle. « Cela a marché à Rio de Janeiro, et Jair Bolsonaro a transformé l'essai deux ans plus tard, à l'échelle du pays », conclut Valdemar Figueredo.

Bien que catholique, Jair Bolsonaro a su habilement tirer profit du basculement religieux et de ses implications. Ses fils sont évangéliques, tout comme sa troisième et actuelle épouse, Michelle Bolsonaro, traductrice en langage des signes dans les temples pentecôtistes, où depuis quelques années elle traîne régulièrement son époux. C'est d'ailleurs le pasteur le plus médiatique du pays, Silas Malafaia, qui les a mariés en 2007. Neuf ans plus tard, Bolsonaro s'est fait baptiser dans les eaux du Jourdain. Se remémorant la scène de 2016, Valdemar Figueredo est presque admiratif : « Bolsonaro a parfaitement joué la carte de l'ambiguïté : il ne renie pas les catholiques, mais affiche clairement ses affinités avec les évangéliques. Nous ne l'avions pas compris à l'époque, mais ce baptême était son premier acte de campagne. »

Pour Ricardo Mariano, c'est un autre épisode qui fait connaître l'obscur député dans tout le Brésil. En 2011, le gouvernement de Dilma Rousseff lance un guide contre l'homophobie dans les écoles, que Bolsonaro baptise aussitôt de *kit gay*. Son objectif caché serait de convertir les enfants en homosexuels… Dilma Rousseff fait alors marche arrière et Bolsonaro, hier moqué par les médias, est invité par tous les programmes populaires. Les scandales de corruption, les errements de la gauche et les manipulations de l'appareil judiciaire par des élites pressées de se débarrasser du Parti des travailleurs ont fait le reste. Bolsonaro est devenu le premier président des évangéliques du Brésil, une situation inimaginable voici encore un an.

***

Depuis, les voisins du Brésil voient surgir des personnages promettant d'être les Bolsonaro de l'Amérique latine hispanophone. Partout les évangéliques progressent, sur un même terreau d'inégalités et d'absence d'État. L'Église catholique est en franc recul, accablée de scandales sexuels et perçue comme archaïque, du fait de son refus de remettre en cause le célibat des prêtres et la place des femmes. Même l'élection du pape argentin François semble impuissante à enrayer la chute. Les évangéliques sont devenus partout les porte-parole du conservatisme – même s'ils ne le sont pas tous, l'hétérogénéité étant la règle. Qu'il s'agisse de lutter contre l'avortement, le mariage pour tous, l'éducation sexuelle à l'école, ils sont au premier rang en Argentine, au Chili, ou encore en Uruguay. En Colombie, ils ont largement participé à la victoire du « non » au référendum sur la paix. Au Mexique, ils demandent au président de leur accorder des concessions de radios et télévisions, pour se faire entendre au-delà des temples.

Si l'on imagine difficilement qu'ils obtiennent ailleurs un pouvoir politique comparable à celui gagné au Brésil – du fait des spécificités du système électoral –, il est clair qu'il faudra désormais compter avec les évangéliques en Amérique latine. Tout comme aux États-Unis. Ironiquement, c'est peut-être la religion qui permettra à l'Oncle Sam de retrouver une influence progressivement perdue dans la région…

L. O.

Pour en savoir plus

- F. Fitzgerald, *The Evangelicals: The Struggle to Shape America*, New York, Simon & Schuster, 2017.
- L. Oualalou, *Jésus t'aime ! La déferlante évangélique*, Paris, Éditions du Cerf, 2018.
- A. E. Smith, « For Latin America's Evangelicals, Bolsonaro Is Just the Start », *Americas Quaterly*, 12 novembre 2018.

Trafic de drogues et violences à la hausse en Amérique latine

En attente d'un nouveau paradigme

La « guerre contre la drogue » s'appuie depuis les années 1980, à l'incitation des États-Unis, sur la criminalisation des acteurs tout au long de l'échelle et sur la militarisation de la répression. Ses résultats sont inefficaces et ont des effets pervers : extension des surfaces cultivées, lutte ouverte entre cartels, violences sociales démultipliées, exode des populations... Un changement de stratégie est réclamé par la majorité des pays concernés. Mais il ne sera pas aisé à mettre en œuvre.

Face à l'augmentation du trafic de drogue et de la violence au Mexique, Andrés Manuel López Obrador, élu président en juillet 2018, avait fait de la fin de la prohibition de la drogue un axe majeur de sa campagne électorale. Il avait alors annoncé qu'une fois élu, il soutiendrait la démilitarisation de la lutte contre la drogue et la décriminalisation de la main-d'œuvre du trafic, tout en renforçant la lutte contre la corruption, et qu'il entreprendrait une politique de légalisation du cannabis.

Le président mexicain n'est pas la première figure politique d'Amérique latine à appeler à un changement de méthode. Dès la fin des années 1980, le président péruvien Alan García s'était opposé durant son premier mandat (1985-1990) à la militarisation de la lutte contre la drogue voulue par les États-Unis ; et son successeur Alberto Fujimori avait proclamé lors de son premier gouvernement (1990-1991) la décriminalisation de la culture de la coca pour enrayer la hausse du trafic et des violences. Depuis, les critiques se sont multipliées et un certain nombre d'anciens présidents d'Amérique latine ont rejoint la Commission globale sur les drogues, dont la mission est de tenter d'insuffler un changement de paradigme dans la politique internationale de lutte contre la drogue. Créée en 2011 avec des acteurs européens, cette commission réclame la fin de la « guerre contre la drogue », qui s'est imposée sur la scène internationale dans les années 1980 sous l'impulsion des États-Unis.

On décrira ici les effets négatifs de l'approche prohibitionniste de la lutte contre la drogue en Amérique latine, l'inefficacité de la méthode et de ses instruments sur la réduction de l'offre, en donnant à voir les effets pervers d'une approche qui génère violences et corruption mais aussi, indirectement, des phénomènes de migration. Puis on rendra compte de l'emprise socio-économique du négoce des drogues dans la région.

L'inefficacité de la stratégie prohibitionniste

La « guerre contre la drogue » s'est intensifiée en Amérique latine au début des années 1980 lors du boom de la consommation de crack et de cocaïne aux États-Unis. Sous la présidence de Ronald Reagan (1981-1989), les États-Unis ont alors soutenu la mise en place de mesures d'interdiction répressives sur l'offre pour résoudre le problème. Pour ce faire, les États-Unis ont financé la formation d'unités de police spéciales en Amérique latine afin de démanteler les réseaux du trafic de cocaïne, ainsi que des programmes d'arrachage des champs de coca, matière première pour la fabrication de la cocaïne et du crack.

Dans ce contexte, la Bolivie et le Pérou, principaux pays producteurs de la feuille de coca, ont été les premiers à expérimenter une méthode inefficace. Le Pérou où, comme en Bolivie, la production illégale de la coca destinée au trafic côtoie un marché légal pour les usages traditionnels de la feuille verte, a vu une production qui ne dépassait pas les 20 000 hectares (ha) au début des années 1980 s'étendre à plus de 120 000 ha en 1990…

Devant l'échec de la méthode américaine, dénoncée par les gouvernements des pays producteurs, des pays européens mais aussi la Commission des drogues des Nations unies avaient recommandé dès la fin des années 1980 un changement de méthode, avec une approche équilibrant réduction de l'offre et de la demande, et renforçant l'aide au développement dans les pays producteurs pour contrebalancer les mesures d'interdiction. Or, en dépit de ces annonces, la méthode n'a que peu changé.

La « guerre contre la drogue », et contre la cocaïne en particulier, s'est poursuivie en Amérique latine, sans jamais affecter le trafic. Depuis la fin des années 1980, la production de coca n'a pas vraiment baissé en superficie totale, oscillant entre 160 000 et 180 000 ha, selon les estimations du département d'État et des Nations unies. Elle n'a fait que se déplacer entre les trois principaux pays producteurs : Bolivie, Colombie et Pérou – et la technologie agricole faisant, les rendements par pied et par hectare ont augmenté.

Cette inefficacité de la méthode est également patente au Mexique. Ce pays de transit et d'organisation du trafic de la cocaïne produit du cannabis et de l'opium depuis quelque cent ans, et la culture de l'opium n'a cessé d'y augmenter malgré un durcissement de la « guerre contre la drogue » avec une militarisation de la lutte depuis 2006 (de 5 000 à 26 000 ha en 2015[1]). En 2018, l'augmentation de la production de pavot à opium au Mexique a même permis aux trafiquants mexicains d'exporter une héroïne de grande pureté, accessible à petits prix, en dépit d'une demande croissante aux États-Unis. Le Mexique, premier fournisseur en héroïne du voisin du Nord, est aussi devenu l'un des deux principaux pays (avec la

1. *World Drug Report – Global Overview of Drug Demand and Supply: Latest Trends, Cross-Cutting Issues*, Office des Nations unies contre la drogue et le crime, juin 2018.

Chine) à fabriquer un opioïde synthétique, le fentanyl, désormais première cause de mort par overdose aux États-Unis. Facilement et rapidement élaboré dans des laboratoires clandestins à partir de produits chimiques, le fentanyl est synonyme de très hauts profits pour les trafiquants.

On peut même ajouter, considérant les cas de la Bolivie et du Pérou, que certaines actions sont contre-productives, comme lorsque des cultures de substitution sont proposées aux producteurs à condition qu'ils arrachent préalablement leurs cultures illégales. Le producteur est obligé de détruire ses pieds de coca avant de pouvoir récolter le fruit des cultures de substitution. Dans l'attente du nouveau revenu, le producteur ira cultiver de la coca ailleurs. Autre possibilité : que le producteur qui ne cultivait pas de coca se mette à en produire pour obtenir une aide réservée aux producteurs de coca.

Cette stratégie d'une aide conditionnée à l'éradication, principalement portée par les États-Unis, explique d'ailleurs en partie la forte hausse de la production de coca depuis 2016 en Colombie, où elle s'étendrait désormais sur plus de 150 000 ha. Cette même année, le président Manuel Santos avait annoncé, dans le cadre des accords de paix, le renforcement d'une aide au développement pour les producteurs, conditionnée à l'arrachage des pieds de coca, stratégie qui n'est plus appliquée en Bolivie ni au Pérou. Dans ces deux pays, l'aide à la reconversion est désormais dissociée de cet arrachage dit volontaire, afin d'éviter non seulement l'effet contre-productif du conditionnement, mais encore le refus de producteurs d'entrer dans des programmes liés à une politique de lutte contre la drogue, source de répression et de violences.

Une méthode aux effets pervers : violence, corruption, migration

L'approche prohibitionniste de la lutte contre la drogue génère répression et violence armée en criminalisant la main-d'œuvre du trafic au même titre que les chefs de cartels, et en favorisant le placement des lieux de trafic en état d'urgence. Le petit producteur de coca ou d'opium en situation d'illégalité se retrouve dès lors complètement soumis aux pressions des cartels, mais aussi aux exactions de polices souvent corrompues. Le plus souvent, l'état d'urgence fait que les opérations de démantèlement du trafic se substituent à l'ensemble du maintien de l'ordre, ce qui laisse libre un terreau fertile au développement de toutes sortes d'organisations illégales (des groupes subversifs jusqu'aux milices paramilitaires), qui se mêlent au trafic de drogue et/ou organisent des populations locales abandonnées à elles-mêmes. Au Pérou comme en Colombie, les territoires du trafic de drogue sont ainsi devenus, dans les années 1980 et 1990, des espaces de conflits armés.

Le régime de prohibition a ainsi ses effets pervers : violence homicide liée au négoce des drogues et à sa répression qui atteint des proportions endémiques au Mexique – pays confronté à « une crise de civilisation » comme le titrait le *Wall Street Journal* l'an dernier[2]. Quelque 272 771 personnes y sont mortes par

2. J. de Córdoba et J. Montes, « "It's a Crisis of Civilization in Mexico." 250,000 Dead. 37,400 Missing. », *Wall Street Journal*, 14 novembre 2018.

homicide de 2007 à 2018, dans ce qui ressemble à une guerre sans nom. Cinq des six villes les plus violentes au monde sont aujourd'hui mexicaines d'après une étude récente[3]. L'envolée de la violence a débuté avec le déploiement de l'armée fin 2006 et les chiffres ne fléchissent pas depuis : 2018 a été l'année la plus violente de toute l'histoire mexicaine, avec environ 91 homicides par jour, et 2019 devrait battre ce record, avec des villes frontalières comme Tijuana à feu et à sang. Ces statistiques officielles ne tiennent pas compte des plus de 38 000 personnes portées disparues. Un climat de terreur règne sur les territoires aux mains de groupes criminels qui contrôlent l'exécutif dans nombre de municipalités. La violence frappe, en outre, par ses mises en scène : hommes alignés devant un établissement scolaire et abattus, évoquant un peloton d'exécution ; pendus accrochés aux garde-fous de ponts surplombant des avenues passantes ; bustes tronqués, organes génitaux mutilés, membres calcinés…

La violence se diffuse

Si plusieurs organisations dominent le négoce prohibé des drogues au Mexique – au premier chef les cartels dits de Sinaloa et Jalisco Nouvelle Génération –, la militarisation du combat contre le trafic, visant les « chefs », a accentué la fragmentation des groupes criminels et favorisé leur prolifération, phénomène qui a déjà pu être observé en Colombie au début des années 1990. Les alliances d'intérêt entre ces groupes sont changeantes et éphémères. L'imbrication des champs étatique et criminel, *via* la corruption de l'argent de la drogue, est aussi un facteur d'aggravation de la violence. Les arrangements et les collusions sont multiples entre les groupes de trafiquants et les divers corps de police dans une même région. L'armée mexicaine est elle-même impliquée dans des douzaines de cas de disparitions forcées, d'assassinats et de torture.

Cette violence n'épargne pas l'Amérique centrale, située sur la route de la cocaïne des pays andins en direction des États-Unis, premier consommateur mondial. Les organisations criminelles mexicaines, qui contrôlent toute la chaîne de production et de distribution de la cocaïne andine sans l'intermédiation des Colombiens depuis les années 1990, sont partout présentes dans le Triangle du Nord. Le Salvador est un point de réception et d'entreposage de la drogue sur la côte pacifique. La culture de la coca est testée au Guatemala et au Honduras par des cartels de drogue, désireux de réduire leurs coûts de transport. Ces trois pays, très pauvres, sont systématiquement classés parmi les plus violents de la planète.

Et cette violence ronge tout le corps social. Au Honduras, la moitié des 380 femmes victimes d'homicides l'an dernier ont été assassinées par les cartels de drogue ou des gangs participant à ce trafic (dans le reste du monde, par contraste, la plupart des femmes victimes d'homicides sont tuées par leurs époux, leurs compagnons ou des proches). Le degré de cruauté déployée est ici aussi en forte hausse : femmes découpées en morceaux disséminés sur la voie publique pour distiller la peur, étranglées devant leurs enfants, ou encore dépouillées vivantes.

Cette violence, qui vient s'ajouter à des motifs économiques et politiques, permet de comprendre l'intense mouvement migratoire en provenance d'Amérique

3. Citizens' Council for Public Security and Criminal Justice, mars 2019.

centrale. Depuis un an, d'incessantes caravanes de migrants convergent ainsi vers la frontière sud des États-Unis. En seulement cinq mois, d'octobre 2018 à février 2019, 268 044 migrants y ont été interceptés. En proportion croissante, il s'agit de familles avec enfants. Mais au nombre des demandeurs d'asile, on compte aussi des Mexicains comme le journaliste Emilio Gutiérrez, menacé de mort par des membres de l'armée dont il a décrit la corruption dans ses articles.

L'emprise socio-économique du trafic de drogue

Au regard de ces faits, il devient plus aisé de comprendre pourquoi des présidents d'Amérique latine militent pour la fin de la « guerre contre la drogue », aux côtés d'acteurs européens qui souhaitent, pour leur part, qu'on ne considère plus la criminalisation du consommateur comme la principale arme pour la réduction de la demande. Ceci étant dit, il ne s'agit pas ici de réduire le problème du trafic de drogue en Amérique latine aux effets des méthodes employées pour le combattre. L'emprise socio-économique du négoce de la drogue ne saurait être minorée dans une région où les politiques d'intégration sociale se font rares.

Prenons l'exemple du Mexique, où l'économie de la drogue bat aujourd'hui son plein. Dans un contexte de changements structurels rapides – depuis l'ouverture débridée de l'agriculture nationale à la concurrence étrangère jusqu'à l'intégration croissante des économies asymétriques des États-Unis et du Mexique –, et de dépréciation récurrente du peso vis-à-vis du dollar, les facteurs de déstructuration micro et macroéconomique, et d'incertitude sociale, ne manquent pas. D'où l'attractivité des opportunités d'emploi dans la sphère illégale de l'économie mexicaine ou à sa lisière. Tous les milieux socio-économiques sont ici concernés.

Ainsi des formes de rétribution nouvelles – l'intéressement aux profits du trafic – et d'alliances matrimoniales entre l'élite ancienne et les nouveaux riches que sont les trafiquants sont-elles susceptibles de remédier à la précarité des positions sociales en haut de l'échelle. Des emplois à des niveaux de responsabilité intermédiaires peuvent par ailleurs servir de débouchés à des diplômés d'université. Au bas de l'échelle sociale, dans les secteurs ruraux mais aussi dans des villes frontalières comme Ciudad Juárez, le trafic ou la petite distribution permettent parfois d'échapper à l'indigence, en l'absence de politiques publiques de lutte contre la pauvreté. Là où les occasions légales de s'en extraire sont minces, le trafic garantit de s'en sortir financièrement mieux que si l'on est ouvrier dans les usines d'assemblage, par exemple. Ici, l'attrait de la drogue se concentre dans l'argent qu'elle rapporte et le pouvoir que cet argent confère, par comparaison à un emploi légal qui ne permettrait pas de se renflouer. Au minimum, en bas de l'échelle des responsabilités, il s'agit de vivoter un peu mieux, de se payer du plaisir ou d'en offrir aux siens, d'être à flot enfin, ne serait-ce que de temps en temps...

Le négoce illégal de drogue est également l'espace socio-économique où peuvent s'épanouir un talent, une disposition pour les affaires, l'entreprise et sa gestion, en l'absence de débouchés légaux. Le *deal* local de drogue, ou son trafic transfrontalier, offre donc bien davantage qu'un emploi. En distribuant et en exhibant savamment son argent, il fait miroiter sa supériorité. Il promet un avenir, sinon mirobolant, du moins autre que celui de la masse des concitoyens, quand bien même on saurait que tout tournera court : la mort violente est un risque du métier. En d'autres termes, le négoce de la drogue figure parfois, en situation de pauvreté, un horizon d'attente idéalisé.

Un difficile changement de stratégie

Face au problème des drogues, on ne cesse de rejouer en Amérique latine les désastreux scénarios du passé. Une majorité des présidents d'Amérique latine souhaite aujourd'hui réduire les dommages collatéraux d'une « guerre contre la drogue » meurtrière, avec un changement de paradigme qui viserait notamment la décriminalisation de la main-d'œuvre tout en bas de l'échelle. Un tel changement, qui peut apparaître nécessaire, se heurte encore à de nombreuses résistances de la part des États-Unis et de certains pays du Sud et d'Europe de l'Est (Philippines, Turquie, Russie), qui défendent toujours une approche prohibitionniste et très répressive.

L'exemple actuel du Mexique montre d'ailleurs combien s'émanciper de l'approche dominante est malaisé. Entre les déclarations d'intention du candidat Andrés Manuel López Obrador, qui souhaitait démilitariser la lutte contre la drogue, et son Plan de paix et de sécurité nationale, c'est le grand écart. La *Guardia Nacional*, nouvelle force de maintien de l'ordre, sera en effet principalement constituée de membres de l'armée de Terre et de la Marine, dans une continuité de fait avec la politique de ses prédécesseurs. Il n'y a pourtant plus grand monde pour nier l'échec de la stratégie militariste et ses conséquences dévastatrices, en termes d'augmentation de la violence dans le pays.

S. G. et M.-E. L.

Pour en savoir plus

- J. Auyero, P. Bourgois et N. Scheper-Hughes (dir.), *Violence at the Urban Margins*, Oxford, Oxford University Press, 2015.
- P. Gootenberg et I. Campos, « Toward a New Drug History of Latin America: A Research Frontier at the Center of Debates », *Hispanic American Historical Review*, vol. 95, n° 1, 2015.
- W. L. Marcy, *The Politics of Cocaine: How U.S. Foreign Policy Has Created a Thriving Drug Industry in Central and South America*, Chicago, Lawrence Hill Books, 2010.

Bolsonaro : le grand malaise du Brésil

Le choc de l'élection de 2018

L'élection de Jair Bolsonaro témoigne à la fois d'une crise propre au Brésil, où l'opinion se défie de la classe politique et proteste contre la corruption, et d'évolutions plus larges : difficultés économiques, mises en cause des progrès des classes moyennes dans toute l'Amérique latine... C'est le système politique du Brésil tout entier qui se trouve sous le choc. Sa recomposition dépendra de la capacité de Bolsonaro à honorer ses promesses, et donc largement de l'évolution de la conjoncture économique.

L'élection de Jair Bolsonaro, avec 57,8 millions de voix, dit la colère des Brésiliens. Contre les élites, contre l'*establishment* politique, contre la corruption. Ce qui importe n'est pas ce que le président a promis de faire, mais ce qu'il a promis de détruire : « la vieille politique », la corruption, les échanges non conformes avec des partis en trompe-l'œil sur des mesures impopulaires, ou pour des prébendes illégales.

Bolsonaro, ancien capitaine dans sa jeunesse et député fédéral marginal durant des décennies, a mené une campagne relativement légère, avec peu de moyens financiers, mais très efficace sur les réseaux sociaux. Son message antisystème a résonné dans un Brésil marqué par la forte récession de 2015 et 2016 et une série de scandales de corruption. Sans parti structuré, en dépit de déclarations machistes et discriminatoires, Bolsonaro a conquis une confiance majoritaire, imposant la première défaite électorale au Parti des travailleurs (PT) en 16 ans, et laissant le Parti de la sociale-démocratie brésilienne (PSDB) très loin du deuxième tour – deux partis qui avaient pourtant dominé les six dernières élections présidentielles.

La victoire de Bolsonaro, suivie d'un renouvellement sans précédent du Parlement national et des gouvernements d'État, dépasse de beaucoup un simple triomphe de l'extrême droite. Le Brésilien moyen n'est pas devenu beaucoup plus conservateur, ou très opposé idéologiquement à la gauche traditionnelle. Bolsonaro a simplement mieux représenté la déception d'électeurs avec ou sans idéologie, attirés par la promesse d'une nouvelle politique. Les principales alternatives à Bolsonaro, elles aussi « anti-système », ont abandonné leurs candidatures pour des raisons personnelles avant même le début de la campagne, malgré des sondages positifs, laissant le champ libre à Bolsonaro : l'ancien président du Tribunal fédéral suprême (STF), le héros anti-corruption Joaquim Barbosa, le présentateur de télévision Luciano Huck – considéré par beaucoup comme « le Macron brésilien »...

Quel agenda pour le nouveau président ?

Pour l'heure, Bolsonaro respecte sa promesse de ne pas troquer postes et subventions contre les votes d'un Congrès très fragmenté et dominé par des partis opposés à l'agenda conservateur du président. L'approbation d'une vaste réforme de la Sécurité sociale par la Chambre en juillet fut une prouesse, plus générée par la peur de la crise que par l'échange direct avec le président. Le Congrès semble disposé à appuyer un agenda de réformes économiques pour sauvegarder ses propres intérêts, mais sa position pourrait changer, avec le risque d'une détérioration de la situation fiscale, si le marché du travail ne se redressait pas l'année prochaine. L'agenda économique libéral de Bolsonaro se heurte ainsi à des oppositions dans son camp politique même. Les camionneurs se plaignent de la hausse du diesel, les policiers protestent contre la Sécurité sociale, les agriculteurs réclament des subventions plus généreuses. Bien que Bolsonaro garde l'appui d'une majorité de l'électorat, les racines de l'opposition commencent à pousser.

Le monde politique brésilien est encore en état de choc, mais le premier – et turbulent – semestre de Bolsonaro permet d'ébaucher quelques perspectives. L'économie récupère lentement, même si la réforme de la Sécurité sociale n'augmentera sans doute pas de manière significative la marge de manœuvre des futurs présidents. Le système des partis vit une transition lente mais irréversible : Bolsonaro et son Parti social-libéral (PSL) pourraient en être des protagonistes temporaires, alors que la gauche et la droite tarderaient à trouver une nouvelle place sur la carte politique brésilienne.

Bolsonaro : une genèse

On ne peut comprendre Bolsonaro en dehors de la montée du populisme de droite dans le monde, de l'influence croissante des réseaux sociaux, et de l'épuisement du cycle de la gauche en Amérique latine.

Jair Bolsonaro admire Donald Trump, s'aligne sur Viktor Orbán et s'identifie à Matteo Salvini. Il se joint à la vague qui secoue les démocraties anciennes ou nouvelles, surtout depuis la crise de 2008. Le populisme contemporain a certes trouvé des représentants à gauche, mais c'est à droite que la contestation des élites a le plus surpris et est le plus visible : les références à la montée du fascisme abondent, et les commentaires xénophobes ou racistes, tout comme la montée de la violence contre les minorités, effraient.

Ce qui rapproche Bolsonaro de la vague populiste globale n'est pas d'abord le contenu de son agenda. Le Brésil ne subit pas de vague migratoire, n'a pas de problème avec des entités supranationales comme l'Union européenne (UE), ne connaît pas le ressentiment contre la globalisation économique des classes ouvrières et agricoles nord-américaines ou européennes. Une différence fondamentale sépare le populisme de l'Amérique latine de celui que connaît l'Occident développé. La base populaire de Trump, du parti du Brexit, ou de Marine Le Pen, est formée en grande partie d'une classe moyenne urbaine – surtout hors des grandes métropoles – *en déclin*. Au Brésil et en Amérique latine, le populisme pousse ses racines dans une classe moyenne *en ascension*, à peine sortie de la pauvreté : nouveaux entrepreneurs, étudiants récemment diplômés, populations frustrées dans leurs attentes.

Ce qui rapproche le plus le président brésilien de ses pairs internationaux, c'est la méthode de mobilisation. Bolsonaro existe, en grande part, du fait des réseaux sociaux. L'insatisfaction vis-à-vis des élites n'est pas une nouveauté : elle est devenue visible, concrète, quand elle a cessé d'être une pensée solitaire et s'est exprimée sur Facebook, WhatsApp et Twitter. Des pensées extrémistes qui ne rencontraient encore que le silence découvraient désormais un sol fertile. Des individus loin des partis traditionnels trouvaient un forum, échangeaient, pouvaient se mobiliser collectivement. Et la tendance des réseaux sociaux à ne proposer à leurs utilisateurs que des messages allant dans le sens de leurs idées, sans échange contradictoire, créait une dynamique centrifuge, enfermant l'individu dans sa bulle, renforçant les idées radicales. Bolsonaro et les autres populistes de droite ont été hissés au pouvoir par les médias sociaux, qui resteront tout au long de leur mandat leur canal de contact majeur avec l'électeur, et comme une source permanente de rumeurs.

Le contexte latino-américain

Dans le cas brésilien, le contexte régional entre également en ligne de compte. Les gouvernements d'Amérique latine en général, quels que soient leurs choix idéologiques, ont subi une grande pression ces dix dernières années, en particulier avec la diminution des importations chinoises de matières premières. Pour le Brésil, et nombre d'autres pays où la gauche a dominé au début de ce siècle, ce changement a signé la fin de politiques de dépense publique, qui ont souvent financé des politiques industrielles ou des redistributions de revenus, et devenaient peu compatibles avec l'environnement économique international. Les promesses de Dilma Roussef ou Cristina Kirchner devenaient difficiles à honorer ; et la fin du cycle des dépenses s'est traduite par des réformes macro-économiques et fiscales, souvent prises à reculons par les gouvernements de la région, mais qui ont créé, pour beaucoup d'électeurs, un sentiment de trahison. L'inversion de la politique économique – dont on ne voit pas le terme – a ainsi accru l'instabilité politique de la région.

Un phénomène commun à toute l'Amérique latine a aussi préparé le terrain pour Bolsonaro : le changement de profil de l'électeur. Une nouvelle classe moyenne a élargi son horizon : au-delà de la simple survie économique, but évident des années de pauvreté, les électeurs regardent désormais vers d'autres services essentiels. Ils rêvent d'université pour leurs enfants et deviennent plus exigeants sur la qualité de l'éducation. Ils vivent plus longtemps et exigent plus de services de santé. Ils accèdent à davantage de biens de consommation et se soucient plus de sécurité publique. Les indices de popularité des gouvernements latino-américains ont structurellement baissé, au fur et à mesure que les attentes des électeurs augmentaient et se concentraient sur des demandes plus difficiles à satisfaire. D'où l'échec final des gouvernements du PT au Brésil.

Dans le cas brésilien, la combinaison de la mauvaise qualité des services publics et de la corruption a été encore plus forte qu'ailleurs en Amérique latine et a *boosté* le sentiment anti-*establishment*. Selon le Latinobarómetro, le nombre de citations de la corruption comme problème principal du Brésil est passé de 3 % des électeurs en 2010 à 31 % en 2017 – contre 10 % en moyenne régionale cette même année. Ces données ne disent pas que le Brésil est plus corrompu que ses voisins ; mais que le thème a gagné en visibilité au Brésil à partir de 2014, avec le début de l'enquête « Lava Jato » et l'emprisonnement médiatisé de grands entrepreneurs et de leaders politiques, qui ont culminé avec l'*impeachment* de Dilma Roussef et l'incarcération de Luiz Inácio Lula da Silva.

La frustration de la classe moyenne ascendante sur les services de base sonnait déjà l'alerte depuis 2013, avec une surprenante explosion de protestations dans les rues. L'économie a marqué le pas, avec une hausse de l'inflation et du chômage, alors que les opérations anti-corruption minaient la crédibilité des partis traditionnels.

Nouveaux politiciens, vieilles frustrations, défis inédits

La trace historique de Bolsonaro dépendra de la manière dont son administration réagira aux conditions qui ont déterminé sa victoire. Son gouvernement pourra-t-il répondre tant soit peu aux aspirations d'une classe moyenne insatisfaite ? Parallèlement, comment le système politique global absorbera-t-il Bolsonaro, ou sera-t-il transformé par lui ? D'autres présidents populistes, d'autres plates-formes anti-corruption ont déjà existé au Brésil – Jânio da Silva Quadros en 1961, Fernando Collor de Mello en 1989 –, pour des passages fugaces…

Économiquement, les signaux divergent. Le secteur privé, et surtout le secteur financier, arborent un certain optimisme – moindre ces derniers mois – quant à la croissance de l'économie brésilienne après la récession. L'approbation de la réforme de la Sécurité sociale, avec l'imposition d'un âge minimum pour la retraite, pourrait réduire la préoccupation des créanciers internationaux quant à la dette et jeter les bases d'un cycle de hausse des investissements dans un environnement de taux d'intérêt peu élevés, avec une faible pression inflationniste. De plus, des investissements massifs dans le pétrole et dans la région « pré-salifère » pourraient gonfler les recettes de l'État brésilien dans les dix prochaines années.

Le secteur productif de l'économie connaît pourtant encore de grandes difficultés, avec un taux de chômage élevé et un produit intérieur brut structurellement bas. Ajoutons que le Brésil ne peut guère compter sur la Chine pour un nouveau cycle de *commodities.*

Le cycle vertueux pourrait être plus faible qu'imaginé sur les marchés, et trop tardif. Dans d'autres pays, les cycles réformistes vus comme le Saint Graal ont souvent frustré les attentes des investisseurs internationaux. Enrique Peña Nieto au Mexique, Emmanuel Macron en France, Mauricio Macri en Argentine, témoignent de ce que les politiques pro-marché ou d'austérité peuvent échouer à ranimer la croissance. Au Brésil, la réforme de la Sécurité sociale n'augmentera pas à court terme la capacité d'investissement de l'État brésilien. Le budget préservera les mesures d'austérité – comme le gel des salaires du service public. Dans les États fédérés et les communes, les restrictions fiscales sont encore plus importantes et exigeront des aides du gouvernement fédéral ; des crises fiscales ne sont pas à exclure et les agences de classement du risque indiquent qu'il faudra des années pour que le Brésil récupère un bon degré d'investissement. Le marché du travail restera faible et le chômage ne décroîtra que lentement, comme l'indique la plupart des projections économiques. Sans le levier de la politique fiscale, le relèvement de l'économie brésilienne sera très dépendant de la politique monétaire, et donc du degré de confiance pour les investissements. Il est fort probable que les restrictions budgétaires continueront à peser sur les services publics comme la santé et l'éducation. Les protestations contre les coupes en matière d'éducation n'ont été qu'un échantillon d'une frustration contre le gouvernement qui devrait augmenter dans les années à venir.

Bolsonaro aura donc des difficultés à répondre aux attentes de son électorat, mais il pourra sans doute compter sur sa base la plus radicale. Après une chute de ses indices de popularité après quelques mois de gouvernement, Bolsonaro a eu recours à des mesures plaisant à sa base conservatrice, comme le décret qui facilite l'accès aux armes. Les fils de Bolsonaro, Carlos et Eduardo, représentent cette base radicale et défendent la « propreté » du PSL.

En se tenant près de la droite la plus radicale, et dépourvu de solides appuis dans un Congrès fragmenté, Bolsonaro dégage un espace que d'autres partis peuvent récupérer pour répondre aux demandes de l'électorat. Le système des partis brésiliens était déjà en voie de transformation avec l'imposition de clauses de résultat et la limitation de leur financement. L'élection de Bolsonaro et la défaite des leaders traditionnels n'ont fait qu'accélérer le processus. Bolsonaro aura certainement beaucoup de concurrents en 2022 – à gauche, avec le PT, au centre, et même à droite ou au centre-droit avec le Partido Novo, de tendance libérale, ou João Doria Jr., gouverneur de São Paulo. Bolsonaro semble aujourd'hui le plus fort des candidats, s'il maintient ses 40 % de soutien ; mais la victoire ne sera pas facile, et les leaders qui répondront à l'insatisfaction des électeurs – peut-être à gauche – seront compétitifs en 2022. L'esprit populiste a de bonnes chances de se maintenir aux prochaines élections, mais pas forcément à travers Bolsonaro.

Des défis internes et internationaux

Le changement de génération et la transformation des partis laisseront leurs legs, au Brésil et au-delà. Un des plus évidents sera l'affaiblissement du mandat présidentiel. Bolsonaro ne s'appuyant pas sur une coalition traditionnelle au Parlement, députés et sénateurs commencent à édicter des mesures – y compris comme amendements à la Constitution – limitant considérablement les pouvoirs du président dans la gestion budgétaire, ou pour légiférer par décret ou mesures provisoires. Le phénomène n'est pas nouveau : depuis les années 1990, les parlementaires ont graduellement réduit les pouvoirs constitutionnels des présidents brésiliens. Il est néanmoins notable qu'avec Bolsonaro, craint par beaucoup pour son penchant autoritaire, le processus de décentralisation s'est accéléré. En tenant sa promesse d'en finir avec la vieille politique, Bolsonaro a réduit non seulement son pouvoir de négocier avec le Congrès, mais aussi celui des futurs présidents. Une évolution qui peut être positive si elle s'accompagne d'un renforcement du système des partis – hypothèse qui reste incertaine, les partis ne jouissant que d'une très faible crédibilité auprès de l'électorat.

Bolsonaro laissera aussi un héritage en matière d'environnement et de politique étrangère. Son mépris pour le thème du changement climatique a privé le monde d'un grand acteur pour cet agenda émergent, à un moment crucial. La position stratégique du Brésil dans ces débats sera probablement reprise dans l'avenir, mais après une précieuse perte de temps. En politique étrangère, l'accord entre l'UE et le Marché commun du Sud (MERCOSUR) a constitué une surprise positive, susceptible de revitaliser le bloc régional. Ce qui dépendra beaucoup des élections argentines, où la victoire de la gauche pourrait avoir un effet déstabilisateur, et des résistances européennes – et en particulier françaises. Cette avancée commerciale du Brésil contraste pourtant avec un alignement idéologique sur les États-Unis de Trump qui met à mal l'image de neutralité acquise par le Brésil depuis des années.

C'est enfin la capacité de Bolsonaro et de ses successeurs à répondre aux questions les plus importantes du XXIe siècle qui est en cause. Deux thèmes méritent ici une attention spéciale : l'agenda climatique et la révolution technologique. Au vu de la mauvaise qualité de son système éducatif, le Brésil semble particulièrement vulnérable au déplacement de la main-d'œuvre que provoque l'automatisation à grande échelle – et la classe politique semble ne pas relever le problème, qui, pour le moins, pourrait aggraver l'insatisfaction chronique de l'électorat et renforcer la tendance au populisme. Pour la question climatique, les solutions exigeront une sophistication et une coordination que le Parlement brésilien semble loin d'atteindre, et encore moins sans l'appui du président.

La classe politique brésilienne est encore sous le choc. Le réveil ne peut tarder, sauf à rendre le pays encore plus vulnérable à ces dangers.

S. C. & B. R.

Pour en savoir plus

- J. A. de Castro Neves et B. Reis, « Brésil : plus dure sera la chute », *Politique étrangère*, vol. 81, n° 3, septembre 2016.
- M. Chatin, « Brésil : la politique étrangère de Jair Bolsonaro », *Politique étrangère*, vol. 84, n° 2, juin 2019.
- O. Dabène et F. Louault, *Atlas du Brésil. Promesses et défis d'une puissance émergente*, Paris, Autrement, 2018.

Mexique : la « quatrième transformation »

Entre espoirs et incertitudes

Andrés Manuel López Obrador arrive à la présidence, auréolé de sa popularité et avec une large majorité législative. Les défis économiques et sociaux du pays sont considérables et les premières décisions peuvent paraître quelque peu brouillonnes. La priorité donnée à de grands travaux ne saurait remplacer une véritable politique industrielle. Le nouveau président se trouve, de plus, face aux problèmes fondamentaux de la corruption, de la violence et des migrations à destination des États-Unis.

Le 2 juillet 2018, Andrés Manuel López Obrador (AMLO) a remporté les élections présidentielles, après deux échecs en 2006 et 2012, avec un peu plus de 30 millions de voix, porté par une scission du parti de gauche – le Parti de la révolution démocratique – développée autour de sa personne. Le raz-de-marée du Mouvement de régénération nationale (MORENA) lui a permis de prendre le contrôle des deux Chambres, mais sans capacité de réformer la Constitution. Ce premier triomphe de la gauche a fait lever, pour les plus modestes, un vent d'espoir de changement, notamment concernant les inégalités, la corruption et la violence généralisée qui frappent le pays.

D'aucuns comptent aussi beaucoup sur un approfondissement de la démocratisation et sur la fin des organisations corporatistes nées sous le régime autoritaire du Parti révolutionnaire institutionnel (PRI), qui n'ont pas été démantelées par les gouvernements suivants. López Obrador a fait campagne autour de l'idée qu'il allait refonder le Mexique et qu'il représentait la « quatrième transformation » après l'indépendance, la guerre contre l'Église au XIXe siècle, et la Révolution.

Les défis auxquels est confronté le nouveau gouvernement sont cependant énormes, et ses ressources économiques, sociales et politiques limitées. Pemex, l'entreprise la plus importante du pays, qui a pu représenter jusqu'à 40 % des ressources financières de l'État, est à bout de souffle, et le gouvernement d'AMLO résiste à la tentation d'une réforme fiscale. Il ne bénéficie pas de l'appui d'une société civile organisée, à l'instar de Luiz Inácio Lula da Silva au Brésil, d'Evo Morales en Bolivie, ou de Cristina Fernández de Kirchner en Argentine. Et au Mexique, les facteurs réels du pouvoir – capitaux étrangers, monopoles nationaux, corruption gangrenant l'appareil d'État, crime organisé… – sont si puissants qu'ils pourraient annihiler la capacité de changement.

En dépit du fait que les États-Unis connaissent une forte croissance, le contexte international est affaibli par le protectionnisme de l'administration Trump, sa guerre commerciale contre la Chine, et ses menaces contre l'Europe. Le nouveau traité qui remplacera l'Accord de libre-échange nord-américain (ALENA) doit encore être adopté par le Congrès américain, et la menace de fermeture de la frontière avec le Mexique persiste, motivée par la volonté de Trump de contraindre Mexico à stopper le flux de migrants centraméricains.

Les premières décisions d'AMLO ont été prises avant même son arrivée à la présidence, le 1er décembre 2018. Dès octobre, il avait décidé d'annuler – en dépit de l'avancement des travaux – la construction du nouvel aéroport de Mexico, promu par le gouvernement précédent sur l'ancien lac de Texcoco, arguant d'un manque de transparence financière et de la corruption de l'opération, ainsi que de ses conséquences écologiques. Une autre décision importante fut son soutien à la négociation du nouveau traité avec les États-Unis et le Canada, exigé par le gouvernement Trump – signal rassurant pour les entrepreneurs mexicains et étrangers : le nouveau gouvernement n'allait pas trop s'éloigner de la politique des gouvernements antérieurs, avec la désignation d'un économiste orthodoxe au ministère des Finances, en dépit d'un discours anti-néolibéral.

« *Por el bien de todos, primero los pobres*[1] »

Ce fut la devise principale d'une longue campagne, lancée à partir de la première défaite d'AMLO à l'élection présidentielle en 2006 (avec moins de 0,5 % des voix), qu'il qualifia alors de fraude. L'idée centrale qui guide le nouveau président est que la violence qui frappe le pays s'enracine dans l'inégalité et la pauvreté, dans la corruption et l'impunité généralisée. La redistribution doit donc être la priorité. Le mandat s'est ouvert avec une augmentation de 16 % du salaire minimum, lequel a même doublé à la frontière nord (où se situe la majorité des entreprises d'assemblage, les *maquiladoras*) – ce salaire ayant perdu 70 % de sa valeur depuis les années 1980.

Le nouveau président a, de plus, augmenté (de 30 à 65 dollars par mois) la pension non contributive des plus de 68 ans, la rendant universelle. Le gouvernement d'AMLO entend également créer un système universel de santé qui se substituera au système actuel, à bout de souffle. Mais on peut prévoir que les ayants droit et les syndicats qui les représentent résisteront à ces mesures.

Autre décision très contestée du nouveau gouvernement, fondée sur un mémorandum exécutif interdisant le financement des organisations de la société civile : l'arrêt du financement des crèches conventionnées du secteur privé, ainsi que celui des refuges pour femmes victimes de violences domestiques, tenus par des organisations civiles, sous l'argument de combattre la corruption. Le gouvernement entendait allouer environ 40 euros directement aux mères utilisant ces crèches. Ces décisions ont été critiquées, en ce qu'elles pourraient rendre plus incertaine la situation des femmes travaillant et n'ayant pas accès aux crèches publiques ou à celles gérées par des institutions sociales. Devant l'absurdité d'une mesure

1. « Pour le bien de tous, d'abord les pauvres ».

consistant à allouer des subsides directs aux femmes en danger, ou victimes de violences domestiques, le ministère de la Santé a, lui, fait marche arrière.

Les premières mesures sociales du gouvernement correspondent à la volonté d'universaliser certaines politiques sociales. Mais elles privilégient aussi l'allocation directe aux personnes, sous prétexte de lutter contre la corruption. Ces mesures témoignent également de la méfiance d'AMLO à l'égard des organisations non gouvernementales, en dépit du fait – incontestable – que leur mobilisation, dès le début de la démocratisation des années 1980, lui a permis d'arriver à la présidence.

On ne peut non plus ignorer que cette manière de concevoir la politique sociale vise aussi à la constitution d'une base politique qui assure la pérennité des mesures prises pendant le sexennat. À la différence d'autres pays d'Amérique latine, la gauche est arrivée au pouvoir au Mexique en dépit de la dispersion et de la faiblesse des organisations de la société civile. Une des plus importantes réformes de ce gouvernement – il commence à aller dans cette direction – sera sans doute la loi sur le travail, censée permettre aux syndicats de s'affranchir du contrôle du PRI ou des employeurs. Pour la première fois dans l'histoire du pays, les travailleurs devraient pouvoir élire leurs dirigeants à bulletins secrets, sans intervention du ministère du Travail. Seul bémol : même si cette loi est positive, en ce qu'elle donne aux travailleurs le choix de se syndiquer ou non, une forte proportion de ces derniers pourrait aller vers la deuxième option, du fait de la très mauvaise réputation des organisations ouvrières, et d'une possible manipulation par les employeurs. Il est donc possible que les syndicats en soient durablement affaiblis.

Une réorientation de l'économie

Parallèlement à la redistribution, le gouvernement entend mettre en place une politique économique s'écartant du néolibéralisme – autrement dit réorienter une économie dominée par un modèle basé sur l'investissement étranger et un marché extérieur de sous-traitance internationale, fondé sur les *maquiladoras*, avec des salaires bas, et un faible marché intérieur. Cette transformation suppose une intervention accrue de l'État.

Le gouvernement s'est fixé comme objectifs trois grands projets, auxquels se joint l'élargissement d'une base aérienne militaire, censé se substituer à l'annulation du projet de l'aéroport de Texcoco. Pour développer le marché intérieur et la création d'emplois dans les régions les plus pauvres du pays (Chiapas, Oaxaca, Tabasco), le gouvernement envisage de construire une raffinerie de pétrole, une voie ferrée dans l'isthme de Tehuantepec pour relier l'Atlantique au Pacifique, ainsi qu'un train destiné au tourisme dans la péninsule du Yucatán. Pour ces projets, il envisage d'allouer les contrats à des entreprises nationales, afin de renforcer en général la place des capitaux nationaux.

Le projet de construction de la raffinerie de pétrole est contesté par ceux qui considèrent que la situation catastrophique de l'entreprise nationale chargée de l'exploitation du pétrole (Pemex) – héritage des gouvernements précédents – rend peu probable l'autosuffisance énergétique voulue par le nouveau président. L'État, à lui seul, ne semble pas avoir les ressources suffisantes pour investir dans une entreprise qui a plus de 100 milliards de dollars de dette : l'extraction de pétrole a diminué de moitié, et le pays importe désormais plus de 50 % de ses besoins en essence. Certains analystes considèrent qu'il serait plus sensé de se concentrer sur l'extraction même du pétrole et la rénovation, *via* des investissements publics/privés, des anciennes raffineries, qui fonctionnent actuellement à 30-40 % de leurs capacités. Cette solution est pour l'heure refusée par l'actuel gouvernement.

Le projet transisthmique ainsi que celui du « train maya » sont également contestés, surtout quant à leur possible impact négatif sur l'environnement et sur les communautés indigènes. Le train maya devrait traverser le territoire de nombreuses communautés indigènes, d'où certainement une forte résistance de leur part, ce qui pourrait mettre en péril la réalisation du projet, et/ou provoquer d'importantes confrontations entre le gouvernement et ces communautés. Le mouvement zapatiste, qui bénéficie d'une forte présence dans ces communautés, s'est déjà prononcé contre ces projets.

Parallèlement, les organisations et mouvements écologistes considèrent qu'un gouvernement qui propose une transformation radicale du Mexique devrait se lancer dans la transition écologique et investir dans les énergies renouvelables au lieu de s'évertuer à récupérer une place hier significative dans le secteur des énergies fossiles. Comme la plupart des gouvernements de gauche, celui-ci considère cependant que le pays a trop de problèmes sociaux pour pouvoir s'occuper de l'écologie, et ne tient guère compte du fait que la destruction de l'environnement affecterait au premier chef les plus pauvres, à l'encontre de sa propre devise : *primero los pobres...*

La volonté affichée d'entreprendre ces grands projets contraste avec le manque de définition d'une politique industrielle. Hormis de vagues mentions d'un appui aux petites et moyennes entreprises, nul projet d'expansion de la banque d'investissement de l'État ou d'un changement de ses règles d'opération ; pas de politique scientifique et d'innovation dans l'objectif d'augmenter la productivité et la spécialisation de l'économie mexicaine pour créer plus d'emplois qualifiés et de meilleure qualité. On relèvera néanmoins le développement d'un programme de bourses de formation en entreprises pour 2 300 000 jeunes : 150 dollars par mois pendant un an, avec une possible embauche à la fin du stage. Le gouvernement a également lancé un programme de soutien à la production des paysans les plus défavorisés, qui s'appuie sur un prix garanti du maïs. Ce programme vient remplacer une politique très régressive, qui subventionnait la production de maïs sans prendre en compte la taille des propriétés. Un autre projet prévoit la plantation d'arbres destinés à la commercialisation de bois et de fruits dans plusieurs régions désertifiées, pour tenter de réduire le flux migratoire vers les États-Unis.

En finir avec la corruption et la violence ?

Outre la lutte contre l'inégalité et la pauvreté, les grands objectifs du gouvernement sont la lutte contre la corruption et la violence. Il considère que la corruption est si générale que son contrôle et son éradication équivaudraient à une vaste réforme fiscale – de l'ordre de 10 % du PIB selon les calculs de certaines organisations non gouvernementales.

Le nouveau sexennat s'est ainsi ouvert sur la lutte contre le vol d'essence : le gouvernement a fait fermer les oléoducs et envoyé l'armée pour les surveiller. Il a, d'autre part, réduit les salaires et limité les privilèges des hauts fonctionnaires, et renvoyé des milliers de cadres moyens. Le président voyage désormais sur les lignes commerciales – ce qui implique toutefois des risques pour sa sécurité, et donc pour la stabilité du pays plongé dans une situation de violence extrême.

Un des défis les plus pressants qui s'imposent au nouveau gouvernement est bien la réduction de la violence. Durant sa campagne présidentielle, AMLO avait annoncé qu'il retirerait l'armée de la lutte contre le crime organisé, mais une fois au pouvoir il a fait marche arrière. Le nouveau président a décidé la création d'une nouvelle force, la *Guardia Nacional*. Bien que la loi portant sur la création de cette garde nationale ait disposé qu'elle devait être dirigée par un civil, AMLO est passé outre en nommant à sa tête un militaire. Le président s'appuie d'ailleurs de plus en plus sur l'armée, et pour de nombreuses tâches : surveillance des oléoducs, construction et administration du nouvel aéroport, entre autres – ce qui ne manque pas de faire lever quelques préoccupations.

Les organisations de défense des droits de l'homme ainsi que le Mouvement pour la paix dans la justice et la dignité (MPJD) s'estiment trahies par le non-respect de la promesse de retirer l'armée des rues, alors qu'elles considèrent cette dernière comme une des sources de violence et d'abus des droits de l'homme. Hormis quelques actions symboliques témoignant de la sensibilité sociale et humaine de ce président – comme sa décision de rouvrir l'enquête sur les 43 étudiants disparus à Ayotzinapa, ou la récente récupération des corps des 63 mineurs de la catastrophe de Pasta de Conchos –, le fondateur du MPJD Javier Sicilia considère qu'on a largement oublié les victimes de violences. En fait, les ressources allouées aux enquêtes, ainsi que le fonds de compensation destiné aux victimes représentent un volume quasi négligeable face au problème posé par une guerre non déclarée qui a occasionné près de 250 000 morts et 40 000 disparus en 12 ans.

La situation est tout aussi paradoxale en ce qui concerne le flux migratoire centraméricain vers les États-Unis. Au début de son mandat, AMLO a déclaré les migrants bienvenus, en fort contraste avec les gouvernements précédents. Le nouveau gouvernement allait leur permettre de travailler au Mexique ou de continuer leur route sans entrave. Trois mois plus tard, le flux de migrants ayant considérablement augmenté, et sous la pression du président Trump, le gouvernement a commencé à bloquer l'entrée des migrants dans le pays et à les expulser.

Un style de gouvernement

Le débat se développe également autour du style particulier de gouvernement de López Obrador. Il a été par trois fois candidat à la présidence ; il a sillonné le pays, au contact des « gens ordinaires » ; il a, de plus, un charisme et une sensibilité sociale incontestés. D'où une popularité que nul autre leader contemporain n'a atteinte dans le pays. Cet état de fait le marque profondément ; mais s'il est désormais à la tête du pays, le président est toujours en campagne… Il n'a cessé de voyager, annonçant de multiples projets, distribuant des bourses pour les étudiants, des pensions aux personnes âgées, des subventions aux paysans, etc. Le président donne quotidiennement une conférence de presse matinale, où il annonce les actions du gouvernement et répond aux questions des journalistes. De cette toute-puissante tribune, il s'exprime aussi à cœur ouvert et critique (parfois très vivement) certains de ses opposants – ce qui contribue à amplifier la polarisation instaurée par la campagne présidentielle.

On pourrait être tenté de lui attribuer l'étiquette de *populiste*. Mais ce concept est très largement un signifiant vide, qui peut s'appliquer à des leaders de droite (Jair Bolsonaro, Victor Orbán, Matteo Salvini ou Donald Trump) ou de gauche (Evo Morales, Lula da Silva)... Il faut donc bien distinguer les leaders protofascistes qui s'appuient sur la peur de l'autre, des leaders sociaux et populaires qui entendent intégrer économiquement et politiquement les pauvres et les marginaux. Les démocraties modernes sont traversées par une tension constante et insoluble entre représentation et participation, entre le gouvernant-représentant du peuple et le gouvernant-incarnation de la volonté générale, entre la conception de la démocratie de Montesquieu et Benjamin Constant, et celle de Rousseau. Les gouvernants penchant d'un côté ou de l'autre de la logique démocratique.

L'histoire personnelle d'AMLO l'a imposé comme porte-parole du peuple. Il a cependant montré par le passé qu'il respectait les institutions – notamment lors de son mandat à la tête de la ville de Mexico. Il est aussi tout à fait vrai qu'il prend des décisions d'une manière dirigiste, voire autoritaire, et se tient sur le fil du rasoir entre institutionnalisation et désinstitutionnalisation, considérant – peut-être avec raison... – que le pays se trouve dans une situation d'urgence absolue, et que l'important est d'agir vite.

I. B.

Pour en savoir plus

- I. Bizberg, *Diversity of Capitalisms in Latin America*, New York, Palgrave Macmillan, 2019.
- Y. Le Bot, *La grande révolte indienne*, Paris, Robert Laffont, 2009.
- P. Salama, *Les Économies émergentes latino-américaines. Entre cigales et fourmis*, Paris, Armand Colin, 2012.

Venezuela : un objet de politique internationale

Une double polarisation : interne et externe

La reconnaissance officielle de Juan Guaidó par nombre d'États n'a pas eu de débouché diplomatique concret. C'est par l'étouffement de l'économie du pays, à travers l'assèchement de son commerce international, qu'agissent les États-Unis de Donald Trump et leurs alliés. En face, Russie et Chine jouent un rôle défini avant tout par leurs intérêts économiques. Question régionale et globale, l'avenir du Venezuela installe une polarité politique qui a toute chance de durer.

Avec deux présidents, le Venezuela constitue un enjeu de politique internationale. Deux hommes, aux deux légitimités affaiblies, prétendent gouverner le pays et concourent pour obtenir la reconnaissance des autres États.

Le 23 janvier dernier, Juan Guaidó, président de l'Assemblée nationale vénézuélienne contrôlée par l'opposition, s'est autoproclamé président de la République par intérim sur la base de l'article 233 de la Constitution. Celui-ci stipule pourtant qu'il eût fallu que le chef de l'État ait quitté le pouvoir, ce qui ne correspond pas à la réalité. Nicolás Maduro demeure le président effectif du Venezuela, contrevenant également de son côté à la Constitution. Sa réélection lors de l'élection présidentielle de mai 2018 (67,8 % des suffrages exprimés) a été entachée de graves irrégularités : manipulation de la date du scrutin en fonction des opportunités ; invalidation de plusieurs candidatures majeures comme celles des opposants Henrique Capriles et Leopoldo López ; votes sous la menace de suspension des programmes sociaux ou de licenciement dans le secteur public… Cette polarisation politique s'affirme dans un contexte d'effondrement économique sans précédent, l'économie s'étant contractée de moitié ces six dernières années, et l'inflation devant atteindre 10 000 000 % pour l'année 2019.

Cette configuration ouvre un scénario inédit en termes de relations internationales. Différents États se retrouvent à prendre parti dans une crise politique interne. La crise se projette ainsi au niveau international, autour de clivages mêlant les bords les plus polarisés, des éléments plus nuancés pour diverses raisons, des intérêts économiques majeurs, des convictions idéologiques profondes, et des faux-semblants.

Du côté de Juan Guaidó

Juan Guaidó est désormais reconnu comme président du Venezuela en exercice par plus d'une cinquantaine d'États dans le monde, dont les États-Unis, les gouvernements de droite et d'extrême droite d'Amérique latine formant avec le Canada le Groupe de Lima, la plupart des membres de l'Union européenne (UE) – dont la France –, et des alliés traditionnels du bloc occidental (Australie, Corée du Sud, Japon, Israël...).

On peut s'interroger sur la nature de cette reconnaissance d'un président non effectif, qui contrevient aux pratiques du droit international. Certes, Nicolás Maduro bouscule les règles démocratiques, mais sans doute moins que nombre d'États (Égypte, Arabie Saoudite...) qui n'ont pas à subir les mêmes représailles. En matière diplomatique, le fait qu'un chef d'État ne soit pas issu d'élections démocratiques ne s'oppose pas à sa reconnaissance par ses homologues. La présumée défense de la démocratie apparaît comme un faux-semblant dès lors qu'on constate que plusieurs détracteurs du Venezuela ont les mêmes pratiques chez eux (absence d'élections transparentes reconnues par l'opposition au Honduras, invalidation de candidature contestable dans le cas de Lula au Brésil...)

Parmi les pays qui ont reconnu Juan Guaidó comme chef d'État, les États-Unis adoptent la position la plus offensive. Les relations entre Washington et Caracas ont été marquées par des affrontements diplomatiques récurrents depuis l'arrivée au pouvoir d'Hugo Chávez, mais aussi par un certain pragmatisme économique. Jusqu'en janvier dernier, les États-Unis demeuraient le premier client et le premier fournisseur du Venezuela. Réciproquement, la nation sud-américaine se maintenait comme troisième fournisseur en pétrole de la puissance nord-américaine. Les affrontements diplomatiques avaient pourtant des conséquences commerciales. Selon l'Institut national des statistiques, la moyenne des exportations et importations avec les États-Unis s'est réduite de dix points entre la première et la deuxième moitié de la présidence Chávez, alors que les échanges avec le Brésil, et surtout avec la Chine, augmentaient dans une proportion similaire[1].

L'arrivée au pouvoir de Donald Trump marque un changement. Celui-ci s'est entouré de néoconservateurs en matière de politique étrangère (Mike Pence, vice-président ; Mike Pompeo, secrétaire d'État ; mais aussi Marco Rubio, sénateur de Floride ; Mauricio Claver-Carone, directeur principal de la division des affaires de l'hémisphère occidental au Conseil de sécurité nationale ; Elliott Abrams, envoyé spécial du président pour le Venezuela ; John Bolton, conseiller à la Sécurité nationale...). Ce dernier a déjà ciblé ses boucs émissaires, Cuba et le Nicaragua, associés selon lui à Maduro dans une « troïka de la tyrannie ».

La stratégie de la main tendue de Juan Guaidó apparaît complémentaire de celle, offensive, de l'administration américaine. D'un côté, le président autoproclamé offre non seulement l'amnistie aux militaires, mais promet à la Russie et la Chine – deux partenaires commerciaux majeurs – de maintenir les échanges, dans l'objectif de renverser les alliés de Nicolás Maduro. D'un autre côté, l'Oncle Sam

1. « Exportaciones, según países, 1998-1ero semestre 2014 », « Importaciones por países, 1998 – 1ero semestre 2014 », Institut national de statistiques, consulté le 24 avril 2019, disponible sur : www.ine.gob.ve.

interdit depuis août 2017 aux entreprises et aux citoyens américains de contracter de nouvelles obligations à l'égard de l'État vénézuélien et de PDVSA, son entreprise pétrolière publique. Les sanctions ont été alourdies en janvier dernier, avec le gel des comptes de CITGO, entreprise appartenant à l'État vénézuélien mais exerçant aux États-Unis et y détenant autour de 6 000 stations-service, une cinquantaine de terminaux de stockage et de distribution, et trois raffineries, dont la valeur est estimée entre 8 et 13 milliards de dollars.

Le Venezuela exportait fin janvier encore 587 000 barils quotidiens vers son puissant voisin de l'autre côté de la mer des Caraïbes. Ce chiffre est tombé à zéro en l'espace de deux mois, privant l'administration Maduro de sa principale source de liquidités et l'asphyxiant encore davantage d'un point de vue financier. Alors que les livraisons à ses autres partenaires commerciaux (Russie, Chine) sont essentiellement des remboursements de dettes, celles à destination des États-Unis permettaient au Venezuela d'acquérir les devises indispensables à de trop maigres importations de nourriture et de médicaments.

La paralysie commerciale du Venezuela devrait s'aggraver encore avec l'instauration fin avril d'un embargo interdisant à toute entité d'utiliser la monnaie américaine pour acheter du pétrole à PDVSA. Ces mesures vont rendre plus difficile l'importation des diluants nécessaires à l'utilisation du pétrole lourd et extralourd extrait de la Ceinture de l'Orénoque. Ces décisions de Washington s'inscrivent clairement dans une logique d'extra-territorialité, dans la lignée de celles qui s'appliquent contre Cuba et l'Iran. On a pu estimer que 40 000 Vénézuéliens sont décédés du fait de ces sanctions – chiffre difficilement vérifiable, mais qui révèle l'aggravation des conditions de vie des Vénézuéliens en termes de santé ou d'alimentation.

Le jeu diplomatique

Cette reconnaissance d'un chef d'État alternatif devrait en toute logique avoir des conséquences diplomatiques. La plupart des pays ayant reconnu Juan Guaidó ont pourtant maintenu les accréditations des ambassadeurs nommés par Nicolás Maduro. Avec toutefois quelques exceptions. Aux États-Unis, trois bâtiments consulaires ont été investis par des personnes nommées par Juan Guaidó ; des activistes favorables à Nicolás Maduro ont occupé l'ambassade à Washington pour éviter qu'elle ne soit également récupérée. C'est désormais la Suisse qui exerce les services consulaires au Venezuela pour les citoyens américains, comme elle le fait dans d'autres relations diplomatiques critiques (États-Unis-Iran ; Russie-Géorgie ; Arabie Saoudite-Iran ; Iran-Égypte...). De même, au Costa Rica, à l'Organisation des États américains (OEA) et à la Banque interaméricaine de développement, les diplomates nommés par Maduro ont été remplacés par ceux envoyés par Guaidó. Partout ailleurs, quel que soit le chef d'État symboliquement reconnu – ainsi à l'Organisation des Nations unies (ONU) –, les ambassadeurs sont toujours ceux qui ont été nommés par le gouvernement effectif, celui de Maduro.

Les tensions s'aggravent régulièrement aux frontières du Venezuela. Le 23 février dernier, Juan Guaidó et ses alliés ont tenté d'acheminer de force des camions d'« aide humanitaire » financés par l'Agence des États-Unis pour le développement international (USAID). Après plusieurs heures d'affrontements à la frontière avec la Colombie, et avec plusieurs morts à la frontière du Brésil, Nicolás Maduro est parvenu à empêcher l'acheminement de cette « aide humanitaire ». Les États-Unis privilégient apparemment l'épreuve de force, mais ne semblent guère en mesure de la mettre en œuvre.

Donald Trump menace militairement le Venezuela depuis août 2017, ses conseillers multipliant les déclarations autour de la formule : « toutes les options sont sur la table ». La probabilité d'une telle intervention demeure pourtant faible et l'opposition a donc de notables difficultés à parvenir au pouvoir. Elle est à la fois dans l'incapacité de le faire pacifiquement, et dans l'impossibilité de trouver des alliés qui mèneraient une intervention militaire. Aucun État ne soutient Donald Trump dans ses velléités guerrières, ni dans le Groupe de Lima, ni dans l'UE ; aux États-Unis même, ni les démocrates, ni les républicains ne défendent cette aventure.

L'UE n'est d'ailleurs pas unanime sur le sujet. Si une large majorité de ses membres reconnaît Juan Guaidó, quelques-uns maintiennent une politique différente : l'Italie, où le sujet divise la Ligue, favorable à un alignement sur ses partenaires européens, et le Mouvement 5 Étoiles, partisan d'une politique plus hétérodoxe ; Chypre et la Slovaquie.

Derrière Nicolás Maduro

Nicolás Maduro garde le soutien de quelques grandes puissances, au moins régionales, ayant des intérêts au Venezuela (Russie, Chine, Turquie, Iran, Afrique du Sud), et des alliés de l'Alliance bolivarienne pour les peuples de notre Amérique – Traité de commerce des peuples (ALBA-TCP), comme la Bolivie, Cuba et le Nicaragua, au nom de projets politiques convergents.

La puissance la plus attachée au maintien de Maduro au pouvoir est sans aucun doute la Russie. Les deux États ont conclu des centaines d'accords économiques. Rosneft, société pétrolière de l'État russe, détient 49,9 % de CITGO en garantie de prêt à PDVSA. Le siège européen de cette dernière a été déplacé de Lisbonne à Moscou. Ces engagements économiques se doublent d'une coopération militaire. Fin mars, deux avions militaires russes ont atterri à Caracas avec des dizaines de tonnes de matériels et une centaine de militaires. Cette lune de miel dure tant que le paiement des engagements vénézuéliens intervient en temps et en heure ; elle pourrait s'interrompre brusquement si les liquidités venaient à manquer à Caracas.

Le rôle de la Chine est plus ambivalent. Si Pékin a prêté 67,2 milliards de dollars au Venezuela entre 2007 et 2018, faisant du pays la première destination des fonds chinois en Amérique latine, les diplomates chinois assument publiquement de maintenir des contacts avec toutes les parties en conflit, pour préserver leurs actifs en cas de changement de gouvernement. Mentionnons un autre partenaire commercial, plus récent : la Turquie, devenue premier client de l'or vénézuélien extrait dans l'Arc minier de l'Orénoque.

Soutiens de puissances et soutiens régionaux

Si l'on peut s'interroger sur les prétentions démocratiques des soutiens de Juan Guaidó, les discours de défense de la souveraineté nationale et de lutte contre les ingérences des partisans de Nicolás Maduro sont également des faux-semblants, au vu de l'endettement du pays et de sa dépendance vis-à-vis de ces puissances.

Ces derniers mois, l'Inde – historiquement second client réglant en liquidités le pétrole vénézuélien – paraissait devoir devenir le principal marché d'exportation de brut pour le gouvernement Maduro, notamment *via* des entreprises russes ou chinoises, avec pour objectif de passer de 0,3 à 0,6 million de barils quotidiens. Le conglomérat indien Reliance Industries, principal importateur en question, a pourtant décidé la limitation de ses échanges avec le Venezuela, du fait des pressions américaines. Ces obstacles pourraient être surmontés par le gouvernement Maduro en commerçant avec d'autres firmes acceptant le risque de sanctions de l'administration Trump, telle Nayara Energy, filiale de Rosneft.

Au-delà du positionnement de ces grandes puissances, plusieurs petits pays caribéens (Antigua-et-Barbuda, Dominique, Grenade, Saint-Vincent et les Grenadines, Suriname…) ont bénéficié du programme PetroCaribe, par lequel le Venezuela leur vendait, durant les années fastes du chavisme, du pétrole à des conditions préférentielles. Ces micro-États ont été un vivier de voix pour Nicolás Maduro pour bloquer les résolutions américaines d'abord à l'OEA puis au Conseil de sécurité de l'ONU.

La plus grande île des Caraïbes, Cuba, est sans doute celle qui a tissé les liens les plus forts avec le Venezuela chaviste, au point de susciter l'image d'un pays gouverné depuis La Havane. Les deux pays se prêtent assistance dans divers domaines : envoi de barils de pétrole par Caracas, milliers de médecins cubains s'installant au Venezuela dans le cadre de la mission Barrio Adentro, expertise en termes de contre-espionnage d'une île rompue depuis des décennies au maintien de l'ordre et au démantèlement de toute tentative de déstabilisation…

Une négociation à l'issue peu probable

La polarisation de la crise aux niveaux intérieur et extérieur, et les enjeux du remboursement de la dette, ne facilitent pas la désescalade. Le Mexique et l'Uruguay suggèrent de mettre en place une médiation, avec maintien de la reconnaissance de Nicolás Maduro et condamnation des violations des droits de l'homme. La Bolivie et la Communauté caribéenne (CARICOM) les ont rejoints pour proposer le Mécanisme de Montevideo, en quatre phases, sans préalable : dialogue, négociation, signature d'accords et mise en œuvre. Plusieurs pays de l'UE (Allemagne, Espagne, France, Italie, Pays-Bas, Portugal, Royaume-Uni et Suède) se sont associés au Costa Rica, à l'Équateur et à l'Uruguay dans le cadre d'un Groupe international de contact pour la mise en place d'élections négociées.

Depuis quelques semaines, des émissaires du gouvernement et de l'opposition négocient sous la médiation de la Norvège. Toutefois, la mise en œuvre de telles conciliations, à géométrie variable, nécessite l'accord des acteurs locaux. Juan Guaidó pose comme préalable à l'ouverture de négociations, la « cessation de l'usurpation » de son rival. Nicolás Maduro accepte de nouvelles élections, mais seulement pour l'Assemblée nationale, le seul organe où ses partisans sont minoritaires. Tant que l'un et l'autre campent sur ces positions, toute configuration de négociations est condamnée.

Le Venezuela, un objet de politique internationale pour de nombreuses années

La crise politique vénézuélienne est devenue un objet international, énième point de tension entre les États-Unis d'une part, la Chine et la Russie d'autre part. Ce foyer d'affrontements a vocation à durer, tant les problématiques sont multiples : priorité au remboursement d'une dette pléthorique, investissement dans un sous-sol aux richesses immenses… Le contrôle de CITGO promet, par exemple, de longs conflits juridiques entre le Venezuela, la Russie et les États-Unis, quels que soient les dirigeants respectifs de ces pays.

Si la logique économique prime dans les enjeux entre grandes puissances, la dimension idéologique ne saurait être négligée. En Amérique latine, l'alignement des gouvernements issus de la gauche, dans toutes ses variantes, maintient la reconnaissance de Nicolás Maduro, avec toutes leurs nuances ; les exécutifs de droite et d'extrême droite légitiment Juan Guaidó. La règle s'est vérifiée au Mexique où, après une alternance à gauche, le pays a cessé de partager le positionnement du Groupe de Lima ; à l'inverse, le réalignement conservateur de Lenín Moreno en Équateur s'est accompagné d'un rapprochement des positions dudit groupe. L'instrumentalisation du Venezuela à des fins de politique intérieure pour stigmatiser leurs adversaires de gauche – qu'ils aient été ou non solidaires de Chávez et Maduro –, est désormais un leitmotiv des forces politiques conservatrices latino-américaines, phénomène visible, quoiqu'atténué, en Amérique du Nord ou en Europe.

T. P

Pour en savoir plus

- T. Posado, « Le Venezuela peut-il sortir de l'impasse ? », *Politique étrangère*, vol. 83, n° 1, mars 2018.
- S. Santander, « La crise au Venezuela : un enjeu au-delà des frontières », *La Revue nouvelle*, n° 4, mai 2019.
- M. Weisbrot et J. Sachs, « Economic Sanctions as Collective Punishment: The Case of Venezuela », Center for Economic and Policy Research, avril 2019.

Voir également la carte « La diplomatie internationale et le Venezuela », p. 329 de cet ouvrage.

Les trajectoires du multilatéralisme

Un monde à la polarité incertaine

Le multilatéralisme témoigne dès sa naissance au XXe siècle de ses liens avec les rapports de puissance : il est guidé par la prédominance des États-Unis et de l'Occident. Il prend un nouveau visage dans les années 1990, pour finalement régresser rapidement. Le système international est partagé aujourd'hui entre logique unipolaire (affirmation unilatérale de Washington), construction d'une nouvelle bipolarité (États-Unis/Chine), et une a-polarité que la gouvernance globale peine, pour l'heure, à maîtriser.

Les pratiques multilatérales ont émergé dans un contexte de concert de grandes puissances, au sein de ce qui était appelé alors « famille des nations civilisées ». Depuis la fin de la guerre froide, le déclin de l'ordre international libéral est associé à celui des États-Unis. Le multilatéralisme étant une manifestation, voire un fondement de cet ordre, les interrogations sur l'évolution de la polarité du système international rencontrent les interrogations sur l'avenir du multilatéralisme.

Polarité et multilatéralisme en perspective historique

En 2019, le centenaire du traité de Versailles a pris un relief particulier en raison du contexte international : si les États-Unis abdiquent une fois encore leurs « responsabilités internationales », le monde risque de plonger à nouveau dans le chaos de la crise économique, des crises internationales et de la guerre. Leur refus de rejoindre la Société des Nations (SDN), dont Washington avait impulsé la création, est devenu, à partir des années 1940, l'équivalent d'un péché originel.

À partir de 1943, la mise en place du multilatéralisme dépend de la surpuissance des États-Unis, enrichis par la guerre quand le monde était ruiné, et dotés d'une flotte incomparable et du monopole atomique. L'Organisation des Nations unies (ONU) est trop souvent décrite dans la continuité de la SDN, avec seulement une prise en compte des leçons tirées des déficiences de cette dernière durant les années 1930, mais la philosophie de l'ONU est fort différente. L'égalité « démocratique » des États dans une Assemblée générale n'était pas le souci de Roosevelt. Il voulait une paix directoriale dirigée par quatre (puis cinq) gendarmes, quitte à démilitariser les autres pays. Ces gendarmes devaient agir de concert pour préserver la paix. C'est Roosevelt qui coopte la Chine, notamment pour faire face au Japon et pour éviter que les gendarmes ne soient tous des blancs. La conférence du Caire (1943) signe pour la Chine communiste l'entrée dans le club des Grands et la récompense pour sa résistance face au Japon. En 1971, elle entre au Conseil de sécurité en tant que République populaire de Chine.

Le système de Bretton Woods, qui se met en place à partir de 1944, est comme les Nations unies un produit de la puissance américaine. Il ouvre l'ère de la domination incontestée du dollar et de celle des États-Unis sur les institutions financières internationales. Le multilatéralisme promu par les États-Unis est considéré comme une marque de l'hégémonie libérale : la puissance dominante fournit des biens publics et rassure les petits États en se liant les mains. Les États-Unis signent le Pacte de Rio en 1947, favorisent le multilatéralisme en Europe lors du plan Marshall, et font de l'Organisation du traité de l'Atlantique nord (OTAN) une organisation multilatérale, ce qui n'empêche ni leur prépondérance, ni la volonté française d'y instaurer un triumvirat avec Washington et Londres. La Chine, pour sa part, n'est pas parvenue à créer du multilatéral alternatif : ni avec l'Indonésie lors de la Conférence des Nouvelles forces émergentes au début des années 1960, ni avec une seconde conférence afro-asiatique à Alger prévue en 1965 et qui ne s'est jamais tenue.

Multilatéralisme et bipolarité

Des travaux récents montrent que le multilatéralisme a en partie dompté la bipolarité, malgré le blocage du Conseil de sécurité. Il y eut de nombreuses formes de coopération entre l'Est et l'Ouest dans les organisations internationales, notamment dans le domaine de la santé. Dans certains domaines comme la non-prolifération, c'est même un condominium des deux Grands qui a été pointé du doigt. Dans les années 1970, les pays du Sud ont poussé, dans les cadres multilatéraux, à un nouvel ordre économique mondial. En définitive toutefois, l'Occident a eu l'impression de socialiser les grandes puissances contestataires, qu'il s'agisse de l'URSS, prise à son propre piège dans le processus d'Helsinki et de l'Organisation pour la sécurité et la coopération en Europe (OSCE), ou de la Chine communiste qui a amélioré nombre de ses pratiques, par exemple dans le domaine de la prolifération nucléaire[1].

Après avoir dénoncé les tentatives d'ingérence de l'ONU durant la décolonisation et s'être méfiée du « machin », la France s'est progressivement présentée comme le bon élève du multilatéralisme. Les pays du Sud, après la conférence de Cancún de 1982 et la crise de la dette, ont dû passer sous les fourches caudines des institutions financières internationales. La fin de la guerre froide s'est manifestée par un « retour » de l'ONU – la décennie 1990 étant la plus pauvre en vétos au Conseil de sécurité –, par un rebond de la Communauté économique européenne (CEE) dans l'Union européenne (UE), par la préservation d'une OTAN bientôt élargie, et par la transformation de l'Accord général sur les tarifs douaniers et le commerce (GATT) en Organisation mondiale du commerce (OMC). Le multilatéralisme est alors de nouveau associé à l'unipolarité, même si l'OMC est mue par la coopération/compétition entre les États-Unis et l'UE, qui évoque un nouveau condominium.

1. A. I. Johnston, *Social States: China in International Institutions, 1980-2000*, Princeton, Princeton University Press, 2008.

Les conséquences d'une polarité incertaine

La crise actuelle du multilatéralisme est associée à celle de l'ordre international libéral, lequel relève davantage des années 1990 que de l'après-1945. Dans les registres critiques, cet ordre est accusé d'être une manifestation de puissance, soit des États-Unis, soit de l'Occident, soit du capitalisme mondialisé, et de mettre en œuvre des standards particuliers de civilisation. Le multilatéralisme, loin de favoriser l'harmonie des intérêts, serait une manière de discipliner non seulement les États dans leur comportement international, mais aussi dans leurs comportements internes, sous peine d'être traités en parias. La tentation de créer une Communauté des démocraties dans les années 2000, qui dévaloriserait l'ONU remplie de dictatures, en est la manifestation. La gouvernance globale est ainsi accusée d'être à la fois dépolitisée (parce que technocratique, judiciarisée et constitutionnalisée) et surpolitisée sur les questions de valeurs.

Les États-Unis ont paru couvrir le cadran des relations entre polarité et choix de politique extérieure : multilatéralistes dans un monde unipolaire (Clinton), unilatéralistes dans un monde unipolaire (Bush Jr.), multilatéralistes dans un monde multipolaire (Obama), enfin unilatéralistes dans un monde multipolaire (Trump). La polarisation de puissance ne détermine donc pas à coup sûr le choix de l'unilatéralisme ou du multilatéralisme. Néanmoins, elle est utilisée pour justifier ces choix et ouvre nombre de possibilités. Or, il semble que le désarroi actuel découle d'une fusion des pathologies de chacune des configurations de puissance : le monde est à la fois unipolaire – avec des restes de bipolarité et une trajectoire de bipolarisation –, multipolaire et a- ou zéro-polaire.

Le multilatéralisme, instrument de et contre l'unipole

L'unipolarité se manifeste dans la capacité des États-Unis à demeurer hors des conventions internationales qu'ils ont poussé les États du monde à rejoindre ; à poursuivre le « multilatéralisme lorsqu'on peut, et l'unilatéralisme lorsqu'on doit », dès 1993 ; à placer des individus de confiance à des positions clés pour verrouiller des institutions à leur avantage ; et à imposer l'agenda et la manière de définir les questions, ce qui est le propre de la puissance structurelle.

Mais l'unipolarité provoque une instrumentalisation en retour du multilatéralisme. Premièrement, des États peuvent choisir une stratégie de « passager clandestin », puisque l'hégémonie américaine fournit sécurité, prospérité et défense des « biens communs mondiaux ». C'est d'ailleurs une stratégie imputée à nombre d'alliés des États-Unis, et dénoncée bien avant Trump. La Chine aussi est accusée d'avoir longtemps voulu maximiser ses droits dans les enceintes multilatérales, tout en limitant ses responsabilités. D'où le souhait américain, dans les années 2000, de la coopter comme « partenaire responsable ».

Deuxièmement, le multilatéralisme permet d'équilibrer de manière douce les États-Unis, en les enserrant dans des filets de contraintes et d'obligations, en appelant à la « démocratisation » des institutions internationales, et en évaluant en permanence la légitimité de leurs actions. D'où la volonté de Trump de s'en dégager au nom de l'intérêt de son pays. Moscou essaie depuis les années 1970 de diluer les alliances américaines en Europe et en Asie dans des structures de sécurité régionales (qui n'ont jamais vu le jour en Asie malgré les propositions de Léonid Brejnev et Mikhaïl Gorbatchev).

Troisièmement, les États-Unis sont accusés à la fois d'utiliser les enceintes multilatérales à leurs fins et de pratiquer le double discours en s'affranchissant des règles imposées aux autres : arrogants quand ils prétendent excommunier les « voyous », ils se comporteraient eux-mêmes en voyous. La Russie et la Chine prétendent utiliser leur véto au Conseil de sécurité des Nations unies pour contrer l'*hubris* américaine.

Le multilatéralisme et la bipolarité sino-américaine émergente

La bipolarité relève à la fois de la puissance et de la confrontation sur les valeurs, dans un système international hétérogène. Le durcissement des relations sino-américaines porte ces deux dimensions. La Chine s'efforce aujourd'hui dans le système des Nations unies d'imposer son agenda et son discours, notamment dans le domaine des droits de l'homme. Elle insiste sur les conditions locales, sur la diversité des civilisations humaines, et sur les droits économiques et sociaux. Elle promeut à la fois le droit au développement et le « développement aux caractéristiques chinoises ». Après avoir été assez passive, elle se montre proactive[2]. Elle est devenue le premier contributeur en hommes, et le second en argent, des opérations de maintien de la paix. Les Chinois ont désormais des postes importants : secrétaire général de l'Organisation de l'aviation civile internationale (OACI), secrétaire général de l'Union internationale des télécommunications (UIT), directeur adjoint de l'OMC, envoyé spécial de l'ONU pour les Grands Lacs, et depuis juin directeur général de l'Organisation des Nations unies pour l'agriculture et l'alimentation (FAO). La Chine s'efforce d'utiliser le Conseil économique et social de l'ONU (ECOSOC) pour soutenir les Nouvelles routes de la soie. Si les Chinois se font peu entendre en tribune, ils sont très actifs auprès des délégations, par exemple pour éviter que la Corée du Nord fasse l'objet de débats.

En ferraillant avec ses alliés et les principes mêmes du multilatéralisme, Trump a semblé inverser la bipolarité idéologique. Russie et Chine peuvent se présenter en gardiens de l'ordre international westphalien, et Pékin en gardienne du libre-échange et de la mondialisation, et en leader de la réforme du système de gouvernance mondiale.

En réalité, Moscou, et dans une moindre mesure Pékin, s'en prend aux évolutions de la gouvernance post-guerre froide qui favorisent l'ingérence : le repoussoir majeur fut ici la guerre menée par l'OTAN contre la Serbie en 1999. Mais si la Russie se présente comme une barrière face aux prétentions hégémoniques américaines (et de l'UE à l'est de l'Europe), la Chine n'est pas défavorable à des changements dans l'architecture de gouvernance. Elle pousse à la globalisation et s'investit bien plus que Moscou dans les opérations de maintien de la paix et le développement. Sur le climat notamment, elle se présente comme « grande puissance responsable », soucieuse des défis globaux.

2. F. Godement *et al.*, « The United Nations of China: A Vision of the World Order », European Council of Foreign Relations, avril 2018.

Le raidissement américain depuis l'automne 2018 fait entrevoir une possible bipolarisation sino-américaine du monde dans le domaine des infrastructures, des valeurs et peut-être des modes de régulation, si Pékin développe ses propres institutions d'arbitrage, avec des logiques américaines de désimbrication économique. Le fameux projet des Nouvelles routes de la soie n'est toutefois pas multilatéral. Il fonctionne sur la base de protocoles d'entente bilatéraux (même si Pékin monte des plates-formes régionales de type 17+1 en Europe orientale), ce qui lui donne une réelle flexibilité et la possibilité, face aux critiques, d'opérer des recalibrages tactiques. L'Organisation de coopération de Shanghai (OCS), loin d'être une OTAN de l'Est, ou une alternative à l'Occident, a d'abord pour objectif la stabilité : la Russie s'y voit surtout comme intermédiaire diplomatique et s'intéresse peu à son agenda économique, qui lui-même n'intéresse plus guère la Chine.

Une nouvelle multipolarité ?

Si la multipolarité a inquiété à l'orée des années 1990 parce que le monde semblait se diriger vers des forteresses régionales (UE, ALENA, MERCOSUR, bloc asiatique autour du Japon), elle a surtout constitué un slogan prescriptif, afin de contester l'hégémonie américaine. L'appel à la multipolarité, avec une forte dimension culturelle, voire civilisationnelle, n'était pas en soi une opposition au multilatéralisme, comme en témoignent les positions du président Chirac, et même la déclaration sino-russe de 1997.

Pour retrouver son statut dans les années 2000, la Russie a utilisé la diplomatie multilatérale (ainsi que la diplomatie énergétique), avant de se tourner vers des instruments militaires. Elle fut très active pour entrer dans l'Asia-Pacific Economic Cooperation (APEC) ou l'East Asia Summit, mais depuis 2012 elle privilégie le bilatéral en Asie-Pacifique. On entrerait ainsi dans un monde d'efflorescence de subrégionalismes et de panrégionalismes, ce qui renforcerait l'évolution vers le « monde multiplex » décrit par Amitav Acharya[3]. Ce « nouveau régionalisme » insiste bien plus sur l'identité et la culture que sur l'intégration économique. Moscou a fait de l'Union économique eurasiatique un moyen de contrer les influences extérieures, un instrument diplomatique grâce aux accords de libre-échange passés avec des pays amis (Vietnam, Iran, bientôt Serbie) et une base régionale pour la restructuration du monde post-occidental. Mais son articulation avec les Nouvelles routes de la soie et l'OCS élargie reste problématique, sauf dans les projets assez vagues de Grand Partenariat eurasiatique.

Le système multilatéral demeurerait mais servirait de terrain à un *forum shopping* généralisé des grandes puissances, le multilatéralisme devenant avant tout stratégique. La Chine, par exemple selon les thématiques et les moments, peut jouer le passager clandestin, le contributeur constructif ou le critique disruptif. Elle est devenue plus active dans la gouvernance financière que commerciale, et sur l'environnement que sur la non-prolifération. Xi Jinping a affirmé à plusieurs reprises que la communauté internationale veut davantage entendre la voix de la Chine, mais à la place d'un projet global, il y a plutôt une stratégie de *pick and choose*. En Asie-Pacifique, jusqu'au début des années 2010, la Chine poussait à la création de

3. A. Acharya, « In Defence of the Multiplex World », *Japanese Journal of Political Science*, vol. 16, n° 3, 2015.

nouvelles organisations seulement asiatiques, avant de s'en désintéresser lorsque les pays de l'ASEAN ou le Japon s'efforçaient d'y faire entrer des puissances extérieures, notamment les États-Unis. Pékin préfère négocier bilatéralement avec ses voisins asiatiques plutôt qu'avec l'ASEAN, sauf dans le domaine commercial pour le Regional Comprehensive Economic Partnership (RCEP). Ainsi, les logiques contre-hégémoniques auraient pour effet de créer une géoéconomie compétitive, des groupements régionaux illibéraux, et un unilatéralisme généralisé dans un système multilatéral préservé dans sa façade.

Un monde a-polaire ?

Parler d'un monde a-polaire ou zéro-polaire semble relever de la nostalgie de l'hégémonie américaine. Les thuriféraires de l'*imperium* américain au début des années 2000 affirmaient qu'y renoncer serait source de chaos, et ils se sont lamentés du déclin du leadership américain sous Obama et de la quasi-trahison de Trump. Les États-Unis ne sont plus les champions du multilatéralisme. L'Occident n'a pas été uni face à la Banque asiatique d'investissement dans les infrastructures (BAII) lancée par la Chine, avec une forte dimension multilatérale. La désunion de l'Occident au Conseil de sécurité ouvre désormais un boulevard à Moscou et Pékin. Non seulement les États-Unis n'auraient plus la puissance relative suffisante pour réformer en profondeur la mécanique institutionnelle du multilatéralisme – alors que la Chine ne serait pas encore assez puissante pour entreprendre cette transformation –, mais ils n'en auraient plus la volonté. Pire, on pourrait considérer qu'ils sont devenus un opposant, si ce n'est un ennemi du multilatéralisme. Il est même question de « multilatéralisme moins un ».

Il n'est pas impossible que dans un monde a-polaire, malgré les perturbations induites par le bâtisseur de la maison multilatérale qui n'y habite plus en permanence, voire en sape les fondements, le multilatéralisme soit préservé sous forme de minilatéralisme. Ce qui devait être le carburant du moteur de la gouvernance globale ne serait plus que l'huile permettant à la machinerie de tourner, face aux impulsions et instrumentalisations des différents acteurs, et à leur quête de statut et d'influence, dans un système international à la fois uni-, bi-, multi- et a-polaire.

P. G.

Pour en savoir plus

- S. L. Kastner *et al.*, *China's Strategic Multilateralism: Investing in Global Governance*, Cambridge, Cambridge University Press, 2019.
- M. Kaczmarski, « Convergence or Divergence? Visions of World Order and the Russian-Chinese Relationship », *European Politics & Society*, à paraître.
- A. P. Tsygankov (dir.), *Routledge Handbook of Russian Foreign Policy*, New York, Routledge, 2018.

Nations unies : que reste-t-il du multilatéralisme ?

Entre multilatéralisme et affirmations de puissances

Aux Nations unies, l'Assemblée générale a d'abord rêvé de redessiner un ordre économique international plus juste, mais c'est une négociation de « clubs » (G7, G20...) qui s'est progressivement mise en place. En matière politique, le multilatéralisme théorique du Conseil de sécurité se transforme en négociations entre puissances. Il importe avant tout qu'existe un dialogue, au premier chef lorsqu'est envisagé le recours à la force, dûment encadré par la Charte.

Il est du meilleur ton, aujourd'hui, de célébrer le multilatéralisme, mode de relation à plusieurs, destiné à bâtir des normes ou à éteindre un conflit. Et quelle enceinte plus appropriée pour en être sinon le « temple », du moins l'habituel théâtre, que la vaste conque enveloppant à New York la quasi-totalité des États du monde ? Mais la réalité, loin des discours et des cérémonies, n'est-elle pas plus nuancée ?

Au sommet : spectacle plus qu'action

Le « multilatéralisme » et son contraire « unilatéralisme » ne figurent pas dans la Charte de l'Organisation des Nations unies (ONU), mais le bon sens suggère que l'unilatéralisme est la décision d'un ou de plusieurs acteurs d'agir par démonstration autonome de puissance ; alors que le multilatéralisme signifie échanges, concertations, débats, si vifs puissent-ils être. À ce compte, Theresa May, Donald Trump, Emmanuel Macron font de l'unilatéralisme quand, sans passer devant le Conseil de sécurité, ils bombardent (avec de bonnes raisons) des sites syriens supposés abriter des armes chimiques. Par contraste, Donald Trump fait du multilatéralisme quand il vient à l'Organisation du traité de l'Atlantique nord (OTAN) non pour rompre avec ses alliés mais pour les exhorter à payer davantage pour la défense commune.

À l'ONU même, la scène peut être trompeuse. Certes, chefs d'État et de gouvernement fréquentent davantage l'Assemblée générale que ne le faisaient Staline, Churchill ou de Gaulle. Mais une fois le discours prononcé, ils se hâtent de quitter l'amphithéâtre, et s'en vont de bureaux en salons et studios discuter en comité réduit. Est-ce bien du multilatéralisme ? Le secrétaire général de l'ONU fait de même lorsque, las d'entendre 100 délégués, il se réfugie dans une petite pièce à l'arrière-tribune pour rencontrer seul à seul quelques « grands » de la planète.

En substance, beaucoup d'envolées verbales, mais durant le mois d'automne où la communauté internationale se retrouve quasiment tout entière, fort peu de concertation générale. Si quelque texte solennel est adopté, le document n'a pas été négocié par les dirigeants mais résulte du travail continu des diplomates. Le multilatéralisme à très haut niveau et à 193 n'est pas encore né, bien que l'ultime délibération de la COP21 de Paris s'en soit rapprochée.

Le multilatéralisme onusien producteur de normes : un lent dessaisissement

On sait comment l'Assemblée générale, écartée du règlement des conflits par la Charte, reporta ses efforts sur les problèmes de société, se consacrant très tôt à l'émancipation des peuples colonisés et à l'édification d'un nouvel ordre économique international. Ses résolutions n'avaient pas force d'obligation mais contribuaient à créer un courant d'opinion, devenu en un quart de siècle majoritaire, qui poussa les empires à se démembrer et contesta les principes du libéralisme économique. Le point d'orgue de ce mouvement fut, dans les années 1970-1980, l'élaboration d'un nouveau régime juridique des espaces maritimes, et la mise au point d'un système global de régularisation du cours des matières premières. Le poids de ces idées, issues des délibérations de l'ONU, se fait encore sentir aujourd'hui.

Relayés par l'écho des organisations non gouvernementales (ONG) qui font entendre leur voix au siège même des Nations unies, certains thèmes de société se sont imposés, tels la mise sur pied d'une justice pénale internationale ou le lancement d'un programme de défense de l'environnement. L'Assemblée générale garde sur ces sujets un droit de regard et assume de manière globale la responsabilité pour tous les thèmes touchant à la protection des droits de l'homme.

L'ONU n'a pas, en revanche, produit de normes sur l'ensemble des problèmes de désarmement. Se cantonnant à l'élaboration des traités de non-prolifération et d'interdiction des essais nucléaires, elle a laissé les protagonistes de la guerre froide mettre au point, entre eux, des accords de contrôle des armements. Surtout, les questions économiques, après l'acmé de la réflexion vite interrompue sur un nouvel ordre économique international, échappèrent progressivement à la scène onusienne. L'immense courant porté par le groupe des 77 – les pays (en réalité beaucoup plus nombreux) qui se revendiquaient en voie de développement et visaient, en contrôlant les sociétés multinationales et en tentant de régulariser le commerce international, à rééquilibrer les rapports économiques mondiaux – se perdit dans les sables.

À l'heure où la Chine n'a nul besoin des Nations unies pour pousser son projet des Nouvelles routes de la soie, le Conseil économique et social choisit de réfléchir au calendrier et à l'ordre du jour de futures conférences internationales, plutôt que de tenter de donner force de loi à des recommandations de fond. Cette dernière décennie, l'Assemblée générale, cessant de vouloir dicter des normes économiques, affiche des objectifs non contraignants de développement durable, pratique respectueuse de la souveraineté des États qui a facilité l'accès du Tiers-Monde à la mondialisation. Mais cette évolution est révélatrice de l'affaiblissement du rôle opérationnel des Nations unies dans le domaine économique.

Les « clubs » économiques, hors ONU

Le président Giscard d'Estaing avait cru pouvoir, au début de son mandat, proposer une formule originale de multilatéralisme, invitant, dans le cadre d'une conférence Nord-Sud, les pays industrialisés du Nord et les riches producteurs de pétrole à associer leurs capacités – technologiques pour les uns, financières pour les autres – pour aider au développement du Sud. Formule ingénieuse qui échoua en 1976, tant prévalait alors, dans la majorité des pays, une conception monolithique du multilatéralisme, le réservant à l'enceinte de l'ONU. Le président français reporta ses efforts sur une seconde idée, qui se matérialisa dès 1975 dans une réunion restreinte à cinq à Rambouillet, origine d'un G5 qui devint G6, puis G7, puis G8 avec la Russie, puis de nouveau G7 après l'exclusion de Moscou suite à l'annexion de la Crimée.

La formule, qui se traduit par des déclarations communes sans portée obligatoire, mais à l'incitation certaine, a toujours du succès. Les fidèles du multilatéralisme onusien s'en sont inquiétés. Le G7 n'allait-il pas aborder les sujets politiques, concurrençant le Conseil de sécurité ? Le président Mitterrand, qui allait répétant que le G7 ne devait pas devenir un nouveau « Directoire des Nations », fut le grand paladin de cette joute contre le possible imposteur. Il réussit à empêcher la dérive, quoique le G7 s'aventurât volontiers dans des domaines extérieurs à l'économie : lutte contre le terrorisme ou respect de l'environnement.

La méthode de l'enceinte restreinte ayant paru heureuse, l'idée fut reprise par la France à l'automne 2008 pour tenter de sortir de la crise financière. Nul appel à l'ONU de la part du président Sarkozy, mais une invitation lancée – au niveau des chefs d'État et de gouvernement – aux vingt principales puissances économiques. Année après année, celles-ci sont au rendez-vous. Les 20 sont en réalité plus que cela, car on invite aussi quelques grands pays du Sud ou tel dirigeant d'une organisation internationale. G20 comme G7 ne ressemblent plus guère au dessein original d'un groupe d'initiés débattant en confiance parce que partageant au fond les mêmes convictions libérales. Un train soutenu de réunions d'experts prépare les débats. Donald Trump manifeste bruyamment son désaccord, mais du moins a-t-on ici la preuve d'adhésion contrariée mais vivace au multilatéralisme.

Mais ce multilatéralisme n'a rien à voir avec celui de l'ONU et de ses enceintes économiques. Le bilan est net : l'ONU pèse moins dans le domaine économique. L'organisation du secrétariat général en témoigne. La France, qui a longtemps revendiqué pour l'un de ses experts la tête de l'importante Direction du développement, a déplacé ses ambitions vers le domaine politique, celui du maintien de la paix.

Le multilatéralisme onusien dans le domaine politique : prééminence affirmée, pratique contraire

Avant même son rôle de producteur de normes, le multilatéralisme onusien avait pour objectif de préserver la paix et la sécurité internationales, de prévenir les conflits, de réprimer les agressions. Il s'agit bien là du cœur de l'institution.

Le multilatéralisme en est la raison d'être, puisque l'idée est d'interdire l'acte de guerre individuel, unilatéral, et de faire dépendre le recours à la force d'une délibération à plusieurs, d'une action collective, gage de réflexion commune, donc de débat.

Réalistes, les fondateurs de l'ONU avaient imaginé que la responsabilité principale du maintien de la paix ne pouvait être assumée par plusieurs dizaines de pays, et qu'elle devait donc être déléguée à un organe restreint – les 11 puis 15 membres du Conseil de sécurité, étant entendu que celui-ci agirait au nom de tous les membres de l'Organisation.

Très tôt s'inscrit dans la pratique la distinction entre les cinq membres permanents et les autres. Supposés vainqueurs du second conflit mondial mais surtout bientôt dotés de l'arme nucléaire, ces cinq pays furent considérés comme les vrais gendarmes du monde, seuls à même d'assumer la direction stratégique d'une action militaire de l'ONU, et constituant d'ailleurs à ce titre – ce qui atteste du privilège des permanents dans la Charte – le Comité d'État-major des Nations unies. Multilatéralisme sans doute, mais aussi manifestation d'un mouvement de fond restreignant à quelques-uns la responsabilité des décisions. L'usage s'est répandu, dans l'Organisation, de parler du P5 – les cinq permanents – comme d'une sorte d'entité distincte, supérieure, seule à pouvoir traiter des questions de sécurité. La dérive est compréhensible. Comment s'imposer au Moyen-Orient si l'on ne tient pas compte de l'histoire, de l'expérience, des intérêts des États-Unis, du Royaume-Uni, de la France et de la Russie ? D'où le réflexe spontané des Français de proposer, au lendemain de la guerre des Six Jours de 1967, une concertation des quatre membres permanents (Formose exclue) pour tenter d'ébaucher un règlement de paix. L'idée d'une concertation à quatre – vite enterrée par les Américains – était conforme à l'instinct qui avait porté, quelques années plus tôt, le général de Gaulle à inviter ses pairs occidentaux à mettre en place une instance trilatérale de réflexion et de concertation. Trois pays : est-ce vraiment du multilatéralisme ?

Des 193 de l'Assemblée générale aux 15 du Conseil de sécurité, des 15 du Conseil aux cinq membres permanents, du P5 aux trois Occidentaux, des trois aux deux anglophones, des deux enfants de la mère-patrie britannique au seul rejeton américain : la marche est déterminée, et c'est une marche vers l'unilatéralisme.

Faut-il un frein, un rappel de l'idée multilatérale ?

Si mécanique soit l'éloge du multilatéralisme, on peut rappeler qu'en bien des circonstances le geste de dissidence s'est montré raisonnable. En 1936, au lieu de céder aux sirènes du débat multilatéral – la réunion anesthésiante du Conseil de la Société des Nations après le coup de force d'Hitler sur le Rhin –, la France eût été bien inspirée de répliquer, même seule, à la provocation nazie. En 1950, Robert Schuman se garda bien de soumettre son projet de Communauté européenne à la consultation préalable de ses pairs. Le multilatéral agaçait le général de Gaulle, qui refusa net la Force multilatérale nucléaire proposée par les Américains et laissa plusieurs fois vide la chaise française dans les instances européennes ou onusiennes. Plus tard, quel souvenir put garder la France de la Force multilatérale de stabilisation au Liban quand, début 1984, sans préavis ni consultation, nos alliés américain, britannique et italien décampèrent de Beyrouth, nous laissant seuls à patrouiller et compter nos morts ?

Il reste que le multilatéralisme correspond généralement à une forme plus polie, civilisée, des rapports humains, et qu'il constitue la colonne vertébrale de la Charte à travers la délibération collective.

Sur le plan économique, social, sociétal – celui où l'ONU était supposée produire des normes –, ne nous leurrons pas. L'Assemblée générale ne redeviendra pas le bouillant *think tank* qu'elle prétendait être au temps des confabulations sur le nouvel ordre économique international. Ce dessein est mort. L'économie de marché – les Chinois nous le confirment – a gagné. Les débats ont migré vers d'autres types d'enceintes (COP21, forum de Marrakech) à la composition plus ouverte, et qui font une large part aux ONG et aux procédures plus souples. Des recommandations y sont approuvées. On s'évertue à répéter qu'elles ne sont pas contraignantes. Le terme de norme est donc excessif. Mais cette modestie explique peut-être le relatif succès de ce nouveau type de conférences.

Sur un terrain plus opérationnel, il faut garder les enceintes, extérieures à l'ONU et de format restreint – donc peu démocratiques – que sont le G7 et le G20, mais tout en essayant de les libérer du péché d'arrogance, en développant des passerelles entre elles et l'ONU, et en invitant quelques dirigeants choisis du Tiers-Monde à ces rencontres, avec un compte-rendu aux Nations unies du pays les présidant. Et en supprimant l'anomalie qui consiste, pour des thuriféraires du multilatéralisme, à tenir à l'écart du G7 le pays même qui fait problème, et qu'il faudrait dissuader de glisser vers la Chine : la Russie.

Le maintien de la paix

La priorité, pour les Nations unies, reste toutefois de maintenir la paix et la sécurité internationales. Toute réflexion sur le multilatéralisme revient donc à se concentrer sur sa place au Conseil de sécurité. Il est quelque peu ridicule d'y plaider pour l'élargissement si notre tendance est à restreindre la concertation à cinq, à trois, à deux. Les membres non permanents sont tentés, devant l'attitude du P5, de constituer leur propre enceinte (forum des non-alignés). L'idée d'un dialogue entre puissances nucléaires, ou Occidentaux seuls, et non-alignés n'est pas la meilleure. Il est plus conforme à l'esprit de la Charte de considérer que les uns et les autres agissent au nom de tous les membres de l'Organisation, et non selon le mandat donné par tel ou tel groupe. La voix du Costa Rica compte tout autant que celle du Brésil ou de la Russie, et le représentant de la France doit tenir compte tout autant de l'opinion de l'Inde ou du Pérou que du jugement laborieusement élaboré dans une délibération européenne.

Hormis l'affirmation répétée de la retenue des puissances nucléaires vis-à-vis des pays qui ne le sont pas, il est impossible, au Conseil de sécurité, de rendre multilatérales les négociations sur le contrôle des armements, périodiquement reprises par les Russes et les Américains en dehors de toute enceinte onusienne. Le risque serait trop grand pour la France, attachée à l'indépendance de sa dissuasion, de voir Washington – et surtout Moscou – tenter de l'intégrer dans les calculs et les contraintes négociés.

Le droit pour chaque État de se retirer d'une instance des Nations unies, de se dégager d'un accord, doit être respecté. La pratique, courante aux États-Unis (retrait de l'UNESCO, de la Commission des droits de l'homme, refus du traité sur le droit de la mer, du traité d'interdiction des essais nucléaires, de la convention de Rome sur la justice pénale internationale…), est redoublée par l'administration Trump. Mais il est arrivé à la France de ne pas signer le Traité sur la non-prolifération des armes nucléaires (TNP) ou de refuser de contribuer au budget d'une opération de maintien de la paix, comme au Congo du temps d'Hammarskjöld. Raison de plus, en revanche, pour saisir toute occasion d'encourager les États-Unis, les Russes ou les Chinois, à faire du multilatéralisme.

Le bilatéralisme n'est pas du multilatéralisme, et les rencontres de Trump avec Chinois, Russes ou Nord-Coréens ne sont pas des consultations à plusieurs. Le dialogue éloigne cependant de la réflexion solitaire qui peut conduire, par exemple, aux décisions funestes de l'administration de George W. Bush. Les dialogues, s'additionnant, peuvent déboucher sur le multilatéralisme.

Reste enfin le barrage ultime contre l'unilatéralisme : la décision de recourir à la force. La Charte fait du Conseil de sécurité un organe moins producteur de normes (contre le terrorisme, la prolifération nucléaire, etc.) que responsable du maintien de la paix. 90 % des résolutions du Conseil lui sont consacrées, et les crises africaines, de la Guinée-Bissau à la Somalie en passant par le Libéria, le Sahel, la République centrafricaine, la République démocratique du Congo, continuent comme il y a dix ans d'accaparer les discussions.

S'il y a recours à un organe collectif, c'est que la Charte n'exclut pas le recours à la force, mais qu'il doit résulter d'une délibération à plusieurs, multilatérale. L'emploi des armes par un pays ou un groupe de pays, comme ce fut le cas pour les guerres contre l'ex-Yougoslavie ou l'Irak, sera jugé unilatéral, privé de légalité s'il n'est pas autorisé par le Conseil de sécurité. Si les Nations unies doivent préserver une pratique du multilatéralisme, que celle-ci s'applique d'abord, pour sauvegarder la paix par le droit, l'esprit, et l'essence même de l'ONU, au débat crucial et décisif sur l'emploi de la force.

A. D.

Pour en savoir plus

- B. Badie, « Les "G" et l'archipel de la gouvernance mondiale », *Après-demain*, n° 35, 2015.
- J. M. Hanhimaki, *The United Nations: A Very Short Introduction*, Oxford, Oxford University Press, 2008.
- J.-M. de la Sablière, *Le Conseil de sécurité des Nations unies. Ambitions et limites*, Bruxelles, Éditions Larcier, 2018.

Voir également la carte « Multilatéralisme : fondements et remises en question », p. 326-327 de cet ouvrage.

Le système commercial multilatéral sous pression

Vers le délitement ?

La création de l'Organisation mondiale du commerce (OMC) en 1995 a confirmé les principes du GATT, tout en institutionnalisant leur mise en œuvre. Le nouveau contexte économique – émergence de nouveaux acteurs, changement de la nature des échanges… – ainsi que la contestation du Mécanisme de règlement des différends ont conduit à la multiplication des accords hors-OMC, et à la contestation globale de cette dernière. C'est aujourd'hui le fondement même de l'ordre commercial multilatéral inventé dans l'après-guerre qui est remis en cause.

Aux origines

Lorsqu'il voit le jour en 1947, l'Accord général sur les tarifs douaniers et les droits de douane (GATT) vise à éviter le retour des dysfonctionnements de l'entre-deux-guerres, marqué par les dérapages protectionnistes. L'accord n'impose nullement le libre-échange (contrairement à ce qu'avancent certains détracteurs du système) ; il définit simplement les pratiques et instruments acceptables, et ceux qui ne le sont pas, pour jeter les bases d'un environnement stable et prévisible, seul à même de favoriser l'essor du commerce international. L'incertitude est en effet perçue comme une source majeure de réduction des échanges, ce que confirment de nombreuses études empiriques. Les droits de douane sont les seuls instruments autorisés, en ce qu'ils provoquent moins de distorsions dans les flux d'échanges que les contingentements par exemple ; les négociations porteront donc sur le niveau maximum de ces droits – c'est le principe de la consolidation.

La mise en place de l'OMC en 1995 ne remet pas ces principes en question, l'organisation étant chargée de garantir leur bonne application[1], de même que celle de nombreuses autres dispositions développées pour faciliter l'expansion des échanges de toute nature. Ainsi les règles sur le recours à l'*anti-dumping* ont-elles été précisées, de même que celles sur les subventions, alors que le champ

1. Selon le site de l'organisation, sa principale fonction est de favoriser autant que possible la bonne marche, la prévisibilité et la liberté des échanges.

réglementaire est élargi à la protection de la propriété intellectuelle, aux investissements et autres domaines proches du commerce mais non strictement commerciaux.

Au-delà de la mise en œuvre des engagements pris, l'OMC reçoit deux autres missions : servir de forum de négociation pour la définition ou l'adaptation des règles du jeu en matière commerciale, et offrir un mécanisme de règlement des différends entre États membres. Or, l'institution se trouve aujourd'hui bloquée dans chacune de ces missions, suite à la montée des divergences entre les États membres, et aussi – et peut-être surtout – parce que les mécanismes supposés veiller à la bonne marche du commerce international se sont rapidement révélés inopérants.

Les faiblesses du système mises à nu

La nature de la concurrence internationale a changé : non seulement parce que de nouveaux concurrents ont émergé, mais parce que les modalités des échanges internationaux ont profondément évolué (avec la montée en puissance des échanges de services, la fragmentation de la production, l'apparition du commerce électronique, etc.). Force est aussi de constater que le système présentait une faiblesse majeure, à savoir l'hypothèse (forte) que les systèmes économiques des pays membres allaient automatiquement converger. Or la convergence espérée ne s'est pas concrétisée, pas plus d'ailleurs que les promesses de gain censées découler du système. On ne s'étonnera donc pas que les attaques contre ce dernier se soient récemment multipliées.

Contre toute attente, celles-ci n'émanent pas seulement de pays insatisfaits de l'absence de prise en compte de leurs préoccupations de développement, mais aussi de pays traditionnellement jugés comme des défenseurs de l'ordre multilatéral, à savoir les États-Unis, qui, sous la présidence de Donald Trump ont eu de plus en plus fréquemment recours à des mesures unilatérales en contradiction flagrante tant avec la règle qu'avec l'esprit de l'OMC.

La réglementation des échanges au ralenti

Au bénéfice d'un consensus inespéré obtenu au lendemain des attentats du 11 septembre 2001, l'OMC avait pu lancer un nouveau cycle de négociations « sur le développement » (cycle de Doha). Cette belle unanimité a fait long feu, et les négociations, depuis l'échec retentissant de la conférence ministérielle de Cancún en 2003, sont en réalité quasiment au point mort.

L'Accord sur la facilitation des échanges, un exemple encourageant mais isolé

L'Accord sur la facilitation des échanges (dit AFE), dont les négociations avaient été formalisées lors de la conférence ministérielle de Bali en 2013, et qui est entré en vigueur en février 2017 après ratification des deux tiers des membres de l'OMC, est le premier accord commercial multilatéral conclu depuis la création de l'OMC et sous son égide. Cet AFE (ratifié au 14 mai 2019, par 143 pays, soit 87 % du total) a pour objectif d'accélérer les procédures administratives aux frontières, notamment en simplifiant et clarifiant les formalités douanières et les exigences en matière de transit. Il va donc permettre de dynamiser davantage le commerce international et l'économie mondiale, et de renforcer la transparence, tout en garantissant la sécurité des échanges transfrontaliers.

L'AFE devrait contribuer à améliorer la transparence, à renforcer les possibilités de participer aux chaînes de valeur mondiales, et à limiter les possibilités de corruption. L'accord comporte par ailleurs des dispositions relatives à l'assistance technique et au renforcement des capacités dans ce domaine, ce qui permettra à tous les pays d'en tirer avantage quel que soit leur niveau de développement. Enfin, un autre avantage de cet accord est qu'il introduit une flexibilité qui autorise les économies en développement à intégrer les engagements à leur rythme, en fonction de leur niveau de développement.

L'AFE n'a toutefois pas fait école. Sur nombre d'autres questions, aucun consensus n'a pu être obtenu pour que des négociations s'engagent entre tous les États membres. C'est pourquoi d'autres voies (plurilatérales ou bilatérales) sont aujourd'hui monnaie courante.

Le « plurilatéralisme » : un retour aux sources contesté

À défaut d'accord entre tous les États membres, le recours à des accords dits plurilatéraux, conclus sur des sujets précis par un nombre limité de pays partageant les mêmes positions, constitue probablement la manière la plus efficace de compléter les règles du jeu du commerce international. De tels accords ont en effet vocation à être ultérieurement « multilatéralisés » sur la base de la clause de la nation la plus favorisée, ce qui les rend compatibles avec la logique de l'OMC. La grande difficulté, dans le cadre de ces négociations, est de parvenir à susciter l'intérêt d'un grand nombre de pays sans pour autant réduire le niveau d'ambition.

En 1997, un accord a été conclu par 69 pays sur les services de télécommunication. Puis un autre, par 40 pays, sur l'exemption de tout droit de douane sur les échanges de produits de la technologie de l'information. Enfin, plus récemment, 70 États membres ont conclu un accord sur les services financiers, portant sur plus de 95 % du commerce dans le secteur bancaire, les secteurs de l'assurance, des valeurs mobilières et des informations financières.

À l'occasion de la 11e conférence ministérielle de Buenos Aires en novembre 2017, plusieurs groupes de pays ont décidé d'ouvrir des discussions sur divers sujets, notamment le commerce électronique, la facilitation de l'investissement, et les petites et moyennes entreprises.

En marge du Forum de Davos de janvier 2019, 76 États (dont la Chine) ont publié une déclaration conjointe[2] réitérant leur volonté d'entamer des négociations sur la régulation du commerce électronique dans le cadre de l'OMC. Comme l'expliquait le Directeur général de l'OMC Roberto Azevedo à Davos, « il est inacceptable qu'en 2018, l'OMC n'ait pas une conversation profonde et concrète sur un

2. Cette déclaration fait suite à une autre, qui avait conclu la dernière réunion ministérielle de l'OMC à Buenos Aires, en décembre 2017. 70 pays s'étaient alors déclarés favorables à l'ouverture de négociations sur le commerce électronique dans le cadre de l'OMC, malgré l'absence d'accord entre ses membres.

phénomène qui dirige l'économie mondiale d'aujourd'hui ». Il sera toutefois sans aucun doute très difficile de parvenir à un accord, compte tenu de l'hétérogénéité du groupe.

Par ailleurs, le recours à de tels accords passés entre un nombre limité de pays n'est pas du goût de ceux qui n'y participent pas et qui s'estiment marginalisés. S'érigeant en défenseur des intérêts des économies en développement, l'Inde a ainsi pris l'initiative de réunir les représentants de plus de 20 pays, en développement ou parmi les pays les moins avancés, afin de définir quelle réponse apporter à l'initiative d'accord plurilatéral sur le commerce électronique négocié à l'OMC (« déclaration de Delhi »).

Accords commerciaux préférentiels : une fausse bonne idée ?

En l'absence de progrès sur la voie multilatérale, une autre voie possible est celle du bilatéralisme, ou du régionalisme, à travers la négociation d'accords bilatéraux de libre-échange (ou de partenariat). De tels accords commerciaux préférentiels (ACP), qu'ils impliquent deux pays ou plus, sont aujourd'hui monnaie courante. À la fin 2018, selon l'OMC, 306 accords commerciaux préférentiels étaient en vigueur, et un certain nombre d'autres en négociation. Il s'agit, dans certains cas, d'accords ouverts, auxquels peuvent s'associer un plus grand nombre de pays une fois la négociation terminée, même si l'acceptation d'un texte pré-négocié n'est évidemment pas chose aisée.

Au nombre des ACP récemment négociés figurent des accords d'envergure : le Comprehensive and Progressive Trans-Pacific Partnership (CPTPP), regroupant 11 pays de part et d'autre du Pacifique, ou encore l'accord de partenariat économique Japon-Union européenne (APE). Dans les deux cas, il s'agit d'accords ambitieux qui, outre l'abaissement programmé des droits de douane, s'attaquent à des questions épineuses comme celle de la cohérence réglementaire. Des décalages réglementaires (concernant l'étiquetage des produits, les procédures de contrôle, ou encore les réglementations en matière de sécurité, pour ne citer que quelques exemples) peuvent en effet agir comme des barrières non tarifaires aux échanges, et l'objectif est de tendre vers un niveau minimum d'harmonisation.

Ces accords sont compatibles avec les dispositions de l'OMC, mais ils reflètent en général un degré d'engagement maximal sur les champs de libéralisation habituels, et vont souvent au-delà en couvrant également de nouveaux domaines, tels la politique de la concurrence, les marchés publics et les mouvements de capitaux. Ainsi, dans le cadre de l'APE, les entreprises européennes bénéficieront d'un accès aux marchés publics de 54 villes japonaises, au même titre que leurs concurrentes japonaises. De même, l'accord comporte diverses clauses concernant le droit du travail, la protection de l'environnement, le changement climatique, la protection de la propriété intellectuelle ou encore la protection des données.

Cette solution (bilatérale ou régionale) peut préfigurer le contenu des négociations commerciales à venir, et les accords les plus ambitieux pourraient désormais jouer le rôle de modèles. Si elle a le mérite de soutenir la dynamique de libéralisation (ou tout au moins de négociation sur des règles), cette approche bilatérale ou régionale présente divers inconvénients, notamment de favoriser la loi du plus fort lorsque le rapport de force est déséquilibré dans la négociation[3], et de déboucher dans tous les cas de figure sur un risque de confusion ou de fragmentation des règles (syndrome dit du plat de spaghettis).

L'Organe de règlement des différends : une réussite incontestable, désormais contestée

La mise en place d'un Organe de règlement des différends (ORD) constitue sans doute l'une des principales avancées ayant accompagné la mise en place de l'OMC. En outre, ce dispositif a rencontré un incontestable succès, les États membres n'hésitant pas à le saisir, indépendamment de leur niveau de développement ou encore de leur poids économique[4].

Entre la création de l'OMC au 1er janvier 1995 et le 31 décembre 2018, au total 573 demandes de consultations ont été communiquées aux membres de l'OMC. Sur ce total, 336 différends (soit presque 60 % des procédures engagées) ont donné lieu à l'établissement d'un groupe spécial, et 249 d'entre eux ont fait l'objet d'un rapport. Par la suite, 166 de ces différends ont fait l'objet d'un appel.

Si le mécanisme semble avoir très bien fonctionné depuis sa mise en place, l'importance qu'il a prise a fait naître des critiques, qui se sont focalisées sur l'organe d'appel (OA). Les États-Unis, en particulier, critiquent « l'activisme judiciaire » de cet organe, qui, à leurs yeux, aurait tendance, par sa jurisprudence, à interpréter la loi et pas seulement à l'appliquer, au point de remplacer le législateur dans son rôle et de créer de nouveaux droits ou principes. C'est pourquoi ils s'emploient depuis quelques années[5] à bloquer l'OA, en empêchant le remplacement des juges qui y siègent. Cet OA est composé de sept juges (nommés pour quatre ans à l'unanimité), qui doivent être au moins trois pour étudier un cas.

L'hostilité des États-Unis ne date pas de l'arrivée du président Trump. C'est sans doute la décision de l'OA de 2011, qui donnait raison à la Chine contre les États-Unis sur la question des entreprises d'État (jugées ne pouvoir être considérées comme des « organismes publics »), qui a suscité cette défiance des États-Unis à l'égard de ce dispositif. À ce jour, l'OA ne compte plus que trois juges, les États-Unis bloquant leur remplacement. D'ici fin 2019, il n'en restera plus qu'un, ce qui ne permettra plus au système de fonctionner alors que les conflits se multiplient.

À très court terme, c'est sur cette question de la nomination des juges de l'organe d'appel de l'ORD que les efforts devraient porter en priorité, car cela permettrait d'éviter l'effondrement du système.

---

3. L'insertion dans l'accord trilatéral États-Unis/Canada/Mexique d'une clause imposant aux pays partenaires de s'avertir avant d'entamer des négociations commerciales avec un pays n'ayant pas le statut d'économie de marché constitue un excellent exemple, dans la mesure où elle revient en réalité à conférer aux États-Unis un droit de regard sur ses deux plus faibles partenaires.
4. Au total plus de 100 pays ont participé à ce dispositif depuis sa création.
5. La première manœuvre de blocage date de 2011, sous l'administration Obama.

Une réforme de l'OMC est-elle possible ?

Au-delà des demi-mesures évoquées, qui permettraient au système commercial multilatéral de survivre tant bien que mal, c'est en réalité une réforme en profondeur de l'OMC qu'il faudrait envisager. Mais est-elle possible ?

Les bonnes volontés et les idées ne manquent apparemment pas. Dans le cadre de la Trilatérale, États-Unis, Japon et UE ont engagé une discussion sur les règles en matière de commerce et d'investissement, et avancé des propositions concrètes pour une meilleure exécution par les membres de l'OMC de leurs obligations de transparence (notifications de subventions en particulier). De son côté, l'UE a publié un *concept paper* en septembre 2018, dans lequel elle soumet un certain nombre de propositions sur le renforcement de la transparence et du processus de notifications, mais aussi sur la composition de l'organe d'appel de l'ORD. À peu près au même moment, le Canada a produit un *Livre blanc* sur la réforme de l'OMC ; puis, à l'occasion du Forum de Davos en janvier 2019, Ottawa a pris l'initiative de réunir un petit groupe de pays partageant les mêmes préoccupations afin d'envisager des solutions au problème de l'organe d'appel de l'ORD, mais aussi sur la réorganisation de la fonction de négociation de l'OMC. Des avancées pourraient intervenir à l'occasion du sommet du G20 prévu en juin au Japon ; rien n'est moins sûr pourtant, les positions des deux grands acteurs que sont les États-Unis et la Chine demeurant extraordinairement éloignées.

En réalité, ce sont les fondements mêmes de l'ordre commercial multilatéral tel qu'il a été défini au lendemain de la Seconde Guerre mondiale qui sont remis en cause. Le défi, pour l'OMC, est de prendre en compte la nature bien plus diverse, multipolaire et complexe, du monde de 2019 – par opposition à celui de 1944. Les différences (ou les interprétations) entre pays sont aujourd'hui criantes : ainsi l'interdiction du recours aux subventions, aux restrictions aux investissements, ou encore aux critères de performance apparaît inacceptable dans les économies pratiquant une politique industrielle, mais tout à fait normale dans les économies libérales.

Les tensions actuelles rappellent à bien des égards celles des années 1980, lorsque s'opposaient les économies occidentales (États-Unis et Communauté européenne à l'époque) d'une part, et le Japon d'autre part, autour de ce que l'on appelait les « obstacles structurels aux échanges ». Avec la Chine, toutefois, l'enjeu est aujourd'hui d'une tout autre ampleur qu'avec le Japon. Et les divergences de vue entre l'UE, le Japon et les États-Unis rendent la tâche encore plus compliquée.

F. N.

Pour en savoir plus

- « Globalization 4.0: Shaping a New Global Architecture in the Age of the Fourth Industrial Revolution », World Economic Forum, 2 avril 2019.
- J. Caporal et D. Gerstel, « WTO Reform: The Beginning of the End or the End of the Beginning? », Center for Strategic and International Studies, 23 octobre 2018.
- D. Rodrik, « Peaceful Coexistence 2.0 », Project Syndicate, 10 avril 2019.

Le multilatéralisme au secours des biens publics mondiaux

Mobiliser tous les acteurs

La protection de l'environnement, à travers le climat et la biodiversité, est devenue un enjeu international et des politiques intérieures. Une action concertée à l'échelle mondiale s'impose comme étant la plus efficace, la plus juste et la moins coûteuse, mais les efforts demeurent jusqu'ici largement insuffisants. Miser sur le multilatéralisme, c'est aussi nourrir une prise de conscience, et associer les acteurs non étatiques à un changement profond des modes de production et d'organisation des sociétés.

Dérivée des travaux de l'économiste Paul Samuelson, la notion de biens publics mondiaux se réfère aux biens, services ou ressources accessibles par tous à l'échelle de la planète. Dans leur forme dite *pure*, ils respectent deux critères : celui de la non-rivalité, qui suppose que la consommation par un agent ne vienne pas réduire les volumes disponibles pour les autres, et celui de la non-exclusivité, qui renvoie à l'impossibilité d'exclure quiconque de la consommation de ces biens.

En raison de leurs spécificités, les biens publics ne sont pas produits de manière optimale dans un contexte de fonctionnement libre du marché. En effet, chaque agent est incité à adopter un comportement de passager clandestin, et à compter sur les autres pour déployer les efforts nécessaires à une situation harmonieuse. À défaut d'intervention publique, la somme des rationalités individuelles conduit à l'attentisme généralisé, et donc à une faillite collective.

Les biens publics environnementaux

Avec la globalisation de l'économie, l'impact transnational des activités humaines s'est accentué, et les biens publics mondiaux, environnementaux en particulier, sont plus que jamais menacés. Les émissions de gaz à effet de serre d'origine humaine augmentent depuis la première révolution industrielle, et cette tendance s'accélère dangereusement depuis 40 ans. La croissance économique et l'explosion démographique tirent à la hausse la consommation d'énergie fossile, dont la combustion est la principale cause des émissions de CO_2, et ces deux déterminants pèsent davantage que les efforts déployés pour améliorer l'efficacité énergétique et mettre en place des moyens de production décarbonés, comme les énergies renouvelables et le nucléaire.

Si l'érosion de la biodiversité ne suscite pas encore le même niveau d'attention médiatique que le réchauffement climatique, elle est tout aussi préoccupante. En mai 2019, la Plateforme intergouvernementale scientifique et politique sur la biodiversité et les services écosystémiques (IPBES) a, pour la première fois, publié une évaluation exhaustive du déclin de la diversité biologique, lequel se produit à un rythme sans précédent et est principalement causé par le changement d'usage des terres et de la mer, l'exploitation directe de certains organismes vivants, le changement climatique, la pollution, et la prolifération des espèces exotiques invasives.

Ces dérèglements environnementaux ne connaissent pas de frontières, et une action localisée serait sans effet sur les dynamiques mondiales. Rappelons notamment que l'Union européenne (UE) ne représente que 10 % des émissions mondiales de gaz à effet de serre. En outre, un engagement universel apporte non seulement la garantie d'un partage de l'effort, ainsi que l'absence de biais dans la compétition économique internationale, mais aussi l'espoir qu'une mutualisation des moyens, de recherche et développement notamment, accélère la mise à disposition de solutions respectueuses de l'environnement. C'est par exemple en grande partie grâce aux investissements de la Chine dans l'industrie photovoltaïque que le coût des modules a pu être réduit de plus de 80 % entre 2010 et 2018, facilitant la généralisation de cette technologie dans le secteur électrique, y compris dans les pays en développement.

Défis environnementaux : le pari d'une réponse internationale concertée

En matière environnementale, le Protocole de Montréal apporte la preuve du bien-fondé de l'approche multilatérale. En écho à un certain nombre de publications scientifiques pointant la nocivité des chlorofluorocarbones (CFC) pour la couche d'ozone, le Programme des Nations unies pour l'environnement (PNUE) ouvre un processus de négociation en 1981. Conforté par les travaux de l'Institut Godard de l'Agence spatiale américaine et la découverte d'un « trou » au-dessus de l'Antarctique, ce processus aboutit à l'adoption du Protocole en 1987. Ses 197 parties mettent en application leurs engagements, si bien que 99 % des CFC sont éliminés. La reconstitution de la couche d'ozone est aujourd'hui en bonne voie, même s'il faudra attendre encore plusieurs décennies avant une rémission complète.

À l'heure où le multilatéralisme est malmené, le Protocole de Montréal conserve une grande vitalité, comme en témoigne l'adoption de l'amendement de Kigali fin 2016. Les CFC ont certes disparu, mais ils ont été prioritairement remplacés par les hydrofluorocarbures (HFC), qui ne dégradent pas la couche d'ozone mais dont la contribution au réchauffement climatique est plus de 10 000 fois supérieure à celle du CO_2. Pour prévenir un boom des émissions de HFC, notamment du fait de la hausse des besoins en systèmes de refroidissement et de climatisation dans les pays émergents, le Protocole de Montréal a été amendé. Les nouvelles dispositions prévoient une réduction de la production de HFC de 80 % sur les trente prochaines années, ce qui permettrait d'éviter 0,5 °C de réchauffement supplémentaire à l'horizon 2050, tout en préservant la couche d'ozone.

Son caractère ciblé et l'existence de solutions alternatives à un coût abordable sont les deux principales raisons mises en avant pour expliquer le succès du Protocole de Montréal. La vigilance reste toutefois de mise, car une étude parue en mai 2019 a pointé une recrudescence des émissions de CFC en provenance de l'est de la Chine. Sous la pression de ses partenaires, le gouvernement chinois devrait prochainement lancer une enquête et prendre de nouvelles mesures pour éradiquer la production illégale de CFC sur son territoire.

Réchauffement climatique et diversité biologique

Le défi du réchauffement climatique est plus complexe à traiter dans le cadre multilatéral, car ses implications sont bien plus larges. Pour contenir l'élévation des températures moyennes à la surface de la terre à 2 °C, il faudrait intégrer la contrainte climatique à tous les niveaux de prise de décision, et changer radicalement le modèle économique dominant. Alors que les émissions mondiales de CO_2 ont encore augmenté de 1,7 % en 2018, le Groupe d'experts intergouvernemental sur l'évolution du climat (GIEC) préconise une baisse de 20 % d'ici 2030, et un objectif de zéro émission nette en 2050.

Le message est du même ordre en ce qui concerne la biodiversité. Pour s'inscrire dans un scénario de « durabilité globale », les auteurs du rapport IPBES appellent à un « changement radical à l'échelle d'un système, qui prend en considération les facteurs technologiques, économiques et sociaux, y compris en termes de paradigmes, objectifs et valeurs ». En bref, des mutations socio-économiques profondes doivent être mises en œuvre pour éviter un effondrement écologique.

Le Sommet de la Terre, qui s'est tenu à Rio de Janeiro en 1992, a permis de poser les bases d'une coopération internationale renforcée sur ces deux sujets, avec l'adoption d'une Convention sur la diversité biologique (CDB) et d'une Convention-cadre des Nations unies sur les changements climatiques (CCNUCC). Chacune a ensuite été déclinée en engagements de moyen terme, avec comme dernières grandes étapes l'adoption des Objectifs d'Aichi pour la biodiversité en octobre 2010, et de l'accord de Paris sur le climat en décembre 2015.

Dans les deux cas, les cadres d'action sont bien en place pour infléchir les tendances actuelles et contenir le danger, mais les efforts de mise en œuvre restent largement insuffisants. En l'état, et à la condition qu'elles soient pleinement mises en œuvre, les 183 contributions nationales remises dans le cadre de l'accord de Paris nous placent sur une trajectoire de réchauffement d'environ + 3 °C par rapport aux niveaux préindustriels, bien au-delà des préconisations du GIEC.

Les Objectifs d'Aichi pour 2020 sont plus difficilement quantifiables : ils incluent la prise de conscience de la valeur de la diversité biologique, la gestion des stocks de poissons et des zones agricoles de manière durable, ou encore la mise en œuvre de plans d'action nationaux efficaces. Le rapport fourni par l'IPBES en mai 2019 dresse toutefois un bilan négatif, ne pointant aucun signe de ralentissement du déclin de la biodiversité à l'horizon 2020.

Quelle stratégie de négociation pour quelle gouvernance internationale ?

Sur le plan théorique, l'approche multilatérale s'impose comme la plus pertinente, mais la question du partage de l'effort reste au cœur des polémiques, et l'absence de consensus empêche une réaction rapide et proportionnée. L'accord de Paris sur le climat avait pour premier défi de viser l'universalité et d'engager pays développés et émergents dans les efforts de réduction de gaz à effet serre, sachant que le Protocole de Kyoto ne couvrait plus que 12 % des émissions mondiales.

Laissant chaque pays libre de définir sa propre conception du principe de responsabilité commune mais différenciée, l'accord de Paris repose sur un système de contributions nationales devant converger progressivement vers une trajectoire d'émissions globales cohérente avec le seuil de 2 °C, voire 1,5 °C. La contrainte juridique porte avant tout sur le respect des règles de transparence et l'actualisation des contributions tous les cinq ans. En revanche, le niveau d'ambition de chaque pays et la crédibilité des mesures associées ne font l'objet d'aucune discussion formelle, au nom du respect de la souveraineté nationale.

Paris : un bilan mitigé

Souplesse et progressivité auraient pu créer un cercle vertueux. S'engageant de façon irréversible pour la protection du climat, les gouvernements pouvaient envoyer un signal fort aux acteurs économiques. Si un renforcement des réglementations environnementales devenait enfin le scénario le plus crédible, alors les investisseurs seraient naturellement incités à réorienter leurs financements vers les solutions bas-carbone, pour ne pas avoir à supporter ultérieurement des coûts échoués. Force est néanmoins de constater que ce choc de confiance ne s'est pas produit. À titre d'exemple, encore 140-250 GW de capacités de production d'électricité charbon sont en construction dans le monde, soit *a minima* l'équivalent de toutes les capacités installées dans l'UE. En dépit d'un rappel constant de l'urgence à agir, la révision à la hausse des contributions nationales se fait toujours attendre.

Certes, la décision du président Trump d'organiser le retrait des États-Unis de l'accord de Paris n'a pas suscité d'effet domino, et nul autre pays n'a choisi la voie d'un désengagement formel. Pour autant, le scénario qui gagne aujourd'hui en crédibilité est bien celui d'une autorisation implicite à un relâchement des efforts. Si le premier contributeur historique au réchauffement climatique renonce à toute contrainte climatique, les éventuels manquements des autres parties deviennent difficilement condamnables ou, du moins, ils ne sauraient conduire à leur isolement diplomatique. En outre, la guerre commerciale à laquelle se livrent les États-Unis nourrit les inquiétudes sur la sécurité énergétique, et favorise donc le recours au charbon, qui reste une ressource domestique abondante pour de nombreux pays émergents.

L'approche dite *bottom-up*, fondée sur des contributions libres, permet bien de dépasser le clivage Nord-Sud et d'enclencher une mobilisation quasi universelle, mais il ne peut y avoir de renforcement constant des ambitions sans que certains pays ou régions ne jouent un rôle moteur et nouent des alliances pro-climat. À ce titre, il faut rappeler que le sommet Obama/Xi Jinping de novembre 2014 avait permis un rapprochement stratégique entre la Chine et les États-Unis sur la question climatique, et ouvert la voie à un accord lors de la COP21 sous présidence française. Les États-Unis se plaçant en retrait, voire s'engageant dans des stratégies d'obstruction aux négociations, aux côtés de l'Arabie Saoudite et de la Russie, il ne reste que l'UE pour assumer le leadership climatique et tenter de nourrir la dynamique internationale.

Dépasser l'accord de Paris

Les appels à l'unité, ou l'organisation de forums dédiés comme le One Planet Summit, sont une première étape mais l'UE doit désormais annoncer une révision à la hausse de l'objectif de baisse de ses émissions de - 40 % à l'horizon 2030, pour ensuite tenter d'élargir la « coalition pour une ambition forte » qui, aujourd'hui, comprend moins d'une trentaine de pays, principalement européens. De nombreuses voix se font également entendre pour réclamer une approche plus offensive de la part de l'UE, qui pourrait alors conditionner les accords de libre-échange à la mise en place d'engagements climatiques ambitieux, voire mettre en place une taxe carbone aux frontières. À ce jour, les États membres restent très divisés sur ces questions, craignant notamment qu'un filtrage du contenu carbone des importations ne renforce encore les tensions commerciales, et finalement ne nuise à la bonne marche des négociations climatiques internationales.

La difficulté à entretenir la mobilisation pour le climat pose également la question du modèle de gouvernance internationale à mettre en place pour la biodiversité en 2020, lorsque les Objectifs d'Aichi arriveront à échéance. En préparation de la COP15, qui aura lieu à Kunming, en Chine, à l'automne 2020, différentes options sont à l'étude, dont celle de reproduire la structure de l'accord de Paris en s'appuyant sur des contributions nationales, et en liant ces dernières à un ou plusieurs objectifs globaux quantifiables, vérifiables et facilement compréhensibles, à l'image du plafond des + 2 °C. Il pourrait s'agir par exemple d'un engagement à dédier 50 % de la surface de la planète aux zones naturelles protégées, alors que seulement 15 % des terres et 8 % des océans sont aujourd'hui couverts par des réserves naturelles.

D'autres plaident pour la recherche de synergies entre les différents processus de négociations internationales et, à terme, pour la conclusion d'un pacte mondial pour la nature, dans la mesure où la vitalité des écosystèmes conditionne la stabilité du climat et *vice versa*. Une telle approche conduit à promouvoir les solutions « fondées sur la nature » (*nature-based solutions*), qui s'appuient sur la préservation des écosystèmes pour accroître l'absorption du CO_2 et renforcer la résilience des territoires face aux risques naturels. Travaillant en ce sens, les hôtes chiliens de la prochaine COP25 sur le climat entendent faire de la réunion de novembre 2019 une « COP bleue », en mettant l'accent sur la lutte contre le réchauffement, l'acidification et la désoxygénation des océans.

S'appuyer sur les instances multilatérales pour mobiliser les acteurs non étatiques

La lenteur des négociations internationales et l'enchaînement des sommets de la dernière chance conduisent à une forme de lassitude, voire de rejet dans l'opinion publique. Il faut bien admettre qu'aucune grande conférence ne suffira à sauver le climat et la biodiversité, mais ces différents forums permettent une inscription régulière des biens publics environnementaux dans l'agenda international. Ils offrent la possibilité de focaliser l'attention sur ces enjeux de long terme, de rappeler les gouvernements à leurs engagements passés, et de dénoncer tout décalage entre les discours officiels et les efforts déployés sur le plan interne.

Aujourd'hui, le succès d'une COP se juge autant à ses conclusions formelles qu'à sa capacité à mobiliser un large spectre d'acteurs en dehors de l'enceinte des négociations. Les États, les territoires, les villes, les investisseurs, les entreprises, les ONG forment à cette occasion de nouvelles coalitions et s'engagent collectivement dans une démarche respectueuse de l'environnement. On peut notamment citer l'initiative RE100, qui rassemble de grandes entreprises ayant décidé de couvrir l'intégralité de leurs besoins en électricité par des énergies renouvelables, l'Alliance des villes neutres en carbone qui cible une réduction des émissions de gaz à effet de serre de plus de 80 % d'ici 2050 dans les grandes métropoles, ou encore la Coalition climat des investisseurs globaux qui entend écarter les projets d'investissement jugés incompatibles avec les objectifs de l'accord de Paris.

La diversité des thèmes abordés permet d'impulser un changement général, et surtout d'impliquer le plus grand nombre d'acteurs sans attendre que des prescriptions soient données par les gouvernements. En ce sens, la mobilisation des acteurs non étatiques complète et facilite les négociations internationales, parce qu'elle permet de montrer que des solutions existent, que des bonnes pratiques peuvent être généralisées, et que les différentes composantes de nos sociétés sont prêtes à envisager des changements profonds. Ces acteurs non étatiques sont largement dénigrés par les États autoritaires, qui sont eux-mêmes très peu engagés sur les questions environnementales et freinent les négociations internationales. La multiplication des alliances transnationales vient alors en appui du cadre multilatéral, certes fragilisé mais qui reste notre meilleure chance d'asseoir la prise de conscience et de renforcer les ambitions environnementales.

C. M.

Pour en savoir plus

- E. Dinerstein *et al.*, « A Global Deal for Nature: Guiding Principles, Milestones and Targets », *Science Advances*, vol. 5, n° 4, 19 avril 2019.
- Plateforme intergouvernementale scientifique et politique sur la biodiversité et les services écosystémiques, *Summary for Policy Makers of the Global Assessment Report on Biodiversity and Ecosystem Services*, 6 mai 2019.
- International Panel on Climate Change, *Special Report on the Impacts of Global Warming of 1.5 °C*, 8 octobre 2018.

La diplomatie des clubs

Un important avatar du multilatéralisme

À un moment où l'idée même de multilatéralisme semble remise en cause, la diplomatie des groupes semble bien vivante. Elle est très diversifiée, dans la nature même des groupes, dans leurs objectifs, et dans leur efficacité. Mais elle constitue un élément essentiel des dialogues internationaux, affirmant la prééminence de la négociation, l'intérêt de la *soft law*, et initiant parfois d'importants accords formels.

Le multilatéralisme est en panne, sinon en crise. Parallèlement cependant, continuent à fonctionner voire se constituent de multiples groupes informels regroupant un nombre variable d'États participants. Moins visibles que les grandes conférences d'antan, ils ne débouchent pas sur ces conventions à vocation universelle qui structurent les relations internationales. Même lorsque de telles conventions surviennent, tel l'accord de Paris sur le climat ou les conventions déjà plus anciennes sur les mines antipersonnel ou les armes à fragmentation, elles sont plus déclaratoires qu'opérationnelles et sont loin d'atteindre l'universalité. La mondialisation, fortement médiatisée ces deux dernières décennies, n'a pas trouvé son mode de gouvernance. La dérégulation qu'elle impliquait a plutôt entraîné son propre reflux.

La survivance, voire la dynamique de ces groupes informels, dont le G5, le G7 ou le G20 sont les exemples les plus connus, apparaît-elle dès lors comme un substitut de la gouvernance, cet « archipel de la gouvernance » dont parlait Alain Dejammet, ou comme son résidu, ou encore comme l'indice d'une renaissance future du multilatéralisme ? Leurs significations diplomatiques sont ouvertes. On y trouve en effet plusieurs catégories assez différentes. Au-delà de leur sens général, elles reflètent la complexité voire les contradictions des rapports internationaux. Certains groupes reposent sur la recherche d'un consensus aussi large que possible et sont ouverts sur l'extérieur. D'autres expriment sinon une position conflictuelle à l'égard d'États non participants, du moins un unilatéralisme collectif fondé sur les dissensions et mû par la méfiance à leur égard.

Une pléiade hétérogène

Grossièrement, on distingue deux grands types de ces groupes informels : ceux qui sont liés à un traité préexistant dans le cadre duquel ils fonctionnent, ou d'une institution internationale qu'ils contribuent à animer ; ceux qui sont pleinement autonomes et n'existent que par eux-mêmes. Dans la première catégorie, le Groupe des 77 – créé dans le contexte de la Conférence des Nations unies sur le commerce et le développement (CNUCED) dans les années 1960, où l'on pensait que le droit du développement allait réguler l'économie mondiale et que les pays récemment décolonisés en seraient les artisans et bénéficiaires – constituait une sorte de lobby international soutenant les revendications économiques des pays non-alignés. On compte aussi dans cette catégorie les différents cénacles de concertation interétatique sur les risques de prolifération nucléaire, facilitant la mise en œuvre du Traité sur la non-prolifération des armes nucléaires (TNP), dont un modèle est le Groupe de Londres sur les exportations nucléaires.

Au nombre des clubs existant par eux-mêmes, sans support institutionnel ou référence conventionnelle, sont apparus successivement plusieurs groupes à visée régulatrice universelle : tout d'abord le G5, dont la création visait au départ à répliquer à l'existence du G77 en rassemblant les principaux pays développés, tous occidentaux. Il a ensuite évolué en G6, en G7 puis en G8 avec la Russie avant de redevenir G7 du fait de l'exclusion de ce pays. Enfin a été créé le G20, qui aspire à être plus représentatif de la diversité mondiale, économique, géographique, politique et culturelle. Le G20 coexiste avec le G7 et n'en est pas une simple extension, du fait de l'hétérogénéité plus forte de ses membres.

À côté de ces groupes qui se préoccupent des affaires du monde et tendent à élargir sans cesse leurs domaines de discussion, de nombreux autres existent, autonomes et d'un caractère tout différent. Ils sont plus limités dans leurs objets, et à composition plus ciblée autour de ces objets. Ainsi, l'arrangement de Wassenaar[1], dans le domaine de la prolifération des armements. La prévention de la prolifération est au demeurant un domaine d'élection de tels groupes techniques, sélectifs puisqu'ils supposent une capacité particulière au sein de leurs membres. Il en est cependant d'autres qui recherchent une participation plus large – ainsi l'Initiative de sécurité contre la prolifération (PSI)[2], ou l'Initiative sur la sécurité des conteneurs (CSI)[3], visant à la surveillance des conteneurs maritimes. Il s'agit alors de regrouper ceux qui partagent un même objectif sécuritaire. Toujours dans le domaine de la sécurité, un autre G5 a vu le jour : le G5-Sahel destiné à lutter contre le terrorisme dans l'espace concerné.

Le poids des États

On le voit, ces groupes s'adaptent autant à la réalité dynamique des relations internationales qu'ils cherchent à l'encadrer. Ils reposent souvent sur des initiatives étatiques, dans la logique bien connue des États qui préfèrent les coalitions aux institutions. Ce n'est pas toujours le cas : le G5 a au départ résulté d'une proposition du président Giscard d'Estaing, et c'est la France qui a suscité le G5-Sahel dans l'espace de l'Afrique francophone. Mais à la différence de certaines conceptions de la gouvernance aux beaux jours de l'après-guerre froide, les groupes informels restent fondamentalement interétatiques. La part qui est faite, en leur sein ou à leur côté, aux sociétés civiles et à leurs représentants choisis,

1. Arrangement de Wassenaar sur le contrôle des exportations d'armes conventionnelles et de biens et technologies à double usage, 1996. Ce programme de coopération internationale cherche à enrayer le trafic d'armes de destruction massive, de leurs vecteurs et des matériels connexes.
2. Initiative américaine regroupant une centaine d'États en 2012, comportant notamment des exercices communs en mer, sur la base d'une *Déclaration des principes d'interdiction* adoptée en 2003.
3. Programme lancé en janvier 2002 par les États-Unis, suite aux attentats du 11 septembre 2001. Une cinquantaine de ports dans le monde y participe.

reste limitée. Certains sont fortement médiatisés, à la mesure de la participation d'entités non gouvernementales ; d'autres sont plus discrets, sans pour autant être moins efficaces.

Leur cohésion interne est tout aussi variée. Elle est fonction de la convergence objective de leurs intérêts, et de l'existence ou non d'un fédérateur en mesure de convaincre, sinon de contraindre, à des accords en leur sein. Elle peut reposer sur des réunions périodiques, voire une certaine permanence administrative – elle doit même l'impliquer. À défaut, il ne s'agit que de coalitions limitées dans le temps et en fonction d'un but particulier : ainsi les coalitions militaires rassemblées au cours des dernières décennies par les États-Unis. S'il n'existe pas dans leur fonctionnement un leader plus ou moins informel, de tels groupes sont voués à stagner voire à péricliter. Ainsi le Groupe des 77, extrêmement hétérogène, a beaucoup perdu de son aura. Dans sa posture revendicatrice à l'égard des pays dominants, il a d'une certaine manière été remplacé par les BRICS ; ce dernier, également sans leadership ni *affectio societatis*, est à son tour déclinant.

Ces quelques exemples ne rendent pas raison de la diversité et de la complexité de ces groupes informels, et ne permettent pas de prévoir leur avenir : formule transitoire, essais pouvant déboucher sur des institutions, générer des normes durables, périr par leur métamorphose à l'instar de la Conférence pour la sécurité et la coopération en Europe (CSCE) devenue l'Organisation pour la sécurité et la coopération en Europe (OSCE), nouveaux instruments caméléon à la disposition de la société internationale… Quels sont leurs atouts, quelles sont les caractéristiques communes qui expriment leur multiplication actuelle ? Ces critères permettent de mesurer leur utilité, surtout pour ceux d'entre eux qui sont indépendants de tout institution ou traité existant. Pour les autres en effet, ils ne sont que des éléments de leur mise en œuvre, relevant du régime qu'ils établissent, de l'ensemble de pratiques, de mesures d'interprétation ou d'application, tels que les produit la coopération informelle des parties qui conduit à adopter des *Memorandum of understanding* – annexes techniques aux traités, précisant certains points, et pouvant être actualisées plus aisément que les traités eux-mêmes.

Atouts et caractéristiques

Sans qu'il soit ici besoin de s'interroger sur les raisons du déclin du multilatéralisme qui rythmait la vie internationale depuis la Seconde Guerre mondiale, on peut observer que son reflux n'est ni récent ni lié à un État ou à un gouvernement en particulier. Sans doute les États-Unis ont-ils été de plus en plus réticents à son égard, et le mouvement a commencé le 15 août 1971 avec la sortie des accords de Bretton Woods sur le système monétaire international, suivie par la dérégulation du transport aérien quelques années plus tard. Leur refus de participer à de grandes conventions ultérieures – Montego Bay (sur le droit de la mer) ou le Statut de Rome (instituant la Cour pénale internationale) – n'en a pas moins été imité par d'autres grandes puissances, et l'unilatéralisme a tendu à devenir le grand ressort des relations internationales. Même l'accord de Paris sur le climat n'est guère plus qu'une série d'engagements unilatéraux. Les grands États répugnent de plus en plus à s'engager dans de lourdes machines où leur importance propre est amoindrie, et où leur influence risque de se diluer.

Les groupes informels, larges ou restreints, évitent nombre de défauts, ou de contraintes ressenties par les États lorsqu'ils sont juridiquement liés et comme enfermés dans le carcan des procédures. C'est ainsi qu'ils n'ont pas à être soumis à des parlements nationaux et plus largement à des mécanismes internes d'approbation ou susceptibles d'être contrôlés par des juridictions. Être informel comporte certes des inconvénients, mais aussi quelques avantages. Ces groupes peuvent ainsi être sélectifs dans leur composition, fluides dans leur fonctionnement comme dans leur évolution, diversifiés quant aux origines et aux spécialités des négociateurs qui interviennent dans leur cadre. Les documents qui résultent de leurs travaux sont en principe adoptés dans des conditions qui laissent une grande latitude à tous les partenaires, sans que cela ne nuise à leur efficacité. On peut décliner ces diverses caractéristiques, qui constituent autant d'atouts.

Absence de formalisme

L'absence de formalisme est un premier élément qui permet de constituer ces groupes de façon simplifiée, sans recourir aux procédures complexes des créations de conférences, disposant d'un mandat de négociation précis avec l'ambition générale de parvenir à un traité international en bonne et due forme, et appelé à devenir juridiquement obligatoire. Il suffit ici d'avoir un ordre du jour. C'est en quelque sorte une diplomatie *soft*, qui va au-delà des simples consultations ou échanges de vues. Elle suppose des échanges collectifs précis sur des sujets donnés, définis d'un commun accord, mais sans mandat de négociation et qui ne se concluent pas nécessairement par des engagements pour les participants. Ce mode de concertation s'inscrit dans la gamme indéfinie des modes de négociation, pain quotidien de la diplomatie.

Sélectivité

La sélectivité est un caractère essentiel de ces groupes, et un atout pour leur efficacité. Là où les conférences interétatiques multilatérales classiques, régionales ou universelles, imposent la participation d'un nombre déterminé d'États auxquels on ne peut refuser l'accès, la susceptibilité de tous devant être ménagée au nom de leur égalité juridique, les groupes informels définissent eux-mêmes leur composition, par un mécanisme d'auto-élection. Personne n'a nommé les membres du G7 ou du G20 par exemple, ils se sont constitués par cooptation. Ces membres se considèrent les mieux à même de traiter de certaines questions, même s'ils ne sont pas les seuls concernés par elles, mais aucun État extérieur ne peut mettre en cause la composition du groupe, qui ne dépend que d'eux-mêmes.

À cet égard on peut distinguer plusieurs catégories : les groupes avant tout tournés vers eux-mêmes, qui établissent entre leurs membres une coopération préférentielle, du type G5-Sahel où il s'agit de se coordonner pour lutter contre le terrorisme islamique ; les groupes qui sont implicitement dirigés vers l'extérieur et écartent volontairement d'autres États – ainsi la PSI, animée par les États-Unis et tournée contre le terrorisme et la prolifération des armes de destruction massive, n'inclut pas la Chine mais la Russie, initialement absente, y participe désormais – ; ceux qui ont vocation à s'intéresser à tout et à prendre des positions pour le monde entier, type G7 ou G20, prétention qui irrite parfois ceux qui n'en font pas partie ; enfin les groupes constitués *ad hoc*, pour une négociation particulière, au nombre desquels on peut mentionner : le Quartet chargé du problème israélo-palestinien, le P5+1 constitué pour négocier avec l'Iran sur la question nucléaire, ou encore le Format Normandie pour traiter du règlement de la situation en Ukraine.

À la sélectivité se rattache la reconnaissance implicite d'une inégalité de fait entre États, en principe rejetée par le droit international. Cette inégalité est à double détente : d'un côté inégalité entre ceux qui sont appelés à composer ces groupes et les autres, de l'autre inégalité intériorisée au profit des États les plus puissants, qui se considèrent comme les animateurs, les leaders naturels de ces ensembles. C'est souvent le cas des États-Unis qui, dans le cadre de la PSI ou de la CSI, sont en mesure d'imposer leurs priorités et leurs méthodes aux autres. Ainsi se trouve rétablie en pratique une hiérarchie dans les relations internationales, ce type de coopération en étant une manifestation et un instrument.

Fluidité

La fluidité constitue un autre atout. En d'autres termes, la composition comme les finalités de ces groupes peuvent évoluer sans qu'il soit besoin de modifications formelles, de sorte que l'on rejoint ici l'absence de formalisme. C'est ainsi que le G5 a pu devenir G8 puis redevenir G7 après l'exclusion de la Russie sans pour autant passer par des procédures contraignantes. Il en est de même pour les objets dont il discute. Le président Mitterrand était par exemple opposé à ce que les questions de sécurité soient discutées au sein du G7, estimant qu'il ne fallait pas porter atteinte à la priorité du Conseil de sécurité. La position américaine était tout autre, et en définitive, elle l'a emporté. Désormais le G20 est aussi en mesure de considérer la situation internationale dans son ensemble et se superpose tant à l'Assemblée générale des Nations unies que, dans une certaine mesure, au Conseil de sécurité.

Diversification

La diversification est une autre caractéristique, qui présente plusieurs aspects. Tout d'abord la diversification concerne les personnes qui prennent part aux discussions de ces groupes. À côté des diplomates professionnels, on peut y rencontrer des experts spécialisés dans des disciplines techniques, selon les objets en cause, ce qui correspond à un processus général de bureaucratisation des relations internationales. Mais ils font partie de délégations étatiques, ce qui n'est pas le cas des organisations non gouvernementales (ONG) qui tentent souvent de suivre certains de ces groupes. Le G20 est ainsi accompagné d'un T20 qui rassemble des *think tanks*, lesquels sont souvent des ONG sans le nom. Plus généralement, les lobbies ne sont pas non plus indifférents à l'activité de ces groupes. Les jeunes tentent même leur chance, avec les Youth 20, qui organisent leurs propres sommets.

La diversification se trouve encore avec la visibilité différenciée de ces groupes : G7 et G20, qui se réunissent au niveau ministériel voire rassemblent les chefs d'État et de gouvernement, sont fortement médiatisés. Lors de leurs réunions annuelles, les pays organisateurs assurent la publicité de l'événement, très suivi par la presse internationale autant que par différents mouvements d'opinion, tels les altermondialistes qui dénoncent les clubs aristocratiques d'États autodésignés ayant la prétention de gérer la planète. En revanche, nombre de groupes techniques fonctionnent dans la discrétion, voire dans le désintérêt de l'opinion. Dans le même esprit, certaines réunions débouchent sur des résultats essentiellement déclaratoires – communiqués communs, déclarations de principe ou sur des aspects plus opérationnels. C'est une manière de distinguer entre groupes informels politiques et techniques.

Il y a enfin diversification avec les suites de leurs activités. On l'a dit, ces groupes ne conduisent pas en règle générale à des engagements obligatoires, et les normes qu'ils peuvent élaborer relèvent de la *soft law* (codes de conduite, *guidelines* et autres principes directeurs). Il n'en est pas toujours ainsi. La résolution 1244 du Conseil de sécurité (10 juin 1999) réglant la situation provisoire du Kosovo est largement fondée sur un communiqué du G8 dont elle reprend les principes. Autre exemple : le P5+1 a négocié en 2015 un accord formel sur le nucléaire avec l'Iran, accord ultérieurement rejeté par la présidence Donald Trump. Sur un autre plan, nombre de dispositifs techniques adoptés dans le cadre de ces groupes sont ensuite appliqués sur une base volontaire, parce qu'ils sont opérationnels.

***

Difficiles à cerner dans leur diversité, inégalement efficaces, ces groupes multiples sont devenus une composante des relations internationales qui démultiplie et enrichit les formes et méthodes toujours mouvantes de la négociation.

S. S.

Pour en savoir plus

- P. M. Boehm, « De l'utilité du G7 : témoignage d'un sherpa », *Politique étrangère*, vol. 84, n° 2, été 2019.
- A. Kortunov, « Moscou et le G7 : un drame en trois actes, prologue, et épilogue », *Politique étrangère*, vol. 84, n° 2, été 2019.
- A. Dejammet, *L'archipel de la gouvernance mondiale : ONU, G7, G8, G20*, Paris, Dalloz, 2012.

L'Europe multilatérale au défi de la puissance

vidéo
http://dunod.link/liegjps

Entre impuissance et souveraineté ?

L'effacement des États-Unis comme puissance tutélaire de l'ordre libéral contraint l'UE à prendre ses responsabilités pour préserver le multilatéralisme, principe au cœur de son modèle universaliste. Elle doit pour cela se doter de moyens lui permettant d'assurer sa souveraineté, et réviser une doctrine de plus en plus déphasée avec les réalités du moment. Faute de quoi elle risque de se faire marginaliser face à l'affirmation de puissances porteuses de modèles alternatifs.

L'ordre libéral international a été créé à la fin de la Seconde Guerre mondiale par les États-Unis et leurs partenaires – Canada, pays d'Europe occidentale et Japon. Il s'est construit sur l'idée selon laquelle la combinaison de l'économie de marché et de la démocratie était porteuse de progrès pour le monde entier. Sous la direction des États-Unis, il a valorisé la création d'institutions multilatérales, la coopération en matière de sécurité, la promotion des valeurs démocratiques, et la protection des droits de l'homme.

La présidence de Donald Trump est marquée par un certain affaiblissement du leadership américain. De plus, les États-Unis sont désormais dirigés, et ce pour la première fois, par un président ouvertement hostile à certains principes et valeurs de cet ordre libéral international, qu'il s'agisse de la liberté du commerce, ou des règles et institutions multilatérales. Cela soulève des questions sur l'avenir de cet ordre, et sur l'attitude que devraient adopter les États qui lui sont attachés. C'est ce qu'a exprimé la ministre canadienne des Affaires étrangères Chrystia Freeland : « Le fait que notre ami et allié en soit venu à s'interroger sur la valeur même de son rôle de leader mondial souligne clairement la nécessité pour le reste d'entre nous de définir notre propre voie claire et souveraine[1]. » C'est donc une phase de redéfinition de la gouvernance mondiale qui s'ouvre, marquée à la fois par la fin du monopole occidental – qu'illustre la poussée de la Chine et de l'Inde –, et par la remise en cause de la légitimité des valeurs libérales.

1. Discours de la ministre canadienne Chrystia Freeland à propos des priorités de la politique étrangère canadienne, Ottawa, 6 juin 2017.

L'enjeu de la pérennité du modèle de l'Union européenne (UE)

L'UE s'est intégrée dès sa création à un ordre libéral international fonctionnel. Elle a parfois été considérée[2] comme l'avant-garde d'un ordre post-moderne, dans lequel des États-nations, marqués par une longue histoire de rivalités, décideraient de renoncer à une part de leur souveraineté pour coopérer plus étroitement sur des domaines d'intérêt commun. Forte de la puissance de son marché et sûre de son modèle, elle se présente comme l'un des principaux acteurs globaux.

Le multilatéralisme est donc dans l'ADN de l'UE. Le Traité sur l'UE lui assigne (dans son article 21, 2.h) l'objectif de « promouvoir un système international fondé sur une coopération multilatérale renforcée et une bonne gouvernance mondiale ». Les représentants de l'UE ont affirmé avec constance leur engagement pour préserver un ordre international fondé sur des normes, avec pour principe le multilatéralisme et comme élément central les Nations unies. Dans son avant-propos à la Stratégie globale de l'UE, la Haute représentante de l'Union pour les Affaires étrangères et la politique de sécurité Federica Mogherini affirme : « Nous encouragerons une gouvernance mondiale rénovée, qui soit en mesure de relever les défis du XXIe siècle [...] Nous favoriserons donc les solutions gagnant-gagnant, cessant de croire que la politique internationale peut être un jeu à somme nulle. »

Après la guerre froide, l'UE a connu une période faste, marquée par l'attractivité de son modèle. Tout d'abord vis-à-vis des pays d'Europe centrale et orientale, qui venaient de recouvrer leur indépendance et entraient rapidement dans une phase de transition vers l'adhésion ; puis pour les pays de l'ex-Yougoslavie ; et enfin ceux du voisinage de l'UE. Cette dernière a ainsi développé une politique extérieure fondée sur le *soft power*, reposant pour l'essentiel sur l'exportation de son modèle et de ses valeurs, grâce à la conclusion d'accords avec des pays tiers, l'édiction de normes et le respect des règles. Elle est également devenue un acteur majeur dans la définition des règles commerciales internationales, des normes environnementales et de protection du consommateur (règlement REACH), de protection des droits de l'homme, de régulation des données numériques (Règlement général sur la protection des données – RGPD). Elle a enfin développé un système élaboré de sanctions, qui lui permet de mettre en œuvre des décisions internationales (sanctions contre la Corée du Nord en application des résolutions du Conseil de sécurité) mais aussi des décisions autonomes (sanctions contre la Russie).

Un paradis démocratique qui ne va pas de soi

L'affaiblissement du leadership américain et les incertitudes qu'il entraîne pour l'avenir de l'ordre libéral international agissent comme un révélateur des insuffisances de l'UE en tant qu'acteur de la vie internationale.

Tout d'abord, l'évitement de la puissance : aux yeux de l'administration Trump, les pays européens, qui ont basé leur sécurité sur la garantie militaire américaine, se comporteraient en passagers clandestins, économisant sur leur défense tout en accumulant des excédents commerciaux dans leurs échanges avec les États-Unis.

2. M. Leonard, *Why Europe Will Run the 21st Century*, Londres, Fourth Estate, 2005.

Les injonctions du président américain ont eu pour effet une relance des dépenses militaires dans certains États européens et certaines initiatives comme la Coopération structurée permanente ou le Fonds européen de défense. Mais comme l'exprime très bien Zaki Laïdi, « l'existence de fragments de puissance n'est pas le signe avant-coureur d'une Europe puissance en gestation et encore moins d'une grande puissance ».

La dépendance européenne

L'évolution de la politique américaine souligne en effet la grande dépendance de l'Europe vis-à-vis d'un système international créé et dominé par les États-Unis. Après la décision du président américain de sortir de l'accord sur le nucléaire iranien et de rétablir les sanctions secondaires – lesquelles ouvrent la voie à des poursuites de la justice américaine à l'encontre des entreprises européennes qui continueraient à faire des affaires en Iran –, l'UE est confrontée à une situation paradoxale. D'un côté, elle réaffirme son attachement à un accord international majeur en matière de lutte contre la prolifération nucléaire. De l'autre, elle peine à le démontrer contre la volonté des États-Unis, face à un triple obstacle : la puissance du dollar comme monnaie d'échange internationale ; le caractère incontournable du système de paiement international SWIFT ; l'effet dissuasif, pour les entreprises européennes, des dispositions extraterritoriales du droit américain.

Le contexte général de récession démocratique, qui n'épargne pas l'UE, lui pose un problème de cohésion interne et brouille le débat sur le modèle qu'elle entend adopter à l'avenir. Ce phénomène s'alimente du sentiment, répandu dans certaines catégories de la population en Europe, que l'ouverture croissante des économies non seulement n'a pas entraîné d'augmentation du niveau de vie mais a accru les inégalités, et que la mondialisation est porteuse d'incertitudes quant à la pérennité des emplois et de son modèle de société. Ce sentiment s'exacerbe avec la crise des migrants à partir de 2015, qui concrétise la part de ces craintes en rapport avec les questions d'identité et de souveraineté. Ce débat a considérablement influé sur le vote britannique du Brexit, et sur la demande de nombreux gouvernements, notamment des pays du groupe de Visegrád, d'un meilleur contrôle national des compétences exercées par l'UE. Ce contexte a également contribué au rejet du Pacte de Marrakech sur les migrations par plusieurs États membres, désireux de maintenir au niveau national la gestion de certaines questions sensibles.

Une recomposition politique ?

Les élections au Parlement européen de mai 2019 ont confirmé la recomposition du paysage politique en cours en Europe. Pour la première fois dans l'histoire du Parlement européen, les conservateurs et les sociaux-démocrates perdent la majorité et doivent compter avec la progression des forces centristes et écologistes, ainsi qu'avec un important groupe de forces eurosceptiques. Ces élections ont aussi été marquées par les très bons résultats obtenus par les partis au pouvoir en Hongrie (53 % pour le Fidesz) et en Pologne (43 % pour le parti Droit et Justice), en dépit des procédures engagées contre ces deux États au titre de l'article 7 du Traité sur l'UE, en raison du risque de violation grave des valeurs de l'Union. Cette nouvelle polarisation, combinée à la fragmentation du jeu politique, pourrait ralentir le processus de prise de décisions dans l'UE et compliquer son positionnement sur certains grands enjeux internationaux, que ce soit face à la Russie et à la Chine, ou sur certains thèmes, comme les questions énergétiques et environnementales, ou encore les migrations.

Enfin, les pays du monde ne convergent pas spontanément vers une démocratie libérale et peuvent même connaître des phases de régression. Le cas de la Turquie, pays frontalier de l'Union qui, voici quelques années encore, affichait sa volonté de réformer ses institutions et son système politique sur le modèle européen en vue de sa candidature à l'adhésion à l'UE, est à cet égard révélateur. Ces projets sont aujourd'hui abandonnés, et la Turquie se transforme progressivement en autocratie. Cela justifierait une réflexion de l'UE sur l'attractivité de son modèle et sur les effets que l'évolution de la Turquie pourrait produire à moyen terme sur sa périphérie. La question turque est en outre révélatrice d'un contexte international marqué par la remise en cause des principes universalistes occidentaux. Certains pays, comme la Chine et la Russie, considèrent le libéralisme occidental comme le vecteur d'un impérialisme déguisé, qui a servi à justifier les interventions en Irak et en Libye. Le recul de la légitimité universaliste de certains standards occidentaux influencera de plus en plus le jeu multilatéral, qui pourrait se réduire au plus petit dénominateur commun.

« Prendre pour de bon notre destin en main... »

La déclaration d'Angela Merkel témoigne d'une situation où l'Europe mesure sa vulnérabilité géopolitique et ses fragilités internes. L'UE n'a en effet d'autre choix que d'acquérir des moyens de puissance qui lui permettraient d'agir seule ou dans une coalition pour se protéger, imposer sa volonté aux autres puissances quand elle le juge nécessaire, ou contourner les moyens qui l'empêcheraient d'agir. En d'autres termes, il s'agit pour l'Europe de se doter des moyens nécessaires pour affirmer sa souveraineté, c'est-à-dire « la capacité à défendre ses valeurs et ses intérêts[3] ». Pour être crédible, l'UE doit gagner en capacité autonome, dans le domaine militaire mais aussi commercial, économique ou financier. Par ailleurs, l'Europe doit faire preuve d'unité si elle compte se faire entendre, et cesser d'afficher sa désunion sur des sujets internationaux – par exemple l'attitude à adopter face à la Chine, avec notamment la participation au format 16+1 et au projet dit des Nouvelles routes de la soie (Belt and Road Initiative – BRI) – ou de laisser des puissances tierces instrumentaliser cette désunion pour mieux pousser leurs propres intérêts (conférence de Varsovie pour la promotion de la paix et de la sécurité au Moyen-Orient en février 2019).

Ce projet de puissance pourrait également être un moyen de restaurer le lien de confiance entre les citoyens des États membres et certains de leur gouvernement, comme l'a souligné Donald Tusk, président du Conseil européen, dans sa lettre d'invitation au sommet de Bratislava : « Les citoyens attendent à juste titre de leurs dirigeants que ces derniers protègent l'espace dans lequel ils vivent et assurent leur sécurité. Si l'idée que nous avons abdiqué cette responsabilité continue à se renforcer, ils commenceront à chercher d'autres solutions. »

3. Discours d'Emmanuel Macron sur l'Europe, Sorbonne, 26 septembre 2017.

Cette évolution n'en constitue pas moins une révolution en profondeur pour l'UE, qui s'est construite sur la « dépolitisation par le droit » selon l'expression de Luuk van Middelaar : « À travers cette lente transformation en un véritable acteur politique qui prend les secousses du monde au sérieux, l'Union européenne se doit de s'émanciper de sa propre eschatologie, née lors de sa fondation. » L'enjeu principal pour l'UE consiste à combler une lacune essentielle, en développant une vision de ses intérêts stratégiques et géopolitiques, et en la déclinant à travers ses différents instruments d'action extérieure, comme la politique de voisinage, dont ces considérations sont absentes. Pierre Vimont en a souligné « le vide géopolitique et stratégique d'où ont été évacués les rapports de force, les antagonismes ou les lignes de fracture entre nations ». Une telle évolution prendra du temps. Elle nécessite une adaptation des mentalités et des méthodes, pour concilier les exigences de l'approche communautaire avec celles de la *Realpolitik*.

Quelle contribution à la gouvernance de l'ordre international libéral ?

Les démocraties ne se contentent pas de signer des accords. Elles créent des processus politiques qui réduisent l'incertitude et créent la confiance dans des engagements mutuels. Un monde ouvert, démocratique, fonctionnant selon des règles acceptées par tous, n'est possible qu'à partir du moment où une puissance, ou un groupe de puissances, prend sa part de responsabilité pour en assurer le pilotage. Puissance dominante, les États-Unis ont jusqu'à présent fourni l'essentiel des biens communs nécessaires à la stabilité de cet ordre : sécurité internationale, stabilité financière, commerce libre et ouvert, sécurité des mers et liberté de navigation. À ces domaines traditionnels s'ajoute désormais, indépendamment de la position de Washington, la protection de l'environnement et du climat.

Pour s'affirmer comme un pilier de l'ordre international, l'UE doit prendre sa part dans la fourniture de ces biens communs mondiaux. Elle doit aussi s'impliquer dans la gestion de l'ordre international, et prendre des initiatives, en rassemblant des partenaires et en faisant progresser certaines questions globales, comme la coopération en matière commerciale (réforme de l'Organisation mondiale du commerce – OMC), la lutte contre la prolifération des armes de destruction massive (Corée du Nord), le changement climatique (mise en œuvre de l'accord de Paris), la protection de la biodiversité et le développement durable.

Compte tenu de son expertise et de l'autorité qu'elle a acquise dans la plupart de ces domaines, l'UE dispose d'atouts non négligeables, à condition qu'elle bâtisse des alliances avec des pays partageant son intérêt à préserver un ordre international ouvert et fondé sur des règles. Elle doit travailler à un agenda ambitieux avec la Chine, portant sur la réforme de la gouvernance mondiale, à l'image du groupe de travail conjoint sur la réforme de l'OMC. La signature d'accords commerciaux bilatéraux, comme celui conclu avec le Japon en juillet 2018, constitue à cet égard un signal important.

Dans sa relation avec les États-Unis, l'UE doit apprendre à travailler sans eux tout en demeurant ouverte à la coopération. Elle doit aussi se donner les moyens d'agir contre une décision des États-Unis si la situation l'exige. On est cependant là dans un domaine délicat, pour deux raisons : les effets clivants entre États membres, notamment pour ceux qui, comme la Pologne, sont très attachés à la garantie de sécurité américaine ; le risque d'escalade avec Washington, qui pourrait faire monter les enchères dans une spirale de rétorsions. L'objectif est d'être en mesure de contourner les effets de la coercition économique et juridique américaine, qui empêcheraient l'UE d'agir, mais aussi de protéger son capital technologique et industriel, comme l'illustre l'évolution du conflit opposant Airbus et Boeing.

***

Si l'UE parvient à surmonter ses faiblesses congénitales – son rapport ambigu à la puissance et sa focalisation sur son développement interne –, elle peut jouer un rôle important dans la préservation de l'ordre libéral international : le choix de l'ouverture et du multilatéralisme peut être un vecteur d'influence important. De par sa nature même, l'UE peut trouver un rôle qui ne serait pas perçu comme une forme de domination. Avec son expérience du *soft power,* elle a acquis la capacité de travailler avec d'autres pays ou des organisations internationales, d'entretenir des réseaux avec des acteurs de la communauté internationale, de contribuer à la production de normes sur des sujets transnationaux.

Mais comme le souligne John Ikenberry, un leadership global repose sur l'attrait et la légitimité des principes que les puissances projettent dans le monde. L'avenir de l'ordre libéral international dépend *in fine* de la capacité des grandes démocraties libérales qui l'incarnent à rester crédibles, c'est-à-dire stables, fonctionnelles et internationalistes. Confrontée à l'érosion de son attractivité et de son modèle, l'UE, sur ce plan aussi, doit prendre sa part du fardeau.

E.-A. M.

Pour en savoir plus

- G. John Ikenberry, *Liberal Leviathan: The Origins, Crisis and Transformation of the American World Order,* Princeton, Princeton University Press, 2011.
- Z. Laïdi, *La norme sans la force. L'énigme de la puissance européenne*, Paris, Presses de Sciences Po, 2008.
- L. van Middelaar, *Quand l'Europe improvise,* Paris, Gallimard, 2018.

Trump est-il une menace pour la puissance des États-Unis ?

Une aversion pour l'ordre international libéral

En contestant les valeurs de l'ordre international libéral, le président Trump rompt avec le consensus de ses prédécesseurs depuis 70 ans. La doctrine de la « pression maximale » devient la caractéristique principale de sa diplomatie. Elle se déploie indistinctement à l'encontre des adversaires désignés de Washington ou de ses partenaires. Loin de stabiliser les crises ou d'agréger les soutiens autour des États-Unis, cette doctrine pourrait renforcer leur isolement et favoriser l'émergence de modèles alternatifs à celui qu'ils dominent depuis 1945.

Les dirigeants américains ont hésité pendant un siècle et demi quant à la place et au rôle que leur pays devait jouer sur la scène internationale. Au lendemain de la Seconde Guerre mondiale, ils estimèrent qu'un engagement résolu constituait la meilleure garantie pour leur sécurité et leur prospérité. Dans cette optique, ils ont établi à partir de 1945 les bases d'une architecture internationale destinée à rendre acceptable l'extraordinaire puissance des États-Unis, et à favoriser la paix par la croissance économique, l'ouverture des échanges et la promotion des droits de l'homme.

Depuis plus de 70 ans, cet ordre international libéral bâti sous l'égide de Washington a remarquablement servi les intérêts américains, et a globalement bénéficié à la communauté internationale. Il n'est donc guère surprenant que l'ensemble des locataires de la Maison-Blanche, républicains comme démocrates, aient cherché sept décennies durant à consolider et étendre cet ordre. Limité au bloc occidental pendant la guerre froide, il s'est imposé à l'ensemble de la scène internationale suite à l'implosion de l'URSS au début des années 1990.

Si Bush père et Bill Clinton sont parvenus dans l'ensemble à le faire prospérer, la présidence de George W. Bush, obnubilée par la guerre contre le terrorisme après le 11 septembre 2001, a porté de sérieux coups à cet ordre international libéral par son aventurisme militariste, son unilatéralisme arrogant et borné, et son incapacité à anticiper la crise financière de 2007-2008. Barack Obama, quant à lui, parvint à sortir les États-Unis de la crise la plus sévère qu'ils aient connue depuis la Grande Dépression des années 1930. Et surtout, il restaura assez nettement l'image des États-Unis sur la scène internationale en renouant notamment avec le multilatéralisme et en renonçant aux aventures militaires.

Les préférences de Donald Trump en matière de politique étrangère ont compté parmi les facteurs – et non des moindres – qui ont suscité consternation et incertitude au moment de sa victoire à l'élection présidentielle de novembre 2016. Il fut en effet le premier candidat de l'un des deux grands partis de gouvernement à conquérir la Maison-Blanche en dépit de son aversion affichée pour l'ordre international libéral. Sa volonté de placer « l'Amérique en premier », son rejet de toute limitation de la souveraineté des États-Unis sont, au même titre que l'unilatéralisme de George W. Bush, des coups durs pour le fonctionnement des relations internationales telles que les démocraties occidentales les ont conçues depuis 1945. Le paradoxe que Donald Trump ne semble pas avoir encore saisi est que les États-Unis ne sortiraient pas nécessairement gagnants de la disparition du monde bâti sur les ruines de la Seconde Guerre mondiale.

Le mirage d'une politique étrangère réaliste

Depuis son élection à la Maison-Blanche, Donald Trump n'a eu de cesse d'inquiéter tant l'élite traditionnelle de politique étrangère de Washington que les alliés des États-Unis. Cette inquiétude résulte pour l'essentiel de sa remise en question explicite des trois piliers de l'ordre international libéral que sont les institutions internationales, les alliances et les accords de libre-échange. Rompant avec le consensus qui campe au cœur des objectifs de politique étrangère de l'ensemble des présidents américains depuis sept décennies, cette prise de position suscite logiquement le malaise et le doute quant à l'engagement des États-Unis sur la scène internationale.

Lors de la campagne électorale qui le propulsa à la Maison-Blanche, Trump n'avait cependant pas totalement tort d'interroger le bilan de la politique étrangère de ses prédécesseurs au cours du dernier quart de siècle. Ceux-ci se sont en effet montrés incapables de corriger les excès de la mondialisation. Et surtout, avec l'Irak et l'Afghanistan, George W. Bush a engagé les États-Unis dans des aventures militaires vouées à l'échec. Par ailleurs, souligner que certains alliés ne contribuent pas suffisamment à la sécurité commune, soutenir que la Chine est désormais le principal rival stratégique des États-Unis, considérer qu'une relation constructive avec Moscou serait préférable à une diabolisation de la Russie, ou encore affirmer vouloir défendre en premier les intérêts de son pays sur la scène internationale n'a rien d'effarant. Ce sont là, plutôt, des évidences.

En accédant à la présidence, Donald Trump pouvait donc avoir des intuitions tout à fait valides concernant le rôle des États-Unis dans les affaires du monde. Comme le souligne Stephen M. Walt, la poursuite d'une politique étrangère d'essence réaliste aurait même pu lui permettre de corriger certains des excès et des erreurs de Washington sur la scène internationale depuis la fin de la guerre froide. Alors que son premier mandat à la Maison-Blanche arrive à son terme, il s'est pourtant avéré incapable de concrétiser ses intuitions, et son bilan de politique étrangère n'est guère brillant.

Le retour en force du courant néoconservateur ?

Le secrétaire d'État Mike Pompeo défend l'idée selon laquelle la politique étrangère du président Trump est foncièrement prudente et guidée par un calcul des coûts et avantages, au service des intérêts de son pays. Le recours à la force pour exporter le modèle américain à l'étranger, tout comme l'engagement des États-Unis dans des conflits sans qu'ait été au préalable défini un objectif clair, sont choses du passé. Ancien membre du Conseil de sécurité nationale, Michael Anton soutient également qu'une forme de nationalisme conservateur est au cœur de la vision du monde de Trump. L'action de ce dernier sur la scène internationale ne relève cependant pas du réalisme, en particulier depuis l'arrivée de John Bolton au poste de conseiller à la Sécurité nationale fin 2018.

Celle-ci consacre le retour en force du courant néoconservateur qui avait pris les commandes de la politique étrangère américaine dans la foulée des attentats du 11 septembre 2001. Dans cette perspective, deux aspects risquent de caractériser l'action internationale de l'administration Trump au cours des prochains mois. D'une part, le changement de régime pourrait devenir l'objectif de Washington face à des pays qualifiés de « scélérats », tels le Venezuela ou l'Iran. D'autre part, la puissance des États-Unis, exercée au besoin de façon unilatérale, pourrait être de nouveau considérée comme le meilleur moyen d'obtenir des concessions, autant auprès des adversaires que des alliés.

Indépendamment de leur étiquette idéologique, les nouveaux hommes forts de la politique étrangère américaine depuis 2018, à savoir John Bolton et Mike Pompeo, sont tous deux partisans du changement de régime (*regime change*). Au printemps 2019, Pompeo a ainsi brandi la menace d'une intervention militaire au Venezuela si le président Maduro ne quittait pas le pouvoir. Quelques semaines plus tard, celui-ci était pourtant toujours en place, et le dossier vénézuélien ne semblait plus être prioritaire à Washington. Le président Trump aurait même été particulièrement insatisfait de l'absence d'évolution de la situation à Caracas.

Avant de devenir conseiller à la Sécurité, John Bolton s'était, lui, prononcé en faveur d'un changement de régime en Iran, soutenant que cela constituerait la meilleure garantie pour stopper tant le programme nucléaire iranien que l'action déstabilisatrice de Téhéran à travers le Moyen-Orient. Bien que Trump ait rejeté cette idée, affirmant plutôt souhaiter l'ouverture de négociations directes avec Téhéran, l'absence de ligne directrice claire au sein de l'administration américaine ouvre la voie à de possibles erreurs décisionnelles majeures, et donc à un risque de conflit.

L'illusion de la « pression maximale »

Le cas du Venezuela, comme celui de l'Iran, est symptomatique de l'approche dite de la « pression maximale ». Au-delà du débat sur l'existence, ou non, d'une doctrine Trump en matière de politique étrangère, la « pression maximale » apparaît comme la caractéristique dominante de l'action de Trump sur la scène internationale. Ayant pour objectif de forcer un changement de comportement, elle se traduit le plus souvent par trois types de mesures : l'imposition de tarifs douaniers, la mise en place de sanctions, et éventuellement la menace d'emploi de la force militaire.

Depuis son arrivée à la Maison-Blanche, Trump a utilisé cette « pression maximale » aussi bien contre des adversaires des États-Unis que contre certains de leurs partenaires. Au printemps 2019, il a par exemple menacé d'une majoration de 10 % des droits de douane imposés aux exportations de biens mexicains à destination des États-Unis, dans le but de contraindre Mexico à lutter plus efficacement contre les mouvements de migrants désireux de gagner le territoire américain. Le président est également convaincu que les tarifs douaniers seront un outil efficace pour établir une relation commerciale plus équilibrée avec la Chine.

Corée du Nord, Iran

Cette « pression maximale » a cependant été mise en œuvre avec la plus forte intensité dans deux crises de prolifération nucléaire, face à la Corée du Nord et à l'Iran, lesquelles ont illustré les limites, voire les risques potentiels, de cette approche. L'été 2017 fut marqué par une escalade des tensions entre Pyongyang et Washington, qui fit craindre l'éclatement d'un conflit. Un an plus tard, en juin 2018, Trump et Kim Jong-un se rencontraient pourtant dans le cadre d'un premier sommet bilatéral, organisé à Singapour. Le président américain se félicitait alors de cette rencontre, et affichait son optimisme quant à la possibilité d'une dénucléarisation de la péninsule coréenne. Celle-ci demeure toutefois lointaine et incertaine, rien n'indiquant que Pyongyang ait foncièrement modifié son attitude pour renoncer à son programme nucléaire ou balistique.

Dans le cas de l'Iran, la « pression maximale » exercée par l'administration Trump s'est traduite par le retrait américain de l'accord sur le nucléaire de juillet 2015, contre l'avis des partenaires européens, par la réimposition de sanctions contre Téhéran, ainsi que par un durcissement de la rhétorique employée à Washington. Comme dans le cas nord-coréen en 2017, le niveau extrême de tension entre les États-Unis et l'Iran atteint au printemps 2019 accroît de façon significative le risque de conflit armé entre les deux pays[1]. Or, rien n'indique que les dirigeants iraniens soient pour l'heure sensibles à cette pression et en arrivent à modifier leur comportement. Ils semblent plutôt privilégier une posture attentiste, espérant que l'issue du scrutin présidentiel de novembre 2020 aux États-Unis leur soit favorable, faisant en sorte que Donald Trump quitte la Maison-Blanche.

*L'*hubris *américain*

L'attrait pour la « pression maximale » repose sur une conception arrogante de la puissance américaine, qui n'est pas sans rappeler celle qui prévalait au sein de l'administration George W. Bush après le 11 septembre 2001. Les États-Unis bénéficient certes d'une situation géographique avantageuse, protégés par deux vastes océans et ayant pour voisins des puissances moyennes et largement amicales (le Mexique et le Canada). Leurs forces armées jouissent d'une capacité de projection, d'une puissance de feu et d'une maîtrise des opérations de combat conventionnelles

1. Fin juin 2019, le président Trump autorisa une opération armée contre des cibles iraniennes en représailles à la destruction par Téhéran d'un drone espion américain. Il annula cependant celle-ci une dizaine de minutes avant qu'elle n'ait lieu, affirmant être préoccupé par le nombre de victimes qu'elle aurait occasionnées. Voir T. Olorunnipa, J. Dawsey, K. Demirjian et D. Lamothe, « 'I Stopped It': Inside Trump's Last-Minute Reversal on Striking Iran », *Washington Post*, 21 juin 2019.

à haute intensité sans équivalent. Le dynamisme de leur marché intérieur le rend particulièrement attractif pour les entreprises étrangères. La place privilégiée du dollar comme devise de réserve et le poids américain dans l'infrastructure financière mondiale font de Washington un acteur incontournable sur la scène internationale.

Le risque d'isolement des États-Unis

Entre chantage et jeu à somme nulle

Trois points démontrent pourtant qu'une politique étrangère brutale, fondée sur une conception erronée de la marge de manœuvre que confère la puissance matérielle, ne saurait être synonyme de succès diplomatique.

Premièrement, les États sur lesquels l'administration Trump exerce une « pression maximale » n'ont aucun intérêt à répondre favorablement aux injonctions de Washington. Leurs dirigeants sont en effet peu enclins à entrouvrir la porte à une forme de chantage qui menacerait à terme leur survie même. Ce n'est certainement pas la parole donnée par le président Trump qui convaincra Pyongyang d'accepter une dénucléarisation complète, ou Téhéran de renoncer à son statut de puissance régionale au Moyen-Orient. Dès lors, les chances de nouer quelque accord que ce soit avec des pays représentant pourtant une menace sérieuse à la sécurité internationale sont quasiment nulles.

Deuxièmement, brusquer les alliés les plus fidèles, comme Donald Trump l'a régulièrement fait depuis qu'il est à la Maison-Blanche, que ce soit en tenant des propos peu amènes envers les dirigeants de pays tels que le Royaume-Uni, l'Allemagne, le Canada ou encore l'Australie, ou encore en imposant des droits de douane, comme ce fut le cas sur l'acier et l'aluminium en provenance d'Europe et du Canada, peut miner la capacité de Washington à constituer des coalitions. Or l'appui de ces partenaires serait particulièrement précieux pour permettre à Washington de contenir le rival systémique que représente la Chine.

En effet, au-delà des différends sur le climat, les questions commerciales, ou sur l'accord sur le nucléaire iranien, un consensus pourrait émerger de part et d'autre de l'Atlantique sur la nécessité de s'entendre, ou au moins de se coordonner, pour faire face aux défis politique, économique et sécuritaire que pose Pékin. Il est cependant loin d'être acquis qu'une administration Trump, qui conçoit les relations internationales comme un jeu à somme nulle où les acteurs les plus forts cherchent inévitablement à maximiser leur avantage, soit encline à s'engager dans une telle réflexion diplomatique et stratégique transatlantique.

Un ordre alternatif ?

Enfin, face à une attitude égoïste, instable et méprisante de la part des États-Unis, les autres États, adversaires comme alliés, pourraient se décider à développer des institutions internationales alternatives, qui remettraient en cause celles établies au lendemain de la Seconde Guerre mondiale, et par conséquent l'hégémonie américaine. La volonté des onze États membres restants de poursuivre la mise en œuvre du Partenariat Trans-Pacifique (TPP) en dépit du retrait décidé par Donald Trump en est une première illustration. Mais c'est Pékin qui semble avoir en la matière l'ambition la plus nette, avec la création, notamment, de la Banque asiatique d'investissement pour les infrastructures (BAII). Non content d'avoir exprimé ouvertement son aversion pour l'ordre international libéral, Donald Trump pourrait alors se targuer d'avoir favorisé l'émergence d'un nouveau système de gouvernance internationale, au sein duquel les États-Unis seraient marginalisés. L'*Amérique d'abord* consacrerait dans cette perspective l'avènement de l'*Amérique seule.*

***

La politique étrangère du président Trump est chaotique, difficilement lisible et prévisible. Son principal fil directeur consiste à affirmer sans ambages, de façon caricaturale, la toute-puissance américaine au service unique de la défense de la souveraineté du pays et de ses seuls intérêts nationaux. Une telle attitude ne permettra pas de corriger les failles actuelles de l'ordre international libéral. Plus grave pour les États-Unis, elle pourrait menacer à terme leur statut hégémonique sur la scène internationale.

Les ressources économiques et militaires sont aujourd'hui plus diffuses qu'elles ne l'étaient en 1945. Les enjeux de sécurité sont plus complexes et appellent une plus grande coopération interétatique. La Chine n'est pas encore l'égal militaire des États-Unis. Elle déploie néanmoins une stratégie résolue d'influence, alliant coercition (notamment en mer de Chine du Sud) et séduction avec une politique d'aide au développement et d'échanges commerciaux. Dans un tel contexte, Washington a besoin d'alliés, non d'un locataire de la Maison-Blanche qui les dénigre.

J. T.

Pour en savoir plus

- M. Anton, « The Trump Doctrine: An Insider Explains the President's Foreign Policy », *Foreign Policy*, 20 avril 2019.
- B. McGurk, « American Foreign Policy Adrift: Pompeo Is Calling for Realism – Trump Isn't Delivering », *Foreign Affairs*, 5 juin 2019.
- A. Tabatabai, « Maximum Pressure Yields Minimum Results », *Foreign Policy*, 6 mars 2019.
- S. M. Walt, « America Isn't as Powerful as It Think It Is », *Foreign Policy*, 26 avril 2019.

La problématique des sanctions internationales

Du multilatéralisme à l'unilatéralisme

Les sanctions internationales, instrument multilatéral décidé et contrôlé par l'ONU, ont été rares jusqu'à la fin du XXe siècle. Avec l'affaire irakienne, elles se multiplient et sont décrétées par des acteurs divers et à l'encontre d'entités multiples. Elles sont aujourd'hui souvent l'instrument d'actions unilatérales, et contraignantes bien au-delà de l'État visé, pour une efficacité contestable, l'exemple de l'Iran étant emblématique.

Les sanctions ont toujours eu un rôle dans les relations internationales. Au XXe siècle, le droit international leur a donné un cadre légal, en particulier à travers le Conseil de sécurité. Depuis quelques années, le multilatéralisme onusien, qui a profondément évolué, est mis en cause par les États qui tendent à multiplier des mesures unilatérales.

Des moyens non militaires contre les menaces à la paix

L'article 41 et sa mise en œuvre

L'article 41 de la Charte des Nations unies s'inscrit dans le cadre du chapitre VII, qui prévoit des mesures coercitives du Conseil de sécurité en cas de menaces contre la paix, « mesures n'impliquant pas l'emploi de la force armée ». Celles-ci sont suivies par un Comité des sanctions, éventuellement assisté d'un groupe d'experts. Elles ont d'abord été rares et dirigées contre des États, comme la Rhodésie du Sud et son « régime illégal » ou l'Afrique du Sud sous régime d'apartheid. Depuis les années 1990, la pratique s'est généralisée et modifiée.

° *Plus nombreuses et plus fréquentes*. De 1945 à 1989 n'existaient que les deux régimes évoqués ci-dessus. Les années 1990 ont mis en place cinq régimes, avec des sanctions dures contre l'Irak de Saddam Hussein, et les deux décennies suivantes, huit pour chaque période. Plus de 25 régimes de sanctions ont ainsi été décidés, 14 étant encore en application.

° *Un ciblage géographiquement déséquilibré*, concentré sur l'Afrique (15 pays) et le Moyen-Orient (4 pays). Hors Haïti, aucun pays du continent américain – y compris ceux qui ont connu de violentes dictatures (Chili) – n'a été touché par des sanctions.

° *Des motivations diverses.* Le concept de menace à la paix s'est élargi : outre l'attaque d'un pays souverain ou de son intégrité, il inclut désormais l'appui au terrorisme, la prolifération nucléaire, le non-respect des droits de l'homme, la criminalité internationale. Dans certains cas, notamment celui de l'Irak, l'objectif de *regime change* est clair.

° *Les entités visées sont plus nombreuses.* Au-delà des États, les sanctions visent mouvements, groupes, entreprises, individus. Les mouvements relevant de l'État islamique ou d'Al-Qaïda sont ainsi explicitement visés. Près de 700 personnes et 400 groupes ou autres entités figurent aujourd'hui sur les listes de l'ONU.

° *La gamme s'élargit.* Outre les sanctions de l'article 41 de la Charte (diplomatiques, commerciales ou relevant du domaine des communications), les embargos pétroliers ou sur les armes sont plus pratiqués, comme le gel d'avoirs financiers ou l'interdiction de voyager, voire l'embargo sur les articles de luxe.

° *Les mesures prises sont « robustes »* : contraignantes, les États doivent les respecter et les faire respecter.

Un échec du multilatéralisme : les sanctions unilatérales

Tout État peut mettre en œuvre des mesures s'apparentant à des sanctions, notamment dans le domaine commercial ou diplomatique.

Les États-Unis, champions des actions punitives

Plus de 70 pays sont visés par des sanctions de l'État fédéral, ou d'États de la fédération, les *rogue states* mais aussi certains pays démocratiques, pour des motifs divers : non-respect des règles de la concurrence ; protectionnisme délibéré ou indirect ; atteintes aux droits de l'homme ; limitation de la liberté religieuse ; corruption ; appui au terrorisme ; complaisance dans le trafic de drogues…

Ces sanctions sont d'autant plus lourdes que le droit américain a une portée extraterritoriale. Le département du Trésor assure le contrôle des sanctions des Nations unies et des autorités américaines. La mise en œuvre est assurée par l'Office of Foreign Assets Control avec deux opérateurs, le département de la Justice – et donc le système judiciaire fédéral –, et la Securities and Exchange Commission (SEC) : tous deux très vigilants sur la protection des intérêts nationaux. Le droit américain s'applique à toute personne physique ou morale, même étrangère, pour ses agissements hors des États-Unis susceptibles d'enfreindre notamment le *Patriot Act* (2001) ou le *Foreign Corrupt Practices Act* (1998)… Les poursuites peuvent dépendre de critères larges, toucher toute activité financière directement ou indirectement réalisée par une entité américaine ou étrangère effectuant des transactions en dollars.

Ce dispositif, longtemps appliqué souplement, s'est progressivement durci sous différentes administrations républicaines ou démocrates, et est devenu plus drastique – pour ne pas dire brutal – sous la présidence de Donald Trump. Plusieurs sociétés européennes ont été poursuivies : Siemens, Alstom, UBS, BNP Paribas… Cette dernière, pour violation de l'embargo sur l'Iran et le Soudan, a dû régler une amende de neuf milliards de dollars. D'où un « boycott secondaire », dont la portée peut, dans le cas de l'Iran, être plus contraignante que celle des décisions onusiennes.

L'Union européenne, nouvel acteur

L'Union européenne (UE) s'est également engagée depuis 20 ans dans une politique de sanctions hors cadre des Nations unies. Près de 30 pays et nombre d'organisations ou d'individus sont visés, sans que ces sanctions aient une portée extraterritoriale. Yougoslavie, Russie, Biélorussie, Iran, Syrie, Birmanie, Côte d'Ivoire ont ainsi été, ou sont encore, ciblés en dehors du cadre onusien. France, Grande-Bretagne et Allemagne ont été le plus souvent moteurs de cette politique qui a suscité nombre de débats entre États membres.

Ces mesures sont-elles licites ?

Le droit international autorise ces mesures mais dans certaines limites. Il est fréquent que des tensions entre États se traduisent par des mesures défensives – contre-mesures ou mesures de rétorsion ou de représailles – mais elles ne doivent pas avoir une ampleur disproportionnée par rapport à l'objectif, et les critères pour juger de leur licéité restent vagues, voire subjectifs. En toute hypothèse, les États doivent respecter les normes impératives du droit international, notamment les résolutions du Conseil de sécurité et les traités.

Ce seuil de licéité, voire de légalité, est à l'évidence franchi par les sanctions à portée extraterritoriale des États-Unis, comme l'affirment la France et l'UE. Les lois américaines *Helms Burton* pour Cuba, ou *D'Amato-Kennedy* pour l'Iran ou la Libye, étaient déjà considérées comme non conformes au droit international. L'UE a clairement jugé dès les années 2000 ce type de sanctions contraire au droit international. Aucune entreprise européenne n'entend pourtant risquer de se voir interdire l'accès au marché américain – marché physique ou financier.

Inefficaces, perverses : des sanctions en procès

Des sanctions inefficaces

L'efficacité des sanctions est débattue, sans aucune conclusion claire. L'efficacité s'évalue à l'aune des objectifs poursuivis, souvent généraux ou ambigus. Les menaces contre la paix ont-elles cessé ? Le comportement répréhensible du pays sanctionné a-t-il changé ? Selon une étude récente de 56 régimes de sanctions entre 1992 et 2012, le taux de succès – donc de modification significative du comportement de l'État visé – ne serait que de 13 %. Encore note-t-on que, dans plus de la moitié des cas, une intervention militaire a accompagné les sanctions. Il faut juger au cas par cas.

Nombre de facteurs peuvent jouer : ouverture de l'économie visée, universalité du respect des sanctions, comportement de la population du pays visé qui, le plus souvent, fait porter la responsabilité des sanctions non sur son gouvernement mais sur les pays initiateurs, importance de la contrebande et des circuits de contournement… L'expérience montre qu'il est illusoire de vouloir monter une opinion contre ses propres dirigeants ; les sanctions aboutissent le plus souvent au renforcement du pouvoir en place. De même, dans certains cas, des entreprises des pays initiateurs de sanctions, avec l'assentiment tacite de leurs autorités, contribuent à les contourner, ce qui fut le cas, longtemps, de la loi *D'Amato-Kennedy* contre l'Iran.

Des effets pervers

Les sanctions ont d'abord de graves conséquences humanitaires, sur la partie la plus pauvre de la population plus que sur les haut-responsables qui ont les moyens de les contourner : les cas de l'Irak de Saddam Hussein ou de la Corée du Nord sont exemplaires. Un rapport du Sénat français dénonçait en 2001 « le génocide rampant inacceptable » dont était victime l'Irak, qui connaissait de graves problèmes de malnutrition et un taux de mortalité infantile très élevé. Les sanctions peuvent aussi affecter des pays voisins et amis, voire les pays qui sanctionnent eux-mêmes. Les sanctions économiques touchent les entreprises qui ont des intérêts dans le pays visé.

Plus généralement, les sanctions nourrissent les sentiments anti-occidentaux dans de nombreux pays du Sud, notamment dans les pays musulmans. Outre les conséquences humanitaires, ces pays dénoncent un double standard : les pires dictatures d'Amérique latine n'ont jamais été menacées d'embargo, à l'exception d'Haïti et de Cuba. Il en est de même pour Israël, malgré ses interventions disproportionnées à Gaza ou ses attaques répétées contre le Liban. Bien plus, aux États-Unis mêmes on dénonce une politique contraire aux intérêts occidentaux et au leadership américain[1].

Ces considérations expliquent qu'on ait tenté de trouver des sanctions plus intelligentes. On a ainsi décidé de limiter les sanctions dans le temps quitte à les renouveler, d'envisager une réversibilité en cas de progrès dans le comportement des États, ou de cibler plus nominativement des entités, groupes ou individus.

Il reste qu'en dépit d'expériences plutôt décevantes, les sanctions sont désormais utilisées de façon fréquente, et souvent unilatérale. La politique française en la matière, d'abord plutôt hostile à l'idée de sanctions européennes a évolué. Le président Mitterrand s'était rallié avec réticence à celles visant l'Irak. Le président Chirac avait œuvré pour leur allègement, notamment à travers la résolution « Pétrole contre nourriture ». En septembre 2000, lors du Sommet du Millénaire de New York, il devait déplorer « le recours [dans les années 1990] aux sanctions comme jamais auparavant », estimant que « l'expérience n'est pas concluante » et que celles-ci ne devaient intervenir qu'en dernier ressort. La France a désormais une position plus ouverte, acceptant les sanctions ou en proposant, tant dans le cadre des Nations unies que dans celui de l'UE.

L'Iran, un cas d'école

Une stratification historique

La République islamique d'Iran a, dès sa naissance, été frappée de sanctions par les États-Unis et plusieurs pays européens. Elle reste aujourd'hui soumise de fait à un embargo total particulièrement contraignant, comparable à celui qui a pesé sur l'Irak de Saddam Hussein ou qui affecte la Corée du Nord.

La prise en otage, en novembre 1979, de 54 diplomates américains et la remise en cause des contrats conclus par le régime du Shah ont conduit aux premières sanctions, notamment américaines. L'UE prend, elle, à partir de 2007, une série de mesures d'embargo sur les exportations d'armes, d'équipements paramilitaires

1. J. Schlesinger, « Fragmentation and Hubris: A Shaky Basis for American Leadership », *The National Interest*, 1997.

ou de certains matériels de communication. En 2010, l'embargo est étendu à l'importation d'hydrocarbures, et certains actifs financiers sont gelés.

Le Conseil de sécurité, suite aux rapports de l'Agence internationale de l'énergie atomique (AIEA) sur les programmes nucléaires clandestins de Téhéran, adopte des résolutions, de 2006 à 2010, de portée plus précise : embargo sur le matériel nucléaire ou les technologies à double usage, gel des avoirs d'entités ou d'individus liés au programme nucléaire, embargo sur les activités liées aux missiles balistiques.

Ces mesures complexes sont d'abord appliquées de façon quelque peu laxiste, y compris par les entreprises américaines. Des filières de contournement prospèrent, notamment *via* Dubaï. Ce n'est qu'au milieu des années 2000 que les contrôles se renforcent. À la veille de l'accord du Joint Comprehensive Plan of Action (JCPOA), l'Iran, soumis à l'empilement des mesures onusiennes, américaines et européennes, commençait à connaître de véritables problèmes d'approvisionnement mais parvenait à contourner l'embargo. En quelques années les pays occidentaux qui avaient les parts de marché les plus larges ont été supplantés par la Chine, devenue premier fournisseur, client et investisseur dans le pays.

L'accord du 14 juillet 2015

Le JCPOA a été avalisé par le Conseil de sécurité le 20 juillet à travers sa résolution 2231, pour une mise en œuvre au 16 janvier 2016. Les sanctions sur les avoirs financiers, les exportations d'hydrocarbures et le transport sont levées. Les sanctions sur les matériels d'armement sont maintenues pour cinq ans, sauf exception. De même les mesures anti-prolifération nucléaire sont maintenues pendant dix ans, comme, sans terme précis, celles relatives aux missiles balistiques. Ces dispositions concernent aussi bien les sanctions onusiennes qu'américaines ou européennes. En cas de violation de l'accord par l'Iran, les sanctions pourront être rétablies par un mécanisme dit de *snap back*, ou de rétablissement automatique.

L'accord ne s'est pas appliqué sans difficultés, vu sa complexité. Si les avoirs gelés sont bien récupérés et si les exportations de pétrole iranien reprennent, les conditions dans lesquelles des financements en dollars pourraient accompagner les exportations ou importations, de même que l'investissement en Iran, restent floues, et la plupart des entreprises sont dans l'expectative. L'administration Obama précise que les sanctions liées au non-respect des droits de l'homme ou à la lutte contre le terrorisme demeurent.

Donald Trump a, dans sa campagne, dénoncé le « pire accord jamais conclu » par la diplomatie américaine. Son élection gèle toute initiative commerciale ou d'investissement de la part notamment des grosses entreprises qui s'apprêtaient à revenir sur le marché iranien : côté français Airbus, Total, Peugeot ou Renault.

La décision du 8 mai 2018 et ses suites

L'annonce du retrait américain de l'accord n'est pas une surprise. Les sanctions sont rétablies dès novembre. Au-delà, c'est bien un objectif de *regime change* qu'ont les États-Unis, qui dénoncent les « activités terroristes » de l'Iran. Les 12 exigences, inacceptables pour l'Iran, énoncées par Mike Pompeo le 21 mai, ne laissent aucun doute sur la détermination américaine : faute d'acceptation de ces conditions, « les sanctions les plus dures de l'histoire » lui seraient imposées. Non seulement toutes les sanctions américaines sont rétablies et complétées, mais l'administration Trump menace clairement toute entreprise étrangère ne les respectant pas, et elle appelle les autres signataires, notamment européens, à sortir de l'accord.

On relèvera que cette décision unilatérale est contraire au droit international. Les États-Unis, tenus par un accord validé au Conseil de sécurité, ne pouvaient en sortir que par un nouveau vote de ce dernier. Le retrait est d'autant plus critiquable que, comme le reconnaît l'AIEA, l'Iran a respecté strictement, au moins jusqu'au 8 mai 2018, les dispositions de l'accord.

La menace de poursuites des entreprises étrangères ne respectant pas les sanctions américaines a un effet dissuasif. La quasi-totalité des entreprises, y compris chinoises ou russes, ont renoncé à toute opération commerciale ou d'investissement en Iran. La menace de poursuites et de condamnations, avec pour conséquence le non-accès au marché américain, est efficace. Le mécanisme de compensation – Insext – proposé par les Européens, limité aux produits alimentaires ou pharmaceutiques, n'aura pas d'effet significatif, à supposer qu'il soit mis en place. De fait, les États-Unis ont décrété un embargo global sur l'Iran, qui s'impose à tous avec un mécanisme de contrôle et de sanctions particulièrement contraignant. Ce constat éclaire la force de l'hégémonie américaine, et la faiblesse de l'UE.

La situation économique et financière de l'Iran est très difficile, mais on ne peut sous-estimer la résilience d'un pays dont les habitants ont une si haute idée de leur civilisation. Le changement de régime, faute d'une opposition structurée et crédible, est peu probable. Dans l'immédiat, le camp des plus durs, en particulier celui des Gardiens de la Révolution, se renforce, et les cours du pétrole s'envolent. Le cas de l'Iran a valeur de test. Ni la chute du régime ni un changement de comportement significatif n'est en vue. Les États-Unis seraient-ils prêts à intervenir militairement ou à apporter leur soutien à une initiative israélo-saoudienne ? La sortie de crise apparaît périlleuse, et la crédibilité de Washington est en jeu.

D. B.

Pour en savoir plus

- « The Effectiveness of United Nations Targeted Sanctions », Targeted Sanctions Consortium, novembre 2013.
- « Sanctions économiques : quelles leçons à la lumière des expériences passées et récentes ? », *Lettre Trésor-Éco*, n° 150, Ministère de l'Économie, de l'Industrie et du Numérique, juillet 2015.
- « Extraterritorialité des sanctions américaines : quelles réponses de l'Union européenne ? », Rapport d'information de M. Philippe Bonnecarrère, fait au nom de la commission des Affaires européennes, n° 17 (2018-2019), Paris, Sénat, 4 octobre 2018.

L'ordre nucléaire international est-il menacé ?

Une architecture complexe en voie de déconstruction

La complexe architecture de la maîtrise des armements mise en place à la sortie de la guerre froide est aujourd'hui menacée par les affirmations de puissance unilatérales de Washington, Moscou ou Pékin, qui semblent mettre en cause l'ensemble des accords signés. Au-delà des stratégies des puissances dominantes, c'est tout le régime de non-prolifération qui pourrait être menacé. Aux traités existants pourraient à terme se substituer des normes plus souples, moins contraignantes, mais aussi moins efficaces.

Depuis son élection, le président des États-Unis Donald Trump a entrepris de faire sortir son pays de plusieurs accords supposés limiter certains risques associés à l'armement nucléaire. L'opposition assumée de son administration vis-à-vis du multilatéralisme s'est ainsi très vite traduite en décisions politiques à compter de son accession au pouvoir. Les États-Unis se sont retirés en mai 2018 de l'accord sur le nucléaire iranien, et Donald Trump a annoncé en octobre 2018 son intention de se retirer du Traité sur les forces nucléaires à portée intermédiaire (FNI) qui avait été signé avec l'Union soviétique en 1987 pour mettre un terme à la crise des euromissiles. En contestant ainsi tant la valeur du multilatéralisme comme norme, que l'intérêt pour les États-Unis de continuer à se soumettre à des accords internationaux, le gouvernement américain affaiblit un ordre nucléaire international déjà fragilisé de multiples manières.

L'ordre nucléaire international constitue un édifice assez complet de normes juridiques, diplomatiques, politiques, parfois même doctrinales et comportementales, qui partagent l'ambition de limiter les risques inhérents à l'âge nucléaire : risques d'emplois d'armes nucléaires, notamment accidentels, non autorisés ou précipités, de course aux armements entre puissances nucléaires, ou de diffusion des armes nucléaires à destination de nouveaux acteurs. Il englobe donc tant les accords de maîtrise des armements nucléaires (*arms control*) que ceux qui constituent le régime de non-prolifération. Tandis que certaines normes ont été formalisées par le biais de traités ou d'accords bilatéraux ou multilatéraux – toutes ne le sont pas –, la tradition de non-emploi de l'arme nucléaire reste une norme informelle mais non moins réelle.

La remise en cause de cet ordre n'est pas le fait du seul président américain, loin de là : ses sources sont variées, profondes. Elles imposent de s'interroger sur le devenir de la maîtrise des armements et de la non-prolifération, alors que 2020 marquera les 50 ans de l'entrée en vigueur du Traité sur la non-prolifération des armes nucléaires (TNP), ainsi que sur les effets de court et de long termes de ces tendances.

Une contestation aux origines profondes et multiples

L'ordre nucléaire international est aujourd'hui contesté de multiples manières. Certaines sources de contestation sont exogènes aux puissances nucléaires, tel le mouvement des partisans d'une abolition de l'arme nucléaire, constitué d'États ou d'organisations non gouvernementales contestant la légitimité des postures de dissuasion, voire celle du TNP. D'autres proviennent de certaines puissances nucléaires qui, suite à l'accession au pouvoir de nouveaux décideurs ou à un bouleversement d'ordre sécuritaire, ont réévalué leurs intérêts nationaux, leurs priorités de politique étrangère, et par là même l'importance à accorder à de tels engagements internationaux. On a ainsi récemment vu naître une propension, voire une volonté, des côtés américain et russe, à démanteler un ordre conçu et construit par ces deux mêmes pays, pour leur propre sécurité et celle du monde.

La crise actuelle de la maîtrise des armements ne date ni de Donald Trump, ni de l'annexion de la Crimée par la Russie. Certains symptômes étaient perceptibles bien avant, par exemple lors de la décision des États-Unis de se retirer du Traité sur les défenses antimissiles (traité ABM de 1972) fin 2001, ou encore à travers l'attitude russe vis-à-vis du Traité sur les forces conventionnelles en Europe (FCE), au milieu des années 2000. Elle était également palpable lors des négociations du traité New START en 2009-2010, qui n'aboutirent que difficilement à un traité n'imposant que des réductions extrêmement faibles du nombre réel de têtes nucléaires stratégiques déployées de part et d'autre.

L'architecture de la maîtrise des armements se heurte ainsi depuis la fin de la guerre froide à un défi structurel lié à la nature même de l'entreprise. Celle-ci ne survient que lorsque les États impliqués y voient leur intérêt, c'est-à-dire quand la compétition technologique ou militaire dans un domaine apparaît vaine, contre-productive, trop dangereuse, ou quand un État entr'aperçoit l'opportunité de limiter la compétition dans un domaine dans lequel il constate ou anticipe son désavantage. La maîtrise des armements passe ainsi par la nécessité de parvenir, par la négociation, à identifier ces domaines et à faire des concessions sur ceux-ci pour canaliser la compétition.

Or une telle architecture résiste plus ou moins bien au temps qui passe, aux changements des rapports de force mondiaux, aux innovations technologiques ainsi qu'aux changements des priorités stratégiques. Lorsque Washington annonce en décembre 2001 sa sortie du traité ABM, c'est moins parce que les États-Unis entendent se doter d'une défense antimissiles destinée à contrer la Russie, que pour se prémunir contre la menace à venir des capacités balistiques des *rogue states* (Corée du Nord, Irak, Iran). De fait, les priorités des États parties aux divers traités évoluent au fil du temps, et peuvent amener ceux-ci à considérer que les contraintes (interdictions, limites quantitatives ou qualitatives, etc.) héritées du passé sont devenues injustifiées et handicapantes pour leurs défis sécuritaires du moment, ou ceux du futur.

La maîtrise des armements, de la déconstruction à une possible mort

Le cas du traité FNI illustre à la fois l'intensité de la crise que traverse la maîtrise des armements, les tensions pouvant survenir avec le temps entre un traité conclu voici plusieurs décennies et les nouveaux équilibres de puissance dans le monde, et la façon dont les stratégies nationales sont susceptibles d'accélérer ce processus. Ce traité de 1987, conclu entre les États-Unis et l'URSS, interdisait dans les deux pays l'ensemble des missiles sol-sol, qu'il s'agisse de missiles balistiques ou de missiles de croisière, dont la portée était comprise entre 500 et 5 500 kilomètres. Par-delà les préférences de l'administration Trump et de certains de ses conseillers, tel son influent conseiller à la sécurité nationale John Bolton, le sort du traité FNI a également été déterminé par deux autres facteurs : l'attitude russe et la montée en puissance militaire de la Chine.

Après plusieurs années au cours desquelles les États-Unis ont dénoncé le non-respect par la Russie de ses engagements au titre du traité FNI, les diplomaties occidentales s'accordent depuis décembre 2018 sur le fait que Moscou a délibérément violé le traité en testant, en produisant et en déployant un missile de croisière sol-sol mobile (le *SSC-8/9M729*), manifestement interdit par le traité étant donné sa portée très supérieure à 500 kilomètres. La violation russe, déjà dénoncée publiquement par l'administration Obama depuis 2014, s'inscrit dans une stratégie consistant à élargir la gamme de capacités de frappe à longue portée accessible à Moscou, en se débarrassant des contraintes associées au traité FNI, tout en laissant les États-Unis endosser le fardeau diplomatique d'une sortie de traité, sans doute dans l'espoir de voir la décision américaine désapprouvée par les alliés européens de l'Alliance atlantique. En pratique toutefois, les diplomaties alliées sont parvenues à maintenir un front uni dans la condamnation de la violation russe.

Aux États-Unis, la décision de retirer le pays du traité FNI a été moins consensuelle auprès de l'opinion publique qu'au sein d'une classe politique de plus en plus focalisée sur le défi stratégique posé par l'ascension de la Chine. La montée en puissance de cette dernière amène une part grandissante des élites américaines à soutenir des orientations devant garantir à Washington une avance durable dans la compétition stratégique qui s'annonce. Craignant de voir la supériorité navale et aérienne américaine remise en cause en Asie-Pacifique, certains officiels américains – dont John Bolton – soulignaient depuis plus d'une décennie l'intérêt de mettre un terme à un traité empêchant les États-Unis de déployer des missiles sol-sol en Asie orientale, alors même que l'arsenal chinois repose pour l'essentiel sur ce type de missiles.

Le glas de la maîtrise des armements

Quoique l'on pense des motifs des États impliqués, tant le retour des rivalités géopolitiques entre puissances que l'évolution des discours nationaux semblent sonner le glas de la maîtrise des armements telle qu'elle existait depuis la guerre froide, sous forme de traités bilatéraux offrant une certaine prévisibilité et une transparence dans l'évolution des rapports de force américano-russes. Le désintérêt exprimé par la Chine quant à la possibilité d'entrer dans un dialogue de maîtrise des armements avec les États-Unis et la Russie ne fait que conforter à Washington ceux qui souhaitent continuer à démanteler des traités perçus comme jouant en défaveur des Américains dans la compétition avec Pékin.

Si la tendance récente se confirme, la prochaine étape du processus de déconstruction devrait être le traité New START sur les armements nucléaires stratégiques, signé en 2010 par les États-Unis et la Russie. Le traité est supposé arriver à son terme en février 2021, mais sa durée de vie peut être prolongée si les deux États parties en conviennent, pour une durée pouvant aller jusqu'à cinq années. Rares sont désormais les signaux laissant entrevoir qu'une décision conjointe d'extension pourrait être prise avant que la campagne présidentielle ne batte son plein aux États-Unis, alors que le traité doit expirer quelques semaines à peine après l'investiture du prochain président.

Ni la Maison-Blanche ni le Département d'État n'ont ouvertement exprimé l'intention de prolonger le traité, et la Russie affiche sur le sujet une position peu constructive – autant de signes qui laissent à penser que les deux parties pourraient, au mieux, miser sur une négociation tardive pour maximiser leur pouvoir de marchandage. En cas d'échec, ou d'absence de volonté, le risque est de voir s'ouvrir une ère marquée par l'absence complète d'accords de maîtrise des armements nucléaires, et par la disparition des dispositifs de vérification et de transparence bilatéraux qui avaient perduré depuis la guerre froide.

TNP : le cap des 50 ans

Du 27 avril au 22 mai 2020 se réunira à New York la nouvelle conférence d'examen du TNP, qui sera l'occasion de célébrer les 50 ans écoulés depuis l'entrée en vigueur du traité et les 25 ans depuis la décision historique prise lors de la conférence d'examen de 1995 de le proroger indéfiniment. Pour autant, les comités préparatoires tenus en 2017, 2018 et 2019 en vue de la tenue de la conférence d'examen de 2020 laissent peu de place à l'optimisme.

Les débats entre États parties au TNP se cristallisent depuis de nombreuses années autour de certains enjeux aboutissant à des blocages nets : la création d'une zone exempte d'armes nucléaires et d'autres armes de destruction massive au Moyen-Orient, discutée dans le cadre du TNP depuis 1995 ; et la mise en œuvre des engagements des États dotés de l'arme nucléaire (EDAN selon le TNP) au titre de l'article VI du traité, où toutes les parties s'engagent « à poursuivre de bonne foi des négociations sur des mesures efficaces relatives [...] au désarmement nucléaire ».

Les divergences entre États parties sur ces deux points, aggravées par la polarisation des débats au sein même du TNP, ont rendu impossible l'adoption d'un document final à l'issue de la précédente conférence d'examen, en 2015, là où l'ambition affichée par l'administration Obama dans le domaine du désarmement nucléaire avait, en dépit de faibles réalisations concrètes, permis d'aboutir en 2010 à un document consensuel.

Plusieurs facteurs risquent d'exacerber ces tensions et de peser lourdement sur la conférence d'examen de 2020. Depuis le retrait américain du Plan d'action global commun (Joint Comprehensive Plan of Action – JCPOA) signé par le P5+1 et l'Iran en juillet 2015, l'incertitude grandit autour des orientations qui seront suivies par Téhéran suite à la réintroduction par Washington de sanctions directes et indirectes, étant donné les effets limités des mesures prises par les pays de l'UE-3 (Allemagne, France, Royaume-Uni), la Chine et la Russie pour maintenir l'économie iranienne à flot. À moyen et long termes, cette situation pourrait aboutir à la fois à une nouvelle crise du TNP – si l'Iran décidait de revenir sur ses engagements pris en 2015 ainsi que comme signataire du TNP – et à un affaiblissement du leadership américain pour y faire face, en raison de l'attitude de l'administration Trump sur ce dossier. Le traitement dont bénéficie la Corée du Nord, qui a développé un arsenal nucléaire après avoir violé le TNP, contraste avec la stratégie de « pression maximale » adoptée face à l'Iran et renvoie à raison une image de double standard.

Interdire les armes nucléaires ?

Le Traité sur l'interdiction des armes nucléaires (TIAN) représente un deuxième facteur susceptible de cristalliser les oppositions en 2020. Reflet des frustrations des États non dotés de l'arme nucléaire (ENDAN) parties au TNP face à la mise en œuvre jugée insuffisante de l'article VI, le traité vise à créer une norme interdisant non seulement la possession de l'arme nucléaire, mais tout type d'activité pouvant lui être associée : un État partie ne pourra pas bénéficier de la dissuasion élargie, ni même continuer à coopérer avec un État nucléaire sur des domaines liés à son arsenal (Russie et Kazakhstan, par exemple).

Le texte du traité pose nombre de problèmes, puisqu'il ne définit aucun terme ni n'établit aucun dispositif de vérification, reposant entièrement pour sa mise en œuvre sur l'Agence internationale de l'énergie atomique (AIEA). En dépit de cette faiblesse, son article 18 prévoit qu'en cas d'incompatibilité avec un autre traité, le TIAN – malgré son caractère imprécis – prévaudrait, risquant ainsi d'affaiblir la norme d'une non-prolifération nucléaire vérifiable. Ouvert aux ratifications en septembre 2017, le TIAN n'entrera en vigueur que 90 jours après le dépôt du 50e instrument de ratification. Bien que cette entrée en vigueur semble fort improbable avant la conférence d'examen du TNP, le TIAN devrait contribuer à creuser plus encore le fossé séparant d'une part les EDAN et leurs alliés et soutiens, et d'autre part des États souhaitant voir survenir un désarmement nucléaire, quel que soit l'état des tensions internationales et des menaces.

L'approche des partisans du TIAN dépasse largement la seule conférence d'examen et se décline sur le temps long, avec la volonté de délégitimer l'arme nucléaire auprès des opinions publiques des pays occidentaux ; mais elle n'exerce *de facto* aucune pression vis-à-vis de pays tels que la Russie et la Chine, peu sensibles aux préférences de leurs populations et contrôlant l'accès de ces dernières à l'information.

Les cinq puissances nucléaires officielles seront probablement d'autant plus exposées aux critiques qu'elles ont toutes entamé des programmes de renouvellement de leurs arsenaux nucléaires. Afin de répondre aux critiques, et face au risque de voir le régime de non-prolifération connaître un sort semblable à celui de l'architecture de maîtrise des armements, des efforts sont récemment apparus pour promouvoir un dialogue plus fructueux entre EDAN et ENDAN. L'Administration américaine a ainsi lancé l'initiative Creating an Environment for Nuclear Disarmament (CEND). L'objet de ce projet, apparu au printemps 2018, est d'ouvrir un dialogue large sur les conditions dans lesquelles pourraient être franchies les prochaines étapes vers le désarmement nucléaire.

Il s'agirait d'aborder, au travers d'une série de rencontres, les mesures susceptibles de réduire la centralité des armes nucléaires dans les stratégies nationales, les instruments permettant de renforcer la confiance dans les dispositifs de désarmement, ou encore les mesures de confiance réduisant le risque d'emploi de l'arme nucléaire. Clairement conçue dans la perspective de la conférence d'examen du TNP, l'initiative aura fort à faire pour maintenir une atmosphère constructive en mai 2020, ne serait-ce que pour compenser les actes posés par l'administration Trump elle-même – sortie du JCPOA, retrait du FNI, incertitude sur le traité New START, ambitieux programme de modernisation des forces nucléaires, rhétorique présidentielle, etc.

Rupture ou résilience ?

À long terme, la relativisation du rôle des instruments de maîtrise des armements créés à la fin de la guerre froide paraît inéluctable. Les conséquences en seront préoccupantes sans être nécessairement catastrophiques. La compétition déjà vive entre puissances nucléaires perdrait certes des sources précieuses de prévisibilité et de transparence, alors même que les champs de confrontation se multiplient ; mais aucun des principaux acteurs ne semble avoir l'appétence, ni les moyens, d'une compétition militaire massive et débridée. Le glissement vers une architecture reposant moins sur des traités que sur une combinaison de normes informelles et d'engagements unilatéraux pourrait aider à atténuer certaines des conséquences sécuritaires de l'érosion des régimes existants, sans toutefois pouvoir s'y substituer pleinement et maintenir le même degré de stabilité stratégique.

C. B.

Pour en savoir plus

- A. Arbatov, « Mad Momentum Redux? The Rise and Fall of Nuclear Arms Control », *Survival: Global Politics and Strategy*, vol. 61, n° 3, juin-juillet 2019.
- C. Brustlein, « The Erosion of Strategic Stability and the Future of Arms Control in Europe », *Proliferation Papers*, n° 60, Ifri, novembre 2018.
- M. Creedon *et al.*, « Managing Risk: Nuclear Weapons in the New Geopolitics », Washington D. C., The Brookings Institution, février 2019.

Partie 3

Le monde en questions

Le paysage politique américain avant la présidentielle de 2020

La double inconstance

Le président, structurellement minoritaire dans l'opinion américaine, a déjà lancé sa campagne pour sa réélection en 2020. Ses atouts ne lui permettent de cimenter que le noyau dur de son électorat. Sa grande force tient pour l'heure à la division et aux contradictions idéologiques des démocrates.

À plus d'un an de l'élection présidentielle de novembre 2020, et alors que le premier scrutin des primaires du Parti démocrate aura lieu le 9 février 2020 en Iowa, la situation politique aux États-Unis paraît à la fois paradoxale et confuse.

Si le président Donald Trump n'a fait aucun mystère, depuis son investiture de janvier 2017, de briguer un second mandat – ce qui lui a permis de commencer une levée de fonds précoce et élevée pour sa réélection[1] –, il entend se représenter sans jamais avoir, durant les 30 premiers mois de son mandat, franchi au moins une fois les 50 % d'opinions favorables dans le sondage historique Gallup : une première pour un président depuis Harry S. Truman.

Les contradictions démocrates

Face à ce président structurellement minoritaire dans l'opinion depuis son élection « arrachée » au collège électoral en 2016 – avec environ 2,9 millions de voix de retard sur Hillary Clinton[2] –, l'opposition démocrate apparaît elle aussi enfermée dans des contradictions flagrantes. Les démocrates ont certes remporté, lors des élections de mi-mandat de novembre 2018, une victoire retentissante à la Chambre des représentants, y reprenant une majorité confortable perdue depuis 2010 (avec 235 sièges sur 435, soit un gain de 42 sièges par rapport à la précédente législature). Et la Chambre est dès lors devenue, sous la férule de l'expérimentée représentante de Californie

1. En 2017-2018, pour ses deux premières années de mandat, le comité de campagne de Donald Trump avait déjà levé 67,5 millions de dollars quand aucun de ses quatre prédécesseurs n'avait levé sur la même période plus de 5 millions.
2. Pour la quatrième fois seulement en 230 ans (1876, 1888, 2000), le collège électoral, qui attribue un nombre prédéterminé de grands électeurs au vainqueur de chaque État, donna un résultat différent en 2016 du vote populaire, cette fois dans des proportions inédites.

Nancy Pelosi, une plate-forme d'assaut contre une présidence Trump accusée tour à tour d'obstruction à la justice, de conflits d'intérêts ou de dissimulation fiscale.

Mais cette victoire électorale n'a été que partielle. Les républicains et Donald Trump ont acquis une majorité nette au Sénat (avec 53 sièges sur 100 de janvier 2019 à janvier 2021), gardant ainsi la mainmise sur la confirmation de toutes les nominations présidentielles, qu'elles soient ministérielles ou judiciaires, dont la prééminence institutionnelle sur la Chambre n'est plus à démontrer. Cette majorité sénatoriale leur permet de poursuivre un repeuplement accéléré des tribunaux judiciaires fédéraux, avec des juges conservateurs radicaux, favorables à un élargissement de la suprématie présidentielle ou à une restriction du droit à l'avortement. De plus, cela n'a pas été assez noté en Europe, les républicains ont aussi fait élire ou réélire des gouverneurs conservateurs dans des États clés pour l'élection présidentielle, en Floride (De Santis), Ohio (DeWine) ou Iowa (Reynolds).

Quelle doctrine pour unir le Parti ?

La position des démocrates est surtout compliquée en cette année préélectorale par le choix d'une doctrine politique face à Trump, d'autant que le succès des élections de mi-mandat a révélé, au moins dans les grandes métropoles, une inflexion à gauche vers plus d'écologie et de solidarité. Ce virage à gauche est incarné en particulier par de jeunes élues féminines, dont la représentante du Bronx à New York, Alexandria Ocasio-Cortez (AOC), est devenue une icône médiatique.

Pour reprendre la Maison-Blanche à Trump, faut-il donc adopter un programme de « nationalisation » publique du système de santé (le *Medicare for All* du sénateur Bernie Sanders, promu par AOC) et de révolution écologique (le *Green New Deal*) afin de galvaniser l'électorat métropolitain jeune et éduqué ? Ou bien, au contraire, favoriser une posture de compromis et de progrès graduel, passant par la défense des acquis de l'ère Obama et une prise en compte des attentes de protection de l'électorat blanc ouvrier et non diplômé qui a fui vers Trump ?

Ce débat, qui passe aussi par une réévaluation critique de l'échec de la candidature Clinton en 2016, avait déjà animé l'élection à la direction du comité national du Parti démocrate en 2017, aboutissant finalement à la désignation d'un nouveau patron de compromis pour le parti, Tom Perez. Celui-ci s'est empressé de mettre en sommeil les controverses internes pour faire place aux priorités électorales des *midterms* de fin 2018. Mais le début du cycle des primaires, dès janvier 2019, a réactivé le débat doctrinal, dont l'incertitude a favorisé la prolifération des candidatures présidentielles. Avec 25 candidats et candidates à la Maison-Blanche à l'été 2019, le vieux record démocrate des présidentielles de 1972 et de 1976 (16 candidatures) est dépassé.

À gauche toute ?

Outre la faiblesse supposée du président sortant Trump, et l'exemple qu'il a lui-même fourni du côté républicain d'une primaire ouverte au plus improbable des candidats, la multiplication des candidatures démocrates reflète bien l'absence de cohésion idéologique à l'intérieur du parti. Sur la gauche, on a assisté à une surenchère de candidats et candidates toujours plus nombreux à vouloir rivaliser avec le sénateur

Bernie Sanders, dont le combat en primaires en 2016 face à Hillary Clinton s'est paré, *a posteriori*, de vertus prophétiques. La sénatrice du Massachusetts Elizabeth Warren a ainsi développé, pour lancer sa candidature, un ambitieux projet d'imposition massive des hauts revenus, préparé par les chercheurs français de l'université de Californie Emmanuel Saez et Gabriel Zucman. La sénatrice de Californie, Kamala Harris, pourtant longtemps centriste dans son propre État, s'affiche désormais en opposante farouche à la peine de mort, dont elle défendait encore pourtant l'application comme ministre de la Justice californienne en 2014. Et le sénateur afro-américain du New Jersey, Cory Booker, revendique l'étude de réparations financières pour compenser les siècles d'esclavage puis de racisme subis par les Afro-Américains.

Cette nouvelle radicalité à gauche chez les démocrates fait écho à celle introduite par Trump dans le camp adverse. Elle a pour but de surmobiliser des électorats progressistes fondamentaux (Afro-Américains, jeunes de 18 à 35 ans…), comme l'avait fait le président avec les socles conservateurs, dont les Blancs évangéliques.

Mais cette résolution à gauche est contestée par d'autres candidates et candidats démocrates, qui craignent d'être inaudibles dans les États de la ceinture industrielle du Nord-Est et du Midwest, lesquels ont fait défaut en 2016 (Pennsylvanie, Wisconsin, Michigan). C'est la force principale de la candidature, longue à se déclarer, du vice-président d'Obama Joe Biden, qui conjugue une défense du bilan démocrate de 2009 à 2017 (préservation de l'*Obamacare*) avec une personnalité de politique natif de la Pennsylvanie ouvrière. D'autres postulants, comme la sénatrice du Minnesota Amy Klobuchar, le représentant de l'Ohio Tim Ryan, ou le jeune maire de l'Indiana Pete Buttigieg, font eux aussi de leur enracinement dans le Midwest industriel et du centrisme programmatique un atout pour reconquérir la *working-class* blanche que Clinton avait oubliée en 2016.

Le déroulement des primaires, rythmé après fin juin 2019 par des débats télévisés nombreux, doit par conséquent arbitrer le positionnement démocrate face à Trump, ainsi que les moyens pour le combattre. En effet, le début des primaires a vu un clivage nouveau apparaître, entre les candidats refusant désormais, comme Sanders et Warren, de faire appel aux gros donateurs industriels et lobbyistes pour financer leurs campagnes, tandis que Biden, Booker, Harris ou Buttigieg continuent à les solliciter.

Forces et faiblesses du candidat Trump

Face aux incertitudes démocrates, Trump pourrait apparaître à la fin 2019 en position de force. Tous les présidents sortants battus à l'ère contemporaine furent d'abord défiés par un rival sérieux en primaires dans leur propre parti (Ford par Reagan en 1976, Carter par Ted Kennedy en 1980, Bush Sr. par Buchanan en 1992). Ce n'est pas le cas pour Trump, qui n'a aucun rival sérieux en interne, et dont la campagne, remarquablement professionnalisée par rapport à 2016, a déjà mis le parti en ordre de marche.

Du point de vue économique, la présidence Trump coïncide avec des résultats exceptionnels pour la croissance et l'emploi (plus faible taux de chômage au printemps 2019 depuis 50 ans), dont il serait vain de vouloir lui disputer le bénéfice. Et la cohérence idéologique de Trump, appuyée sur un trépied nationalisme/identité blanche/

conservatisme moral, lui assure une audience qui ne se dément pas dans l'électorat populaire blanc des États industriels du Midwest, qui profitent aussi de la prospérité économique. Par ailleurs, si l'enquête indépendante du procureur Mueller – considérée à tort par les élites à Washington et en Europe comme signant la fin de la présidence Trump –, a bien démontré une ingérence exceptionnelle de la Russie en faveur de Trump dans l'élection 2016, elle n'a pu établir une quelconque collusion, ce qui a renforcé la légitimité présidentielle auprès de ses électeurs.

Malgré tous ses atouts indéniables, Trump ne parvient toujours pas à produire du consensus autour de sa personne et de sa présidence, ce qui conduit à douter de sa capacité à rassembler de nouveau une majorité, fût-ce seulement au collège électoral. Ses outrances, répétées chaque jour par des tweets qui semblent accaparer une part croissante de son temps d'exercice du pouvoir présidentiel, lui permettent, certes, de cimenter le quart de l'électorat qui lui est attaché envers et contre tout. Mais elles ont éloigné, sondage après sondage, plus de 50 % des électeurs qui le désapprouvent fortement. Et un an avant l'élection, jamais un président n'a vu autant de citoyens déclarer qu'ils voteraient de toute façon contre lui. Au printemps 2019, dans un sondage ABC/*Washington Post*, 55 % des personnes interrogées se déclaraient ainsi certaines de ne pas voter pour Trump en 2020. Ils étaient 44 % pour Barack Obama en 2011.

Par ailleurs, si Trump a su, après beaucoup d'atermoiements, constituer une équipe gouvernementale composée de fidèles acceptant l'impératif de loyauté absolue à sa personne – ainsi, l'ancien militaire et représentant conservateur du Kansas Mike Pompeo est depuis avril 2018 un secrétaire d'État beaucoup plus docile que l'ancien patron d'Exxon Rex Tillerson, avec lequel le président Trump entretenait des différends personnels et diplomatiques très lourds –, la production réglementaire et législative de son administration reste historiquement faible, et est souvent contrariée par le contre-pouvoir judiciaire. Durant les deux premières années de son mandat, alors qu'il disposait d'un Congrès entièrement à sa dévotion, Trump n'est parvenu à faire voter qu'une baisse d'impôts massive (*Tax Cuts and Jobs Act*, en décembre 2017), dont il fait un argument central pour sa réélection.

À un an du scrutin présidentiel, l'incertitude politique la plus totale règne donc, aggravée par la personnalité fantasque d'un Donald Trump dont la capacité à mener, à 74 ans, une seconde campagne présidentielle victorieuse, doit encore être démontrée.

C. S.

Pour en savoir plus

- T. Gomart et L. Nardon (dir.), « Trump, un an après. Un monde à l'état de nature ? », *Études de l'Ifri*, Ifri, novembre 2017.
- L. Henneton, *Atlas historique des États-Unis*, Paris, Autrement, 2019.
- L. Nardon, *Les États-Unis de Trump [en 100 questions]*, Paris, Tallandier, 2018.

L'administration Trump et les relations transatlantiques

Entre transgression et continuité

Les Européens sont désormais vus comme des rivaux : concurrents ne payant pas le droit de leur sécurité, intéressants seulement par leurs marges confrontées à la puissance russe. Mais la continuité de l'orientation stratégique est claire : les équilibres mondiaux se déterminent hors du Vieux Continent.

Deux ans et demi après l'élection de Donald Trump, la politique étrangère de l'administration continue à troubler les observateurs. Les Européens ont répondu en ordre dispersé à une administration qui a traité l'Europe en théâtre passif de la compétition des grandes puissances, voire en adversaire.

America First appliqué à l'Europe

Il est inexact de décrire la politique de l'administration comme « isolationniste ». L'administration Trump mène une politique nationaliste, unilatérale, et fondée sur une vision de jeu à somme nulle des relations internationales ainsi qu'une définition étroite des intérêts américains, centrée sur la prospérité de la nation, la sécurité de son territoire et l'utilisation coercitive des leviers économiques (sanctions extraterritoriales, tarifs douaniers). Sur les enjeux globaux, les positions de l'administration s'affichent aux antipodes de l'ADN de l'Union européenne (UE) : multilatéralisme, coopération, foi dans le droit et les organisations internationales. Comme promis dans sa campagne, le président Trump s'est retiré de l'accord nucléaire iranien, de l'accord de Paris sur le climat, d'institutions comme l'UNESCO. En octobre 2018, il a annoncé son intention de se retirer du Traité sur les forces nucléaires à portée intermédiaire (traité FNI), un des piliers de l'ordre de sécurité européen, ranimant la crainte d'une reprise de la course aux armements et d'un découplage entre les deux rives de l'Atlantique.

L'UE n'est citée que deux fois dans la *National Security Strategy* de décembre 2017 : pour souligner la menace que la Russie fait peser contre l'UE et l'Organisation du traité de l'Atlantique nord (OTAN), et dans le cadre des négociations commerciales. Donald Trump ne cache pas son hostilité directe pour l'UE qu'il qualifie d'« ennemie » des États-Unis, « pire que la Chine » du fait de ses pratiques commerciales. L'Allemagne est la cible privilégiée du président qui a imposé des taxes douanières sur l'acier et l'aluminium européen, et menace régulièrement les automobiles allemandes ou le vin français.

L'Allemagne est au cœur des critiques de Donald Trump depuis 30 ans. Renversant l'axiome bipartisan de la politique américaine depuis la fin de la Seconde Guerre mondiale, Trump voit dans l'ordre libéral international non un multiplicateur de puissance pour Washington, mais un carcan imposant tabous et restrictions inutiles à la puissance américaine. Alliés comme adversaires bernent les États-Unis avec des accords de libre-échange injustes et des garanties de sécurité asymétriques. L'Allemagne, qui a réintégré le système international à l'abri de la puissance américaine, symbolise un ordre qui permet aux alliés de profiter de la naïve bienveillance de Washington.

L'approche transactionnelle des alliances se retrouve particulièrement dans la marotte du *burden sharing*. Conditionnant les garanties de sécurité aux dépenses militaires des alliés, Trump ne cache pas son scepticisme face à l'OTAN. L'obsession est ancienne. En 1987, songeant déjà à être candidat à la présidentielle, il achète une page entière du *New York Times* pour dénoncer les pays qui tirent avantage de la protection américaine.

L'administration a donc privilégié une bilatéralisation des relations, favorisant les États jouant le jeu de la transaction : acquisition d'équipements militaires américains, investissement dans les capacités de défense… En juin 2019, le président polonais Andrzej Duda se rend à Washington et obtient l'envoi de 1 000 soldats américains en rotation, qui s'ajoutent aux 4 500 déjà présents dans le cadre de la *European Deterrence Initiative*. Cette victoire polonaise coûte cher : achat de missiles *Patriot* pour 4,75 milliards de dollars, promesse d'achat de 32 avions de chasse *F-35*. Avec la France, la coopération sur les questions de sécurité et de contre-terrorisme bat son plein (soutien de l'opération au Sahel, participation à la coalition contre Daech en Syrie et en Irak), mais les différences restent béantes sur les enjeux dépassant la seule relation bilatérale.

Idéologie ou stratégie : deux livres inspirent l'administration

Trump a soutenu le Brexit et son ancien collaborateur Steve Bannon parcourt l'Europe pour y soutenir les mouvements nationalistes : existe-t-il une doctrine structurée permettant d'appréhender la politique européenne de l'administration Trump ?

The Unquiet Frontier, de Jakub Grygiel et Wess Mitchell, offre une grille de lecture géopolitique : les États frontaliers de l'Europe sont les zones privilégiées de la compétition des grandes puissances. Wess Mitchell fut pendant deux ans sous-secrétaire d'État aux affaires européennes, partisan d'une amélioration des relations avec les pays d'Europe centrale et orientale, et d'un renforcement de la présence militaire américaine dans le cadre d'opérations de réassurance de l'OTAN. Les auteurs offrent ici une justification purement réaliste aux alliances américaines, loin d'un discours sur les valeurs libérales : « L'objectif stratégique des États-Unis ne doit pas être de défendre une quelconque architecture internationale abstraite ou des principes globaux mais de défendre des États spécifiques contre des menaces spécifiques. » L'Amérique doit investir dans la sécurité d'alliés comme la Pologne ou les pays baltes parce que ces zones sont déterminantes pour les intérêts américains, au-delà de leur seul périmètre. Ces « zones grises » sont le théâtre où Russie et Chine vont sonder la crédibilité globale de la puissance américaine par des méthodes de basse intensité, évitant la confrontation directe : cyberattaque, manipulation et infiltration de mouvements populaires, etc.

Un autre ouvrage, nettement plus idéologique, a été lu et apprécié par certains membres de l'administration. Il s'agit de celui du théologien et philosophe conservateur israélien Yoram Hazony, *The Virtue of Nationalism*. Puisant dans des sources historiques et bibliques, Hazony décrit l'État-nation comme la forme aboutie et juste du gouvernement des hommes, contrastant avec la tentation impériale ou les formes de souveraineté supranationale, de l'UE à la Cour pénale internationale. Partisan d'un souverainisme absolutiste, Hazony plaide pour de nouvelles alliances américaines avec des États-nations démocratiques et souverainistes sachant défendre leur identité et leur sécurité dans des rapports de puissance. Dans le *Wall Street Journal*[1], l'auteur plaidait récemment pour un rapprochement avec l'Inde, l'Australie ou Israël plutôt qu'avec des pays d'Europe occidentale refusant de garantir leur propre défense et souveraineté. « Les gouvernements d'Europe occidentale restent idéologiquement attachés au transfert de pouvoirs de plus en plus importants à des corps internationaux et à la dégradation conséquente de leur indépendance nationale. Cela n'en fait pas des ennemis des États-Unis, mais ils ne sont pas non plus des partenaires pour défendre des valeurs comme l'auto-détermination nationale. »

Hazony comme Mitchell justifient l'investissement dans la relation bilatérale avec la Pologne, le premier au nom de l'affinité avec le gouvernement conservateur du PiS, le second au nom de l'importance de cet État de la « frontière intranquille ». Si Mitchell s'intéresse peu à l'UE, n'y voyant pas un acteur stratégique de premier plan, contrairement à l'OTAN, Hazony en fait la bête à abattre, la politique des républicains oscillant entre ces deux approches.

Un réalignement structurel ?

La personnalité de Donald Trump étouffe le débat américain depuis trois ans. Premier président élu sans la moindre expérience politique ou militaire, son mépris des normes comportementales, son utilisation débridée des réseaux sociaux, son populisme ont empêché un diagnostic tempéré des tendances structurelles du rapport des Américains au système international, et à l'Europe.

La politique étrangère américaine est produite par de multiples acteurs : Département d'État, Trésor, contre-pouvoirs comme le Congrès… Faut-il privilégier les tweets spontanés du président, ou les communications officielles comme la *National Security Strategy*, doctrine née d'un long processus inter-agences ? Les pays européens ont d'abord parié sur les *adults in the room*, conseillers aux parcours traditionnels comme le secrétaire à la Défense Jim Mattis, supposés encadrer le président (ils ont cependant été remplacés par des proches de ce dernier). Sur nombre de questions, ces acteurs ont pu imposer une forme de continuité, parfois occultée par l'ambiance chaotique de l'administration : augmentation des budgets consacrés à la dissuasion en Pologne et dans les pays baltes (*Enhanced Forward Presence* de l'OTAN), renforcement des sanctions contre la Russie, voire livraison d'armes offensives à l'Ukraine – une option rejetée par l'administration Obama. Sur d'autres questions, on se gardera de s'enfermer dans une vision purement fédérale du système américain : malgré le

1. Y. Hazony et O. Haivry, « Why America Needs New Alliances », *Wall Street Journal*, 5 avril 2019.

retrait de l'accord de Paris, de nombreux acteurs locaux (États, grandes villes) ou des grandes entreprises se sont ainsi engagés à préparer la transition environnementale.

Plus fondamentalement, le président Trump offre quelques signes de continuité avec l'administration Obama : méfiance vis-à-vis des interventions militaires, en particulier dans le voisinage de l'Europe ; discours sur le partage du fardeau ; focalisation sur le Pacifique comme théâtre principal pour la puissance américaine, déjà affirmée avec le « pivot » vers l'Asie de l'administration précédente. L'Europe perd sa centralité, effet-retard de la fin de la guerre froide. Dans un entretien remarqué de *The Atlantic*[2], Obama brocardait déjà Paris et Londres pour leur posture de passager clandestin dans le conflit libyen. Trump, comme Obama, était opposé à la guerre en Irak. Contre l'avis majoritaire des *think tanks* de Washington, les deux présidents affichent leur méfiance vis-à-vis de l'interventionnisme militaire, en particulier au Moyen-Orient, comme l'a montré leur évitement du conflit syrien, malgré ses conséquences sur la sécurité des Européens.

Quelle réponse européenne ?

La stratégie des Européens doit partir du bon diagnostic. Contrairement aux promesses optimistes, voire inconséquentes, de l'ancien vice-président et actuel candidat démocrate Joe Biden à la Conférence de Munich sur la sécurité (*We'll be back*), les Européens ne peuvent vivre dans l'espoir d'un revirement bienveillant des États-Unis. Certes, une administration démocrate adopterait une position plus combative face aux enjeux globaux comme le changement climatique, et mettrait fin aux guerres commerciales contre ses alliés.

En revanche, les Européens devront continuer d'affronter leur solitude stratégique : la rivalité bipolaire avec la Chine structurera le système international, comme elle occupera l'esprit des stratèges de Washington. L'appétit du public américain pour des interventions en cas de crise majeure chez un voisin de l'Europe restera limité. Les Européens décideront-ils de s'interroger sur leur dépendance face à la puissance américaine, d'investir dans leurs propres moyens, non seulement sur le plan militaire, mais aussi sur les plans diplomatique et économique, pour exister dans un nouveau concert des grandes puissances ?

B. H.

Pour en savoir plus

- J. J. Grygiel et A. W. Mitchell, *The Unquiet Frontier: Rising Rivals, Vulnerable Allies, and the Crisis of American Power*, Princeton, Princeton University Press, 2016.
- B. Haddad, *Le Paradis perdu. L'Amérique de Trump et la fin des illusions européennes*, Paris, Grasset, 2019.
- Y. Hazony, *The Virtue of Nationalism*, New York, Basic Books, 2018.

2. J. Goldberg, « The Obama Doctrine », *The Atlantic*, avril 2016.

Les États-Unis et le Moyen-Orient

Entre obsession et éloignement

Depuis Barack Obama, les États-Unis ont exprimé leur volonté de se distancier du Moyen-Orient pour se concentrer sur le défi chinois. Donald Trump suit cette voie, avec l'obsession particulière de l'Iran. Ni le président ni ses soutiens dans l'opinion américaine ne souhaitent l'affrontement militaire, mais le dérapage d'une crise demeure possible.

Après trois décennies de surinvestissement militaire américain au Moyen-Orient, Donald Trump confirme une volonté de désengagement, rendue possible par la nouvelle indépendance énergétique américaine, et motivée par la priorité accordée à l'Asie – un désengagement déjà entamé sous Barack Obama. Daech vaincu sur le terrain, la campagne lancée par Obama en 2014 touche à sa fin, et Trump en prend acte en annonçant en décembre 2018 la fin de la présence américaine en Syrie. L'interventionnisme américain en Irak avait profité à l'Iran, qui a préparé le terrain au retour de la Russie. Aujourd'hui, Téhéran n'a plus les moyens de ses ambitions, et les États-Unis n'ont plus les ambitions de leurs moyens[1], même s'ils gardent leur très large empreinte militaire dans la région.

La politique américaine au Moyen-Orient est un cas d'école de la politique étrangère de Trump, de ses caractéristiques et de ses contradictions, des idées fixes et des déterminants intérieurs – effacer l'héritage d'Obama sur l'Iran, signer des contrats d'armement, faire la politique de sa base évangélique pro-Israël. Une dissonance cognitive au sommet, parfois réelle, parfois instrumentalisée, qui brouille, à dessein ou non, la perception de la politique décidée à Washington. Une volonté de privilégier les instruments économiques, plutôt que militaires ou diplomatiques, de la politique étrangère. Un « état final recherché » qui pourrait se résumer à : « éviter d'être entraîné dans de nouveaux conflits dans la région »…

La convergence d'intérêts entre Israël, Arabie Saoudite et Émirats arabes unis (EAU) pourrait ouvrir la voie à une nouvelle architecture de sécurité régionale, si la Russie y voyait également son intérêt – en attendant la concrétisation de l'Alliance stratégique pour le Moyen-Orient[2], future OTAN arabe encore dans les limbes. C'est, du moins, ce qui ressemble le plus à la vision américaine actuelle : une stratégie pouvant se résumer à l'endiguement (*containment*) de l'Iran, et même

1. L'expression est de Louis Blin.
2. Middle East Strategic Alliance (MESA).

plus largement du Moyen-Orient, pour « maintenir à distance » la région, et permettre à Washington de se concentrer sur le défi chinois, objectif premier de la stratégie américaine dans la continuité d'Obama.

Trump et l'Iran, le risque de la guerre

L'éventualité d'une guerre entre les États-Unis et l'Iran est posée depuis le renouvellement de l'équipe de politique étrangère de Trump en 2018, et l'arrivée à la Maison-Blanche de John Bolton. Faucon et unilatéraliste notoire, celui-ci n'a jamais caché sa volonté de voir la République islamique remplacée par une démocratie libérale (si possible pro-américaine), ce qu'il estime faisable par une intervention militaire en dépit de précédents désastreux. Le secrétaire d'État Mike Pompeo, quant à lui, a toujours été du côté des durs contre l'Iran, mais c'est avant tout un politicien, qui sert son patron. Trump de son côté veut un « meilleur *deal* » que l'accord de 2015 (Joint Comprehensive Plan of Action – JCPOA –, dont les États-Unis se sont retirés il y a un an), dont le principal défaut à ses yeux est d'être l'œuvre d'Obama.

Trump reproche aussi à l'accord de ne concerner que le nucléaire et d'annoncer une levée des sanctions en échange du seul gel du programme nucléaire, alors que le problème posé par l'Iran est selon lui beaucoup plus large : dans la stratégie de sécurité nationale de son administration, l'Iran apparaît comme la source de tous les maux de la région. À ce stade, le contenu d'un éventuel « meilleur accord » importe peu, et n'est guère précisé ; ce qui compte pour Trump, c'est que ce soit *son* accord. La politique de « pression maximale » par l'aggravation des sanctions vise à pousser les dirigeants iraniens à négocier, sur le nucléaire mais surtout en modifiant leur politique régionale. Ce dont Trump ne veut pas, c'est d'une nouvelle guerre, et surtout pas au Moyen-Orient – tout le monde le sait, à tel point que, comme avec Obama, ses menaces (les tweets rageurs ayant remplacé les lignes rouges) n'ont guère d'effet. Face aux sanctions renforcées, les Iraniens ont jusqu'ici fait le dos rond, attendant 2020 et que se concrétise l'hypothèse d'un autre président, restant dans l'accord en espérant des jours meilleurs.

La donne a changé avec la décision américaine début mai 2019 de supprimer les dernières exemptions permettant à huit pays de continuer à acheter du pétrole iranien, dernière étape dans le rejet américain du JCPOA, après le retrait de l'accord en mai 2018, puis le retour des sanctions en novembre. Face à l'étranglement de son économie, Téhéran a menacé de diverses représailles : reprise des activités nucléaires, actions militaires « défensives »... De son côté, Trump, agacé par le peu de résultats de la « pression maximale », a utilisé Bolton pour faire croire qu'une guerre était possible et retrouver une marge de manœuvre. Mais à l'approche de 2020, Trump est attentif à ses électeurs, qui comptent parmi les plus hostiles à une nouvelle guerre au Moyen-Orient[3]. Le cœur de sa base – les chrétiens évangéliques blancs qui le soutiennent à près de 80 % – pourrait certes approuver une guerre si Israël était attaqué. Mais il semble douteux que les Iraniens prennent un tel risque. Un conflit de basse intensité ne peut cependant être totalement exclu.

Le sabotage, *a priori* d'origine iranienne, de pétroliers à Foujeyra, à l'entrée du golfe Arabo-Persique, juste après l'annonce de la fin des exemptions, a fait monter

3. Après les frappes en Syrie, les réactions les plus négatives sont venues des plus fervents supporters de Trump.

la tension en montrant la capacité iranienne à perturber les flux pétroliers, vitaux pour les pays de la région et l'économie mondiale. Mais l'affaire a également montré le peu d'appétence de ces pays pour une confrontation militaire avec l'Iran, en dépit des signaux antérieurs venant notamment de l'Arabie Saoudite, des EAU et d'Israël. Une sortie de crise par un sommet Trump-Rohani apparaît toujours moins plausible, en dépit des tentatives répétées de la Maison-Blanche : le leadership iranien n'y voit aucun intérêt – et une rencontre avec le « Grand Satan » irait à l'encontre de l'essence même du régime.

Un test des promesses politiques de Trump

Au-delà, l'approche de Trump teste plus profondément le cœur de sa promesse politique : redéfinir le rapport de l'Amérique au reste du monde. Elle pose, comme sous Obama, la question de la réponse des États-Unis au déclin relatif de leur puissance face à l'ascension de la Chine en particulier. Elle les met surtout face à leurs ambiguïtés : Trump a maintes fois déclaré que son pays ne voulait plus être le gendarme du monde, sans pour autant perdre leur position de première puissance mondiale. Comme Obama, Trump pense que l'avenir est en Asie et l'adversaire principal, la Chine : le « pivot » vers l'Asie s'appuyait déjà sur un désengagement américain du Moyen-Orient. Comme au lendemain de la fin de la guerre froide, les États-Unis n'acceptent pas « l'émergence d'une superpuissance rivale » qui remet en cause leur suprématie mondiale.

La crise iranienne pose une question simple : les États-Unis peuvent-ils rester une puissance globale s'ils se désengagent du Moyen-Orient ? Peuvent-ils se désengager tout en prétendant toujours peser sur le cours des événements, et en maintenant un important dispositif militaire sur place ? Obama répondait en idéaliste (et en savant) ; Trump répond en réaliste (et en politicien) – pour reprendre la dichotomie de Max Weber. Comme Obama, Trump veut moins de responsabilités : il entend donc déléguer la gestion de la région. Obama faisait le pari d'une mise à distance par la normalisation de l'Iran et sa réintégration dans le jeu régional, pour équilibrer le poids d'Israël et de l'Arabie Saoudite. Le pari aurait pu fonctionner avec le temps, mais on ne le saura jamais.

Trump fait, lui, un pari différent : celui de piloter à distance le cours des événements *via* trois acteurs (re)devenus les partenaires privilégiés des États-Unis : Israël, l'Arabie Saoudite et les EAU, qui sont dirigés par trois proches du clan Trump, aux liens étroits et opaques avec Jared Kushner, gendre de Trump et conseiller à la Maison-Blanche au portefeuille étendu sur le Moyen-Orient. Kushner est également à la manœuvre du *deal* du siècle, un plan pour « résoudre le problème israélo-palestinien » que le monde attend depuis plus de deux ans. Les bribes dévoilées indiquent une approche purement économique du conflit, que les Américains entendent régler à coups d'incitations financières[4]. Trump fait le pari d'un passage en force, comme pour ses décisions antérieures sur le déplacement de l'ambassade américaine à Jérusalem, ou la reconnaissance de l'annexion du plateau du Golan. L'illusion d'un Washington « intermédiaire neutre » est désormais confirmée.

4. Les détails n'avaient toujours pas été rendus publics à l'heure d'écrire ces lignes.

La relation avec Riyad, mise en cause par la majorité du Congrès (y compris au Sénat républicain) depuis l'assassinat du journaliste saoudien et contributeur au *Washington Post* Jamal Khashoggi, est pour l'instant protégée par le président. Trump n'a ainsi pas hésité à mettre son véto – le premier de sa présidence en politique étrangère – à une loi exigeant la fin du soutien américain à la guerre menée par l'Arabie Saoudite et les EAU au Yémen. La question de la pérennité du « pacte du Quincy » après la présidence Trump demeure cependant posée. Il faut enfin évoquer les relations des États-Unis avec la Turquie d'une part, l'Égypte d'autre part, fragilisées ces dernières années notamment en raison de leur rapprochement avec la Russie. Si la politique égyptienne semble prendre un tournant isolationniste, la Turquie n'a en revanche pas renoncé à une politique activiste, et pourrait même reprendre à l'Iran le flambeau d'un projet islamiste internationaliste. Ce projet l'opposerait frontalement à l'Arabie Saoudite et aux EAU, et pourrait remettre en question son appartenance à l'OTAN.

***

Trump confirme donc le tournant majeur intervenu depuis Obama. Pour l'actuelle Maison-Blanche comme pour son trio d'alliés régionaux, le problème principal est la politique régionale de l'Iran. L'objectif de la politique de « pression maximale » par durcissement des sanctions est de mettre le régime à genoux pour l'empêcher d'agir par le biais de ses *proxies* (Houthis, Hezbollah, Assad, Hamas) dans les conflits régionaux (Syrie, Yémen, Israël-Palestine). Les démarches sont proches, mais l'état final recherché est très différent, surtout pour les habitants de la région.

En tout état de cause, l'issue de la crise dépend des relations et réactions personnelles de ces leaders – clan Trump, Benyamin Netanyahou, Mohammed Ben Zayed et Mohammed Ben Salman –, ce qui n'est pas particulièrement rassurant. Même si personne ne veut la guerre, une escalade militaire partant d'un malentendu est toujours possible dans l'environnement volatil d'un Moyen-Orient déjà en proie à plusieurs guerres, et avec une présence américaine estimée à plus de 50 000 hommes et des douzaines de missions militaires dans 14 pays de la région, y compris bien sûr la base du Qatar et le QG de la Ve flotte à Bahreïn.

M. K.

Pour en savoir plus

- M. Kandel, « États-Unis, Arabie Saoudite, une alliance ambigüe », *Questions internationales*, n° 89, janvier-février 2018.
- A. Ostovar, « Why It's Tough to Get Tough on Iran », *Foreign Affairs*, 25 octobre 2017.
- M. Zenko, « US Military Policy in the Middle East: An Appraisal », *Research Paper*, Chatham House, 18 octobre 2018.

Brexit : trois scénarios

La certitude de l'incertain

Une seule chose est sûre : nul scénario n'est certain. Il est difficile de prédire les choix institutionnels qu'effectuera le Royaume-Uni : confiance dans le nouveau Premier ministre, élections législatives anticipées, référendum... Quant aux Européens, ils doivent choisir entre la lassitude de la négociation et l'inconnu d'une rupture dure.

La semaine du 11 mars 2019 illustre l'imbroglio incompréhensible du Brexit. Trois jours de vote consécutifs sur le Brexit étaient prévus au sein de la Chambre des Communes – premier indicateur du temps passé au Parlement à traiter du Brexit… Le 12 mars, la Chambre rejette pour la seconde fois l'accord de retrait négocié entre le gouvernement et la Commission européenne en novembre 2018. La défaite est moins sévère que le premier vote, mais l'accord est rejeté par une majorité de 149 voix. Le 13 mars, double vote avec un premier rejet de la Chambre d'une sortie de l'Union européenne (UE) sans accord, et un autre – cohérent avec le premier – contre une sortie le 29 mars sans accord. Le 14 mars, de nouveau, double vote. Le premier rejette la tenue d'un second référendum. Le second est le seul vote positif de la semaine, demandant l'extension de l'article 50, dont la procédure devait se terminer quinze jours plus tard.

À l'issue de cette semaine, une seule chose est claire : le flou est complet. Que veulent les Britanniques ? Il est presque impossible de répondre à cette question, tant les intérêts semblent diverger et tant le Brexit aura créé de nouvelles divisions politiques et sociales dans le pays. Quel *scenario planning* pourrait aider à anticiper l'évolution de la saga du Brexit ?

Les forces contextuelles

L'impact du contexte politique et économique peut être très important sur le Brexit. Des deux côtés de la table des négociations, les acteurs changent. Côté britannique, la démission de Theresa May début juin marque un potentiel nouvel élan. Le truculent Boris Johnson multiplie les prises de position, qui pourraient lui jouer quelques tours face à des Européens agacés par trois ans et demi de négociation.

Côté européen, les élections au Parlement ont également modifié le leadership à Bruxelles. Au Parlement même, l'impact devrait être assez limité en dépit de la montée en puissance du Brexit Party (plus gros parti national dans l'hémicycle). Pour la Commission, l'équation est sensiblement identique. Il n'y a que peu de raisons de penser que la nouvelle présidente Ursula von der Leyen soit disposée à rouvrir l'accord de retrait. Michel Barnier reste aux commandes de la *taskforce* pour assurer la continuité. À noter que son adjointe Sabine Weyand a quitté son poste pour prendre la tête de la direction générale du Commerce. Preuve que les Européens goûtent peu l'idée de se relancer dans une longue phase de tractations. Donald Tusk, président du Conseil européen, quittera également son poste, mais après le 31 octobre, date de sortie du Royaume-Uni actuellement fixée. Son successeur, Charles Michel, ne devrait donc pas jouer de rôle dans les négociations de sortie sauf si un nouveau report est demandé. En revanche, Donald Tusk aura à cœur de ne pas « rater » le Brexit. Il n'a pas caché son opposition au vote britannique. En février, il déclarait même : « Je me demande à quoi ressemble la place spéciale en enfer réservée à ceux qui ont promu le Brexit sans avoir une once de plan sur la manière de le mener à bien. »

Plusieurs autres facteurs auraient pu avoir une incidence, à commencer par l'économie. Mais l'économie britannique tient le coup. La croissance est certes moins importante qu'elle ne l'était avant le vote pour le référendum de juin 2016, mais on est loin des sombres scénarios annoncés. Par ailleurs, les principaux problèmes économiques ne sont pas directement liés au Brexit, tels le sous-investissement public et privé, le manque de productivité, ou le logement.

Un autre facteur aurait pu être l'opinion publique. D'aucuns auraient pu imaginer qu'à force d'impatience et d'absence de décision claire, les *Brexiters* allaient changer d'avis. Cela semble avoir marginalement été le cas. Depuis octobre 2016, l'institut YouGov a posé la question : « Rétrospectivement, pensez-vous que le Royaume-Uni a eu raison ou tort de voter pour sortir de l'Union européenne ? ». L'écart se fait un tout petit peu plus grand ces derniers mois, mais 47 % des sondés estiment que les Britanniques ont eu raison de voter pour le Brexit. En réalité, le Brexit a créé un fossé visiblement irréconciliable entre *Remainers* et *Brexiters*. Pour les premiers, la seule solution est de révoquer l'article 50, donc le Brexit. Pour les seconds, l'urgence est surtout de sortir de l'UE, qu'il y ait accord ou pas.

Les grandes incertitudes

Au Royaume-Uni, la dernière élection générale date de juin 2017. Theresa May espérait y obtenir une plus large majorité à la Chambre des Communes, et gagner ainsi de plus grandes marges de manœuvre. Le résultat ayant été l'inverse, l'hypothèse d'une nouvelle élection générale n'est pas à exclure, mais les partis traditionnels sont hésitants. Ils savent en effet qu'une défaite, pour les uns ou pour les autres, aurait des conséquences dramatiques pour l'avenir de leur parti. Néanmoins, l'idée qu'un Premier ministre puisse tenir le gouvernail d'un pays simplement parce qu'il a été choisi par les adhérents de son parti est de moins en moins acceptée. La question est donc de savoir quand ces élections auront lieu : avant le 31 octobre, date actuelle de sortie, ou après.

L'autre incertitude concerne les États de l'UE. Ils sont restés unis derrière l'équipe de négociation face aux tergiversations britanniques. Les premiers craquèlements se sont toutefois fait entendre lors des demandes de report du Brexit. La France est apparue la plus réticente à accepter quasi automatiquement les demandes britanniques d'extension de l'article 50. Aujourd'hui plutôt seule sur cette position, elle pourrait être rejointe par d'autres pays si un nouveau délai était demandé à l'approche du 31 octobre.

Le calcul des États membres est à plusieurs bandes. D'un côté, le Brexit est consommateur de temps et d'énergie. C'est un gros caillou dans la chaussure de l'UE, qui a beaucoup d'autres sujets à traiter. Il vaudrait mieux gérer le dossier rapidement. De l'autre, une sortie du Royaume-Uni sans accord pourrait avoir d'importantes conséquences économiques à court terme, et politiques à plus long terme. Même si les États membres ont voté des mesures anticipant un Brexit dur, nul ne peut garantir qu'il ne serait pas coûteux et désordonné. En outre, un Brexit sans accord renverrait l'image d'une UE affaiblie au moment où elle a le plus besoin de montrer sa force. Dans une certaine mesure, l'intransigeance et l'unité européennes se retournent contre les Européens. À force d'avoir renvoyé la balle aux Britanniques, ils ont négligé le fait qu'ils n'étaient en réalité pas prêts à un Brexit dur. Aujourd'hui, les Britanniques le savent et en jouent. La question est donc de savoir si les États membres feront pression sur la Commission pour rouvrir l'accord de retrait.

Les scénarios possibles

À la lumière de ces éléments, plusieurs scénarios semblent se dessiner. Le premier respecterait la date du 31 octobre pour la sortie du Royaume-Uni de l'UE. Il ne tient que si le gouvernement britannique parvient à faire voter l'accord de retrait en l'état – il a déjà été rejeté trois fois par les Communes. Même si Boris Johnson s'est déclaré prêt à sortir de l'UE sans accord, le Parlement a clairement indiqué qu'il y était opposé. À moins de précipiter une crise constitutionnelle, le Premier ministre n'agira pas sans le consentement du Parlement. Mais l'arrivée d'un nouveau Premier ministre peut créer un nouvel élan chez les Conservateurs, qui pourraient se rallier à Boris Johnson pour voter l'accord de retrait. Sans rouvrir l'accord de retrait, les Européens pourraient faire quelques concessions supplémentaires, cosmétiques mais suffisantes pour changer la donne à Westminster, par exemple dans la déclaration politique adjointe à l'accord de retrait.

Un deuxième scénario impliquerait la tenue d'élections générales anticipées pour asseoir la légitimité du nouveau gouvernement en place. Le pari serait risqué, notamment à la lumière des mauvais résultats des Conservateurs au scrutin européen de mai. Toutefois, ce serait le seul moyen pour disposer d'une majorité au Parlement favorable à l'accord de retrait en l'état, ou à l'hypothèse d'une sortie sans accord au 31 octobre. Si cela peut paraître contradictoire dans les termes, il n'en reste pas moins que cela demeure plausible dans des circonstances exceptionnelles. En revanche, si dans ce scénario les Conservateurs perdaient les élections et si, sans obtenir de majorité, les Travaillistes sortaient en tête, ils devraient former une coalition avec un parti favorable à une révocation de l'article 50, comme le Scottish National Party. Les Travaillistes sont divisés sur l'idée d'une révocation du Brexit, mais appellent à un second référendum. Dans ce scénario, l'idée aurait été validée dans le manifeste du parti en dépit de l'avis mesuré de son leader Jeremy Corbyn sur le sujet. Le gouvernement en appellerait, dans la foulée de son élection, à la tenue d'un référendum où il demanderait au peuple britannique s'il est favorable à l'accord négocié pour sortir, ou à un maintien du Royaume-Uni dans l'UE. Avec un résultat favorable au maintien, le gouvernement mettrait fin aux négociations de sortie.

Un troisième scénario impliquerait une réouverture de l'accord de retrait sous la pression des États membres. Face à la crainte d'un Brexit sans fin ou d'un Brexit sans accord par accident, les gouvernements appelleraient la Commission à faire des concessions aux Britanniques. La pomme de discorde est le *backstop*, système garantissant aux Irlandais d'éviter une frontière physique entre le nord et le sud de l'île en cas de non-accord futur entre Britanniques et Européens à l'horizon 2021.

Comment, pour les Européens, éviter d'apparaître désunis dans un tel cas de figure ? En invoquant des arguments juridiques. L'accord de retrait indique une sortie du Royaume-Uni au 29 mars 2019, et une fin de période de transition au 31 décembre 2020. Ces deux dates ne sont plus d'actualité – la période de transition devra être étendue. L'argument technique peut suffire pour rouvrir l'accord et en revoir certains éléments. Reste à savoir quels éléments pourraient être révisés : éventuellement le « reste à payer », également appelé la « facture » outre-Manche. Cela semble théoriquement peu probable, mais politiquement cela pourrait être la moins mauvaise des solutions. Les États membres ne transigeront pas sur le *backstop*. Cela impliquerait une nouvelle extension technique au 31 octobre, pour donner aux Britanniques assez de temps pour approuver cet accord.

***

L'issue du Brexit est particulièrement difficile à prévoir : les rebondissements sont potentiellement innombrables, et les intérêts des acteurs parfois difficiles à décrypter. Les trois scénarios mettent de côté certains éléments, tels une victoire des Conservateurs aux élections anticipées ou encore le fait que de plus en plus d'États membres inclinent à refuser l'extension de l'article 50 après le 31 octobre, quitte à aller vers un « Brexit dur ».

Après trois ans et demi de tractations, la lassitude s'est pourtant installée de part et d'autre de la table des négociations. Elle est à double tranchant : elle peut précipiter les concessions pour mettre un terme à cet interminable épisode, ou pousser à les refuser toutes pour accélérer la sortie, et montrer le ton que pourraient prendre les futures négociations sur les relations entre Union européenne et Royaume-Uni.

V. P.

Pour en savoir plus

- A. Menon (dir.), *Article 50: Two Years On*, The UK in a Changing Europe, mars 2019.
- K. O'Rourke, *Une brève histoire du Brexit*, Paris, Odile Jacob, 2018.
- Le podcast "Brexitcast" sur BBC Radio 5 Live, disponible sur : www.bbc.co.uk.

Les relations franco-allemandes après Aix-la-Chapelle

Je t'aime… moi non plus

Le traité d'Aix-la-Chapelle aligne les engagements bilatéraux, en matière économique, diplomatique et de défense, et dans tous les domaines de coopération. La pratique et les déclarations publiques semblent pourtant, des deux côtés, aller souvent en sens contraires. Mauvaise humeur passagère ou brouille durable ?

Les relations franco-allemandes représentent, et assurent, depuis les années 1950 la construction européenne, qui s'est largement bâtie et développée sur la base de propositions et d'accords entre la France et l'Allemagne. Or, à l'instar de l'ordre mondial et européen (voire comme nos sociétés occidentales), les fondations franco-allemandes de l'édifice européen se fissurent, sans que personne ne semble pouvoir réduire les fractures.

Signé le 22 janvier 2019, le traité d'Aix-la-Chapelle répond donc à un besoin évident de consolidation entre Paris et Berlin. De sa concrétisation ultérieure et de l'adéquation entre les ambitions affichées et les moyens mis en œuvre dépendront largement le succès de la relance entre les deux capitales, et son impact sur une Union européenne (UE) fragilisée par les nombreuses crises auxquelles elle doit faire face : relations avec l'Amérique de Trump, défi chinois, Brexit, clivage Nord-Sud dans l'eurozone, montée de l'extrême droite au sein de ses États membres…

Une coopération intense, en théorie

Élaboré sans doute en réaction aux discours d'Emmanuel Macron sur l'Europe restés sans réponse du côté allemand, le traité d'Aix-la-Chapelle est ambitieux. Censé, comme l'a souligné Angela Merkel le 22 janvier, « élargir encore la coopération franco-allemande afin de relever les défis des prochaines décennies et afin de rapprocher nos sociétés et nos citoyens », il consacre de longs passages aux affaires européennes, à la paix, à la sécurité et au développement, à la culture, à l'enseignement, à la recherche et à la mobilité, à la coopération régionale et transfrontalière, au développement durable, au climat et à l'environnement, ainsi qu'aux affaires économiques.

Sur la politique étrangère et de sécurité, les objectifs fixés sont sans doute à la hauteur des défis d'un monde sans boussole : à l'échelle européenne, « les deux

États se consultent régulièrement à tous les niveaux avant les grandes échéances européennes, en cherchant à établir des positions communes ». En matière de sécurité et de défense, Paris et Berlin souhaitent « renforcer la capacité d'action de l'Europe ». Ils « font converger de plus en plus leurs objectifs et politiques de sécurité et de défense » et « se prêtent aide et assistance par tous les moyens dont ils disposent, y compris la force armée, en cas d'agression contre leurs territoires ». Ils déclarent vouloir « renforcer la capacité d'action de l'Europe et investir conjointement pour combler ses lacunes capacitaires », l'objectif étant « d'instaurer une culture commune et d'opérer des déploiements conjoints ». De même, « ils entendent favoriser la compétitivité et la consolidation de la base industrielle et technologique de défense européenne ». À cette fin, ils élaboreront une approche commune en matière d'exportation d'armements concernant les projets conjoints.

Sur le plan diplomatique, les deux États déclarent vouloir « coopérer étroitement au sein de tous les organes des Nations unies », « coordonner étroitement leurs positions », et « poursuivre leurs efforts concernant la réforme du Conseil de sécurité », allant jusqu'à souligner que « l'admission de la République fédérale d'Allemagne en tant que membre permanent du Conseil de sécurité des Nations unies est une priorité de la diplomatie franco-allemande ».

Dans la dimension économique enfin, le traité ne prévoit rien de moins que « l'intégration de leurs économies afin d'instituer une zone économique franco-allemande, dotée de règles communes ».

Des obstacles pratiques réels

Dans l'UE, la coordination entre la France et l'Allemagne est intense, mais porte-t-elle ses fruits ? La question s'est posée avec acuité lors de la répartition des postes clés de l'UE fin juin 2019. Paris avait de bonnes raisons de s'opposer à l'élection du *Spitzenkandidat* allemand, Manfred Weber, à la tête de la Commission européenne. Non seulement, Paris n'adhère pas au principe même du *Spitzenkandidat* (au point de négliger de traduire le terme en français), mais elle juge que de nombreux hauts fonctionnaires allemands assument déjà des responsabilités élevées au sein de l'UE – secrétaire général de la Commission, du Parlement et du Conseil européen, direction du Mécanisme européen de stabilité, présidence de la Banque européenne d'investissement… À cela s'ajoute le profil du candidat Weber, dont les lacunes ont été mises en avant par Paris. De là à prendre le leadership de la fronde européenne contre Weber, candidat de l'Union chrétienne-démocrate (CDU) d'Angela Merkel et d'Annegret Kramp-Karrenbauer (« AKK »), il y a un pas, pas forcément compatible avec la volonté affichée de coordination étroite.

Quant à la capacité d'action extérieure de l'UE, on rappellera que l'Allemagne n'a accepté qu'à reculons le concept français d'Initiative européenne d'intervention (EI2), préférant largement celui de la Coopération structurée permanente (PESCO). L'idée française d'un budget de la zone euro a, elle, vu le jour sous le nom d'Instrument budgétaire pour la convergence et la compétitivité (IBCC), qui n'a pas déplu à Berlin. Mais le financement du futur IBCC sur budget des 28 États membres sera, avec 17 milliards d'euros, très inférieur à l'objectif initial d'Emmanuel Macron. Il s'agit donc d'un geste symbolique.

En matière de convergence entre objectifs français et allemands de sécurité et de défense, le chemin sera tout aussi long. La priorité allemande reste la défense territoriale à l'Est, notamment depuis l'annexion de la Crimée par la Russie, alors que la France consacre l'essentiel de son effort à la projection de forces, en particulier en Afrique. De même, on ne peut que se réjouir que deux pays qui se sont tant de fois fait la guerre réitèrent leurs engagements vis-à-vis de l'autre, lui promettant aide et assistance par *tous* les moyens, y compris militaires, en cas d'agression. Mais cet engagement inclut-il l'arme nucléaire ? La France pourrait-elle assister militairement l'Allemagne en cas d'attaque venant de l'Est en excluant le recours ultime à l'arme nucléaire ? Or il n'existe pas de discussion franco-allemande sur l'emploi de l'armement nucléaire français sur le territoire allemand ou à proximité des frontières… En revanche, force est de constater que le programme SCAF (Système de combat aérien du futur), dont la France est leader, avance comme le programme MGCS (*Main Ground Combat System*), davantage piloté par l'Allemagne.

Il reste un défi de taille pour assurer la viabilité économique et financière de ces deux projets : résoudre les divergences de vues entre les deux pays sur les exportations d'armements, notamment vers l'Arabie Saoudite après l'assassinat du journaliste Khashoggi, affaire qui a amené l'Allemagne à geler ses exportations d'armes en direction de Ryad – décision fortement critiquée par l'Élysée. Le traité d'Aix-la-Chapelle encourage les deux pays à mettre sur pied une approche commune en la matière : en attendant, l'ambassadrice de France à Berlin n'a pas hésité à dire publiquement que « les décisions de Berlin mettent en péril les projets franco-allemands », que « la question des exportations d'armes est souvent traitée comme une affaire intérieure en Allemagne, ce qui a de graves conséquences pour notre coopération bilatérale en matière de défense et pour le renforcement de la souveraineté de l'Europe » et, enfin, que « le système allemand de contrôle des exportations n'est pas seulement restrictif mais aussi imprévisible ». Ainsi Paris a-t-il mis en évidence l'obstacle que constitue la question des exportations d'armements sur la voie des projets communs en matière de défense. La critique de l'ambassadrice de France montrant qu'on n'en est plus au stade des non-dits.

Entente stérile ou confrontation fructueuse ?

On ne peut plus reprocher aux responsables des deux pays de pratiquer la langue de bois. Nathalie Loiseau a qualifié Manfred Weber d'« ectoplasme ». « AKK » propose aux Français de renoncer au siège de Strasbourg pour le Parlement européen, et à leur siège permanent du Conseil de sécurité. Les milieux économiques allemands s'inquiètent face aux concessions faites en France aux Gilets jaunes, avec une dette publique dépassant 100 % du PIB.

Emmanuel Macron n'est pas en reste, dénonçant le « fétichisme budgétaire » allemand (mai 2018) et remarquant, à Berlin fin avril 2019 lors d'un sommet sur les Balkans, que l'Allemagne « est peut-être à la fin d'un modèle de croissance ». Toujours en avril 2019, le président soulignait ses désaccords avec Angela Merkel sur le Brexit (Berlin avait soutenu Theresa May), sur la lutte contre le changement climatique (où l'Allemagne freine) ou sur les relations commerciales avec les États-Unis, divergences courtoisement qualifiées de « confrontations fructueuses avec la dirigeante allemande ».

Rien de plus normal, voire banal entre deux pays, même amis. Mais pas vraiment en phase avec une « convergence accrue en matière de politique étrangère ». Sur ce point au moins Berlin est d'accord : Angela Merkel a confirmé l'état de tension avec Paris en évoquant à son tour des « confrontations », des « désynchronisations », des « différences de mentalité » ainsi que des « différences de conception de [leur] rôle ».

Le couple franco-allemand serait-il au bord du divorce, au vu des disputes des derniers mois, alors que l'encre du traité d'Aix-la-Chapelle n'a pas encore eu le temps de sécher ? C'est peu probable. Les deux pays ont toujours besoin l'un de l'autre, et l'Europe a besoin d'eux. Mais le contexte de la campagne électorale européenne n'a pas arrangé les choses. Emmanuel Macron souhaite poursuivre à l'échelle européenne ce qu'il a réalisé en France – l'effondrement du système des partis classiques et de l'affrontement droite-gauche. Or la grande coalition au pouvoir en Allemagne dépend de la pérennité de ce même système. Merkel a été la présidente de la CDU entre 2001 et 2018, comme « AKK » l'est aujourd'hui. Le travail de sape d'En Marche ne peut donc que déplaire aux dirigeants allemands.

Toutefois, le compromis long et douloureux de nommer deux femmes à la tête de la Commission et de la Banque centrale européenne, l'Allemande Ursula von der Leyen et la Française Christine Lagarde, peut relancer le couple Paris-Berlin sur la scène européenne. Mais selon des règles qui ont changé, Paris, à juste titre, n'envisage la coopération avec l'Allemagne que sur un pied d'égalité, une égalité qui a fait défaut durant les quinquennats précédents. On assiste donc simultanément à l'intrusion d'enjeux de politique intérieure dans les débats européens, et à un changement de style et de langage politiques.

Cependant, on peut imaginer que les postes clés de l'UE une fois pourvus, la Grande-Bretagne sortie de l'UE, et l'Allemagne acceptant enfin, sous la pression de la montée des Verts et dans un avenir proche, la neutralité carbone, un certain nombre de divergences franco-allemandes apparues en 2019 pourraient être surmontées. Si la volonté y est.

H. S.

Pour en savoir plus

- B. Kunz et R. Kempin, « The Treaty of Aachen: New Impetus for Franco-German Defense Cooperation? », *Éditoriaux de l'Ifri*, Ifri, 22 janvier 2019.
- H. Stark, « Vers une intégration des économies française et allemande ? Les ambitions du traité franco-allemand d'Aix-la-Chapelle », *Éditoriaux de l'Ifri*, Ifri, 22 janvier 2019.
- « Traité de coopération franco-allemand d'Aix-la-Chapelle », France Diplomatie, disponible sur : www.diplomatie.gouv.fr.

La stabilité allemande en question

Une lente implosion du paysage politique

Le paysage politique allemand apparaît bouleversé par la série récente d'élections qui ont acté la régression des deux grands partis de gouvernement, ainsi que la progression spectaculaire des Verts, l'AfD demeurant forte sans toutefois effectuer les percées rêvées. La fin du règne d'Angela Merkel est synonyme d'incertitude.

L'Allemagne ne connaît pas de crise économique comparable à celle de l'Italie ; ni de montée en puissance de mouvements contestataires comme les Gilets jaunes en France ; ni de déchirures analogues à celles de la société britannique. Mais ses équilibres politiques traditionnels muent, comme dans les trois pays voisins.

La longévité politique d'Angela Merkel cache mal le rejet par une partie croissante de l'électorat allemand des partis traditionnels, et d'un clivage droite/gauche ressenti comme artificiel. Ont témoigné du malaise les interminables négociations pour former une nouvelle coalition SPD/CDU-CSU, l'absence d'agenda de réforme véritable alors que le pays en a besoin, l'affirmation sur la scène de l'extrême droite Alternative für Deutschland (AfD) et, en 2019, la montée en puissance spectaculaire du parti écologiste Die Grünen, mais surtout le désamour électoral frappant les partis au pouvoir, et les querelles de personnes qui les divisent.

Démissions en cascade

La formation du nouveau gouvernement, cimenté par un « contrat de coalition » en mars 2018, n'a pas permis de ralentir le processus d'implosion du paysage politique que traduit la valse des dirigeants du SPD (Parti social-démocrate d'Allemagne), de la CDU (Union chrétienne-démocrate d'Allemagne) et de la CSU (Union chrétienne-sociale en Bavière). À peine au pouvoir – avant même d'être nommé au poste convoité de ministre des Affaires étrangères –, Martin Schulz, élu président du SPD avec 100 % des voix en mars 2017, est contraint à la démission en février 2018. En avril, Andrea Nahles lui succède (elle avait auparavant exercé les fonctions influentes de secrétaire générale et de chef du groupe parlementaire pour le SPD), avant de jeter l'éponge en juin 2019 suite à la déconfiture des élections européennes. Sans présidence pendant des mois, le SPD voit alors s'accélérer un mouvement de déclin qui paraît irréversible : de 20,51 % des voix aux élections fédérales de 2017, le SPD tombe à 15,8 % aux européennes en 2019, pour se retrouver à 12 % dans les sondages à l'été 2019.

La CDU-CSU, si elle reste la première formation politique d'Allemagne, échappant pour l'heure au destin des Républicains français ou de la droite classique italienne, perd des voix à chaque élection. La querelle de l'été 2018 entre la CDU et la CSU sur la politique migratoire (avec pour protagonistes Angela Merkel et Horst Seehofer) fut à la fois cause et symptôme. Or aux élections régionales bavaroises d'octobre 2018, la CSU, loin de tirer profit de sa fermeté face à Merkel, perd un quart de ses voix, tombant de 47,7 % à 35,2 %. Cataclysme pour cet « État-parti » bavarois, dont le chef de file Seehofer fera les frais en perdant son poste de ministre-président, puis en janvier 2019 celui de président du parti. La déconfiture de Seehofer (qui reste toutefois ministre de l'Intérieur fédéral) réduit la pression qui s'exerce sur la chancelière depuis le début de la crise migratoire en 2015. Mais cette dernière sort affaiblie de l'affrontement avec l'homme fort de Munich, qui a failli faire éclater l'alliance entre la CDU et la CSU.

Face à une fronde interne grandissante, Angela Merkel doit lâcher du lest. Elle annonce son retrait de la présidence de la CDU au lendemain des élections régionales de Hesse d'octobre 2018, qui ont vu la CDU passer de 38,3 % à 27 % des voix (tout en restant cependant en première position). En revanche, elle confirme son intention de rester à son poste de chancelière jusqu'aux prochaines élections – tout en annonçant qu'elle ne briguera pas un cinquième mandat. L'ère Merkel touche à sa fin.

La longue marche vers l'après-Merkel

Mais la fin dure… ce qui complique la donne pour l'héritière déclarée de la chancelière, la Sarroise Annegret Kramp-Karrenbauer. Élue présidente de la CDU d'une courte tête en décembre 2018 (52 % des délégués du parti), « AKK » tente depuis de séduire les 48 % restants, affichant des positions résolument conservatrices et néolibérales, perçues comme en rupture avec ses engagements antérieurs et son profil jusqu'alors si « merkelien » – notamment sur la sortie du charbon, le respect des minorités LGBT, l'immigration, l'Europe. Cette tentative de synthèse s'explique certes par sa volonté de refaire l'unité du parti mise à dure épreuve par une Angela Merkel qui n'a cessé de remettre en question les fondamentaux idéologiques des chrétiens-démocrates. Mais cette volte-face est perçue comme une droitisation par les électeurs centristes de la CDU, qui n'hésitent plus à voter « vert ».

C'est donc « AKK », et non la chancelière (déjà regrettée, et dont la cote de popularité atteint des sommets inégalés), qui doit assumer la responsabilité du score médiocre du parti aux européennes de 2019, où la CDU-CSU a engrangé le résultat national le plus faible de son histoire (28,9 %). Critiquée par les milieux centristes allemands pour la mollesse de ses positions européennes, pour sa brutalité vis-à-vis du partenaire français (questions du Parlement européen à Strasbourg, du siège français au Conseil de sécurité), pour une « com' » défaillante sur les réseaux sociaux, et pour une absence totale d'ambition – voire même d'idées – sur le plan de la lutte contre le changement climatique, « AKK » pourrait perdre le combat pour la chancellerie avant même le départ de Merkel – sauf si une explosion soudaine de la coalition gouvernementale (nullement à exclure) ouvrait la voie à des élections anticipées, ce qui la propulseraient au-devant de la scène et prendraient de court ses adversaires.

La montée des Verts et de l'AfD : vers la fin de l'affrontement droite/gauche ?

Le parti écologiste allemand Die Grünen est né en 1979 dans le double contexte de la révolte des jeunes contre les anciens (incarnés par le SPD de Helmut Schmidt) et du spectre de la « fin du monde » suscité par la crise des euromissiles et la hantise anti-nucléaire (slogan en vogue à l'époque : *No Future*). Quarante ans plus tard, l'histoire se répète. Le caractère jugé sans doute irréversible du réchauffement climatique a remplacé le cataclysme nucléaire. Le rejet du Traité sur les forces nucléaires à portée intermédiaire (FNI) par Washington et les réactions redoutées de Moscou ressuscitent les scénarios de la crise des euromissiles. Enfin les Verts (pourtant bien différents de leurs aînés de 1979) sont portés par une génération des moins de trente ans qui déserte massivement d'abord le SPD mais aussi la CDU-CSU.

Majoritaires dans les grandes agglomérations urbaines, et dominant surtout les très grandes villes – Berlin, Hambourg, Francfort, Stuttgart –, les Verts, arrivés avec 20,5 % des voix en deuxième position aux européennes de mai 2019, dépassent depuis l'été la CDU-CSU dans les sondages. Angela Merkel pourrait donc être remplacée par un ou une Vert(e) si les prochaines élections confirment cette tendance, déjà concrétisée depuis 2011 à la présidence du Bade-Wurtemberg, et si les Verts, habitués au leadership d'un binôme homme-femme, parviennent à choisir le sexe de leur futur *Spitzenkandidat* – un redoutable défi pour le parti…

La montée en puissance des écologistes – qu'on ne saurait classer ni à droite ni gauche, et qui pourraient gouverner avec la CDU et les libéraux comme avec le SPD et Die Linke – s'explique évidemment aussi par le « ni ni » idéologique des Verts, fruit de la dé-droitisation de la CDU sous Angela Merkel, laquelle a suivi la dé-gauchisation du SPD sous Gerhard Schröder. Alors que ce dernier a lancé les réformes Hartz IV, Merkel a eu l'audace de le corriger socialement, tout en imposant à son électorat la sortie du nucléaire, l'ouverture des frontières aux réfugiés, et le mariage pour tous. Schröder et Merkel sont donc les architectes d'une dés-idéologisation du SPD et de la CDU, dont la coopération dans la Grande coalition a fini par totalement gommer ce qui survivait de différences perceptibles entre eux. Les Verts engrangent les fruits de cette leçon de pragmatisme grâce à une offre programmatique claire et dans l'air du temps : relever le défi climatique, maîtriser les enjeux environnementaux dans les milieux urbains et ruraux, et construire l'Europe en pensant non aux retraités d'aujourd'hui mais aux jeunes de demain.

L'AfD, forces et faiblesses

L'autre bénéficiaire du déclin des partis traditionnels est l'AfD, qui prétend incarner à la fois les vraies valeurs de la droite (notamment sur le plan identitaire) et celles de la gauche, en défendant les intérêts du « peuple allemand face aux élites mondialisées ». Après avoir obtenu 12,6 % des voix aux législatives en 2017, l'AfD – dont la création ne remonte qu'à 2013 – s'est envolée l'année suivante dans les sondages jusqu'à 18 %, dépassant le SPD et s'installant en deuxième position derrière la CDU-CSU. Depuis, le parti d'extrême droite recule à nouveau, ce qui s'est confirmé aux européennes de 2019 où il n'a obtenu que 11 %.

La fameuse vidéo d'Ibiza mettant en scène le vice-chancelier autrichien Heinz Strache dans une tentative de corruption active auprès d'une oligarque russe, y est sans doute pour quelque chose. Mais c'est surtout la baisse des flux migratoires en Méditerranée en 2018 et le durcissement de la politique d'asile allemande qui ont desservi les intérêts de l'AfD, alors que la question climatique dépassait l'enjeu migratoire comme sujet majeur de préoccupation de la population. On peut aussi relever qu'à la différence du parti de Marine Le Pen, qui a fait sa mue en changeant de nom et en combattant l'antisémitisme en son sein, l'AfD s'affiche ouvertement avec les mouvements identitaires et surtout les milieux néo-nazis (dont les militants représentent aujourd'hui un tiers des cadres de l'AfD), ce qui n'est pas du goût de l'aile « modérée » de son électorat.

Il serait toutefois prématuré de tabler sur l'essoufflement de ce parti. Il est presque majoritaire en Allemagne de l'Est, notamment suite aux élections régionales de septembre et d'octobre 2019 en Saxe, en Thuringe et au Brandebourg. Si la pression migratoire redevient d'actualité, si le déclin de la CDU se poursuit (ainsi qu'en son sein la querelle entre centristes et conservateurs), enfin si l'AfD parvient à canaliser ses membres les plus gênants en s'inspirant de la politique de dédiabolisation lepéniste, l'AfD aura de beaux jours devant elle et pourra, à terme, former avec les Verts un couple antagoniste à l'instar de l'affrontement La République en marche/ Rassemblement national qui semble aujourd'hui dominer la vie politique française.

Quelles perspectives ?

Revenue au pouvoir malgré elle, la Grande coalition est majoritairement désapprouvée par les électeurs, et très impopulaire à la base du SPD. Privé de leadership, le SPD vacille. Ébranlé par les européennes de mai 2019 et les régionales du 1er septembre en Saxe et dans son ancien fief du Brandebourg, le SPD annonce vouloir tirer un bilan de mi-mandat fin 2019 – ce qui n'annonce rien de bon. La perspective du départ du SPD du gouvernement pourrait provoquer des élections anticipées, privant au moins un tiers des députés sociaux-démocrates de leur siège au Bundestag. C'est pourtant cette perspective qui faciliterait l'arrivée d'Annegret Kramp-Karrenbauer au pouvoir et éviterait des affrontements internes dans la CDU – mais au prix du départ du pouvoir d'une Angela Merkel toujours plus populaire. Ainsi, que d'inconnues de taille : le score des Verts, qui pourrait sonner le glas de la domination chrétienne-démocrate, et celui de l'AfD qui pourrait une nouvelle fois bloquer la formation d'une majorité gouvernementale à Berlin – alors que l'Allemagne présidera l'Union européenne à partir du 1er juillet 2020.

H. S.

Pour en savoir plus

- H. Stark, « Entre crise politique et tentative de relance européenne : interrogations allemandes », *Notes du Cerfa*, n° 144, Ifri, septembre 2018.
- D. David et H. Stark, « Cinquante ans après mai 68 – Où en sont les gauches en France et en Allemagne ? », *Allemagne d'aujourd'hui*, n° 4, 2018.
- E. Dubslaff, « Où va le SPD ? Les sociaux-démocrates allemands et la sortie de crise(s) », *Notes du Cerfa*, n° 147, Ifri, mai 2019.

Les pays d'Europe centrale et les défis de l'intégration

Entre critiques et divisions

Il y a bien une césure entre l'ouest et l'est de l'Union européenne, comme l'ont montré les résultats des élections de mai 2019. Mais les 4 du groupe de Visegrád (Pologne, Hongrie, République tchèque, Slovaquie) sont eux-mêmes divisés sur de multiples sujets, ce qui affaiblit leur influence dans les institutions de l'Union.

En mai 2019, les pays du groupe de Visegrád (V4) ont célébré le 15e anniversaire de leur adhésion à l'Union européenne (UE), qui devait rapprocher et unifier les deux parties de l'Europe. En dépit de cette adhésion et de l'unité affichée, les positions des pays du V4 sur les différents défis européens divergent.

Pologne, Hongrie : le nationalisme autoritaire

La séparation des pouvoirs législatif, exécutif et judiciaire, principe fondamental des démocraties représentatives, est remise en cause par le gouvernement polonais depuis 2017 au nom de la « purge anticommuniste ». Malgré les procédures d'infraction lancées contre la Pologne par la Commission européenne, et le déclenchement de l'article 7 pour « risque clair de violation grave de l'état de droit », les autorités polonaises continuent à contester l'intervention des institutions européennes sur les réformes de la Justice qui, pour le Premier ministre, sont du domaine réservé de l'État.

Le Premier ministre hongrois Viktor Orbán a multiplié les manœuvres pour museler les contre-pouvoirs : organisations non gouvernementales, médias, adversaires politiques… « La corruption et les conflits d'intérêts », les atteintes au « fonctionnement du système constitutionnel et électoral », à « l'indépendance de la justice » et « aux libertés individuelles et aux droits des réfugiés » ont poussé le Parlement européen à activer en septembre 2018 l'article 7 contre Budapest.

Les positions du Fidesz en Hongrie et du parti Droit et Justice (PiS) en Pologne sont fortes, sans contre-pouvoirs efficaces pour brider leur action transformant leurs pays en régimes hybrides : l'État fort est préféré à l'état de droit, les valeurs conservatrices et chrétiennes aux valeurs d'ouverture de l'ouest du continent, la concentration des pouvoirs au libéralisme politique.

Une spécificité tchèque et slovaque

La République tchèque et la Slovaquie ont une vision plus constructive et moins souverainiste et nationaliste de l'Europe que la Pologne et la Hongrie. Ainsi le Premier ministre slovaque Peter Pellegrini a-t-il plaidé en mars 2019, devant le Parlement européen, pour une Europe « unie, prospère et sûre, pertinente au niveau mondial, honnête avec ses citoyens », insistant sur le fait que « l'isolationnisme, le protectionnisme et le nationalisme ne sont pas des solutions », et que la réponse aux défis auxquels l'UE doit faire face ne doit pas être « la fragmentation en petits États nationaux aux ressources limitées, mais une plus grande unité de l'UE comme acteur mondial ».

Pour la Slovaquie, les plus grands défis de l'UE sont le changement climatique, la révolution technologique, les disparités socio-économiques et les ambitions croissantes de la Russie et de la Chine qui « exigent une réponse ferme et unie de la part de l'UE ». Bratislava plaide pour un salaire minimum européen et une Autorité européenne du travail, que la Slovaquie pourrait accueillir. Elle soutient également l'harmonisation fiscale et l'instauration des standards sociaux communs, et pourrait accepter de conditionner le versement des aides européennes au respect de l'état de droit, à condition que ce versement soit également lié au respect des engagements sur le déficit et la dette publics. La Slovaquie insiste sur la nécessité d'un grand débat sur la stratégie et les aspirations de l'UE à l'horizon 2050.

La République tchèque souhaite renforcer sa représentation dans les institutions de l'UE et a soumis des propositions sur le fonctionnement de l'espace Schengen et la réforme des politiques économiques, en vue d'une plus grande convergence entre anciens et nouveaux États membres. Comme les autres membres du V4, Prague souhaite que la politique de cohésion demeure l'outil principal d'investissement, de solidarité et de développement des régions.

Traditionnellement tournées vers l'Allemagne, la Slovaquie et la République tchèque se sont rapprochées de la France, qui compte sur leur soutien pour plusieurs volets de son agenda européen et une intégration européenne approfondie. Après avoir soutenu à l'automne 2018 la directive sur les travailleurs détachés (contre la Pologne et la Hongrie), la Slovaquie a utilisé sa présidence du V4 pour convaincre les quatre membres d'appuyer la taxe numérique européenne. Le président Macron s'est rendu à Prague en octobre 2018 pour les célébrations du 100e anniversaire de la fondation de la Tchécoslovaquie, et a choisi Bratislava pour prononcer un discours dans le cadre des « consultations citoyennes ».

De vraies divergences

Dans le domaine énergétique, le mixte polonais est le moins diversifié de l'UE, principalement fondé sur le charbon importé de Russie. Le dérèglement climatique est pourtant au cœur des préoccupations européennes, comme le suggèrent les résultats des partis écologistes aux élections de mai 2019. Les pays d'Europe centrale ont mis en place des programmes de réduction des émissions de gaz à effet de serre. Mais la Pologne, la Hongrie et la République tchèque s'opposent à l'idée d'une économie européenne neutre en carbone en 2050. Quant à la Slovaquie, son engagement dans la lutte contre le réchauffement climatique pourrait se renforcer après la victoire, en mars 2019, de la candidate pro-européenne Zuzana Čaputová.

Concernant l'immigration, Pologne et République tchèque, soutenues par Budapest, s'opposent au mécanisme de relocalisation automatique des migrants, considérant que la politique migratoire doit être gérée au niveau national. Elles prônent une réforme du système d'asile, insistant sur le fait que les décisions sur ce sujet doivent être prises par le Conseil européen, et soutiennent le renforcement des effectifs de Frontex pour protéger les frontières extérieures de l'UE à condition qu'il ne réduise pas leur souveraineté. Pour la Slovaquie, le problème migratoire est plutôt symbolique au regard d'autres enjeux : politique de cohésion, digitalisation ou robotisation.

D'autres différences sont visibles entre membres du V4 à l'égard des États-Unis ou de la Russie. Alors que la Pologne considère les États-Unis comme le partenaire stratégique le plus important, et que ses relations avec la Russie se refroidissent sans cesse, d'autres États tentent de maintenir des relations plus équilibrées avec les deux puissances. Au vu de ses problèmes énergétiques, la Russie est pour Bratislava un partenaire important, tout comme pour la Hongrie qui entend construire une centrale nucléaire Paks en coopération avec Moscou. Varsovie s'oppose, elle, au projet Nord Stream 2 (ses trois partenaires ont une position neutre) et met l'accent sur la diversification des sources d'approvisionnement en hydrocarbures, grâce au projet Baltic Pipe au Nord et au terminal gazier de Krk en Croatie. La Hongrie soutient, elle, le projet russe de TurkStream.

En matière de défense, les pays du V4 soulignent le rôle central de l'Organisation du traité de l'Atlantique nord (OTAN) mais considèrent que le développement des capacités militaires de l'UE ne doit pas dupliquer celles de l'Alliance. Soulignons la position particulière de la Pologne qui se défie des initiatives de défense de l'UE ou de celles de l'OTAN, pour chercher ses assurances directement auprès de Washington.

Les leçons des élections européennes

Les résultats des européennes de mai 2019 ont confirmé la prédominance de la droite en Europe centrale. Ses représentants ont gagné dans la plupart des pays, bien qu'ils aient cédé ici ou là du terrain à des partis de l'Alliance des démocrates et des libéraux pour l'Europe (ALDE). Aucun parti social-démocrate n'a été vainqueur dans les pays du V4. La campagne électorale a été dominée par des sujets nationaux, comme dans la plupart des pays de l'UE, notamment du fait de la polarisation de la scène politique. Les élections européennes se sont transformées en référendum sur les gouvernements en place.

Les libéraux ont amélioré leurs résultats par rapport à 2014 grâce à leur capacité à attirer de nouvelles forces anti-*establishment*. Mais la représentation de l'ancienne ALDE – rebaptisée dans la région *Renew Europe* – demeure très hétérogène. Alors que les libéraux de Slovaquie soutiennent un renforcement de l'intégration européenne, le parti tchèque ANO 2011 a une position opposée : Andrej Babiš a fait campagne sur une défense « dure et sans compromis » des intérêts tchèques dans l'UE. Le groupe des Conservateurs et réformistes européens (CRE) a conservé sa position de troisième force politique d'Europe centrale. La majorité des membres de ce groupe en proviennent, notamment de Pologne (PiS). Le CRE s'est même renforcé par rapport à 2014 en Slovaquie et en République tchèque, où le Parti démocratique civique (ODS) a confirmé sa position de principale force d'opposition du pays en remportant quatre sièges. Les sociaux-démocrates ont perdu des sièges par rapport aux élections précédentes, et la gauche n'a gagné dans aucun pays de la région. En République tchèque, le Parti social-démocrate tchèque (CSSD) n'a même pas franchi le seuil nécessaire, recueillant moins de voix que le Parti communiste. Le Parti populaire européen (PPE) a aussi perdu des voix, notamment en Pologne et en République tchèque.

Différence majeure entre Europe centrale et Europe occidentale : les résultats des Verts. Alors qu'à l'Ouest, ils se sont considérablement renforcés, notamment en France et en Allemagne, ils n'ont obtenu aucun siège dans les pays du V4 – alors que le Parti pirate tchèque s'est joint à eux. Les partis d'extrême droite et d'extrême gauche ont été peu soutenus en Europe centrale, contrairement à la France ou à l'Allemagne. Seul le Parti populaire Notre Slovaquie de Marian Kotleba a réussi à envoyer deux députés au Parlement européen, avec près de 12 % des voix. Ce succès de l'extrême droite slovaque est dû au faible taux de participation dans ce pays, le plus bas de l'UE (23 %).

L'influence des pays d'Europe centrale sur les travaux du Parlement européen sera limitée par la dispersion des eurodéputés de la région entre différents groupes politiques. Ainsi les responsables du V4 ont-ils échoué à s'accorder sur un candidat unique à la présidence de la Commission et du Conseil. Dans le processus de répartition des *top jobs* de l'UE, les pays du V4 n'ont pas tiré leur épingle du jeu, n'obtenant aucun poste important.

Le retour de la *Machtpolitik* ?

Pologne et Hongrie soutiennent Donald Trump, qui prône une vision du monde fondée sur la coexistence de pays souverains usant de leur libre arbitre pour agir sur la scène internationale. Mais en remettant en cause le multilatéralisme, les États-Unis fragilisent la communauté euroatlantique, clé de voûte de la stabilité du continent européen. L'Amérique de Trump ne partage plus les aspirations européennes à un système mondial ordonné, fondé non sur le jeu des puissances mais sur le règne du droit, celui qu'elle appelait de ses vœux quand l'Europe célébrait encore les lois de la *Machtpolitik*. Si l'illibéralisme prôné par la Pologne et la Hongrie devait déboucher sur le retour de la *power politics*, les pays d'Europe centrale en seraient pourtant les premiers perdants.

K. S.

Pour en savoir plus

- V. Havlik, « Technocratic Populism and Political Illiberalism in Central Europe », *Problems of Post-Communism*, avril 2019.
- A. Lăzescu, « NATO Undermined: The Current World Order Could Be Reset », *Visegrad Insight*, 12 juillet 2018.

Quelle gouvernance mondiale des migrations ?

vidéo http://dunod.link/4b4igoa

Après le Pacte de Marrakech

Première tentative d'appréhender les migrations globalement et d'en proposer une gouvernance, le Pacte de Marrakech s'est heurté, surtout dans les pays du Nord, à d'importants enjeux politiques internes. Sa mise en œuvre pourrait aggraver les divisions Nord-Sud, et marginaliser l'Amérique de Trump ainsi que les Européens, incapables de s'accorder.

Le « Pacte mondial pour des migrations sûres, ordonnées et régulières » a été adopté à Marrakech en décembre 2018, premier accord des Nations unies pour une approche globale des migrations internationales dans toutes leurs dimensions.

Vers une gouvernance mondiale

Le Pacte de Marrakech est l'aboutissement de consultations et de négociations de 18 mois. Il entend élaborer un cadre de normes susceptible de constituer le socle d'une gouvernance mondiale des migrations. À la différence d'autres sujets comme le commerce, la finance ou, plus récemment, le changement climatique, les migrations n'ont en effet aucun cadre commun au niveau international.

Or si les migrations sont traditionnellement considérées comme un problème national, relevant de la souveraineté des États, leurs manifestations concrètes et les problématiques qu'elles soulèvent sont avant tout internationales, impliquant des pays de départ, de transit et de destination, le passage de frontières, la gestion du statut des personnes d'un cadre national à l'autre, etc. C'est donc pour permettre aux États de trouver des solutions à des situations dépassant le périmètre national que le pacte a été initié en septembre 2016, soit près d'un an après la crise de l'accueil des réfugiés de 2015 en Europe.

Une nouvelle étape

Il faut remonter un peu pour trouver le point de départ d'une réflexion sur l'articulation entre politiques nationales et un système de gouvernance globale sur ce thème. Le sujet a été mis à l'agenda international à la fin de la guerre froide, avec la libéralisation du mouvement des personnes après la chute du Rideau de fer.

La conférence du Caire sur la population et le développement de 1994 suggéra pour la première fois un plan d'action sur les personnes en mouvement. Au début des années 2000, le Secrétaire général des Nations unies lança la Commission mondiale sur les migrations internationales. En 2006 et 2013 furent organisés les dialogues de haut niveau de l'Organisation des Nations unies (ONU) sur les migrations internationales et le développement. En 2007 eut lieu la première édition du Forum mondial sur la migration et le développement, tandis qu'étaient instaurés des consultations régionales et des dialogues bilatéraux.

Depuis deux décennies, les migrations ne sont donc plus absentes de l'agenda international. Ces conférences, forums et dialogues mondiaux ont pourtant longtemps peiné à définir un cadre global, au-delà d'aspects spécifiques (migrations et développement, traite des êtres humains…) ou d'enjeux régionaux. Au regard des précédentes initiatives, le Pacte de Marrakech constitue donc une avancée en proposant un cadre global sur les objectifs, les outils, et l'organisation d'une gouvernance avec une articulation entre agences des Nations unies, États et acteurs non étatiques.

Les 23 objectifs du pacte sont un assemblage de mesures générales et ambitieuses (par exemple, s'attaquer aux facteurs de vulnérabilité liés aux migrations) et de mesures spécifiques (comme la mise en place de mécanismes de portabilité des droits de sécurité sociale et des avantages sociaux acquis par les migrants d'un pays à l'autre). Le pacte n'est pas contraignant. Il propose une série d'actions où les États pourront piocher leurs objectifs prioritaires. Cet aspect non contraignant et modulable le rapproche d'autres textes programmatiques adoptés ces dernières décennies aux Nations unies, particulièrement la Déclaration du Millénaire et l'Agenda 2030.

Résistances

Les solutions suggérées par le pacte recueillent-elles pour autant le consensus de la communauté internationale ? Si son adoption a été massive (164 pays l'ont adopté), le texte a fait l'objet de la résistance remarquée d'une douzaine de pays.

À l'exception de la République dominicaine, les autres pays non-signataires sont membres de l'Organisation de coopération et de développement économiques (OCDE). Les États-Unis, qui restent le premier pays d'immigration au monde, ont voté contre, tout comme Israël et les pays du groupe de Visegrád. D'autres se sont abstenus, dont l'Australie – autre pays forgé par sa longue histoire migratoire –, ou la Suisse – bien qu'elle ait été avec le Mexique l'un des principaux artisans de la négociation du texte présenté à Marrakech.

Enfin, sept pays non-signataires sont membres de l'Union européenne (UE). Outre le groupe de Visegrád, il s'agit de l'Autriche, de l'Italie, de la Bulgarie et de la Croatie. Élaboré à l'initiative des Européens dans la foulée de la crise des réfugiés de 2015, le pacte s'aligne pourtant sur les principaux objectifs de la dimension externe des politiques migratoires de l'UE, qui constitue aujourd'hui le seul espace de consensus en Europe, sous la forme de partenariats avec les pays tiers pour le contrôle des frontières extérieures de l'Union.

Ces résistances mettent en évidence le poids des enjeux politiques internes dans le choix d'un État de signer, ou non, le pacte. On sait le débat féroce dont le texte a fait l'objet au moment de son adoption. Une campagne virulente d'*infox*, particulièrement sur les réseaux sociaux, a prétendu dénoncer les objectifs et le contenu « réels » du pacte. Ce dernier a été décrit par certains comme la dernière étape vers l'instauration d'un monde sans frontières et l'imposition aux pays industrialisés d'une migration de peuplement venue du Sud par une élite internationaliste. Il suffisait de lire le texte pour voir qu'il n'en était rien. Non contraignant et mettant un accent particulier sur la lutte contre les migrations irrégulières, le pacte a néanmoins débouché sur une crise institutionnelle majeure, par exemple en Belgique où la polémique a fait éclater la coalition gouvernementale en décembre 2018.

Dépasser l'opposition Nord-Sud

La liste des non-signataires illustre également une géopolitique Nord-Sud des migrations, qui tend à opposer pays d'immigration et pays de départ. Ce clivage Nord-Sud était déjà manifeste à propos de la Convention internationale sur les droits des travailleurs migrants et de leurs familles, adoptée en 1990 et ratifiée seulement par des pays du Sud. L'approche en termes de droits des migrants du texte de 1990 a su mobiliser les gouvernements des pays de départ, sensibles à la protection de leurs ressortissants à l'étranger : Mexique et Maroc ont été à l'avant-garde de ce combat dans les instances des Nations unies.

Par contraste, les pays du Nord ont eu pour priorité de limiter les flux migratoires, en déléguant le contrôle de leurs frontières aux pays de transit ou de départ. La reconnaissance de droits aux étrangers en situation irrégulière a été l'un des points les plus contestés par les pays de destination. La difficulté de respecter les droits des migrants dans les procédures d'éloignement a cristallisé la résistance des pays du Nord.

Depuis les années 2000, les agences des Nations unies et l'Organisation internationale pour les migrations (OIM) ont essayé de dépasser ce clivage dans une nouvelle approche. D'un paradigme fondé sur les droits, le dialogue sur les migrations a bifurqué vers un paradigme fondé sur une régulation managériale des flux, qui insiste sur les aspects positifs des migrations à la fois pour les pays de départ, pour les pays de destination, et pour les migrants eux-mêmes. Cette approche contraste fortement avec les débats politiques nationaux qui ont accompagné la forte politisation des questions migratoires en Europe comme aux États-Unis depuis le début de la crise économique de 2008, et plus encore depuis la crise de l'accueil des réfugiés en Europe en 2015 et l'élection qui a porté Donald Trump au pouvoir.

Le glissement d'une approche basée sur les droits de l'homme vers une approche managériale a également fait évoluer le cadre juridique de la gouvernance mondiale des migrations. Si l'instrument du traité international était l'outil privilégié par les Nations unies et les pays de départ, l'échec de la Convention de 1990 incitait à trouver un cadre juridique plus flexible et moins contraignant.

Un scénario incertain

Outre des objectifs et des outils juridiques, une gouvernance mondiale des migrations nécessite un leadership. L'ONU constitue sous ce rapport l'institution la plus légitime pour mener ce dialogue et cette coopération internationale. Dans le contexte actuel peu propice aux progrès en matière de multilatéralisme, les États ne semblent pourtant pas prêts à confier un rôle trop important à une instance internationale, surtout sur un sujet aussi sensible que celui des migrations. Ce modèle de gouvernance laisse donc peu d'espace aux acteurs non gouvernementaux, particulièrement si on le compare à ce qui a constitué la dynamique de mobilisation sur les sujets climatiques et environnementaux.

Quels scénarios peut-on entrevoir dans un tel contexte ? De fait, il paraît difficile d'envisager un dialogue renforcé et opérationnel au niveau international sur les sujets migratoires sans l'UE et les États-Unis, qui constituent les deux premières destinations des migrations internationales aujourd'hui. Or, dans les deux cas, le blocage politique est profond. D'une part, au nom du slogan *America First*, les États-Unis se retirent massivement de programmes internationaux, comme celui de la réinstallation des réfugiés dont ils étaient l'acteur principal. D'autre part, les Européens sont paralysés par leurs désaccords sur la dimension interne de la politique migratoire européenne depuis la crise de 2015.

Dans cette situation de glacis politique sur les migrations dans les pays du Nord, l'avenir d'une approche concertée des migrations internationales viendra peut-être des pays du Sud. Le Mexique, on l'a dit, a été depuis les années 1990 l'une des voix les plus importantes sur le sujet. Il le reste. *A fortiori*, les pays du Sud sont confrontés à une mobilité Sud-Sud très importante. Aujourd'hui, la nouvelle crise mondiale majeure des réfugiés concerne le Venezuela, quatre millions de Vénézuéliens ayant déjà quitté leur pays.

Dès lors que l'immobilité face à ces situations ne peut produire que les pires situations humanitaires et politiques, les pays du Sud s'acquitteront peut-être d'un rôle de leader sur ces sujets, quitte à avancer sans le soutien des pays du Nord ou dans des formats de coopérations Nord-Sud à géométrie variable. Une des conséquences sera, pour l'UE et les États-Unis, la perte du rôle de premier plan qu'ils ont joué jusqu'à présent dans ces discussions. L'avenir de la gouvernance mondiale des migrations verrait ainsi un déplacement du centre de gravité du dialogue international de plus en plus vers le Sud, avec une marginalisation importante des pays du Nord.

C. B. & M. T.

Pour en savoir plus

- A. Pécoud, « De la "gestion" au contrôle des migrations ? Discours et pratiques de l'Organisation internationale pour les migrations », *Critique internationale*, n° 76, juillet-septembre 2017.
- M. Tardis, « Le Pacte de Marrakech. Vers une gouvernance mondiale des migrations ? », *Notes de l'Ifri*, Ifri, février 2019.

La politique européenne d'immigration

Récit d'une Union en panne

Depuis 2015, les membres de l'Union européenne (UE) n'ont pas mis en place les mesures de gestion d'un éventuel nouvel afflux de migrants. Les propositions de la Commission n'ont pas été suivies, et l'UE apparaît de plus en plus divisée en camps irréconciliables. Une division qui augure mal du futur européen.

Seules 2 000 personnes sont arrivées sur les côtes italiennes au cours des six premiers mois de l'année 2019. Bien qu'elles soient plus nombreuses à être entrées irrégulièrement en Grèce (16 000) et en Espagne (11 000), l'Union européenne (UE) a tourné la page de 2015, et de ce qui a été appelé rapidement la crise des réfugiés. Pourtant l'UE ne semble avoir ni le sentiment de faire face à un défi commun, ni les outils pour répondre solidairement à un nouvel afflux important de migrants. L'UE répète-t-elle les erreurs antérieures à 2015, quand elle détournait le regard des failles de ses systèmes d'accueil, alors que le plus grand déplacement de population des dernières décennies se déroulait de l'autre côté de ses frontières ? 2015 a laissé des traces, et il n'est pas sûr que l'UE se remette d'une nouvelle crise qui renforcerait encore la défiance entre ses États membres et minerait sa crédibilité vis-à-vis de ses partenaires extérieurs.

Le *statu quo* politique

Il est faux de penser que l'UE n'a pas réagi à la crise humanitaire ouverte à l'été 2015 avec l'arrivée de plusieurs centaines de milliers de personnes en Grèce. Réunions et conseils se sont succédé à un rythme effréné entre septembre 2015 et mars 2016. Des dizaines de mesures ont été adoptées dans des délais remarquables pour une institution réputée pour sa lenteur, mesures concernant autant le renforcement des contrôles aux frontières extérieures, la répartition des demandeurs d'asile sur le territoire européen, que le soutien financier et opérationnel des États membres subissant la plus forte pression. Mais il s'agissait pour beaucoup de mesures temporaires, répondant à une situation d'urgence et ne corrigeant pas les défauts structurels du régime d'asile européen commun en construction depuis 1999, ni d'une politique européenne d'immigration encore embryonnaire.

Pour la Commission européenne, les réformes structurelles étaient nécessaires. Moins d'un mois après l'accord de mars 2016 entre l'UE et la Turquie qui a quasiment mis fin aux arrivées en Grèce, la Commission a proposé de revoir la politique européenne d'asile. Un nouveau paquet législatif relatif aux conditions d'exercice du droit d'asile dans l'UE a été présenté à l'été 2016. Bien que réduisant la marge de manœuvre des États membres sur l'interprétation des critères d'éligibilité à une protection internationale et aux procédures d'asile, les propositions de la Commission européenne ne constituaient pas une européanisation plus poussée du droit d'asile. Le régime d'asile européen demeurait une addition de 28 systèmes. De même, les demandeurs d'asile et les réfugiés pouvaient être sanctionnés s'ils franchissaient une frontière interne à l'UE.

Les propositions de la Commission, pourtant cohérentes avec les tendances restrictives de la majorité des pays européens, n'ont pas connu le succès escompté, cristallisant au contraire les divergences de principe. La réforme du règlement de Dublin, qui détermine l'État membre responsable de l'examen d'une demande d'asile dans l'UE, est au cœur des désaccords. Défendu par l'Allemagne, le mécanisme de répartition « solidaire » des demandeurs d'asile sur le territoire européen en cas d'afflux massif n'a pas trouvé le soutien nécessaire à son adoption. Les positions semblent irréconciliables entre une Europe du Nord-Ouest attachée au règlement de Dublin mais prête à des concessions, une Europe du Sud qui souhaite une refonte en profondeur du système, et des pays d'Europe centrale qui refusent le moindre accueil de demandeurs d'asile. C'est ce qu'ont reconnu les ministres européens en charge de l'immigration au Conseil du 5 juin 2018, qui a officialisé le blocage des négociations sur l'avenir du droit d'asile en Europe. Une semaine après la formation du gouvernement de coalition italien, l'incapacité à faire primer l'intérêt européen sur les agendas nationaux signe l'essoufflement de la méthode communautaire de décision.

Les discussions sont depuis gelées. Le gouvernement autrichien, qui prend la suite de la présidence bulgare le 1er juillet 2018, ne met pas la refonte du régime d'asile commun au programme des réunions et conseils. L'Autriche préfère se concentrer sur le retour des étrangers en situation irrégulière et l'externalisation de la gestion des flux vers les pays tiers. Cette stratégie n'a pas eu davantage de succès, même s'il faut comprendre qu'elle était destinée prioritairement à l'électorat autrichien. Et la perspective de l'échéance électorale européenne et du renouvellement consécutif de la Commission a écarté toute tentative de remettre les questions d'asile et d'immigration à l'agenda des institutions européennes.

Les résultats de l'élection de mai 2019 n'éclairent pourtant pas sur l'avenir de la politique européenne d'asile. D'un côté, les forces politiques du Parlement européen n'ont jamais été aussi fragmentées. De l'autre, la victoire des partis au pouvoir dans plusieurs pays aux positions tranchées (Italie, Hongrie, Pologne, Autriche et dans une moindre mesure Allemagne et France) ne permet guère d'espérer un compromis européen.

Vers la désintégration ?

Ce n'est pas la première fois de son histoire que l'UE rejette un mécanisme de répartition des demandeurs d'asile sur son territoire. Pendant les guerres des Balkans, la France et le Royaume-Uni avaient refusé la demande en ce sens de l'Allemagne, déjà principal pays d'accueil des exilés. Le traité d'Amsterdam a cependant fait entrer les questions d'asile et d'immigration dans le périmètre des compétences communautaires. Et le Conseil européen de Tampere d'octobre

1999 a lancé le chantier des politiques communes d'asile et d'immigration dans le plein respect des conventions internationales et européennes.

Vingt ans plus tard, le contraste est saisissant. Cette fois, la crise de l'Europe sur les questions d'asile et d'immigration n'aboutit pas à un nouveau transfert de compétences, au contraire. Plus encore que septembre 2015, qui marque une prise de conscience d'Européens émus par la photo d'Aylan Kurdi, juin 2018 pourrait être perçu comme un tournant de la construction européenne. Outre le Conseil des ministres en charge des questions migratoires déjà cité, deux autres événements ont ébranlé les fondations de la gouvernance européenne. Le Conseil européen des 28 et 29 juin 2018 a été le théâtre de ces enjeux quasi existentiels pour l'UE.

Le poids des considérants nationaux

Le premier événement se noue autour du sort de la coalition gouvernementale allemande. Face à la pression exercée par son ministre de l'Intérieur sur le sort des demandeurs d'asile arrivant à la frontière bavaroise, la chancelière espère une sortie de crise par l'Europe, ce qu'elle n'obtiendra qu'à moitié. Si les élections bavaroises de l'automne 2018 sanctionnent la stratégie du ministre de l'Intérieur, l'Allemagne a toutefois été amenée à conclure des accords bilatéraux avec la Grèce et l'Espagne pour mettre en œuvre un transfert des demandeurs d'asile vers ces pays, ce que le règlement de Dublin est censé organiser. Autrement dit : on contourne le droit européen pour appliquer plus efficacement ce qu'il prévoit...

Le Conseil européen de juin 2018 se concentre sur les tensions franco-italiennes autour du sort des passagers de l'*Aquarius*. On assiste alors à la conclusion d'un accord de façade qui vole en éclats au lendemain de la réunion. La déclaration des chefs d'État et de gouvernement sur les « arrangements régionaux de débarquement » des navires affrétés par les organisations non gouvernementales (ONG), ainsi que sur les « centres contrôlés » fait l'objet d'interprétations divergentes, en particulier pour la France et l'Italie, et est rejetée catégoriquement de l'autre côté de la Méditerranée.

L'été 2018 voit se succéder des « mini-crises » européennes autour du sort d'autres navires, qui sont réglées par des arrangements *ad hoc* entre quelques pays européens déterminant le port de débarquement et la répartition des personnes embarquées. Il ne s'agit pas là d'un mécanisme pérenne, encadré par des règles s'appliquant à tous les États membres, volontaires ou pas, y compris sur les critères réglant la répartition des migrants.

Le contournement du cadre institutionnel communautaire n'est pas sans danger pour l'avenir de l'UE. En premier lieu, il ne garantit pas un règlement apaisé des différends entre États membres, ni la stabilité du consentement à l'arrangement transnational. En second lieu, il décrédibilise encore les institutions européennes et marginalise la Commission et le Parlement européens, absents des discussions entre gouvernements. On peut dès lors redouter un cercle vicieux ouvrant la voie à un retournement de la construction européenne telle que conçue par ses pères fondateurs.

La centralité des questions migratoires dans les relations extérieures de l'UE

Le blocage sur l'avenir des politiques communes d'asile et d'immigration ne constitue pas seulement un risque pour la construction européenne. Il a aussi pour conséquence que les politiques européennes se font de plus en plus en dehors du territoire de l'UE. La dimension externe des politiques d'asile et d'immigration n'est pas nouvelle. Elle est évoquée dès le Conseil de Tampere en 1999. Que les pays européens imposent leurs priorités à leurs partenaires extérieurs ne date pas non plus de 2015. C'est la centralité des questions migratoires dans les relations internationales de l'UE qu'il faut ici souligner.

Les contradictions entre d'un côté les valeurs de l'UE inscrites dans sa Charte des droits fondamentaux et sa promotion du droit international comme facteur de stabilité de la planète et, d'un autre côté, les atteintes aux droits des migrants et à la souveraineté des États tiers sont de plus en plus visibles, voire assumées par les pays européens. La situation des migrants en Libye constitue un exemple parmi d'autres de cette fuite en avant pour des motifs de contrôle des flux migratoires. Impulsée par les Italiens en 2017 et soutenue par les fonds européens, la coopération avec les gardes-côtes libyens a un impact direct sur la dignité et l'intégrité des migrants qui, débarqués en Libye, se retrouvent dans des centres de détention, soumis à de mauvais traitements et, depuis la reprise des violences, à l'absence de nourriture. Cette situation, largement documentée par les agences onusiennes et les ONG internationales, ne peut être ignorée par les États européens.

Le discours autour de la lutte contre les passeurs – qui confond au passage passeurs et trafiquants – et des vies sauvées en mer peine à convaincre de l'équilibre de l'approche européenne. La traversée de la Méditerranée n'a jamais été aussi dangereuse, tandis que les morts se multiplient dans le désert. De même, l'essor réel des voies d'accès légal à l'Europe pour les réfugiés reste bien en deçà des enjeux mondiaux. 25 000 réfugiés ont été réinstallés dans l'UE en 2018. Il s'agit d'un record depuis la crise des réfugiés d'Asie du Sud-Est dans les années 1970, mais ce chiffre demeure inférieur au nombre des réfugiés réinstallés dans un pays de 35 millions d'habitants comme le Canada.

M. T.

Pour en savoir plus

- C. Balleix, « Migrations : l'Europe à l'épreuve de la crise italienne », *Notes de l'Ifri*, Ifri, juillet 2018
- M. Tardis, « Les partenariats entre l'Union européenne et les pays africains sur les migrations. Un enjeu commun, des intérêts contradictoires », *Notes de l'Ifri*, Ifri, mars 2018.
- M. Tardis, « Une autre histoire de la "crise des réfugiés" », *Études de l'Ifri*, Ifri, juillet 2019.

La Russie de Poutine, an 20

Ne-rien-changer : une stratégie payante ?

Toujours populaire, Vladimir Poutine voit pourtant l'adhésion de la population russe s'effriter. Les thèmes de mécontentement ne manquent pas : réforme des retraites, corruption, problèmes d'environnement… Le régime privilégie l'activisme de politique étrangère, et nul virage important ne devrait permettre d'améliorer rapidement les relations avec les pays occidentaux.

En décembre 2019, Vladimir Poutine fêtera ses 20 ans au sommet du pouvoir. Élu pour son quatrième mandat présidentiel avec plus de 76 % des voix en mars 2018, il jouit toujours d'un taux de popularité conséquent. Mais l'administration présidentielle s'inquiète de son effritement (par rapport aux 89 % qui ont suivi l'annexion de la Crimée), notamment depuis la décision de recul de l'âge de la retraite. Les vieilles recettes ne semblent plus aussi efficaces : les buts du président dans un match de hockey ou ses prouesses équestres indiffèrent désormais, quand ils ne suscitent pas les ricanements sur les réseaux sociaux. Alors que les chaînes publiques diffusent en boucle des *talk-shows* sur les dossiers internationaux – surtout l'Ukraine –, la population semble surtout préoccupée par le pouvoir d'achat, et des problèmes locaux et régionaux liés à l'environnement ou à l'aménagement du territoire.

Les 18 premiers mois du quatrième mandat trahissent l'inertie du système et un déficit d'impulsion pour le développement, en dépit des 12 « projets nationaux » (santé, démographie, routes, soutien aux petites et moyennes entreprises…) lancés par le président. Le gouvernement a été peu remanié après les élections de mars 2018. L'impopulaire mais loyal Dmitri Medvedev le dirige toujours ; deux ministres clés, Sergueï Lavrov aux Affaires étrangères et Sergueï Choïgou à la Défense, continuent à conduire une politique étrangère musclée pour défendre les acquis du troisième mandat face à l'Occident, et étendre l'influence russe à de nouveaux espaces, de l'Afrique au Venezuela.

Une popularité qui s'effrite

Naguère appelé le « cardinal gris » du Kremlin, Vladislav Sourkov a signé en février 2019 un article[1] décrivant le modèle de l'État poutinien comme durable et

1. Traduit en français par Inna Uryvskaya : « La longue gouvernance de Poutine », Fondation pour l'innovation politique, mai 2019.

exportable afin de bousculer une démocratie libérale hypocrite et inefficace. Cet état d'esprit traduit-il une absence de volonté de changer le modèle économique, politique et social existant ? L'économie russe ne s'est pas écroulée, ni après les sanctions occidentales, ni avec la chute des prix du pétrole de 2014. Les caisses de l'État sont pleines, la dette publique reste faible et l'inflation maîtrisée. Certains secteurs, comme l'agriculture, ont même profité des faveurs de l'État en conséquence des sanctions.

Au premier trimestre 2019 cependant, la croissance du PIB est bien en dessous des attentes : 0,5 % au lieu des 1,3 % promis par le ministère du Développement économique pour 2019 (contre 2,3 % en 2018). Au nombre des facteurs explicatifs : la baisse de la consommation liée, notamment, à l'augmentation de la TVA ; la faiblesse des investissements une fois les grands projets d'infrastructures (pont de Kertch, équipements pour le Mondial 2018) achevés ; ainsi que la réduction des crédits du complexe militaro-industriel (selon le *Sipri Yearbook 2019*, la Russie ne fait plus partie des cinq pays leaders pour la dépense militaire). L'objectif du président d'installer son pays parmi les cinq plus grandes économies mondiales est-il réaliste ?

Le mécontentement monte

Dans les régions, la grogne croît, du traitement des déchets au rejet des candidats imposés par le centre fédéral. Les élections régionales de septembre 2018 ont été une épreuve pour le Kremlin. Si le maire de Moscou Sergueï Sobyanine s'est fait confortablement réélire avec 70 % des voix, la bataille a été perdue par les candidats du pouvoir dans quatre régions. Depuis le début du quatrième mandat, plusieurs mouvements de protestation se sont installés : en Ingouchie pour la délimitation de la frontière avec la Tchétchénie ; dans la région d'Arkhangelsk autour d'une déchèterie ; à Ekaterinbourg contre la construction d'une cathédrale à la place d'un square… Les Russes acceptent de moins en moins le refus des autorités de les écouter, rejettent les accusations de manipulation et s'indignent de la répression des manifestants. Les élections régionales de septembre 2019 seront sans doute une autre épreuve : à Saint-Pétersbourg, le candidat officiel est particulièrement impopulaire.

Le mécontentement est tangible sur les réseaux sociaux. Inquiètes, les autorités réagissent en verrouillant encore l'expression, multipliant les lois répressives à l'application arbitraire : loi contre l'insulte aux autorités (mars 2019), loi contre les *fake news* (mars 2019), loi sur un « internet souverain » (avril 2019) – cette dernière permettant de se protéger de l'influence néfaste des libéraux et de l'Occident, ainsi que de couper internet localement en cas de protestation. Certains espaces (médias, réseaux sociaux, groupes de discussion) frappent cependant par leur liberté de ton et leur niveau critique envers le régime. À Ekaterinbourg, les protestataires ont obtenu (provisoirement ?) gain de cause. En juin, la mobilisation inédite de la société civile a contribué à la libération du journaliste Ivan Golounov, accusé de trafic de drogues sur la base de preuves falsifiées. La réaction des autorités peut être flexible, s'adapter au contexte. En face, l'opposition libérale reste dispersée et inaudible.

Vladimir Sorokine décrit dans ses romans une Russie utopique perpétuant des mœurs archaïques dans un environnement *high-tech* : une vision au moins partiellement juste. À Moscou, l'équipement en wi-fi jusqu'aux wagons du métro n'empêche pas la nostalgie de l'URSS, bien présente dans le culte des objets, le retour des environnements soviétiques (les cantines « à la soviétique » avec affiches d'époque sont à la mode), et la popularité de Staline qui bat les records historiques (70 % des Russes ont une vision positive de son rôle selon un sondage Levada d'avril 2019). Il ne s'agit sans doute pas là d'un soutien aux méthodes répressives et au discours patriotique du Kremlin, mais plutôt du désir d'un bras fort pour juguler la corruption des élites, dont le niveau a été confirmé par plusieurs arrestations récentes, qui désormais n'épargnent aucune structure, même pas le tout-puissant Service fédéral de sécurité (FSB). S'agit-il d'une lutte entre clans, entre services spéciaux ? La bataille est-elle déjà ouverte pour la transition du pouvoir, sujet encore tabou ? Si un tiers des Russes se dit satisfait de ces arrestations, peu croient à une réelle lutte contre la corruption.

Politique étrangère : acquis et influence

Rarement intéressée par les protestations intérieures, la télévision russe ne cesse de transmettre les images de désordres sociaux à l'étranger (Ukraine, Venezuela, France…), et de souligner le caractère juste et efficace de la politique étrangère russe.

La relation avec les États-Unis reste au cœur de cette politique. L'enquête du procureur Mueller n'a pas conclu à la collusion entre le Kremlin et l'équipe de campagne de Donald Trump. Mais en dépit de la volonté de ce dernier d'améliorer la relation (il a proposé en juin 2018 le retour de la Russie au G7), de quelques consultations constructives (sur la Corée du Nord ou l'Afghanistan) et de l'annonce d'une rencontre entre les deux présidents au G20 d'Osaka fin juin 2019, la normalisation semble hors de portée, tant les positions des deux pays divergent sur les dossiers globaux (désarmement, Traité sur les forces nucléaires à portée intermédiaire – FNI) et régionaux (Ukraine, Syrie, Iran, Venezuela).

Le retrait américain du traité FNI prive Moscou d'un canal de discussion d'égal à égal avec Washington. La menace de durcissement des sanctions contre la Russie est permanente, même si les Américains sont revenus sur les sanctions contre le géant de l'aluminium Rusal. Les arrestations croisées (la Russe Maria Boutina pour ingérence ; l'ex-Marine américain Paul Whelman pour espionnage ; le « plus ancien investisseur américain » Michael Calvey pour dissimulation de revenus par la Russie) constituent de puissants irritants. Le Venezuela reste une pierre d'achoppement : par effet de miroir, Moscou cherche à agir dans l'environnement proche des États-Unis, défiant une doctrine Monroe réaffirmée.

Avec l'Europe, la relation est contrastée. L'UE reste le premier partenaire commercial de la Russie. L'Allemagne est un soutien fidèle pour la construction du Nord Stream 2. Emmanuel Macron s'est rendu à deux reprises en Russie à l'été 2018 : pour le Forum économique de Saint-Pétersbourg et le Mondial de football. La France a même tenté une opération humanitaire commune avec la Russie en Syrie (juillet 2018), sans débouché durable sur une amélioration des relations politiques. Avant les élections européennes, quelques accusations d'ingérence russe ont circulé, confortées par le scandale de la vidéo dénonçant la tentation de l'extrême droite autrichienne de coopérer avec Moscou moyennant finances. L'Europe est ainsi divisée entre le désir de garder des ponts avec la Russie (en la maintenant au

Conseil de l'Europe par exemple) et la méfiance vis-à-vis des actions du Kremlin, en matière d'ingérence ou sur les théâtres de Syrie ou d'Afrique.

L'évolution des relations avec l'Europe reste conditionnée au règlement du conflit de l'Est de l'Ukraine. L'élection à Kiev de Volodymyr Zelensky complique la donne : très différent des élites postsoviétiques, ce président a fait du règlement du conflit la priorité de son mandat, sans qu'on entrevoie une solution s'inscrivant dans les accords de Minsk, que l'Occident et la Russie considèrent sans alternative. Des crises ne sont pas à exclure dans la mer d'Azov (où la Russie a capturé des marins ukrainiens en novembre 2018), dans le Donbass où la Russie a décidé de distribuer des passeports russes, ou en matière de transit gazier (le contrat de transit Ukraine/Russie court jusqu'à fin 2019). Enfin, la création de l'Église autocéphale ukrainienne en janvier 2019, qui a entraîné la rupture de communion entre le Patriarcat de Constantinople et celui de Moscou, ajoute une touche au tableau des relations conflictuelles.

En Asie, le « grand tournant vers l'Est » a apporté quelques résultats (progrès du commerce avec la Chine, participation de cette dernière au projet Yamal LNG), mais a aussi produit des déceptions, en particulier quant à la faiblesse des investissements asiatiques. La « Grande Eurasie » est un slogan plus qu'une réalité[2]. Les attentes d'une percée avec le Japon au sujet des îles Kouriles ont été déçues. Dans l'espace postsoviétique, l'Union eurasiatique peine à décoller. L'allié le plus proche, le président biélorusse Loukachenko, œuvre à la diversification de la politique étrangère de son pays après la relance par Moscou du projet d'intégration plus poussée.

En dépit d'une visibilité accrue de la présence russe sur différents continents, l'émergence d'une « alternative russe » à l'Occident se fait attendre. L'aventurisme a ses risques (sanctions) et le recul est impossible (opinion publique). Il reste au Kremlin à continuer à défendre avec vigueur sa ligne dure, avec quelques ajustements et tentatives de négociation, et à grignoter les zones grises où l'Occident est défaillant, absent ou peu crédible. Pendant ce temps, le monde se structure autour du duopole États-Unis/Chine et des grands enjeux commerciaux et technologiques comme la 5G. La construction d'un monde multipolaire – un souhait de Moscou – est en marche, mais la Russie pourra-t-elle y tenir un rôle clé ?

T. K.-J.

Pour en savoir plus

- J. I. Bekkevold et B. Lo (dir.), *Sino-Russian Relations in the 21st Century*, New York, Palgrave Macmillan, 2019.
- A. de Tinguy (dir.), *La Russie dans le monde*, Paris, CNRS Éditions, 2019.
- J. Vercueil, *Économie politique de la Russie 1918-2018*, Paris, Le Seuil, 2019.

2. Bobo Lo, « Greater Eurasia: The Emperor's New Clothes or an Idea whose Time Has Come? », *Russie.Nei.Reports*, n° 27, Ifri, juillet 2019.

L'Ukraine de Volodymyr Zelensky

Les paradigmes pourraient changer…

Importants, les changements post-Maïdan n'ont pas paru suffisants à une population qui a manifesté aux élections présidentielles sa volonté de renouvellement radical du personnel politique. En interne, et pour résoudre la crise du Donbass, le nouveau président va devoir montrer que les paradigmes ont vraiment changé.

Le 21 avril 2019, Volodymyr Zelensky, acteur et satiriste, est élu président avec 73 % des voix, quelque cinq ans après Maïdan, l'annexion de la Crimée et l'émergence dans l'est du pays d'un conflit meurtrier. S'agit-il d'une nouvelle révolution populaire, les urnes annonçant un changement de paradigmes ?

Le bilan ambivalent de l'après-Maïdan

Âgé de 41 ans, acteur et producteur de séries télévisées et d'émissions très populaires qui depuis des années tournent en dérision les hommes politiques de tous bords, le nouveau président n'a jamais eu de responsabilité politique et n'a pratiquement pas fait campagne. Il doit sa victoire, fruit d'une élection démocratique, à son image d'homme « neuf », « honnête et indépendant des oligarques », « hors système », proche du peuple, en particulier des jeunes.

Le choix des électeurs s'inscrit dans les évolutions fortes, mais ambivalentes et parfois douloureuses, de l'après-Maïdan. Depuis 2014, l'Ukraine a confirmé sa volonté d'indépendance et d'ancrage à l'Occident : l'accord d'association avec l'Union européenne (UE), qui prévoit entre autres la création d'une zone de libre-échange complet et approfondi, en est une étape décisive. Elle s'intègre graduellement au marché européen : en 2018, l'UE représente 42 % de ses échanges commerciaux. Elle s'ancre à l'Europe par le biais de la circulation et des migrations – l'exemption de visa dont elle bénéficie depuis 2017 pour de courts séjours en est un symbole fort – et elle est engagée dans un processus de réformes structurelles qui conditionne son rapprochement avec l'UE. L'élection de 2019, concurrentielle (39 candidatures) et non contestée, confirme les progrès réalisés sur la voie de la démocratie et la vitalité de la société civile. Dans la continuité de Maïdan, celle-ci reste très mobilisée, elle fait pression sur le pouvoir pour qu'il tienne le cap des réformes et s'implique pour suppléer les carences de l'État. La voie européenne est un choix de société, qui continue à être massivement approuvé et en faveur duquel Volodymyr Zelensky a pris explicitement position.

En matière de réformes, le bilan de la présidence de Petro Porochenko (2014-2019) est loin de n'être que négatif : « la plupart des experts s'accordent sur le fait que le pays (en) a fait davantage en quatre ans qu'en plus de vingt années d'indépendance[1] ». Après les réformes de la police et de l'armée, sont intervenues celles sur la décentralisation, la santé, l'éducation, etc. Et des mesures ambitieuses ont été prises pour déréguler l'économie et lutter contre la corruption : création du système Prozorro destiné à rendre transparente la passation des marchés publics et d'agences indépendantes, mise en ligne des déclarations de patrimoine obligatoires pour tous les hauts fonctionnaires, etc.

Le prix de l'indépendance

Mais le prix de l'indépendance est lourd. L'Ukraine est engluée dans une guerre déstabilisatrice dont elle ne voit pas l'issue. Elle a perdu la Crimée et fait face dans le Donbass à un conflit qui a fait quelque 13 000 morts et 30 000 blessés, deux millions de déplacés internes et un million de réfugiés. Depuis la signature en 2015 des accords de Minsk, la violence a baissé d'intensité mais elle n'a pas cessé, et les négociations dans le format dit de Normandie (Ukraine, Russie, France, Allemagne) sont dans l'impasse. L'Ukraine juge inacceptables les conditions de règlement politique prévues à Minsk. La Russie n'envisage aucune discussion sur la Crimée et continue à soutenir les deux régions séparatistes – en 2018, on estime à 3 000 le nombre de militaires russes présents sur leur sol[2].

En arraisonnant en novembre 2018 trois bâtiments ukrainiens dans le détroit de Kertch, la Russie a confirmé une stratégie de déstabilisation politique et d'asphyxie économique. La rupture entre deux pays autrefois si proches est désormais profonde. L'Ukraine a réorienté son commerce extérieur – la Russie n'en représente plus que 11 % en 2018 –, interdit la diffusion sur son territoire de chaînes de télévision russes ainsi que l'accès aux grandes plates-formes numériques, et pris ses distances avec le Patriarcat de Moscou (proclamation en janvier 2019 de l'autocéphalie de l'Église orthodoxe d'Ukraine).

Sur le plan interne, en dépit des efforts déployés, du soutien des organisations financières internationales et d'un fort accompagnement européen, le processus de réforme est lent et non linéaire, compliqué par la guerre, le poids de l'héritage, les intérêts personnels, les tensions économiques et sociales. Les pesanteurs demeurent fortes, les pratiques politiques encore très imprégnées de l'héritage soviétique et postsoviétique, le poids de l'oligarchie continue à se faire sentir et la lutte contre la corruption n'a pas donné de résultats probants (l'Ukraine est au 120e rang de l'index 2018 de Transparency International). L'action menée ne répond en outre que partiellement aux attentes des Ukrainiens. Ceux-ci s'irritent de voir que certaines réformes, considérées après Maïdan comme urgentes, n'ont pas été engagées ou sont des échecs – notamment celle du système judiciaire –, et que la corruption est toujours présente au sommet de l'État, parfois en toute impunité, une situation dont le pouvoir en place est rendu responsable. Le résultat est une immense défiance à l'égard des institutions et du pouvoir, qui se retrouve

---

1. A. Daubenton, « Les échéances démocratiques en Ukraine : une société entre les réformes et la guerre », *in* A. de Tinguy (dir.), *Regards sur l'Eurasie. L'année politique 2018*, Les Études du CERI, février 2019, p. 29-35.
2. International Institute for Strategic Studies, *The Military Balance 2019*, p. 209.

dans toutes les enquêtes d'opinion. Les Ukrainiens ont réagi non en se détournant des urnes, mais en votant avec une forte participation (61 %) pour imposer un renouvellement du personnel politique.

La dégradation de leur niveau de vie n'a pu que les encourager dans ce sens. D'après le Fonds monétaire international (FMI), leur pays est aujourd'hui le plus pauvre d'Europe (PIB par habitant : 2 964 dollars en 2018). Après un recul de 6,6 % en 2014, le PIB a chuté de 9,8 % en 2015. Au bord du défaut de paiement, l'Ukraine a dû demander l'aide du FMI, qui lui a accordé en février 2015 un prêt de 17,5 milliards de dollars sur quatre ans, conditionné par des réformes structurelles nécessaires mais douloureuses. En 2016, le pays est sorti de la récession avec un taux de croissance de 2,4 %, puis de 2,5 % en 2017 et 3,3 % en 2018. Mais ce niveau de croissance ne permet qu'un lent rattrapage du déclin de 2014-2015.

En dépit (ou peut-être à cause) de ces épreuves, l'Ukraine s'est rassemblée. Le pays s'est doté d'une capacité de défense inédite. Son identité a été confortée par un renforcement sur l'ensemble du territoire du soutien à l'indépendance et de l'identification citoyenne, par la poursuite de l'ukrainisation linguistique, ainsi que par la décommunisation, l'impressionnante désoviétisation de l'espace public et la politique mémorielle soutenue qui ont été entreprises. Les clivages Est-Ouest, qui ont longtemps dominé le paysage politique, tendent par ailleurs à s'estomper. En 2019, cinq des six principaux candidats avaient un positionnement pro-occidental ; le candidat pro-russe n'a obtenu que 12 % des suffrages, et Volodymyr Zelensky a réalisé d'excellents scores dans toutes les régions sauf une.

Vers de nouveaux paradigmes ?

Dans ce contexte, les défis du nouveau président sont immenses, d'autant qu'il a suscité de très fortes attentes. Soucieux de pouvoir s'appuyer sur une Rada qui dispose de par la Constitution de pouvoirs étendus, il dissout celle-ci dès le 20 mai, jour de son investiture, et convoque des élections législatives anticipées pour le 21 juillet. Ses premières démarches ont été de confirmer l'ancrage à l'Occident – il l'a réaffirmé début juin à Bruxelles, destination de son premier voyage officiel à l'étranger, lors de ses entretiens avec les dirigeants européens et avec le secrétaire général de l'Organisation du traité de l'Atlantique nord (OTAN), qui l'ont tous assuré de la poursuite de leur soutien à son pays –, et d'affirmer sa volonté de trouver une issue au conflit dans l'est du pays et d'assainir la vie politique.

Mettre fin au conflit du Donbass est une demande forte des Ukrainiens que Zelensky semble avoir entendue. Il s'est rendu le 27 mai sur la ligne de front, a pris position, avec le soutien de Paris, Berlin et Washington, pour une relance des négociations de Minsk, et proposé une levée du blocus économique des deux régions séparatistes, faisant preuve d'ouverture – il se prononce en faveur d'un dialogue avec la Russie et se dit « prêt à tout » pour revenir à la paix –, mais aussi de fermeté, affirmant vouloir « récupérer les territoires perdus » : « la Crimée et le Donbass sont notre terre ».

Les conditions d'un règlement ne sont pas précisées, mais le discours a changé. La Russie répondra-t-elle à ces ouvertures ? Profitera-t-elle du changement de pouvoir à Kiev pour se retirer d'un conflit qui lui coûte cher économiquement et diplomatiquement ? Ses récentes initiatives ne vont pas vers l'apaisement. Après l'annonce de nouvelles restrictions sur les échanges commerciaux avec l'Ukraine, Vladimir Poutine a donné le 24 avril aux habitants des deux régions séparatistes accès à la citoyenneté russe *via* une procédure simplifiée. Un mois plus tard, bien que condamné par le Tribunal international du droit de la mer, le Kremlin refusait de libérer les marins ukrainiens détenus en Russie depuis les incidents du détroit de Kertch. Cherche-t-il à impressionner le nouveau président, à tester ses réactions ? À conforter les positions russes avant d'éventuelles négociations ? Ou à montrer qu'il n'entend ni faire de concessions ni renoncer à la stratégie hybride adoptée en Ukraine ?

Zelensky a déclaré vouloir faire de l'Ukraine un pays riche avec une économie solide et un marché du travail actif, ce qui suppose de redresser le niveau de vie, d'améliorer le monde des affaires, de rassurer les investisseurs étrangers. Le président y parviendra-t-il ? Le projet de loi sur la confiscation des avoirs illicites déposé le 3 juin à la Rada suggère un souci d'agir rapidement contre la corruption. Zelensky fera-t-il reculer ce fléau ? Gardera-t-il ses distances avec les oligarques, notamment avec Igor Kolomoïsky qui a soutenu sa campagne, et réduira-t-il leur influence dans la vie politique ? Les tensions économiques et financières auxquelles le pays est confronté ajoutent aux difficultés. Le gouvernement va avoir à court terme à faire des remboursements importants qui le contraindront à de nouveaux emprunts ; il doit prendre position sur la poursuite de la hausse très impopulaire des prix du gaz, condition des prêts du FMI, à un moment où la renégociation des contrats gaziers avec la Russie (ceux signés en 2009 arrivent à échéance le 31 décembre 2019) et les répercussions de la construction de Nord Stream 2 sur le transit du gaz russe *via* le territoire ukrainien vers l'UE sont source de fortes incertitudes. Les niveaux atteints par l'émigration et les migrations de travail à l'étranger sont le reflet des tensions existantes.

***

L'élection de Volodymyr Zelensky symbolise le rejet d'un système politique dont la société ne veut plus. Il lui faut maintenant devenir un homme d'État, montrer sa capacité à gouverner un pays en guerre et en transition. Les enjeux sont considérables, pour l'Ukraine une fois de plus à un tournant de son histoire, mais aussi pour la Russie et ses autres voisins de l'espace postsoviétique, et pour l'UE, tous concernés, pour des raisons différentes et à des degrés divers, par le succès ou l'échec de la voie ukrainienne, et par l'issue du conflit du Donbass.

A. de T.

Pour en savoir plus

- L. Freedman, *Ukraine and the Art of Strategy*, Oxford, Oxford University Press, 2019.
- M. Minakov, *Development and Dystopia: Studies in Post-Soviet Ukraine and Eastern Europe*, Stuttgart, Ibidem Verlag, 2018.
- A. Wilson (dir.), *What Does Ukraine Think?*, European Council on Foreign Affairs, 2015.

Syrie : peut-on déjà reconstruire ?

Entre après-guerre et reconstruction

Les destructions et déplacements de populations impliquent une reconstruction de longue haleine. Les soutiens extérieurs du régime alignent les contrats mais les conditions globales d'une reconstruction économique se font attendre. L'acteur chinois affirme sa présence.

Au plus fort des combats, avant même la relative victoire de Bachar el-Assad, la Banque mondiale tentait de chiffrer le coût de la reconstruction, et l'Union européenne (UE) s'interrogeait sur son rôle d'appui. Les affrontements étant aujourd'hui confinés à quelques poches (Idlib, Deir ez-Zor…), l'urgence humanitaire post-conflit apparaît pleinement. Mais derrière l'espoir d'une réinstallation des 12 millions de réfugiés et déplacés syriens sur un territoire tragiquement morcelé, se profilent d'énormes obstacles. Nul plan collectif ne se dessine aujourd'hui pour relever la Syrie, dans un contexte aussi chaotique du point de vue des institutions que précaire en termes de sécurité. Pis, la rivalité économique entre puissances régionales vient se surimposer aux paramètres politiques.

Incertitudes de l'après-guerre et quête d'un modèle

Le bilan des destructions, bien qu'encore imprécis, est très important. En dehors de la capitale, les grandes villes (Homs, Alep, Raqqa, Deir ez-Zor) et nombre d'autres villes plus petites sont à moitié ou presque complètement détruites : un tiers du parc immobilier a subi des dommages plus ou moins graves. Les infrastructures (routes, équipements électriques, adduction d'eau…) ont beaucoup souffert dans les zones de combat. Les dégâts causés au patrimoine culturel ont choqué l'opinion publique internationale – Palmyre en étant le symbole largement diffusé. La guerre a fait près de 400 000 morts, 5,6 millions de réfugiés et 6,6 millions de déplacés, soit plus de la moitié de la population d'avant-guerre. La dégradation du bâti et des infrastructures rend illusoire leur réinstallation rapide dans leurs régions d'origine. Leur retour ne sera possible que si la situation politique se stabilise et si l'économie repart.

L'après-guerre partiel qui se dessine en 2019 le permettra-t-il ? Certes, la rébellion protéiforme qui luttait depuis 2011 contre le régime a été matée avec l'appui militaire de la Russie et de l'Iran ; l'État islamique (EI), défait par une coalition emmenée par les États-Unis et la France, n'est plus présent que de manière marginale et dispersée. Mais si Bachar « règne » de nouveau sur environ 60 % de la Syrie, il n'a pourtant pas réunifié le territoire. Plusieurs lignes de front persistent et l'absence de solution politique négociée interdit de parler de paix. Les réfugiés qui tentent de rentrer au compte-gouttes s'exposent aux représailles du régime. L'accalmie des combats est trop récente, l'évaluation des dégâts trop partielle – et partiale –, pour suggérer un plan de reconstruction réaliste.

La hâte des diplomates et des hommes d'affaires à parler d'après-conflit semble donc prématurée. Mais l'obsession de reconstruire en Syrie s'inscrit dans un contexte moyen-oriental particulier : une succession de conflits qui ont achevé de briser des États faibles, de morceler des sociétés déjà fortement communautarisées, de désorganiser des économies peu performantes ; et la crainte de la contagion d'un chaos qui s'est déjà étendu depuis l'Irak. Le précédent irakien a lancé le débat sur la gestion des années d'après-guerre. Le renforcement institutionnel, articulant nations ou communautés (Kurdes/Sunnites/Chiites) et État, doit-il précéder les réparations matérielles ?

Le financement de la reconstruction pose également problème. La référence systématique au plan Marshall est inopérante : nulle puissance tutélaire, victorieuse, ne parraine aujourd'hui la paix par l'économie. Après l'Afghanistan, l'Irak, Gaza, la lassitude des bailleurs officiels, États et institutions financières internationales est réelle, et leurs moyens limités. Et comment convaincre les investisseurs privés de revenir sans que soit assuré un minimum de sécurité et de transparence ?

Une logique économique faible

En Syrie, la logique économique pourrait théoriquement permettre d'éviter l'impasse politique. L'économie du pays connaissait avant la guerre un début de cycle vertueux, grâce à la transition ouverte après le décès en 2000 de Hafez el-Assad. Les multinationales occidentales étaient peu présentes, mais le niveau des investissements étrangers avait bondi de 110 millions de dollars en 2001 à 2,9 milliards en 2010. Dix ans plus tard, les statistiques montrent une économie presque réduite à néant : le PIB est passé de 60 milliards de dollars en 2010 à 15 milliards ; pétrole, phosphates et tourisme, qui apportaient à l'État ses maigres revenus, sont au point mort ; l'agriculture a connu en 2018 sa pire récolte en trente ans ; 85 % des Syriens vivent en dessous du seuil de pauvreté. La facture de la reconstruction est estimée entre 200 et 400 milliards de dollars.

La Syrie « utile » a été relativement préservée : Damas a peu souffert, la côte a été sauvegardée ; de larges zones de trafic se sont aussi développées sur les frontières turque et irakienne. Le pays dispose de quelques atouts, dont sa position géographique centrale, chemin naturel pour évacuer le pétrole iranien ou irakien vers la Méditerranée. Le port de Tartous, sous-traité aux Russes, est l'objet de toutes les attentions, et les Iraniens veulent eux aussi leur point d'ancrage littoral. Quant aux faibles ressources pétrolières, elles ne sont pas vraiment un enjeu. La production est tombée à presque zéro : l'essentiel des combats des trois dernières années a eu lieu à proximité des champs du nord-est, dans l'ancien territoire du califat de Daech, où les Kurdes veulent maintenant négocier leur autonomie.

Financer la reconstruction

Le financement est un premier obstacle majeur pour la reconstruction syrienne. L'État, structurellement pauvre, a maintenu son effort de guerre grâce aux subsides iraniens et n'a plus de réserves. Russes et Iraniens ne seront pas à la hauteur des besoins du pays. Les bailleurs extérieurs ne sont pas légion : mobiliser des ressources signifie s'aligner sur le régime. Le projet russe d'un processus parrainé par l'Organisation des Nations unies (ONU) et financé par les Européens a fait long feu : la Conférence des donateurs pour la Syrie a engrangé à Bruxelles en mars 2019 des promesses de dons de près de sept milliards de dollars pour les réfugiés, mais le déblocage des fonds pour la reconstruction est conditionné à une transition politique réelle, inclusive et complète. Quant aux Américains, ils ont décidé en 2018 de suspendre l'aide au relèvement des régions libérées de Daech.

Les milieux d'affaires syriens et libanais comptent sur les capitaux du Golfe ; mais si les Saoudiens souhaitent entraver les visées iraniennes en Syrie, ils ont beaucoup dépensé au Yémen et doivent, comme les Émiriens, répartir leurs ressources pour stabiliser d'autres terrains (Égypte, Soudan). Comme ailleurs, tous attendent un hypothétique engagement chinois – l'Inde étant parfois citée comme autre sauveur potentiel.

Les optimistes considèrent que le niveau des destructions implique une restructuration complète de l'économie syrienne, qui amorcerait enfin son développement. En réalité, la guerre a plutôt compliqué l'intervention des opérateurs économiques. L'État syrien est frappé par un arsenal de sanctions qui tient à distance au moins les entreprises occidentales. Déficit d'organisation du régime, absence totale de planification et ultra-centralisation rendent l'environnement peu propice aux investisseurs extérieurs. La corruption et le clientélisme bien ancrés avant la guerre se sont renforcés : Bachar doit récompenser la loyauté des proches et celle des milices (libanaises, iraniennes) appelées à la rescousse. Les circuits économiques qui se mettent en place consolident une économie fondée sur les trafics, qui fait la part belle aux seigneurs de la guerre. Symbole de cette dérive structurelle : la promulgation en 2018 de la loi n° 10, qui offre aux municipalités et aux gouvernorats syriens la possibilité de décréter des zones de « modernisation urbaine », permettant l'expropriation de millions de citoyens au profit des affidés du régime.

Qui est le mieux placé ?

Les entreprises européennes, contraintes par les sanctions et exposées à la méfiance de Bachar, seront probablement exclues des opportunités. Les entreprises turques, *a priori* plus souples, seront probablement marginalisées dans la compétition inégale orchestrée par Damas. L'affaire se joue pour l'essentiel entre Russes et Iraniens d'une part, qui attendent le retour sur leur investissement militaire et veulent consolider leur influence ; et Chinois d'autre part, prêts à saisir certaines opportunités.

Les Russes ont de l'avance : 70 % des revenus des phosphates syriens ont été cédés à leur champion Stroytransgaz, qui s'est aussi vu attribuer la concession d'approvisionnement du port de Tartous pour 49 ans. Des déclarations officielles annoncent un renforcement de la contribution russe dans le secteur des hydrocarbures. Moscou a aussi signé pour la construction d'une centrale électrique à Homs, d'une ligne ferroviaire entre l'aéroport et le centre de Damas, et de plusieurs autres usines. La stratégie de l'Iran, frappé de sanctions et moins agile économiquement, est de se donner des relais de terrain, en s'appuyant notamment sur le Hezbollah libanais : plusieurs compagnies iraniennes se sont installées à Beyrouth dans l'attente des événements. Pour maintenir un équilibre menacé entre ses amis, le ministre syrien de l'Économie a annoncé en décembre 2018 que la priorité serait donnée aux entreprises iraniennes. Un projet de chemin de fer reliant Iran et Syrie *via* Bassorah en Irak et un projet de centrale électrique à Lattaquié ont été paraphés début 2019.

Le chef de la diplomatie chinoise a affirmé en septembre 2018 que son pays était prêt à participer à la reconstruction, et deux milliards de dollars ont été promis en septembre 2018 pour « ressusciter la capacité industrielle de la Syrie ». Le « consensus de Pékin » est peu sensible aux sanctions occidentales et la Chine a maintenu pendant la guerre son ambassade à Damas avec 80 personnes, et n'a jamais cessé d'exporter en Syrie. Le pays est, pour les Chinois, une pièce du vaste puzzle des Routes de la soie, qui offre par la Méditerranée une ouverture directe sur le sud de l'Europe et l'Afrique du Nord. L'investissement chinois dans le port de Tripoli au Liban s'inscrit dans cette logique. Des considérations plus politiques, comme la volonté de contrôler le radicalisme islamiste ouïghour, peuvent aussi compter. D'une longue patience stratégique, Pékin reste attentif à la gouvernance et aux conditions de sécurité.

Des ruines durables ?

L'enjeu final de la reconstruction est bien, pour des Occidentaux aujourd'hui marginalisés, la stabilisation du pays pour éviter qu'il ne devienne une terre d'émigration durable, ou une nouvelle pépinière du radicalisme. Un frémissement de la diaspora est porteur d'espoir : les réfugiés ont commencé à envoyer de l'argent au pays – 1,6 milliard de dollars dès 2016 selon la Banque mondiale, fonds d'abord investi dans l'immobilier, avec le risque d'un emballement spéculatif encouragé par le régime, syndrome de Beyrouth oblige.

La reconstruction s'enclenche donc, mais à petits pas et anarchiquement. La tâche est vertigineuse ; et les inégalités territoriales et sociales que la compétition des acteurs consolide aujourd'hui sont grosses de difficultés à venir.

D. S.

Pour en savoir plus

- « La reconstruction en Syrie : par qui, et comment ? », Geolinks, 29 janvier 2019.
- H. J. Shatz, « The Syrian Civil War Is Coming to an End », *Newsweek*, 5 avril 2019.
- E. Van Veen, « The Geopolitics of Syria's Reconstruction: A Case of Matryoshka », *CRU Policy Brief*, Clingendael, avril 2019.

Le Qatar dans la crise du Golfe

Une petite musique indépendante

Petit émirat menacé par la pression de ses voisins, le Qatar résiste par une politique de fidélisation de ses anciens amis et par une ouverture tous azimuts sur de nouveaux partenaires. En diffusant une image de modération, Doha s'efforce d'assurer sa sécurité et de conforter son indépendance.

La diplomatie du Qatar, tout petit État dans l'arène internationale, a toujours été intrinsèquement liée à la stratégie de survie que ses dirigeants ont dû déployer afin de pallier les vulnérabilités inhérentes à la taille de leur territoire et de leur population. De plus, l'immensité des ressources financières que le pays tire des hydrocarbures, dont il est si riche (gaz, surtout), fait du Qatar une proie de choix pour les appétits de ses voisins au sein du complexe de sécurité régional du Golfe. L'Irak et l'Iran, bien sûr – principales menaces face auxquelles s'est formé le Conseil de coopération du Golfe (CCG) en 1981 et qui réunit Oman, le Koweït, Bahreïn, les Émirats arabes unis (EAU), l'Arabie Saoudite et le Qatar –, mais aussi l'Arabie Saoudite, comme le prouvent les accrochages à la frontière entre ces deux pays en septembre 1992, conduisant à l'époque le Qatar à menacer de se retirer du CCG.

Alors que la politique étrangère de l'émirat était, jusqu'au début des années 1990, peu ou prou alignée sur celle de son grand frère saoudien, le dirigeant qui arrive au pouvoir en 1995, le cheikh Hamad Ben Khalifa Al Thani, articule sa diplomatie autour d'orientations spécifiques, dont la volonté résolue de sortir de l'ombre de Riyad. Les incidents à la frontière en 1992 auront sans doute contribué à le convaincre de la pertinence de ce choix.

Se distinguer de Riyad

Vingt-cinq ans plus tard, il est intéressant de constater que les craintes, alors inédites, des dirigeants du Qatar de voir l'intégrité territoriale de leur État mise en danger, n'ont pas été confirmées par Bagdad ou Téhéran mais bien, à nouveau, par leurs voisins d'Arabie Saoudite – et des EAU. Lorsque le Quartet (Arabie, EAU, Égypte, Bahreïn) rompt ses relations avec le Qatar en juin 2017, il laisse en effet planer un temps la menace d'imposer sa volonté par une intervention militaire.

Outre le principe de distinction vis-à-vis du Royaume saoudien, la diplomatie de Doha repose, depuis le début des années 1990, sur la multiplication des investissements stratégiques dans les économies de grands protecteurs, sur la construction d'une logique de réseaux à l'international (sa sécurité étant assurée par le fait que le Qatar est « ami avec tout le monde ») et sur la promotion d'une image de marque (à l'aide de l'empire médiatique d'*Al Jazeera*), liée notamment à son affirmation comme champion de la médiation, au Moyen-Orient et au-delà.

On peut aujourd'hui considérer que ce sont ces principes, et la manière dont le nouveau gouvernement dirigé par le cheikh Tamim Ben Hamad Al Thani (qui a pris la succession de son père en juin 2013) continue à les appliquer, qui permettent au petit émirat d'assurer indirectement sa sécurité et sa stabilité, tout en conservant son autonomie et sa souveraineté dans un contexte considérablement tendu par la crise du Golfe.

Acheter des armes pour être protégé

Si les dépenses militaires du Qatar suivaient déjà une pente ascendante étroitement liée au nouveau contexte régional créé par les printemps arabes, une claire augmentation des achats d'armements a été immédiatement constatée après le début de la crise. Pendant les quelques mois qui ont suivi, Doha a en effet annoncé la signature de nombreux contrats (achats de *Rafale*, *F-15*, *Typhoon*, *VBCI*), pour une valeur totale d'environ 20 milliards d'euros.

Si cette inflexion tient certes à la perception d'une menace de la part de ses voisins, un délai significatif sépare cependant la signature des contrats de la livraison effective des matériels, quelle que soit l'immédiateté des besoins. Le premier lot de cinq *Rafale* français a ainsi été livré le 5 juin 2019, soit deux ans après le début de la crise, pour un contrat signé en mai 2015. En outre, l'achat d'avions de combat n'est pas forcément cohérent avec les besoins capacitaires découlant d'une hypothèse d'invasion. L'utilité première de ces méga-contrats est en réalité de renouveler l'intérêt des grands partenaires du Qatar (États-Unis, France, Grande-Bretagne) à protéger l'émirat qui investit si lourdement dans leurs économies, en particulier par le biais des marchés d'armement. D'autres matériels achetés sur fond de crise du Golfe, comme le système chinois *BP-12A/SY-400,* aperçu lors du défilé militaire de la Fête nationale de décembre 2017, dénotent néanmoins la volonté de Doha de pouvoir répondre à une menace terrestre de ses voisins de la Péninsule, et d'assurer ses arrières en ne comptant plus seulement sur ses traditionnels alliés occidentaux.

Diversifier les alliances et les amitiés

En termes d'investissement diplomatique, le Qatar ne s'est pas contenté, depuis le début de la crise du Golfe, de conforter ses relations avec ses grands et historiques partenaires de défense. Doha a multiplié et diversifié ses liens avec d'importants acteurs régionaux et internationaux.

La consolidation du partenariat stratégique avec Ankara, qui a apporté un soutien déterminant au pays au lendemain du déclenchement de la crise, s'inscrit dans cette perspective, au-delà de la convergence de vues entre le Qatar et la Turquie sur la pertinence d'un soutien aux Frères musulmans. Tout comme l'acceptation de l'aide proposée par l'Iran pour mettre en place des alternatives à l'isolement économique imposé par le Quartet – en particulier en matière aérienne.

En outre, les dirigeants du Qatar ont commencé à se tourner vers des partenaires pour eux inédits : la Chine et la Russie, comme le montrent l'achat du *SY-400* et la possible acquisition du système de défense aérienne *S-400*. Si le rapprochement avec Moscou et Pékin est plutôt nouveau pour le petit émirat, il n'est en revanche guère surprenant. La Russie est l'un des importants fournisseurs d'armement des EAU, avec lesquels elle a signé un accord bilatéral de coopération militaire et technique en 2006. En octobre 2017, l'Arabie Saoudite annonçait également son intention d'acquérir le système russe *S-400*.

La propension de l'ensemble des dirigeants des pays du Golfe à s'ouvrir à d'autres horizons – en complément et non en remplacement des partenariats existants – a sans nul doute été favorisée par l'ambiguïté du positionnement des États-Unis vis-à-vis de la crise, tout au moins à ses débuts, en juin 2017. Et pour Doha en particulier, on peut considérer qu'il s'agit là *in fine* d'une traduction militaire du principe récurrent de sa diplomatie depuis le début des années 1990, celui d'être « ami avec tout le monde » – principe constitutif de l'image de marque que l'émirat-confetti projette à l'envi vers le reste du monde.

Travailler une image ouverte et modérée

Depuis 2017, au-delà du renforcement et de la diversification de ses relations diplomatiques et de défense, le Qatar a en effet redoublé d'efforts pour promouvoir son image (*state-branding*) aussi loin que possible à l'extérieur de ses frontières. Cette stratégie de rayonnement est tout sauf nouvelle, comme le montre l'utilisation du vecteur-vitrine *Al Jazeera* depuis sa création en 1996 – véritable arme médiatique et politique au service de l'influence de Doha sur la scène mondiale.

Cette stratégie diplomatique s'est particulièrement appuyée sur deux aspects majeurs et entremêlés : une diplomatie de niche comme médiateur dans la résolution de conflits (Liban en 2008, Soudan en 2008-2009, Yémen entre 2007 et 2010), et la multiplication des relations diplomatiques et d'alliances avec un large éventail de partenaires, parfois paradoxal (États-Unis, Iran, Israël, le Hezbollah et le Hamas, etc.).

La finalité première de ces deux piliers de la diplomatie qatarie a toujours été de prémunir Doha contre toute velléité d'attaque de potentiels adversaires, et ils semblent bien, de fait, avoir contribué à sa protection dans le contexte de la crise du Golfe. Le peu d'échos qu'a trouvé la campagne de dénigrement du Qatar menée par le Quartet dans la région Afrique du Nord/Moyen-Orient peut ainsi s'expliquer, notamment, par la position ouverte et modérée que Doha semble adopter vis-à-vis des évolutions de la région, et de la crise elle-même. Cette image d'ouverture est également alimentée par un autre volet important de la politique étrangère du Qatar : sa diplomatie sportive, où l'accueil de la Coupe du monde de football de 2022 joue un rôle crucial – irritant majeur pour ses deux voisins du Golfe, et surtout pour Abou Dabi, farouche compétiteur de Doha. De fait, qu'il s'agisse de son positionnement diplomatique, ou de sa stratégie de rayonnement à l'international à grand renfort de relations publiques, l'analyse des choix politiques du Qatar avant et après 2017 est indissociable des rivalités entre petits États du Golfe.

Cultiver les contrastes pour exister

Les relations de compétition entre Doha et Abou Dabi, ou entre Hamad Ben Khalifa et Mohammed Ben Zayed, apparaissent à la fin des années 2000, lorsque les importantes recettes pétrolières et gazières engrangées par les deux monarchies – alors que le monde fait face à une crise économique et financière – créent une conjoncture favorable à leur essor rival sur la scène internationale.

Originellement attribuable, au moins en partie, à un « narcissisme de la petite différence » quelque peu freudien, cette rivalité n'en devient pas moins l'une des principales lignes de fracture de l'ensemble de la région dans le sillage des printemps arabes. En 2017, peut-être Mohammed Ben Zayed a-t-il pensé pouvoir imposer sa ligne comme *doxa* régionale, galvanisé par sa proximité de vues avec le nouvel homme fort de Riyad, Mohammed Ben Salman, et face à un Qatar possiblement fragilisé par la transition politique. Or, non seulement le nouvel émir qatari Tamim Ben Hamad Al Thani ne s'est pas laissé impressionner par cette diplomatie du muscle, mais la diplomatie de Doha en a depuis lors profité pour présenter encore plus le petit émirat en contraste avec ses belliqueux voisins : en faisant la tournée d'alliés traditionnels et potentiels pour se présenter comme la victime d'une crise injuste, ou en donnant de la voix et de la visibilité aux détracteurs de l'axe Mohammed Ben Zayed-Mohammed Ben Salman, en particulier dans les médias financés par Doha.

Alors que l'isolement du Qatar par les dirigeants émiriens et saoudiens avait pour but de faire rentrer dans le(ur) rang celui qu'ils voient comme un insolent petit voisin, la crise a contribué à souder la nation qatarie derrière son jeune dirigeant, et depuis 2017, la diplomatie de ce dernier a conforté la souveraineté de l'émirat et l'originalité de son positionnement.

***

L'ensemble des mesures de politique étrangère prises par Doha au cours des deux dernières années illustre non seulement la continuité quasi parfaite des fondements diplomatiques de ce petit État du Golfe, mais également le succès relatif de ces derniers. La crise, et la manière dont les dirigeants de l'émirat y ont réagi, semble bien confirmer l'émergence, et la résilience, d'une petite musique qatarie que n'arrivent pas à couvrir les tambours saoudiens et émiratis – lesquels ne jouent au demeurant pas toujours de concert.

E. S.

Pour en savoir plus

- M. Kamrava, *Qatar: Small State, Big Politics*, Ithaca (NY), Cornell University Press, 2013.
- A. Krieg, *Divided Gulf: The Anatomy of a Crisis*, Londres, Palgrave Macmillan, 2019.
- D. B. Roberts, *Qatar: Securing the Global Ambitions of a City-State*, Londres, Hurst, 2017.

Algérie : transition impossible ?

Le système ploie mais ne rompt pas

L'opacité des structures de pouvoir, le poids de l'appareil militaire, l'absence de crédibilité de l'opposition politique, et l'impuissance du mouvement de rue à se doter d'interprètes et de revendications identifiables : tous ces éléments pourraient conduire la transition, jusqu'ici pacifique, à une impasse.

Depuis le 22 février, l'Algérie est secouée par des manifestations pacifiques, mais plusieurs mois après le début de ces actions de masse, la situation politique est intenable. L'armée ne parvient pas à rassurer les manifestants sur sa volonté de changer le système, et le mouvement populaire ne s'accorde pas sur la nécessité d'une structuration et la désignation d'un leadership qui pourrait définir des revendications claires et entamer des négociations avec les dirigeants.

État des lieux

Des semaines durant, les Algériens ont réclamé une rupture avec le régime, ses figures (dont le chef d'État-major et vice-ministre de la Défense Gaïd Salah), ses méthodes, ainsi que l'instauration d'une seconde République et d'une nouvelle Constitution. L'armée a opéré un changement d'allégeance et fait pression sur le président Bouteflika, qui a fini par démissionner après vingt ans passés au pouvoir. Le Premier ministre Ahmed Ouyahia et plusieurs leaders politiques ont aussi démissionné et l'élection présidentielle d'abord reportée au 4 juillet a fini par être annulée.

L'influent Saïd Bouteflika, accusé d'avoir usurpé les pouvoirs du président – son frère – après son AVC en 2013, a été arrêté. Deux puissants anciens chefs des services de renseignement, le général Mohamed Mediène, dit Toufik, ancien chef du Département du renseignement et de la sécurité (DRS), et Athmane Tartag, dit Bachir, conseiller spécial du président, ont également été arrêtés. Cinq hommes d'affaires parmi les plus riches d'Algérie, Issad Rebrab et les frères Kouninef, membres du cercle très proche de Bouteflika, ont été placés en détention pour corruption. Abdelkader Bensalah, président de l'Assemblée populaire nationale (APN), est président par intérim.

Ces mesures n'ont pas calmé les protestataires. Pour une large majorité d'Algériens, il s'agit pour l'armée d'opérer des purges, la préservant de toute remise en cause, et de marginaliser ses opposants pour garder le pouvoir et restreindre les libertés politiques. En réponse aux protestations continues, les autorités ont, depuis, interdit les rassemblements et manifestations, sauf le vendredi. Tout en insistant sur « la convergence des visions entre l'armée et le peuple », Gaïd Salah a demandé que ces manifestations se caractérisent « par un niveau raisonnable et suffisant d'organisation et d'encadrement efficaces », et a appelé la population à abandonner « des revendications irrationnelles telles que l'exigence du départ collectif de tous les cadres de l'État ».

Salah a aussi jugé ces revendications « non objectives et irraisonnables », voire « dangereuses et malveillantes ». La détermination des Algériens s'affirmant au moins aussi forte que celle des responsables militaires, les manifestations ont continué, toujours pacifiquement en dépit des provocations policières. En effet, depuis le mois d'avril, le regain de répression policière contre les manifestants, surtout les étudiants, est clair. Les forces de l'ordre n'ont pas hésité à user de gaz lacrymogènes, de balles en caoutchouc, de canons à eau et de canons assourdissants. L'intransigeance des autorités est de plus en plus évidente et le risque d'un retour aux ressources coercitives ne peut être complètement écarté.

Vers l'échec de la transition ?

L'opacité des structures de pouvoir

La décision irrationnelle de briguer un cinquième mandat et les manœuvres autour de la succession traduisent la complexité et l'opacité du régime algérien. Il est aujourd'hui encore celui qui s'est installé après l'indépendance du pays, avec quelques adaptations, dans les années 1980 et 1990, pour apparaître plus acceptable à la population et à la communauté internationale.

Le régime se compose de divers acteurs et cercles de pouvoir imbriqués, avec un cercle central composé des chefs de l'Armée nationale populaire (ANP) ; des leaders politiques proches de l'ANP constituent le deuxième cercle ; et le troisième se compose d'influents hommes d'affaires. Pour protéger les intérêts enchevêtrés de ces acteurs, et prévenir la naissance d'une conscience horizontale qui se traduirait par une vaste contestation, le régime fragmente, coopte, manipule et contraint les opposants au silence.

En dépit de sa capacité à se maintenir et à se reproduire, c'est le mépris du pouvoir pour son peuple qui a donné naissance à cette forte mobilisation. Depuis le 22 février, une conscience horizontale commune est née, et pour la première fois depuis l'indépendance, les Algériens ont exprimé une volonté commune de changement. Mais il est tout aussi vrai que le mouvement, qui n'a pas de leadership, s'est avéré incapable de définir une feuille de route pour un dialogue concret avec les autorités. Il devient donc crucial pour ce mouvement de se structurer et de désigner un leadership collégial qui formulerait des revendications claires et réalistes, et négocierait le *tempo* et les conditions de la transition avec les responsables politiques en place.

Le poids grandissant de l'institution militaire

Le deuxième élément qui menace la transition est le poids de l'institution militaire. Aujourd'hui, force est de constater que les militaires contrôlent le pouvoir. Depuis 1962, ce dernier est étroitement lié à l'armée et tributaire de son soutien. L'armée, qui va en se professionnalisant et se politisant, finit par devenir l'unique institution « dont le poids permet le contrôle du pouvoir. Qu'elle se tienne en retrait ou qu'elle intervienne directement dans le champ politique ne change rien à la nature du pouvoir en Algérie ; celle-ci est de tout temps militaire.[1] » Aujourd'hui plus que jamais, politisation de l'armée et militarisation du politique sont évidentes. Et l'objectif de l'armée est clair : maintenir ses prérogatives et contrôler le pouvoir.

L'ANP est une des armées les plus professionnelles d'Afrique du Nord. Elle dispose d'équipements et de technologies modernes, d'installations de pointe, de processus de recrutement, de conscription et de promotion avancés, de programmes d'éducation et d'entraînement de premier ordre. Ses officiers sont aujourd'hui assez jeunes, et les structures de commandement ont été réformées cette dernière décennie. Cette modernisation et cette professionnalisation ne se sont toutefois pas traduites par un désengagement politique. Au contraire, la professionnalisation a permis d'injecter de nouvelles compétences dans la sphère politique, au service de la préservation des intérêts des militaires et de leurs structures dans l'appareil d'État.

Une culture institutionnelle, militariste et paternaliste imprègne les militaires qui se voient en gardiens de la nation. Cette auto-perception, couplée à la défense corporatiste de leurs intérêts – budget colossal, immunité –, est déterminante pour la trajectoire de la transition politique. Plus que jamais, l'ANP se perçoit comme chargée d'une mission supérieure : elle est plus patriote et plus informée que le pouvoir civil. L'armée veut continuer à intervenir dans les conflits politiques et sociaux comme arbitre ultime.

La division de l'opposition, troisième facteur d'instabilité

Cette fragmentation implique un risque élevé d'interventionnisme militaire. L'opposition, morcelée, qui a perdu toute crédibilité aux yeux des Algériens, tente de surfer sur la vague du mouvement populaire, en vain. Les chefs des partis n'ont pas réussi à se constituer une base populaire, et sont de ce fait incapables de mobiliser les Algériens pour qui ils ne sont que des *chiyatines* [suppôts du régime]. Aux élections législatives de mai 2017, le taux de participation a à peine atteint 35 %, soit 8,2 millions sur 23 millions d'inscrits. Les partis d'opposition, dont les islamistes, ont obtenu 1,9 million de voix, soit 130 sièges sur les 462 de l'APN. En dépit de l'urgence de la situation, les leaders de l'opposition sont incapables de régler leurs conflits internes, de dépasser leurs différences et de s'organiser.

Ainsi, leurs positions sur les solutions pour une sortie de crise divergent. Ali Benflis, ancien Premier ministre, a appelé au dialogue avec des « personnes valables et crédibles » sans pour autant les nommer, alors que le Front des forces socialistes (FFS) explique que « l'armée ne doit pas imposer sa feuille de route pour la transition ». Quant à Mohcine Belabbas, leader du Rassemblement pour

1. A. Yefsah, « L'armée et le pouvoir en Algérie de 1962 à 1992 », *in* P. R. Baduel (dir.), *L'Algérie incertaine*, Paris, Édisud/Revue du monde musulman et de la Méditerranée, n° 65, 1992.

la culture et la démocratie (RCD), il a déclaré que Gaïd Salah se trouvait en « violation de la Constitution en tant que détenteur des pouvoirs exécutif, législatif et judiciaire », et l'a appelé à démissionner. Ahmed Benbitour, autre ancien Premier ministre, a quant à lui proposé une transition de huit à douze mois avant la tenue d'élections présidentielles. Toutes ces propositions témoignent non seulement de la divergence des points de vue, mais encore de l'incapacité de l'opposition à trouver des stratégies crédibles pour sortir le pays de l'impasse.

Une démocratie en danger ?

La période post-Bouteflika sera laborieuse. À ce stade, il est difficile de prévoir ce qui pourrait exactement se passer en Algérie. Les options possibles sont soit des réformes ouvrant une véritable transition, soit le recours aux ressources coercitives, et donc le maintien de l'ordre ancien. Si la première voie est choisie, elle passera par des réformes substantielles et des modifications des règles constitutionnelles. L'armée pourra négocier avec des partenaires civils le changement de système, ainsi que son retrait planifié du pouvoir, tout en imposant ses conditions pour préserver ses intérêts économiques ou corporatistes (l'autorité sur son budget, sur les modalités de commandement, de recrutement, d'entraînement, et les critères de promotion). Si l'armée choisit la seconde voie, la transition n'aura pas lieu. Il n'est pas sûr qu'elle choisisse cette dernière option : si elle venait à le faire, elle risquerait de rompre son lien avec le peuple, comme cela s'est produit en 1988, 1992 et en 2001. Le recours à la violence risquerait en outre de menacer la cohésion de l'armée, et de provoquer un clivage entre militaires politiques et militaires professionnels, entre hauts gradés et sous-officiers ou officiers subalternes.

Des études ont montré que les changements d'allégeance, contrairement aux coups d'État militaires, ont davantage de chance de produire des transitions vers la démocratie sous une période moyenne de trois ans. Pour suivre cette voie, les deux parties, militaires et *Hirak* [manifestants] doivent ouvrir le dialogue pour une transition acceptable par les protestataires, et par les militaires soucieux de préserver leurs intérêts corporatistes et individuels, ainsi que leurs structures institutionnelles. Des décisions rapides doivent être prises, avant qu'il ne soit trop tard. Faute de quoi habitudes et pratiques du régime seront revigorées et pourront perdurer.

D. G.-Y.

Pour en savoir plus

- A. Belkaïd, *L'Algérie [en 100 questions]. Un pays empêché*, Paris, Tallandier, 2019.
- M. Hachemaoui, « Qui gouverne (réellement) l'Algérie ? », *Politique africaine*, n° 142, 2016.
- J. McDougall, *A History of Algeria*, Cambridge, Cambridge University Press, 2017.

L'extension du terrorisme au Sahel

Tentative d'épuisement d'une mécanique infernale

La conflictualité au Sahel, trop souvent réduite au seul mot de « terrorisme », s'étend. Elle témoigne de la multiplicité des oppositions locales, sociales, économiques et ethniques, ainsi que de l'impuissance des États à arbitrer ces dernières, et à protéger efficacement leurs populations.

Loin de se résorber, la conflictualité au Sahel s'est aggravée et étendue en 2018 et 2019. Au Mali, 2018 a même été plus mortifère que 2012 (année de guerre) et que 2013 (opération Serval). Augmentation du nombre d'attaques et de victimes, extension des zones marquées par la violence, scissiparité des groupes armés sont les manifestations de la dégradation, aussi nombreuses qu'irréfragables. Si certains acteurs nationaux et extérieurs parlent encore de « lutte contre le terrorisme », ce concept doit être dépassé pour comprendre les dynamiques à l'œuvre au Mali, au Burkina Faso et à l'ouest du Niger, comme dans le bassin du lac Tchad, travaillé par Boko Haram et l'État islamique en Afrique de l'Ouest (ISWAP), que nous aborderons de manière marginale ici.

Une géographie étendue

Au Mali, outre le nord touché par les violences depuis 2012, les problèmes se sont étendus au centre, où le terrorisme côtoie des luttes entre milices villageoises, comme en témoigne le massacre (plus de 160 morts) du village peul d'Ogossagou en mars 2019, sur fond de tension croissante entre communautés pour l'accès aux ressources naturelles. En mai 2018, la partie sud du pays connaissait deux attaques laissant craindre la renaissance du groupe Ansar Dine du Sud, qui n'était plus actif depuis 2016 et dont le leader, Souleymane Keïta aurait, selon la presse malienne, été libéré en échange d'otages quelques semaines plus tôt.

Le Burkina Faso est le pays où la situation sécuritaire s'est le plus rapidement dégradée. Épargné jusqu'en 2015, le pays subit en 2016 un premier attentat dans sa capitale, et des violences d'un groupe salafiste djihadiste – Ansarul Islam – au nord du pays, qui jouxte le centre malien. Durant les 18 derniers mois, le nord et l'ensemble de l'est du pays ont été marqués par des attaques – même en pays Gourmantché, pourtant très majoritairement chrétien et animiste.

Au Niger, c'est l'est (région de Diffa – lac Tchad) qui a été le premier touché par des attaques terroristes. Depuis 2016, c'est une partie de l'ouest (zone Tillabéri-Nord[1]) qui a commencé à subir des attaques, avant que le danger ne s'étende progressivement (2018) à la rive droite du fleuve Niger, voisine du Burkina Faso.

S'il est parfois malaisé de séparer le terrorisme d'autres formes de violence au Sahel, c'est en raison de la facilité avec laquelle celui-ci se greffe sur les conflits locaux préexistants. De plus, un certain nombre de mécanismes expliquent la diffusion dans l'espace de la problématique terroriste au Sahel.

Terrorisme : la greffe prend

L'image d'un front terroriste progressant irrémédiablement, diffusée par certains médias, est erronée et trompeuse. Il faut, au contraire, se représenter mille petits feux couvant, s'enflammant, se coalisant, ou parfois s'éteignant, ce qui donne l'impression que des pans entiers de territoires sont tombés aux mains des terroristes. Même si les zones touchées s'étendent, les terroristes n'ont pas réussi à conquérir de territoire. Ils peuvent participer d'une sorte de « gouvernance de l'ombre », prenant en charge certains problèmes (sécurisation d'espaces et de communautés, justice…), en coprésence/confrontation avec d'autres acteurs (État, milices, groupes armés, pouvoirs traditionnels…).

Cela place certaines zones du Sahel entre la phase 1 et la phase 2 (sur 3) du manuel salafiste-djihadiste *Gestion de la barbarie* d'Abou Bakr Naji (2004). La phase 1, « Démoralisation et épuisement », a en effet pour objectif de frapper les espaces marginaux des États, sans valeur stratégique, par des actions de faible intensité sur une partie croissante du territoire. Ces parties sont relativement délaissées par l'État, qui concentre ses forces sur les villes et les espaces stratégiques. La phase 2, « Administrer la sauvagerie », a pour objectif de remodeler la société sous l'égide de la charia, en rendant des services aux populations pour préparer la venue de la phase 3, « L'établissement de l'État islamique ».

En 2016, dans la province du Soum se développe un groupe armé salafiste-djihadiste animé par le prêcheur Ibrahim Malam Dicko. Un rapport de l'International Crisis Group (2017) pointe les ressorts sociaux du soulèvement : « Des années durant, Malam Dicko prône l'égalité entre les classes sociales. Il remet en cause la toute-puissance des chefferies coutumières et le monopole de l'autorité religieuse détenu par les familles maraboutiques, qu'il accuse de s'enrichir aux dépens des populations. Cette rhétorique lui vaut un écho considérable, surtout parmi les jeunes et les cadets sociaux. Même s'il perd une grande partie de ses adeptes lorsqu'il bascule dans la lutte armée, il parvient à en conserver suffisamment pour mener une guerre de basse intensité contre les autorités locales et nationales. » Le groupe attaque à la fois la présence de l'État, les forces de sécurité, les enseignants, les élus locaux et les imams. Le groupe recrute dans la communauté peule, et essentiellement dans les couches (les Rimaïbé) dominées et anciennement réduites à l'esclavage par les élites peules.

1. À la frontière du Mali.

Sur le lac Tchad et son entrelacs d'îles et de bras, toutes les communautés ne se sont pas engagées dans la mouvance Boko Haram-ISWAP au même niveau. Un groupe qui se considère comme autochtone, les Yedina/Buduma, a particulièrement rejoint les rangs de la mouvance. La grande sécheresse des années 1970 et 1980 a conduit les populations à se rapprocher du lac, créant une compétition entre autochtones et allochtones pour l'accès aux riches terres et aux ressources en eau. Une partie de la population yedina pratique la pêche, et Christian Seignobos montre comment les attaques de Boko Haram se sont concentrées sur les populations haoussas, installées récemment sur les rives et devenues incontournables dans les filières de commercialisation de produits de la pêche, comme dans la location de matériel de pêche. Ce faisant, les commerçants haoussas ont capté une part croissante de la valeur ajoutée, au détriment de l'amont de la filière, c'est-à-dire des pêcheurs.

À 200 kilomètres au nord de Niamey, dans la zone frontalière avec le Mali, se joue une autre partition socio-économique. Des éleveurs transhumants peuls ont progressivement été chassés de leurs puits et de leurs pâturages face à l'avancée, depuis les années 1970, d'un front pionnier de paysans djermas, avec la bénédiction des autorités locales et nationales nigériennes[2]. Certains transhumants se sont alors déplacés vers le Mali voisin, où la cohabitation avec d'autres éleveurs (des Touaregs Daoussahaks), d'abord sans heurt, a tourné en franche hostilité (vols de bétails, assassinats, cycles de représailles…) dans les décennies 1990 et 2000. Lorsqu'en 2012, apparaît au nord du Mali un mouvement touareg indépendantiste armé, le Mouvement national de libération de l'Azawad (MNLA), des Daoussahaks de la zone rejoignent le mouvement et bénéficient ainsi de sa protection. Les Peuls nigériens, dans un élan symétrique, rejoignent un mouvement salafiste-djihadiste solidement implanté dans la région de Gao, le Mouvement pour l'unicité et le djihad en Afrique de l'Ouest (MUJAO), devenu depuis[3] l'État islamique au Grand Sahara (EIGS). Ces recrues du MUJAO entendaient défendre leur communauté contre les Daoussahaks, mais aussi se venger de l'État nigérien, qui a toujours arbitré (dans les litiges fonciers et ruraux) en leur défaveur. Un banal conflit foncier se transforme ainsi en terrorisme international.

La diffusion des problèmes

On voit dans ces exemples toute la dualité de ces conflits, d'abord locaux, mais qui ont également une dimension plus globale (idéologie, modes d'action, alliances entre groupes…) et témoignent de l'adhésion d'une partie des recrues à une pensée politico-religieuse mêlant la détestation des autorités politiques en place et de leur corruption endémique à celle des Occidentaux qui les soutiennent, et à la volonté de basculer dans une gouvernance basée sur le référentiel islamique. En revanche, on voit aussi le décalage d'une position – tout aussi idéologique –, souvent adoptée par les partenaires des pays sahéliens, s'interdisant de négocier avec des terroristes.

Plusieurs raisons, hors des tensions préexistantes, peuvent expliquer l'extension des zones touchées par le phénomène. La stratégie des terroristes est de toucher un maximum d'espaces à la fois, ne serait-ce que légèrement (IED, assassinats de

2. Les Djermas sont en effet beaucoup mieux représentés au sein des institutions nigériennes que leurs adversaires.
3. Tout du moins pour la majorité de ses cadres et de ses combattants.

notables, attaques des forces de sécurité), pour donner l'impression *via* l'impact médiatique subséquent, qu'une part importante des territoires est touchée.

Cette stratégie répond aux opérations militaires dans les zones touchées par le terrorisme. Ces opérations conduisent généralement à la dissémination des combattants, d'autant qu'au vu de la taille des appareils de sécurité sahéliens, les opérations conduisent souvent à dégarnir le dispositif sécuritaire d'autres zones. Les terroristes ont donc tout intérêt à étirer au maximum leur zone d'action. On a ainsi vu des salafistes-djihadistes progresser vers le sud du Burkina Faso et rejoindre des zones plus boisées et moins exposées, voire des parcs nationaux (comme le parc du W du Niger) où les forces de sécurité sont quasi absentes. D'ailleurs, ces combattants ont parfois chassé les gardes forestiers, et permis aux populations environnantes de reprendre possession de richesses (terres, aires de chasse et de pêche) dont les avait privés quelques décennies plus tôt la mise en place d'une ambitieuse politique nationale de préservation des espaces naturels.

Ceci explique pourquoi le Bénin pourrait être touché. D'une part, le nord du Bénin présente lui aussi une série de réserves naturelles, potentiels sanctuaires pour les terroristes. Ensuite, on trouve dans cette zone des conflits entre pasteurs et paysans qui peuvent s'envenimer et revêtir une dimension religieuse. D'ailleurs, parmi les pasteurs (en compétition avec les agriculteurs locaux), on compte, au-delà de citoyens béninois, des éleveurs transhumants venus de pays sahéliens.

Enfin, au-delà des opérations militaires elles-mêmes, certaines formes de lutte contre le terrorisme génèrent un surcroît de violence. Lorsque des pays comme le Niger proclament l'état d'urgence dans certaines zones (fermeture des marchés, interdiction de circuler à moto, fermeture des frontières, déplacement forcé de populations…), ces décisions sont perçues par les populations comme des formes de punition collective pouvant parfois légitimer les terroristes (surtout quand elles s'accompagnent d'exactions des militaires contre les civils). Dans le même registre, lorsque l'État s'appuie sur des *proxies* pour combattre un groupe terroriste, cela peut renforcer localement les tensions intercommunautaires et affaiblir les possibilités de médiation et de sortie de crise.

Le terrorisme se mâtine au Sahel de révolution sociale, d'insurrection, et a tendance à s'étendre, alimenté par la faible capacité des États à protéger les populations et à arbitrer de manière neutre et constructive les litiges fonciers et ruraux.

A. A.

Pour en savoir plus

- « Nord du Burkina Faso : ce que cache le jihad », *Rapport Afrique*, n° 254, International Crisis Group, 2017.
- A. Antil, « G5-Sahel : combien de divisions ? », *RAMSES 2019. Les chocs du futur*, Paris, Ifri/Dunod, 2018, p. 244-247.

Voir également la carte « Le terrorisme dans la bande sahélo-saharienne », p. 331 de cet ouvrage.

La domination de l'ANC en Afrique du Sud

Pour combien de temps encore ?

L'African National Congress, fort de la lutte contre l'apartheid, domine la vie politique sud-africaine. Mais les critiques se font plus fortes contre son impuissance à résoudre les problèmes du pays, et les nouvelles générations s'en éloignent. Une reconfiguration politique ne peut plus être exclue.

Fort de la légitimité de la lutte contre l'apartheid et de son succès à négocier une transition démocratique pacifiée, l'African National Congress (ANC) domine le champ politique sud-africain depuis les premières élections libres et démocratiques de 1994 : 62 % des voix au premier scrutin, 69 % en 2004, encore 62 % en 2014…

L'ANC a su poser les fondations d'un État démocratique en organisant régulièrement des élections libres et en permettant l'institutionnalisation de contre-pouvoirs indépendants (justice, opposition, presse…). L'ANC a également œuvré pour favoriser l'accès des populations les plus pauvres au logement et aux services publics de base tels l'eau ou l'électricité. Toutefois, 25 ans après son arrivée au pouvoir, le parti est la cible de nombreuses critiques du fait de son incapacité à remédier à la persistance de profondes inégalités, à la pauvreté d'une part importante de la population, au chômage de masse (notamment des jeunes[1]) et à la criminalité. L'image de l'ANC a également été ternie par des scandales de corruption impliquant des hauts cadres du parti, dont Jacob Zuma, président de 2009 à 2018. Ce dernier, mis en minorité lors d'élections internes à son parti, dut démissionner, laissant la place à Cyril Ramaphosa, qui s'est engagé à restaurer l'intégrité du parti et à relever les défis majeurs du pays.

Avec 57 % des voix aux élections générales de 2019, le parti a réalisé le plus faible score de son histoire dans un scrutin national, tout en maintenant sa domination sur l'espace politique sud-africain. Au lendemain de ces élections, on peut s'interroger sur son hégémonie, sa durabilité et les possibles reconfigurations à venir.

Les raisons d'une hégémonie

Fondé en 1912, l'ANC est considéré comme le plus vieux parti politique africain. Jusqu'à la fin de l'apartheid, y compris dans la clandestinité à partir de 1960, l'ANC a été engagé dans la lutte contre les politiques de discriminations et de

1. En mai 2019, le taux de chômage officiel était de 27,6 % pour l'ensemble de la population et de 40,7 % pour les personnes âgées de 15 à 34 ans, selon Statistics South Africa.

ségrégations raciales de l'État. Deux prix Nobel de la paix viennent de ses rangs (Albert Luthuli en 1960, Nelson Mandela en 1993), et il s'est affirmé comme le vrai vainqueur politique de la fin de l'apartheid. D'autres organisations comme le Black Consciousness Movement, le Pan-African Congress, l'United Democratic Front ou encore le Parti communiste sud-africain avaient aussi activement contribué à la lutte contre l'apartheid. En négociant directement avec le régime d'apartheid pour parvenir à une transition démocratique, l'ANC s'est imposé comme la principale force politique du pays. La figure iconique de Nelson Mandela, élu en 1994, et la résonance internationale de son combat pour une Afrique du Sud multiraciale contribuèrent également à la grande popularité du parti.

Les années de clandestinité et sa domination politique depuis 1994 ont permis à l'ANC de se déployer sur l'ensemble du territoire. Ce maillage territorial propre aux partis de masse est un atout majeur, permettant d'avoir des représentants du parti jusque dans les zones les plus reculées pour véhiculer les messages politiques et faire remonter certaines revendications.

De même, l'alliance historique de l'ANC avec le Congrès des syndicats sud-africains (COSATU) permet d'entretenir des liens directs avec le mouvement ouvrier et les revendications des travailleurs. On peut ajouter que, pour nombre d'électeurs, il y a confusion entre le parti et l'État en matière de politiques sociales. Les aides sociales attribuées aux particuliers ou aux travailleurs découlent de politiques publiques, mais les fonctionnaires qui les distribuent sont souvent bien connus comme membres de l'ANC. Ceci peut influer sur la sécurisation de l'électorat rural. D'autant que l'ANC a historiquement noué des liens avec les chefs traditionnels, très influents en zones rurales.

Une opposition faible

Principale force politique du pays, le parti a également la capacité d'attirer et de former des cadres dirigeants dotés d'une grande expertise. Ceux-ci contribueraient moins au changement de leur pays en s'engageant au sein de formations politiques d'opposition encore loin de constituer des alternatives. Le principal parti d'opposition, Democratic Alliance (DA), n'a remporté que 20 % des voix aux élections de 2019. Il peine à se défaire de son image de « parti blanc » et apparaît divisé entre les cadres historiques et une nouvelle génération souhaitant accélérer la promotion de la diversité dans le parti. La DA a donc connu son premier recul électoral depuis sa création en 2000 (22 % des voix en 2014) et semble impuissante à s'imposer dans les principaux bastions de l'ANC.

Le deuxième parti d'opposition, les Economic Freedom Fighters (EFF), dirigé par Julius Malema, a obtenu un peu moins de 11 % des voix. Un score non négligeable, mais qui nuance l'important écho médiatique dont il bénéficie. Son agenda politique radical, notamment en faveur de la nationalisation des mines et des principales entreprises privées, semble trop clivant pour espérer rallier une majorité. L'ANC n'a donc face à elle aucune force politique susceptible de représenter une alternative crédible. Ce qui explique en partie son maintien au pouvoir depuis 1994. Toutefois, cette domination politique présente des fragilités et pourrait être remise en question à moyen terme.

Les prémices d'une reconfiguration ?

À son arrivée au pouvoir, l'ANC a hérité d'une situation économique et sociale d'une grande complexité. Les finances publiques étaient exsangues et la société organisée selon un modèle de discrimination institutionnalisée, les populations ayant accès aux lieux d'habitation et aux emplois selon leur couleur de peau. L'ANC s'est attelé à promouvoir une société multiraciale, tentant de corriger les inégalités nées de la période d'apartheid. Vingt-cinq ans après son arrivée au pouvoir, le parti peut être évalué sur ses résultats. Or force est de constater que les inégalités demeurent très importantes (le pays a le coefficient de Gini le plus élevé au monde) ; le taux de chômage officiel avoisine les 30 % ; les perspectives de croissance sont limitées ; certains services publics tels que l'éducation ou la santé sont déficients ; enfin la criminalité reste élevée.

L'ANC est aujourd'hui renvoyé à son bilan et les critiques se multiplient. Les défis auxquels doit faire face le président Ramaphosa sont immenses, et sans résultats probants ces prochaines années, l'ANC pourrait encore s'affaiblir dans les urnes. Parmi les grandes réformes sur lesquelles s'est engagée la nouvelle administration figure la redistribution des terres sans compensation, pour corriger les profonds déséquilibres dans la propriété foncière hérités de l'apartheid. Les contours de cette réforme ne sont pas clairement définis, mais il s'agit là d'un sujet sensible, complexe et potentiellement déstabilisateur pour le pays.

De plus, la mise au jour des pratiques de corruption au niveau local comme au plus haut sommet de l'État a ébréché l'image de l'ANC et de ses représentants, et remis en question la force de transformation économique et sociale qu'est censé incarner le parti. Le nouveau président Ramaphosa a bâti sa campagne sur la promesse d'en finir avec la mauvaise utilisation des ressources publiques et les pratiques de captation. Mais celles-ci se sont, au fil du temps, largement diffusées dans différentes instances du parti, au niveau local comme au niveau national, et il ne sera pas aisé d'y mettre un terme.

L'érosion de la confiance

Ceci a pour conséquence une rétraction du lien de confiance entre les électeurs et le parti, y compris aux échelons micro-locaux, là où l'ANC a toujours eu un avantage considérable sur les partis d'opposition. Les représentants locaux de l'ANC sont de plus en plus décrédibilisés et assimilés aux pratiques de corruption. Il en va de même pour un certain nombre de représentants syndicaux affiliés au COSATU. De plus en plus contestés, les syndicats majoritaires liés à l'ANC sont aujourd'hui divisés et concurrencés par des syndicats alternatifs, qui réduisent de fait le lien entre le pouvoir politique et le monde ouvrier.

Par ailleurs, une déconnection croissante peut être observée entre les nouvelles générations d'électeurs et l'ANC. Ces générations n'ont connu d'autres dirigeants politiques que ceux de l'ANC, et se montrent très critiques du bilan économique et social des vingt-cinq dernières années, ce d'autant plus qu'elles sont les plus touchées par le problème du chômage. Moins sensibles au vocabulaire révolutionnaire et aux références à la lutte contre l'apartheid, ces électeurs semblent se détourner de l'expression politique partisane en général, et de l'ANC en particulier. Cela ne signifie pas que ces nouvelles générations ne s'engagent plus en politique, ainsi qu'en témoignent les importantes mobilisations étudiantes de ces dernières années, ou les émeutes récurrentes dans les *townships* du pays. Mais lors des dernières élections, le nombre d'électeurs âgés de moins de 20 ans inscrits sur les listes électorales n'a jamais été aussi faible depuis 1994. Un motif d'inquiétude pour l'ANC, car son incapacité à mobiliser électoralement les nouvelles générations met en péril son avenir politique.

L'ANC divisé

Dernier élément susceptible d'annoncer une reconfiguration politique en Afrique du Sud : les divisions profondes qui traversent aujourd'hui l'ANC. Le parti est historiquement constitué de différents courants idéologiques. Ce positionnement multiple permet un rassemblement large, mais provoque inévitablement des divisions. À la veille de la dernière conférence nationale de l'ANC, en décembre 2017, deux factions se sont opposées. L'une, autour de Cyril Ramaphosa, promettait de rompre avec les pratiques politiques de Jacob Zuma. L'autre, autour de Jacob Zuma, avait pour candidate Nkosazana Dlamini-Zuma, cette dernière incarnant la continuité avec le président en exercice. Lors de cette conférence, les tensions furent vives, et on put observer que le rapport de force entre factions était quasiment à l'équilibre. Cyril Ramaphosa l'a emporté avec un écart de moins de 200 voix sur près de 5 000 délégués. Cet équilibre des forces peut s'observer dans les différentes instances du parti, notamment au Comité exécutif national (NEC), l'organe décisionnel du parti.

Les rapports de force internes à l'ANC sont déterminants pour l'élaboration d'un programme politique que le président se doit d'appliquer. Cyril Ramaphosa, tout en se présentant comme le candidat du renouveau, est donc tenu de composer avec la faction opposée. Il ne peut la marginaliser sous peine de se mettre à dos la moitié de son parti, et se trouve ainsi dans la situation paradoxale, et délicate, d'être celui qui doit incarner le changement mais aussi préserver l'unité du parti. Cela pourrait avoir pour effet de limiter ses marges de manœuvre et de le conduire à une forme d'inertie peu en phase avec l'ampleur des défis économiques et politiques du pays. Ces tensions internes pourraient ainsi fragiliser le parti au pouvoir et conduire à l'émergence de nouvelles forces politiques, en position de contester la domination de l'ANC lors de prochaines élections.

V. M.

Pour en savoir plus

- S. Booysen, *Dominance and Decline: The ANC in the Time of Zuma*, Johannesburg, Wits University Press, 2015.
- A. Butler, *Cyril Ramaphosa: The Road to Presidential Power*, Johannesburg, Jacana Media, 2019.
- W. Ngcaweni et B. Ngcaweni (dir.), *We Are No Longer at Ease: The Struggle for #FeesMustFall*, Johannesburg, Jacana Media, 2018.

L'Éthiopie d'Abiy Ahmed

Une ouverture politique sous tensions

L'arrivée d'Abiy Ahmed au pouvoir a signifié une certaine libéralisation politique. Mais les problèmes économiques et sociaux du pays demeurent, en dépit d'une période de croissance soutenue. Et le nouveau pouvoir ne semble guère répondre sur le fond aux exigences d'un pays où la conflictualité violente demeure importante.

L'Éthiopie a un nouveau visage depuis l'arrivée d'Abiy Ahmed à la tête du gouvernement en avril 2018. Le pays s'enlisait depuis 2014 dans une crise profonde, avec une vague de protestation d'une ampleur et d'une durée inédites dans l'histoire du Front démocratique révolutionnaire du peuple éthiopien (plus connu sous son sigle anglais EPRDF – Ethiopian People's Revolutionary Democratic Front), coalition au pouvoir depuis 1991.

Le régime répondait à ces mouvements sociaux pour l'essentiel par la répression et par un durcissement autoritaire. Très rapidement, le nouveau Premier ministre sembla apaiser les tensions, suscitant d'immenses espoirs. Abiy Ahmed a rompu l'engrenage de la violence en multipliant les gestes d'ouverture : levée de l'état d'urgence, libération de prisonniers politiques, décriminalisation des opposants, rapprochement historique avec l'Érythrée. Mais, un an après son arrivée au pouvoir, si le processus d'ouverture politique est bien lancé, tensions et violences perdurent dans le pays, où le nombre de déplacés internes est estimé à près de trois millions. Abiy Ahmed a hérité d'une situation socio-économique particulièrement difficile et explosive, qui reste délicate et incertaine.

Retour sur la crise

On ne peut comprendre la situation actuelle sans revenir sur la crise dans laquelle le régime s'est enfoncé, surtout depuis 2014 et le début de la vague de contestations populaires. À l'origine de cette dernière, le lancement officiel par l'administration, au printemps 2014, du *Master Plan* prévoyant une extension des limites administratives de la capitale fédérale Addis-Abeba sur plus d'un million d'hectares, au détriment du territoire de la région Oromo qui l'entoure. Le projet, vu comme l'annonce d'expropriations foncières futures, a suscité un conflit ouvert qui s'est propagé en région Oromo d'abord, puis en région Amhara à l'été 2016, et plus largement dans le pays (région Afar, région Somali entre groupes Somali et Oromo).

Les revendications ont alors largement dépassé l'opposition au *Master Plan,* pour s'articuler autour d'enjeux fonciers, sociaux, économiques et politiques. Les critiques principales visaient l'inégale répartition des fruits de la croissance, la corruption et les mauvaises pratiques de l'administration, les expropriations, le chômage des jeunes, et une hégémonie politique et économique largement perçue comme tigréenne. Le régime ethno-fédéral n'a pas conduit à un partage équitable du pouvoir, les leviers économiques, politiques et sécuritaires demeurant contrôlés par le Front populaire de libération du Tigré (le parti tigréen de la coalition au pouvoir)[1]. C'est donc la question d'un partage équitable du pouvoir et des ressources qui est au cœur de ces mobilisations. Mais les revendications ont épousé les lignes ethniques et n'ont pas permis le dépassement des références identitaires par les mouvements de contestation.

Face aux mobilisations, le régime a répondu par la répression. La situation de crise était dupliquée par une crise interne à la coalition au pouvoir, qui conduisait à la démission du Premier ministre Hailemariam Desalegn en février 2018.

Réformes et ouverture politique

En avril 2018, Abiy Ahmed, premier Oromo à accéder à la tête du gouvernement, change la donne. Il est jeune (42 ans), diplômé en management et titulaire d'un doctorat soutenu en 2017 à l'Institute for Peace and Security Studies d'Addis-Abeba, qui assoit sa légitimité académique et politique. Habile communicant, il met en avant ses différentes origines au gré des situations : Oromo et de mère Amhara, chrétien et de père musulman, polyglotte et sachant faire un usage politique de ses compétences linguistiques. Il a fait carrière dans les forces armées et a participé à la création d'une agence de surveillance et de censure de l'internet éthiopien (Information Network and Security Agency), dont il fut directeur adjoint de 2007 à 2010. Il est donc le produit d'une institution centrale, l'Armée, qui lui confère une solide légitimité politique dans les instances partisanes. Il a par ailleurs dénoncé les excès de répression du régime durant la vague de mobilisation. Il est le produit d'un système qu'il entend réformer en profondeur.

Le Premier ministre multiplie les gestes d'ouverture : levée de l'état d'urgence, libération de prisonniers politiques, décriminalisation des opposants. Il initie un rapprochement historique avec l'Érythrée. Le gouvernement va jusqu'à condamner les actions violentes et les tortures répétées qui ont eu lieu durant la période de mobilisation, avec l'arrestation en novembre 2018 de 36 responsables et employés des services de sécurité pour faits de violation des droits de l'homme. Dans le même temps, le gouvernement s'attaque à un symbole fort du régime, en arrêtant 27 employés de METEC[2], ainsi que son dirigeant Kinfe Dagnew, accusé d'avoir détourné 37 milliards de birr (plus d'un milliard d'euros).

Le processus d'ouverture politique est lancé. Le renouvellement des personnels politiques et des positions institutionnelles, d'abord très relatif, est devenu réel, avec des changements importants dans toutes les fractions du parti. Les partis

1. Les Tigréens représentent environ 7 % de la population aujourd'hui, les Oromos 35 % et les Amharas 25 %.

2. METEC est un conglomérat de 98 entreprises d'industrie militaire et d'industrie lourde, créé par Meles Zenawi en juin 2010, qui constitue un fleuron de l'industrie éthiopienne, et pour beaucoup le symbole de la domination tigréenne et de la corruption.

d'opposition ont retrouvé une présence dans la sphère publique. Reste la question de l'organisation des élections générales de 2020, encore incertaine[3].

Les chantiers de l'ouverture économique

Abiy Ahmed a aussi ouvert le chantier économique, affichant rapidement sa volonté de donner plus d'importance au secteur privé et annonçant la privatisation de quatre entreprises nationales[4], processus salué et soutenu par la Banque mondiale et le Fonds monétaire international (FMI). En affirmant que son modèle économique est le capitalisme, il s'éloigne du modèle du *developmental state* initié par l'emblématique Premier ministre Meles Zenawi dans les années 2000, inspiré des modèles asiatiques. La version éthiopienne du *developmental state* combinait une relative libéralisation de l'économie et un dirigisme économique fort, avec un État contrôlant les secteurs public et privé de l'économie. Dans ce contexte, la libéralisation est loin de signifier un retrait de l'État de l'économie : c'est ce modèle qui a porté la croissance éthiopienne, estimée à environ 8 % par le FMI sur la dernière décennie.

En dépit de cette période de forte croissance, le FMI souligne dans son dernier rapport la fragilité de la situation macroéconomique du pays, imputable au risque élevé de surendettement, aux forts déficits courants (- 6,4 % du PIB en 2017-2018) et budgétaire (- 3,7 % du PIB), au très faible niveau des réserves (2,8 milliards de dollars fin 2017-2018, soit 1,6 mois d'importations) et à la surévaluation de 15 % de la monnaie nationale. Le gouvernement actuel doit donc composer avec une situation macroéconomique délicate, et présente les privatisations comme une réponse pragmatique visant à régler un problème très pressant : le manque de devises.

Il reste qu'après beaucoup d'annonces et de déclarations d'intention sur l'ouverture économique du pays, les mesures concrètes sont peu nombreuses. Les privatisations annoncées ont d'abord été… des annonces, sans détail sur leur forme ni leur calendrier. En février 2019, le gouvernement a officiellement et prudemment enclenché le processus en annonçant l'ouverture d'Ethio Telecom au marché international, lequel fera office de « laboratoire » d'un processus de privatisation qui se déroulera « phase par phase ».

Une situation sociale préoccupante

La situation sociale reste préoccupante. Dans ce pays peuplé de près de 105 millions d'habitants, la pauvreté reste élevée (22 % de la population selon la Banque mondiale en 2015) et les inégalités se creusent, en milieu urbain comme en milieu rural. Un des principaux problèmes sociaux est le chômage des jeunes : près de deux millions de jeunes Éthiopiens arrivent chaque année sur un marché de l'emploi offrant des débouchés particulièrement limités. La transition d'une main-d'œuvre agricole vers un salariat urbain reste pour l'instant cantonnée à de petits

3. En mars 2019, les autorités ont reporté le recensement de la population qui devait avoir lieu le même mois (le dernier datant de 2007), ce qui complique grandement l'organisation des élections à bonne date.
4. Privatisations à 49 % maximum des entreprises nationales Ethiopian Airlines, Ethio Telecom, Ethiopian Shipping & Logistics Services Enterprise et Ethiopian Electric Power Corporation.

secteurs d'activité. Le chômage urbain est évalué à 17,5 % de la population, tandis que l'agriculture demeure l'activité principale de 80 % de la population éthiopienne selon le Programme des Nations unies pour le développement (2014). En dépit d'un taux d'urbanisation élevé ces dernières années, l'Éthiopie demeure un pays principalement rural (80 % de la population).

Les mesures supposées répondre aux problématiques sociales sont pour l'heure particulièrement discrètes. Il semblerait qu'Abiy Ahmed concentre ses efforts sur des « projets vitrines » onéreux, situés dans la capitale, et qui semblent conçus pour les classes moyennes supérieures et aisées urbaines. On peut citer des méga-projets comme le *Sheger Project*, de « verdissement et d'embellissement » d'Addis-Abeba, estimé à un milliard de dollars, ou celui de *La Gare*, un complexe de 36 hectares d'hôtels, de commerces et d'appartements de luxe – ce projet estimé à 50 millions de dollars sera développé par une société émiratie.

Les mesures sociales pour le plus grand nombre restent donc attendues. Les tensions ont repris très rapidement après l'arrivée d'Abiy Ahmed au pouvoir, et se sont même parfois intensifiées. Les conflits régionaux ont repris en mai-juin 2018 avec une multiplication des affrontements violents non seulement dans la région Somali, mais aussi dans la région Oromo ainsi que dans la Région des nations, nationalités et peuples du Sud et au Benishangul-Gumuz, où les déplacements de population se poursuivent.

Le nombre des personnes déplacées croît exponentiellement. Les chercheurs relèvent un renforcement de la dimension ethnique dans les conflits et revendications, avec notamment une ethnicisation du discours des élites locales. La multiplication de ces conflits est également le reflet des problèmes socio-économiques qui affectent lourdement les populations éthiopiennes, et de l'incapacité des autorités étatiques à y répondre.

C. N.

Pour en savoir plus

- J. Aisserge et J. N. Bach, « L'Éthiopie d'Abiy Ahmed Ali : une décompression autoritaire », *Note de l'Observatoire Afrique de l'Est*, Sciences Po, novembre 2018.
- M. Labzaé et S. Planel, « La République fédérale démocratique en marche : crise politique, état de grâce et avancée néolibérale en Éthiopie », *Politique africaine*, vol. 150, n° 2, 2018.
- « Managing Ethiopia's Unsettled Transition », *Report n° 269*, International Crisis Group, 21 février 2019.

Chine : l'émergence d'un pôle

vidéo

http://dunod.link/4wd4j4z

Vers une puissance fédératrice ?

Pleinement engagée désormais dans la compétition commerciale avec les États-Unis, la Chine tente de structurer autour d'elle un groupe d'États amis. Elle entend aussi proposer un modèle international différent de celui des systèmes d'alliances. Économique et technologique, la rivalité entre Pékin et Washington se fait de plus en plus politique.

L'année 2019 aura été marquée par les tensions commerciales entre la Chine et les États-Unis, mais aussi par la persistance de divergences profondes entre les deux pays sur des enjeux traditionnels en Asie-Pacifique (Taïwan, mer de Chine du Sud, péninsule coréenne, notamment). Alors que Pékin et Washington se répondent sur chaque différend, et que la rivalité économique, technologique et géostratégique s'installe, la Chine ne cherche plus seulement à consolider son statut de puissance : elle s'applique à fédérer un nombre croissant de pays et d'institutions internationales à travers ses positions, initiatives et concepts.

« Élargir le cercle d'amis de la Chine » en Asie et dans le monde est devenu un objectif pour la Chine, comme l'a annoncé officiellement Xi Jinping dans son discours du Nouvel an 2019. De fait, même si certains projets chinois se sont heurtés à des obstacles significatifs au cours de l'année écoulée aux États-Unis et dans certains pays d'Europe (critiques sur la viabilité économique du projet dit des Nouvelles routes de la soie, perte de marchés pour l'entreprise Huawei), d'autres pays – tel que la Russie – demeurent relativement ouverts aux initiatives chinoises. La compétition Chine/États-Unis entraîne une polarisation croissante du monde, où les choix des pays tiers – économiques, technologiques ou institutionnels – prennent une connotation de plus en plus géopolitique. Dans ce contexte, Pékin multiplie les initiatives à destination d'un large nombre de pays, y compris alliés des États-Unis, créant parfois des dissensions dans l'Alliance même.

Rapprochement sino-russe

Vu de Pékin, la Russie fait sans conteste partie intégrante du cercle d'amis. Le rapprochement avec Moscou s'est renforcé progressivement depuis 2014, après l'annexion de la Crimée. Alors que les sanctions prises contre la Russie par les États-Unis et l'Union européenne (UE) impactaient les investissements occidentaux en Russie, celle-ci s'est davantage tournée vers la Chine, à tel point que la relation ne peut plus aujourd'hui être qualifiée de simple « mariage de raison ».

Les deux pays ont multiplié les exercices militaires conjoints ces cinq dernières années : Méditerranée (mai 2015), mer de Chine du Sud (septembre 2016), mer Baltique (juillet 2017) ou encore Sibérie (exercices de Vostok, septembre 2018).

En parallèle, Xi Jinping et Vladimir Poutine (que Xi qualifie désormais de « meilleur ami ») ont multiplié rencontres et marques de bonne entente. Début juin 2019, la visite de Xi Jinping en Russie à l'occasion des 70 ans des relations diplomatiques bilatérales s'est conclue sur la signature de plusieurs partenariats économiques d'envergure, au-delà de l'énergie – secteur traditionnel de coopération entre les deux pays. La coopération technologique se renforce. Après que des groupes chinois et russes des télécoms et de l'internet (Alibaba, MegaFon, Mail.ru) ont créé une société commune d'e-commerce, le groupe chinois Huawei, au centre des tensions commerciales et technologiques sino-américaines, a signé début juin 2019 un contrat avec le russe MTS pour le développement d'un réseau 5G. Si la relation reste déséquilibrée vu la différence de poids économique, les échanges commerciaux augmentent rapidement (+ 25 % en 2018, pour un total de 96 milliards d'euros selon les chiffres officiels russes) et se diversifient sectoriellement et géographiquement. Dans l'Arctique, la coopération entre les deux pays se renforce : début 2019, le gazier russe Novatek s'est associé au groupe chinois CNPC pour y développer un chantier majeur d'extraction de gaz naturel liquéfié.

Un positionnement alternatif à l'alliance occidentale

La coopération sino-russe s'est également renforcée au sein de l'Organisation de coopération de Shanghai (OCS). Au sommet de juin 2018, les huit pays de l'OCS – et en premier lieu la Chine et la Russie – avaient exposé leur unité, soulignant volontairement le contraste avec le sommet du G7 qui s'était tenu quelques jours plus tôt, sur fond de tensions entre les États-Unis et leurs partenaires européens. Les positions de Moscou et de Pékin sont souvent alignées sur les principales crises internationales – Iran, Venezuela, Corée du Nord, Soudan, Syrie –, en opposition avec la majorité des positions américaines et de leurs alliés.

De manière générale, l'analyse de la participation aux forums et sommets que la Chine organise confirme que Pékin n'est pas isolé, et que son « cercle d'amis » se consolide progressivement, formant un regroupement de pays différents de ceux réunis par l'alliance occidentale. Ainsi, à l'édition 2018 du Xiangshan Forum à Pékin – forum de sécurité organisé par la Chine et perçu comme une alternative non occidentale au dialogue de Shangri-La à Singapour –, la Russie était largement représentée, mais aussi la Corée du Nord.

Au-delà des projets d'infrastructures, le label « Nouvelle route de la soie » (Belt and Road Initiative) est considéré par les autorités chinoises comme utile pour rallier sur le sol chinois un nombre croissant de chefs d'États et d'acteurs internationaux à leur initiative. Le second sommet dit des Nouvelles routes de la soie (Belt and Road Forum), à Pékin, fin avril 2019, a été l'occasion pour la Chine de rassembler 37 chefs d'État et de gouvernement, soit huit de plus que l'édition précédente (mai 2017), nonobstant des résultats concrets limités. Un groupe hétérogène de pays y était représenté au plus haut niveau : de la Serbie à la Grèce, en passant par le Chili, le Pakistan ou l'Éthiopie.

La diplomatie chinoise cherche aujourd'hui à constituer un groupe aussi large que possible de pays amis, avec une approche comptable, affichant régulièrement le nombre des pays soutenant – de près ou de loin – ses initiatives (nombre de pays ayant rejoint la Banque asiatique d'investissement pour les infrastructures (BAII), ayant signé un accord-cadre sur les Nouvelles routes de la soie, etc.).

Un « nouveau modèle de coopération de défense »

La Chine s'oppose officiellement au concept d'« alliance », proposant pour le dépasser un « nouveau modèle de coopération de défense[1] » (ou un « nouveau type de partenariat de sécurité[2] »). Si la Chine n'a jamais adhéré au concept d'alliance depuis la création de la République populaire de Chine et l'ère de Mao Zedong, elle le rejette plus explicitement encore sous la présidence de Xi Jinping que sous celle de son prédécesseur Hu Jintao (2002-2012). La Chine considère comme illégitime l'actuelle architecture de sécurité de la région, notamment la présence américaine en Asie-Pacifique, et manifeste avec Xi Jinping sa volonté de restructurer la région et le monde dans une direction post-alliance. Pékin ne projette pas de signer de traité d'alliance dans les années à venir, mais de consolider de manière plus informelle son cercle de pays amis. Elle engage ce processus de restructuration pas à pas, en renforçant la coopération économique et de défense en premier lieu avec des pays qui ne font pas partie du système des alliances – telle la Russie, avec qui la relation est officiellement basée sur un « principe de non-alliance » –, mais aussi, et de plus en plus, en s'adressant à des partenaires et alliés des États-Unis.

La compétition des systèmes économiques et politiques

La compétition entre États-Unis et Chine n'est pas seulement technologique et géostratégique, elle est aussi politique, et la Chine n'hésite plus à se positionner comme une référence pour le monde. Si ce positionnement est traditionnel pour les États-Unis, il est relativement nouveau pour la Chine : depuis l'arrivée de Xi Jinping à la présidence en mars 2013, la politique étrangère chinoise développe un discours plus internationaliste que sous la présidence de Hu Jintao. Les Nouvelles routes de la soie sont destinées à « construire une communauté de destin pour l'humanité », selon Xi Jinping (2e Forum des Nouvelles routes de la soie, avril 2019).

Au-delà du discours, la compétition technologique et d'infrastructures oriente, consciemment ou non, certains pays tiers vers un système de gouvernance particulier. Ainsi, lorsque la Chine encourage la construction de zones économiques spéciales (ou parcs industriels) dans un nombre croissant de pays, elle le fait selon sa propre expérience de développement de telles zones sur son territoire depuis l'ère de réforme et d'ouverture de Deng Xiaoping lancée en 1978. De même, lorsqu'elle se positionne comme fournisseur de *smart cities*, elle prend pour exemple le modèle de gestion urbaine, de surveillance des citoyens et de gestion des données développé sur son propre territoire. Si ce modèle effraie certains pays (d'Europe, par exemple),

1. Allocution du général Ci Guowei, Dialogue de Shangri-La, Singapour, juin 2019.
2. Communication de Xi Jinping, Xiangshan Forum, Pékin, octobre 2018.

il en attire d'autres (Kenya, Éthiopie, notamment), et la Chine parvient à développer dans certains pays (Serbie – où Huawei développe un système de Smart/Safe City à Belgrade) des infrastructures particulièrement décriées dans d'autres. Ainsi, la compétition d'offres d'infrastructures et de technologies s'inscrit dans une compétition plus large entre systèmes politiques, au résultat encore incertain.

***

Même si Washington et Pékin parvenaient à trouver un accord sur les questions commerciales, cet accord ne marquerait pas la fin de la rivalité Chine/États-Unis, qui est liée à de profondes divergences de vues non seulement économiques, mais aussi géostratégiques, institutionnelles et conceptuelles.

Dans le contexte de tensions renforcées, la Chine tente de rallier un nombre croissant de pays à ses initiatives, ses concepts, mais aussi à son système de gouvernance, et ses idéaux. Il est trop tôt pour évaluer la robustesse du cercle d'amis de Pékin. Le système des alliances demeure structurant dans la région Asie-Pacifique et au-delà, et se renouvelle sous de nouveaux formats, tel celui de la stratégie Indo-Pacifique, qui rassemble plusieurs alliés des États-Unis – dont le Japon, l'Inde ou la France. Toutefois, les initiatives et déclarations chinoises permettent de prendre acte de son objectif de long terme : restructurer, d'ici 2050, l'Asie-Pacifique, et le monde, selon un système de partenariats flexibles qu'elle aurait développés, et non plus suivant un système d'alliances structuré par les États-Unis.

Assurément, 2019 aura été l'année de l'installation de la rivalité Chine/États-Unis. Un certain nombre de pays ont commencé à se placer, soit du côté des États-Unis, soit du côté de la Chine ; mais il est probable que la Chine continuera, dans les années à venir, à entretenir un certain flou stratégique dans ce contexte de polarisation, proposant ses initiatives et offres technologiques à un maximum de pays – alliés ou non des États-Unis.

À terme, la capacité de la Chine à consolider son cercle d'amis dépendra de multiples facteurs – la santé de son économie, la compétitivité de son offre technologique, sa crédibilité à se positionner comme exemple pour les pays en développement –, mais aussi de la capacité d'autres pays – États-Unis, pays européens – à rester compétitifs dans ce contexte.

A. E.

Pour en savoir plus

- D. Auerswald, « China's Multifaceted Arctic Strategy », War on the Rock, 24 mai 2019.
- A. Ekman, « China's "New Type of Security Partnership" in Asia and beyond: A Challenge to the Alliance System and the "Indo-Pacific" Strategy », Elcano Royal Institute, 26 mars 2019.
- D. Trenin, « China, Russia and the United States Contest a New World Order », East Asia Forum, 5 mai 2019.

Péninsule coréenne : une détente durable ?

Avancées et reculs sur un long chemin

L'année 2018 a sans conteste été celle de la détente intercoréenne et des sommets. Le processus s'est quelque peu grippé après l'occasion ratée de la rencontre de Hanoï. Le processus vers un traité de paix et, plus encore, vers la dénucléarisation sera long, mais il demeure ouvert.

2017, avec ses tensions, le sixième essai nucléaire et le test d'un missile balistique intercontinental (ICBM) semble bien loin… 2018 a vu un revirement historique vers une détente qui a suscité beaucoup d'attentes. En dépit de multiples sommets, cette dynamique s'est révélée difficile à maintenir.

Diplomatie des sommets : Kim Jong-un au centre du jeu

Une des clés de la détente est la reprise du dialogue avec la Corée du Nord, sa manifestation la plus visible étant la multiplication des sommets entre chefs d'État. Depuis mars 2018, Kim Jong-un a rencontré quatre fois le président sud-coréen Moon Jae-in, trois fois Donald Trump, cinq fois le président chinois Xi Jinping et une fois Vladimir Poutine.

La Corée du Sud a été à l'initiative de cette diplomatie des sommets, celui de Panmunjeom du 27 avril 2018 étant historique. Dans une déclaration commune, les dirigeants du Sud et du Nord se sont accordés pour progresser vers une « dénucléarisation totale » et pour rechercher un « régime de paix ». Moon Jae-in et Kim Jong-un se sont ensuite rencontrés à Tongilgak le 26 mai 2018 pour discuter du futur sommet Kim-Trump. Enfin, en septembre 2018 à Pyongyang, a eu lieu le troisième voyage d'un président sud-coréen au Nord, le premier depuis 2007. En revanche, une quatrième rencontre bilatérale, prévue à Séoul et inscrite dans la déclaration de Panmunjeom, peine à se réaliser. Kim Jong-un s'est cependant engagé, dans une lettre adressée à Moon Jae-in fin 2018, à la concrétiser en 2019.

Donald Trump en scène

Suite à un revirement dont il a le secret, Donald Trump a, quant à lui, rencontré Kim Jong-un à Singapour le 12 juin 2018. Si ce sommet constitue une ouverture diplomatique majeure, la déclaration finale est décevante, sans mesures concrètes ni calendrier pour avancer vers la dénucléarisation. Les attentes étaient considérables pour leur deuxième sommet à Hanoï en février 2019, et la désillusion a été d'autant plus importante. La rencontre, qui a probablement souffert d'un manque de préparation, n'a pas permis de progresser vers un « régime de paix stable et durable ». Lors d'une conférence de presse, Donald Trump a affirmé que les Nord-Coréens exigeaient une levée complète des sanctions et refusaient une déclaration de paix et l'échange de bureaux de liaisons, ce que ces derniers ont démenti par la voix de leur ministre des Affaires étrangères Ri Yong-ho. Selon Trump, Kim Jong-un aurait proposé un démantèlement des installations de Yongbyon en échange de la levée de cinq résolutions de sanctions votées à l'Organisation des Nations unies (ONU) entre 2016 et 2017 – celles qui touchent le plus l'économie nord-coréenne –, sur un total de onze depuis 2006.

Animé d'une volonté manifeste de rompre l'isolement de son pays et d'éviter un face-à-face exclusif avec Washington, Kim Jong-un est allé à la rencontre d'autres chefs d'État. Après le sommet de Hanoï, le dirigeant nord-coréen a prolongé son séjour au Vietnam de deux jours. Les rencontres avec Xi Jinping se sont multipliées : dès fin mars 2018 à Pékin (premier voyage de Kim Jong-un en Chine), puis à Dalian début mai 2018, deux fois dans la capitale chinoise en juin 2018 et janvier 2019, et enfin à Pyongyang le 20 et 21 juin. La Chine souhaite ainsi rappeler qu'elle est le partenaire principal de Pyongyang, et que rien ne peut se faire sans elle. Elle met aussi en avant sa volonté constructive pour les négociations à venir, ses priorités pour la péninsule n'ayant pas évolué : stabilité, dénucléarisation et dialogue intercoréen.

Un premier sommet entre Vladimir Poutine et Kim Jong-un a eu lieu le 25 avril 2019 à Vladivostok. Bien qu'aucune décision importante n'y ait été prise, le retour de rencontres de ce niveau entre les deux pays est importante. Le choix du moment – juste après l'échec des négociations de Hanoï – n'est par ailleurs pas anodin. Enfin, la rencontre entre Kim, Moon et Trump du 30 juin 2019 a produit des images marquantes mais peu de résultats.

Nord et Sud : du concret puis des difficultés

Les trois sommets entre Kim et Moon sont ceux qui ont produit les résultats les plus tangibles. Les deux accords qui en découlent contiennent des engagements détaillés sur la désescalade militaire ou des projets transfrontaliers dans les domaines économique, touristique ou écologique, ce qui contraste nettement avec le vague *Joint Statement* de Singapour. Ces accords ont été suivis de mises en œuvre concrètes au printemps et à l'automne 2018, poussant certains experts à parler de « pacte de non-agression *de facto* ». Un Bureau de liaison a été ouvert à Kaesong le 14 septembre 2018. Les trois premiers mois, il a accueilli pas moins de 285 réunions. De part et d'autre de la zone démilitarisée (DMZ), 22 postes de garde ont été supprimés et des actions de déminage ont été menées. Un mécanisme conjoint a été mis en place pour le contrôler, donnant lieu en décembre 2018 à des images hautement symboliques de soldats nord- et sud-coréens se saluant et discutant. On a également procédé à des opérations de vérification des voies ferrées et des routes, avec une cérémonie le 26 décembre 2018 à la gare de Panmun, marquant la reconnexion transfrontalière de lignes de chemin de fer. Enfin, une zone d'exclusion aérienne a été mise en place autour de la DMZ à compter du 1er novembre 2018.

L'échec de Hanoï

Cette dynamique s'est pourtant arrêtée en mars 2019, après l'échec du sommet de Hanoï, qui a entraîné le retrait de Pyongyang de la plupart des discussions. Par exemple, la transformation de l'estuaire des rivières Han et Imjin en « zone maritime de paix », afin que les navires civils puissent y circuler librement, est suspendue. De même, le 1er avril 2019, la Corée du Sud a débuté unilatéralement les recherches de restes humains dans la DMZ alors qu'elles étaient censées être coordonnées avec le Nord. La mise en place de circuits touristiques communs de part et d'autre de la Joint Security Area (JSA) n'a pas non plus abouti. Le 1er mai 2019 les visites ont repris, mais uniquement au sud de la JSA.

Le refus de Washington de lever partiellement les sanctions (que Pyongyang contourne toujours selon les rapports de l'ONU de mars 2019), sans avancée concrète vers la dénucléarisation, est l'autre obstacle majeur au progrès des relations intercoréennes. La réouverture du parc industriel intercoréen de Kaesong, la reprise du tourisme sur le mont Kumgang, les liaisons routières ou ferroviaires et bien d'autres projets liés à la vision économique de Moon Jae-in d'une « nouvelle carte économique de la péninsule coréenne » renforçant la confiance et la normalisation des relations se heurtent aux sanctions internationales et sont dans l'impasse.

Le président sud-coréen, qui fut à l'initiative de la détente et a joué un rôle crucial de médiateur, est aujourd'hui en difficulté. Faute de progrès dans le domaine économique et dans l'élaboration d'un traité de paix – deux priorités depuis le changement de stratégie de novembre 2017 –, Kim Jong-un montre des signes d'impatience. Le départ des officiels nord-coréens du bureau de liaison de Kaesong après l'échec de Hanoï (ils sont partiellement revenus en mai 2019), l'avertissement lancé à Donald Trump en avril 2019 exigeant qu'il change d'attitude sur les sanctions avant la fin de l'année pour espérer une nouvelle rencontre, ou les tests de roquettes et de missiles balistiques de courte portée des 4 et 9 mai 2019 (après 522 jours sans essai) en sont des illustrations.

Paix et dénucléarisation : au-delà des mots

Les termes *paix* et *dénucléarisation* cachent des problèmes politico-diplomatiques majeurs et des processus extrêmement complexes. La dénucléarisation implique de s'intéresser aux programmes de production de plutonium, d'enrichissement d'uranium, aux missiles, aux sites de recherches et d'expérimentation, aux questions de prolifération, etc., donc à une masse d'informations qui ne sont probablement pas disponibles aujourd'hui. De plus, une dénucléarisation « complète, vérifiable et irréversible », telle que souhaitée par les États-Unis, impliquerait un mécanisme d'inspection d'une durée et d'une ampleur inédites : jusqu'à 300 inspecteurs sur une quinzaine d'années. Enfin, il faut aussi se poser la question de ce que signifierait une dénucléarisation pour Séoul : que deviendrait son parapluie nucléaire américain ?

La signature d'un traité de paix remplaçant l'armistice de 1953 serait peut-être moins complexe, mais exigerait pourtant des efforts importants. Une des clés des négociations sera ici la capacité des États-Unis à convaincre Pyongyang qu'ils abandonnent toute velléité de changement de régime. De plus, des questions majeures restent non résolues : quelle serait la nature du texte (traité, accord, régime, pacte de non-agression) ? Qui signerait (ce qui interroge, entre autres, sur la position de Pékin) ? Modifiera-t-on les Constitutions du Nord et du Sud qui, chacune, reconnaissent toute la péninsule comme leur territoire national ? Un accord de contrôle des armements classiques y serait-il inclus ?

Alors que diplomates et experts se focalisent sur la dénucléarisation, les armes classiques constituent une menace peut-être encore plus prégnante pour la paix sur la péninsule. Le « document de Vienne » de l'Organisation pour la sécurité et la coopération en Europe (OSCE), mettant en place des mesures de transparence et de vérification pour les forces armées et les systèmes d'armes et équipements majeurs, et le Traité sur les forces conventionnelles en Europe entre l'Organisation du traité d'Atlantique nord (OTAN) et le Pacte de Varsovie, qui visait à l'élimination de certains équipements, pourraient ici constituer des sources d'inspiration.

Une détente durable ?

Même si les progrès vers la détente ont été freinés au début de l'année 2019, la tension demeure bien loin de celle de 2017. Moon Jae-in croit à un processus progressif. Donald Trump fait, pour l'heure, preuve de retenue. Le 22 mars 2019, il a ainsi annulé les sanctions supplémentaires contre Pyongyang annoncées la veille par son département du Trésor. Même face à de nouvelles provocations nord-coréennes – les tests de missiles en mai 2019 –, sa réaction est restée modérée.

Pour autant, les incertitudes demeurent. Les décisions de Donald Trump et de Kim Jong-un sont largement imprévisibles. L'absence de confiance mutuelle est un problème de fond pour les négociations. L'échec du sommet de Hanoï a réveillé un certain scepticisme, mais il a avant tout ramené à la réalité : une dénucléarisation ne peut être obtenue rapidement. On voit mal Pyongyang se séparer d'armes nucléaires auxquelles le pays a consacré tant d'efforts depuis des dizaines d'années, et qui sont l'assurance-vie du régime.

Pour Moon Jae-in, la détente est « un nouveau chemin et même si nous devons le prendre tous ensemble, nous devons, parfois, attendre ceux qui bougent plus lentement pour l'emprunter. » Reste à savoir si tous les acteurs veulent véritablement l'emprunter, s'ils sont prêts à prendre le temps, et à accepter les compromis nécessaires.

R. H.

Pour en savoir plus

- A. Bondaz, « Corée du Nord/États-Unis : jusqu'où ira la confrontation ? », *Politique étrangère*, vol. 82, n° 4, décembre 2017.
- D. Kim, « What's in a Name? Korean "Peace" and Breaking the Deadlock », *War on the Rocks*, 14 septembre 2018.
- R. Sokolsky, « Conventional Threat Reduction on the Korean Peninsula: Toward a More Ambitious Agenda », Carnegie Endowment for International Peace, 8 mars 2019.

Narendra Modi et les relations indo-pakistanaises

Une réélection sur le registre de la sécurité nationale

La réélection de Narendra Modi doit beaucoup à la posture adoptée par le Premier ministre indien face à plusieurs crises terroristes opposant l'Inde au Pakistan. Une posture qui installe Narendra Modi en « gardien » du pays, fait oublier les limites de son action interne, et mobilise l'opinion anti-musulmane.

Avec son parti, le BJP (Bharatiya Janata Party – Parti du peuple indien), Narendra Modi a obtenu en mai 2019 un nouveau mandat électoral de cinq ans, après avoir conduit une habile campagne centrée non plus sur la croissance et le développement comme en 2014, mais sur les enjeux de sécurité nationale et de lutte contre le terrorisme d'origine pakistanaise. De fait, Modi a pleinement instrumentalisé la détérioration de la relation avec le Pakistan, notamment la grave crise du début 2019, en magnifiant l'intransigeance de sa propre posture face à ce voisin, et sa capacité à assurer la protection de l'Inde face à la menace terroriste. C'est d'ailleurs cette image de dirigeant fort, capable d'en imposer au Pakistan et, dans une moindre mesure, à la Chine qui a séduit l'électorat indien.

Le premier gouvernement Modi et la relation indo-pakistanaise

Sous le premier gouvernement Modi (2014-2019), l'Inde a affiché, dans l'ensemble, une posture de grande fermeté à l'égard du Pakistan. Modi a certes consenti quelques gestes d'amitié impromptus, notamment en invitant son homologue, Nawaz Sharif, à sa cérémonie d'investiture en mai 2014, puis en lui rendant une visite surprise à Lahore le 25 décembre 2015. Mais son équipe a rapidement fait preuve d'intransigeance dans la conduite du dialogue avec Islamabad et, dès août 2014, elle a brutalement interrompu les contacts de haut niveau en rétorsion à la tenue d'une réunion entre des leaders séparatistes du Cachemire indien et le chef de la représentation diplomatique pakistanaise à New Delhi.

Il s'agissait, par là même, de montrer que, contrairement au gouvernement précédent, la nouvelle équipe au pouvoir ne tolérait pas ce type d'interactions, et surtout qu'elle serait intraitable sur le dossier du conflit cachemiri. L'attitude du gouvernement Modi lors de ce premier incident devait donner le ton de ce qui allait suivre : l'Inde ne discuterait que du seul dossier de la lutte contre le terrorisme, et elle tournerait le dos à la moindre tentative pakistanaise de réactiver le dossier cachemiri.

De la fermeté à l'impasse totale

D'incertaine, la relation est devenue mauvaise à partir de 2016, sous l'effet de deux attentats du groupe terroriste pakistanais Jaish-e-Mohammed contre des postes militaires indiens le long de la frontière et de la ligne de contrôle (à Pathankot en janvier 2016 et à Uri en septembre 2016). Désireux de sanctionner le Pakistan suite à l'attentat d'Uri, le Premier ministre Modi demande alors aux forces spéciales d'effectuer un raid contre des camps djihadistes de l'autre côté de la ligne de contrôle (LdC).

Ce raid n'a, en fait, rien d'inédit (de telles actions ont déjà été pratiquées par le passé). Ce qui est nouveau, en revanche, c'est la médiatisation que Modi a tenu à lui donner, à la fois pour consolider son image personnelle de dirigeant à poigne et pour accroître les chances du BJP, alors en campagne, de remporter d'importants scrutins régionaux en Uttar Pradesh. Suite à l'attentat d'Uri et au raid punitif indien de l'automne 2016, le cessez-le-feu le long de la LdC et de la frontière internationale au Cachemire s'effondre, laissant place à une escalade dans les tirs d'artillerie. Par ailleurs, le retour des troubles au Cachemire indien à partir de 2016 aggrave encore la situation entre les deux voisins. Plutôt que d'admettre ses propres responsabilités dans l'irruption d'une nouvelle vague de violences au Cachemire indien, New Delhi a préféré y voir la main du Pakistan, qu'il a accusé d'être seul responsable, localement, de la détérioration.

La crise indo-pakistanaise de février 2019

Le spectre d'une nouvelle guerre sous ombre nucléaire ?

Les deux voisins connaissent à nouveau une très grave crise durant la seconde quinzaine de février 2019. Le facteur déclenchant est, comme si souvent, un attentat suicide du Jaish-e-Mohammed, en l'occurrence contre un bus de paramilitaires indiens à Pulwama, au Cachemire indien. L'attaque, particulièrement meurtrière (44 morts), horrifie l'opinion indienne et, intervenant à quelques semaines de l'élection générale du printemps 2019, appelle presque inéluctablement une réponse forte du gouvernement Modi.

De fait, l'Inde effectue, en représailles, des frappes aériennes sur des camps de militants djihadistes qui, cette fois, sont situés au cœur du territoire pakistanais, à Balakot, en province de Khyber Pakhtunkhwa. Une bataille aérienne limitée s'ensuit, le Pakistan répondant lui aussi par des raids aériens, abattant un avion de chasse indien et capturant son pilote. Les tensions montent alors encore d'un cran, Modi menaçant le Pakistan de frappes de missiles si la vie du pilote était mise en danger. Il faut la médiation discrète des États-Unis, ainsi que des Émirats arabes unis (EAU), de l'Arabie Saoudite et de la Chine, pour que le Pakistan libère le pilote et que la crise soit désamorcée au bout de quelques jours. La tension reste néanmoins forte le long de la LdC, qui est le théâtre d'importants tirs d'artillerie.

Une position indienne plus offensive

Cette crise du début 2019 est, sans nul doute, la plus grave que les deux rivaux sud-asiatiques aient connue depuis le début des années 2000 (c'est-à-dire depuis le face-à-face militaire de 10 mois de 2001-2002). De fait, lorsqu'elle subissait des attentats terroristes d'origine pakistanaise, l'Inde évitait jusqu'alors toutes représailles ciblant directement le territoire pakistanais de peur de déclencher une escalade militaire pouvant déboucher sur le seuil nucléaire. Les tensions avaient ainsi pu être très fortes sur la LdC et la frontière internationale au Cachemire, mais du moins n'engageaient-elles que les armées de Terre, et non les forces aériennes (il faut remonter à la guerre de 1971 pour retrouver un tel épisode de combat aérien entre Indiens et Pakistanais).

En ce sens, l'épisode de Balakot marque un jalon : pour la première fois, l'Inde a dérogé à sa posture traditionnelle de retenue stratégique et a refusé de céder au chantage du Pakistan menaçant de recourir à l'arme nucléaire s'il subissait une attaque frontale sur son territoire. Le Premier ministre Modi a ainsi cherché à surmonter une sorte de tabou, et à ouvrir le champ des possibles pour ce qui est de mener des actions militaires punitives contre le Pakistan – voire une guerre conventionnelle – sous condition nucléaire. À cette posture plus agressive s'est ajoutée une offensive diplomatique assez efficace pour mobiliser les États du Golfe (Arabie Saoudite et EAU au premier chef) sur le dossier du terrorisme, et pour les inciter à faire pression sur le Pakistan en la matière.

L'instrumentalisation électorale de la crise de février 2019

Le bilan économique de son mandat étant bien terne au regard de ses promesses de 2014, Modi a réorienté sa campagne pour l'élection générale d'avril-mai 2019 sur le thème de la sécurité nationale et de la lutte contre le terrorisme. Il a ainsi instrumentalisé sa décision de frappes aériennes contre le Pakistan du début de l'année pour s'ériger en protecteur irréductible et intraitable du pays, utilisant l'image familière pour les Indiens du *chowkidar* (le gardien de la maison, du quartier). Il a, de surcroît, bénéficié d'une victoire diplomatique en pleine campagne électorale, lorsque le Conseil de sécurité des Nations unies a annoncé, début mai, l'inscription de Masood Azhar, le chef du Jaish-e-Mohammed, sur la liste du Comité 1267 contre Al-Qaïda, l'État islamique et les personnes et entités qui leur sont associées. La victoire a été d'autant plus grande qu'elle a permis de faire céder la Chine qui, depuis dix ans, empêchait cette mesure pour protéger son « allié » pakistanais.

Cette politisation des enjeux de défense et de sécurité a donné lieu à bien des dérives. La campagne a, de fait, été marquée par des discours aussi violents que cyniques, Modi alternant les promesses de vengeance en réponse à toute nouvelle attaque terroriste d'origine pakistanaise et les appels à voter pour le BJP au nom des soldats morts dans l'attentat-suicide de Pulwama. Les partis d'opposition ont eu beau dénoncer de graves violations du modèle de code de conduite électoral, la Commission électorale indépendante indienne s'est refusée à sanctionner le chef du gouvernement indien.

En tout état de cause, la stratégie de Modi s'est avérée redoutable pour au moins trois raisons. Elle a su, d'abord, pleinement exploiter la fièvre nationaliste et anti-pakistanaise qui s'est emparée d'une partie de l'opinion indienne après l'attentat de

Pulwama et les frappes aériennes de février 2019. Ensuite, en réussissant à imposer la sécurité nationale comme le thème dominant de la campagne électorale, elle a permis à Modi d'éviter tout débat de fond sur son bilan économique et social. Enfin, la stigmatisation de l'ennemi pakistanais a contribué à alimenter l'islamophobie propre à l'idéologie nationaliste hindoue. Plus encore, elle a permis de cultiver l'amalgame entre ennemi extérieur – le Pakistan – et ennemi intérieur – la minorité musulmane.

Nouveaux risques, ou ouverture ?

Modi et le BJP n'ont pas seulement remporté l'élection générale d'avril-mai 2019. Ils l'ont fait avec des résultats encore meilleurs qu'en 2014, en obtenant cette fois 303 sièges sur les 542 que compte la Chambre basse indienne. À ce titre, il serait exagéré de penser que l'élection de 2019 s'est jouée essentiellement sur l'instrumentalisation de la crise indo-pakistanaise de février 2019. Celle-ci a constitué un facteur conjoncturel favorable dont Modi et le BJP ont su parfaitement se saisir. Mais, pour expliquer une telle victoire, il faut aussi prendre la mesure des atouts essentiels dont a bénéficié le BJP, c'est-à-dire entre autres choses, des moyens financiers considérables, une capacité de saturation des réseaux sociaux, la sophistication de son ingénierie électorale, adaptée aux configurations de castes de chaque circonscription, et enfin, l'incapacité des partis d'opposition à s'unir.

De même, il serait hâtif de penser que les frappes aériennes de Balakot ont changé la donne face au Pakistan, et qu'elles inciteront les dirigeants de ce pays à lutter plus efficacement contre les groupes terroristes, de peur de subir de nouvelles opérations punitives en cas d'attentats sur sol indien. Bien des doutes ont en effet émergé concernant l'efficacité des frappes aériennes indiennes, dont il n'est même plus sûr qu'elles aient touché le camp djihadiste présumé.

Si la crédibilité de mesures punitives indiennes est écornée, il ne fait pas de doute, en revanche, que la tendance de Modi à prendre des risques tranche avec la posture de retenue stratégique pratiquée par ses prédécesseurs, et qu'elle introduit une nouvelle marge de doute et d'ambiguïté pour les dirigeants pakistanais. Ces derniers, dans un geste de bonne volonté, ont évoqué par la voix du Premier ministre Imran Khan la possibilité de relancer un processus de dialogue à la faveur du second mandat de Modi. Dans le même temps, le Pakistan a effectué un test de tir de son missile balistique *Shaheen II,* comme pour rappeler qu'il n'était en rien intimidé par la posture martiale de l'Inde de Narendra Modi.

I. S.-M.

Pour en savoir plus

- K. Bajpai, « Narendra Modi's Pakistan and China Policy: Assertive Bilateral Diplomacy, Active Coalition Diplomacy », *International Affairs*, n° 1, 2017.
- C. Jaffrelot, *L'Inde de Modi : national-populisme et démocratie ethnique*, Paris, Fayard, 2019.
- A. J. Tellis, « A Smoldering Volcano: Pakistan and Terrorism after Balakot », Carnegie Endowment for International Peace, 14 mars 2019.

Le Japon à l'aube d'une ère nouvelle ?

Entre ouverture et repli

De récentes évolutions témoignent d'une ouverture du pays : facilitation relative de l'immigration, plus grande insertion dans la diplomatie internationale. Mais ses difficultés économiques, le vieillissement de son système politique et les images contradictoires projetées par le Japon pourraient s'opposer aux ruptures souhaitées par Shinzo Abe.

Le 1er mai 2019, le Japon a changé d'ère, quittant Heisei (« Accomplissement de la paix ») pour Reiwa (« Belle harmonie »). Le nouveau souverain, Naruhito, symbolise l'arrivée d'une nouvelle génération sur le trône. Peut-on dire que le Japon entre également dans une nouvelle ère politique, économique et diplomatique ? Certaines évolutions récentes semblent montrer un Japon plus ouvert et dynamique – comme l'ouverture encadrée à l'immigration ou l'activisme diplomatique de Tokyo. Pourtant, de fortes limites, de l'atonie politique et économique aux contraintes diplomatiques, laissent aussi apparaître un risque de repli.

Une ère nouvelle ?

L'ouverture raisonnée à l'immigration

La crise démographique a d'ores et déjà provoqué une pénurie de main-d'œuvre au Japon. Les personnes âgées de 65 ans et plus représentent 28 % de la population globale et 12,4 % de la population active. Les deux tiers des entreprises japonaises déclarent manquer de personnel, avec une demande estimée à 600 000 travailleurs en 2019. La pénurie de bras dans le secteur de la construction avant les Jeux olympiques de 2020 à Tokyo devient un problème urgent, accélérant l'adoption de réformes permettant d'accueillir plus de travailleurs étrangers. Les autres mesures – encourager les femmes à travailler davantage (78 % des femmes travaillent au Japon, principalement dans des emplois à temps partiel) ; repousser l'âge de la retraite à 65 ans, puis 70 ans ; investir dans la robotisation et l'Intelligence artificielle – ont montré leurs limites.

Une nouvelle loi entrée en application en avril 2019 facilite l'octroi des visas pour les « travailleurs non qualifiés », pour une durée de cinq ans, avec possibilité de faire venir leur famille. Les travailleurs contractuels ayant déjà une expérience de trois ans au Japon sont admis directement. Le nouveau système prévoit également une passerelle pour permettre à ces derniers de changer de statut et de rester pour un temps indéterminé dans l'archipel (à condition qu'ils aient un contrat de travail en bonne et due forme). Or l'accueil des « cols-bleus » (tout comme, plus largement, la perspective d'une réelle immigration) demeure tabou au Japon, où la loi a été largement critiquée.

Si l'ouverture du pays est maintenant jugée nécessaire pour soutenir la croissance, l'opposition progressiste insiste sur la nécessité de s'attaquer aux violations des droits des travailleurs étrangers qui subsistent dans le système actuel ; tandis que les plus conservateurs mettent en garde contre les risques qu'une population étrangère plus importante pourrait faire peser sur l'identité et la sécurité du Japon. Pour autant, les 340 000 travailleurs étrangers qui devraient affluer au Japon ces cinq prochaines années ne sauraient compenser une pénurie de main-d'œuvre estimée à 1,35 million d'individus d'ici 2025.

Un pays clé dans un contexte de rivalité sino-américaine ?

À l'international, le Japon n'est plus seulement réactif : il fait preuve d'initiative pour défendre ses intérêts, alors que l'unilatéralisme du président américain et la montée en puissance de la Chine rebattent les cartes. La mise en place d'une Grande stratégie (« l'Indo-Pacifique libre et ouvert ») et l'activisme en matière de diplomatie économique et normative devraient renforcer la légitimité du pays.

Avec son approche de « l'Indo-Pacifique libre et ouvert », le Japon a pris les devants pour proposer une alternative au projet chinois des Nouvelles routes de la soie. Deux programmes pour des infrastructures de qualité sont ainsi financés en 2015 et 2016 (pour 110 et 200 milliards de dollars). États-Unis, Australie et Inde se sont ralliés à ce projet alternatif. Un plan américano-japonais d'investissement dans les infrastructures a été annoncé en novembre 2017 et, en juillet 2018, Tokyo, Washington et Canberra ont présenté un partenariat trilatéral pour les infrastructures, avec un premier projet d'électrification en Papouasie-Nouvelle-Guinée. Enfin, le Japon est à l'origine de la remise en route, en novembre 2017, du Dialogue quadrilatéral avec les États-Unis, l'Australie et l'Inde.

L'implication du Japon a permis l'adoption d'un Partenariat Trans-Pacifique à 11 membres (le Comprehensive and Progressive Agreement for Trans-Pacific Partnership, entré en vigueur en décembre 2018), avec l'espoir de voir les États-Unis s'y rallier à moyen terme. Tokyo et Bruxelles ont finalisé un accord de libre-échange entré en vigueur en février 2019. Ces deux accords stratégiques doivent permettre d'atteindre une masse critique pour peser sur les normes en matière commerciale, sociale, environnementale et numérique. Tokyo espère ainsi faire adopter par le G20 – il a accueilli son sommet en juin 2019 – de nouveaux principes garantissant la transparence, la soutenabilité et l'éthique des financements des infrastructures, ainsi qu'une meilleure gouvernance de l'économie numérique. Japon et Union européenne ont en effet fait converger leurs réglementations, créant le plus grand espace de flux de données sécurisé au monde.

La tentation du repli

Une économie poussive

Le Japon reste la troisième économie mondiale, mais les réformes structurelles promises par la politique *Abenomics* se sont fait attendre et ne parviennent pas à redresser une croissance qui s'établit depuis 2013 à 1,2 % par an. La dette continue à grossir pour atteindre environ 230 % du PIB. La TVA doit être relevée de 8 % à 10 % en octobre 2019, effort insuffisant pour l'Organisation de coopération et de développement économiques (OCDE), qui estime qu'un taux d'au moins 20 % serait nécessaire pour éponger progressivement la dette.

Les effets de la crise démographique vont encore accroître la pression fiscale sur les actifs, dont le ratio s'effondre sous les effets du vieillissement de la population. Les dépenses sociales représentent aujourd'hui près de 45 % des dépenses de l'État (hors dette). Dans le même temps, les inégalités économiques et sociales se creusent avec la généralisation des emplois précaires (près de 40 % des contrats), à salaires bas et moindre couverture sociale. La consommation des ménages est atone, insuffisante pour tirer l'économie japonaise. La recherche de marchés à l'étranger est donc cruciale, d'où le dynamisme de la diplomatie économique.

Sur le plan intérieur, le moteur de l'innovation reste en panne. Malgré d'importants investissements en recherche et développement, le Japon a du mal à retrouver sa puissance d'innovation des années 1980-1990. Les start-ups peinent à trouver des financeurs audacieux. L'innovation s'opère toujours au sein des grandes entreprises, qui peuvent faire merveille sur certaines niches, comme la robotique, mais se sont laissées distancer sur les technologies de rupture (logiciels liés à l'Intelligence artificielle ou la cybersécurité par exemple).

Le difficile renouvellement des élites politiques

Si le Japon apparaît aujourd'hui comme un pôle de stabilité, épargné par la vague populiste qui frappe les démocraties, il est guetté par un autre mal : l'atonie politique. Près de 50 % des électeurs y déclarent ne soutenir aucune formation politique, et la participation électorale est globalement basse (53 % aux législatives de 2017). Le paysage politique national n'offre que peu de nouveaux visages ou de nouvelles idées. Le phénomène des dynasties politiques est toujours bien ancré (l'actuel Premier ministre Shinzo Abe est le fils d'un ministre des Affaires étrangères – Shintarô Abe – et petit-fils d'un Premier ministre – Nobusuke Kishi), et touche 30 % de la Chambre basse. Le renouvellement des élites est donc très difficile à obtenir. L'arrivée de personnalités atypiques au niveau local ne s'est pas encore traduite sur le plan national, et l'audace de certains candidats, comme Yuriko Koike, gouverneure de Tokyo, qui a fondé son parti quelques mois avant les législatives de 2017 pour mettre en difficulté le parti de Shinzo Abe, n'est guère récompensée (son parti n'a remporté que deux sièges à la Chambre basse).

Après une expérience inédite d'alternance avec le Parti démocrate, qui a tourné court (2009-2012), les Japonais ont choisi la sécurité avec le retour du Parti libéral démocrate (PLD), qui règne sur le Japon presque sans interruption depuis 1955. L'opposition, fragmentée et affaiblie, n'est pas encore parvenue à se réorganiser pour faire face au PLD et à son allié, le Komeito. Dès lors, le nom de Yoshihide Suga, secrétaire général du Cabinet et proche confident de Shinzo Abe, est de plus en plus fréquemment évoqué pour la succession du Premier ministre. Dans ce contexte, la population japonaise, et notamment sa jeunesse, est de moins en moins intéressée par la chose publique. Les jeunes Japonais sont peu formés à exercer leur esprit critique et à donner leur avis. De plus, maîtrisant mal les langues étrangères, ils partent moins en séjour d'étude à l'étranger (85 000 étudiants en 2005, 50 000 en 2018). Leur manque d'appétence pour l'international est souvent mis en avant comme le symbole d'un Japon en repli sur lui-même.

Un acteur international empêché ?

Le Japon accueille le G20 pour la première fois en 2019 et espère saisir cette occasion de montrer son leadership sur des thématiques telles que la réduction des tensions commerciales, le financement responsable des infrastructures ou la protection des océans. Derrière les questions de gouvernance mondiale se nichent aujourd'hui des problématiques de rapports de puissance et de compétition entre modèles politiques, économiques, sociaux, environnementaux, diplomatiques et militaires. Si le Japon a quelques atouts pour jouer un rôle international significatif – il est aujourd'hui au cœur d'un réseau de partenaires qui le reconnaissent comme une démocratie libérale et un acteur international légitime et bienveillant –, sa marge de manœuvre est contrainte, d'une part par les États-Unis dont il reste dépendant pour sa défense, et d'autre part par la Chine qu'il souhaite contrebalancer, sans pour autant obérer une coopération économique essentielle pour sa croissance. Enfin, il est toujours difficile pour le Japon d'user de son outil militaire pour contribuer à la stabilité internationale, malgré l'engagement du Premier ministre Abe de renforcer une « contribution proactive à la paix ».

Par ailleurs, le positionnement japonais en faveur du droit et des institutions internationales souffre d'un manque de cohérence, alors que Tokyo s'est retiré fin 2018 de la Commission baleinière internationale. Enfin, la redécouverte, lors de l'affaire Carlos Ghosn, de la dureté de son système judiciaire (qui autorise toujours la peine de mort) a pu atteindre à l'image de démocratie libérale que le Japon souhaite promouvoir à l'international.

***

L'engagement personnel de Shinzo Abe, qui s'est évertué à créer la rupture avec le modèle d'après-guerre d'un Japon en retrait diplomatique et en déclin économique et démographique, apparaît central dans l'ouverture relative du pays et le renforcement du rôle international du Japon. Cet activisme du Premier ministre, qui a centralisé la prise de décision en matière stratégique autour de son Cabinet, interroge en creux l'avenir de cette stratégie proactive après son départ, fin 2021.

C. P.

Pour en savoir plus

- J.-M. Bouissou, *Les Leçons du Japon. Un pays très incorrect*, Paris, Fayard, 2019.
- B. Glosserman, *Peak Japan: The End of Great Ambitions*, Washington D.C., Georgetown University Press, 2019.
- S. Smith, *Japan Rearmed: The Politics of Military Power*, Cambridge (MA), Harvard University Press, 2019.

L'Asie du Sud-Est : tensions et inquiétudes

Une région divisée face à des problèmes communs ?

Les processus électoraux rythment bien la vie politique des grands pays de la région. Mais la montée de l'islam conservateur, la confirmation d'évolutions autoritaires, et l'incertaine réponse à la poussée politique et économique de la puissance chinoise demeurent les problèmes majeurs de la région.

L'Asie du Sud-Est confirme sa grande hétérogénéité, l'impact décalé des influences extérieures, et la poussive élaboration de réponses communes. Au nombre des événements importants à retenir : les élections qui se sont tenues en Indonésie, en Thaïlande, aux Philippines et en Malaisie ; les progrès de l'islam conservateur dans la région ; les progrès chinois à travers la Belt and Road Initiative (BRI) ; et la tension stratégique en mer de Chine du Sud.

Élections et transition politique

Un coup pour rien en Thaïlande

Après l'avoir reporté six fois depuis le coup d'État de mai 2014, la junte militaire a annoncé que le scrutin pour élire la Chambre basse (soit 500 députés) se tiendrait le 24 mars 2019, juste à temps pour que l'annonce des résultats n'interfère pas avec l'intronisation de Rama X, le 4 mai. La campagne a réservé son lot de surprises, notamment la candidature de la princesse Ubolratana le 8 février. Le roi a immédiatement remis de l'ordre dans les affaires familiales et ce faisant, validé son rapprochement avec le général Prayuth, chef du Conseil national pour la paix et l'ordre (NCPO) – la junte – qui a présenté sa candidature sous la bannière du parti Phalang Pracharat. Le redécoupage des circonscriptions et un système très complexe (sur les 500 députés, 350 élus au scrutin uninominal majoritaire dans 350 circonscriptions et 150 autres élus au scrutin proportionnel de liste) ont, en effet, incité à la déclinaison des grands partis en de multiples petits partis (45 partis et 69 candidats étaient en lice).

L'annonce confuse des résultats – quelques jours après le couronnement – traduit l'agitation de la scène politique. Le parti pro-junte Phalang Pracharat dispose d'une petite avance, suffisante pour maintenir Prayut Chan-o-Cha au poste de Premier ministre. Mais la formation d'une coalition s'annonce compliquée : fin mai, aucun parti ne dispose d'assez de voix pour désigner un Premier ministre.

Le prochain gouvernement (après la nomination par la junte du Sénat mi-juin 2019) devrait être fragile, voire instable. L'opposition du « front démocratique », organisée autour du parti de Thaksin Shinawatra – le Pheu Thai –, conteste les résultats et menace d'intenter une action en justice pour dénoncer la loi électorale et un mode de répartition des sièges inéquitable. La profonde crise politique qui affaiblit le royaume depuis près de vingt ans devrait durer.

Indonésie : une démocratie plus mature

L'Indonésie présente un paysage politique plus facile à lire. Les progrès et la stabilisation de l'archipel depuis la fin de l'Ordre nouveau hérité de Suharto (1967-1998) sont de bonnes nouvelles, pour les Indonésiens comme pour l'Asie du Sud-Est, où elle fait figure de géant (avec 265 millions d'habitants).

Présidentielles, législatives et certaines élections locales, ont eu lieu le 17 avril 2019. Les débats apaisés entre 16 partis, le taux de participation (80 % des 192 millions d'électeurs), l'absence de violence sont autant de signaux positifs, encourageants pour un scrutin exceptionnel : 20 000 postes électifs à pourvoir, du président aux parlementaires régionaux. L'organisation titanesque nécessaire est à mettre au compte d'une administration qui s'est beaucoup investie dans l'exercice démocratique (810 000 bureaux de vote), ainsi que de la Commission électorale. Un jour de congé national a encouragé les électeurs à voter.

Les sondages de sortie des urnes ont donné gagnants le président sortant, Joko Widodo et son colistier Maruf Amin. Résultats contestés, avec de graves émeutes à Djakarta (six morts), probablement instrumentalisées par des acteurs prêts à déstabiliser les procédures démocratiques si celles-ci ne leur sont pas favorables. Si la direction générale vers une transition démocratique réussie rassure, et si la réélection de Jokowi, premier président non issu de l'*establishment*, est bien accueillie, nombre de défis n'ont pas encore trouvé de solution pérenne, notamment le dévoiement démocratique, et sa potentielle récupération par les canaux religieux.

Le premier défi est sans conteste la montée de l'islam conservateur, non seulement dans la vie quotidienne mais dans l'arène politique. Les partisans d'un islam conservateur ont profité des mécanismes démocratiques pour imposer leurs thèmes religieux, et ont contraint l'ensemble des candidats, y compris le président sortant averti par l'affaire Ahok, à se positionner. Au-delà des intolérances religieuses, la vraie question est celle de l'inclusivité d'un État-archipel diversifié.

La réduction des inégalités sociales et la lutte contre la pauvreté constituent le second défi. Le président sortant a mis en place un programme pour sortir de la pauvreté quelque 26 millions d'Indonésiens vivant encore sous le seuil officiel : subventions, éducation, accès aux programmes de santé. Le taux de croissance de 5,1 % sera-t-il suffisant pour maintenir le cap ?

La vétusté des infrastructures est préoccupante : les inondations du printemps à Djakarta donnent la mesure du problème. Et le déplacement de la capitale (20 millions d'habitants), qui ne devrait être définitivement annoncé que l'année prochaine, ne sera qu'une goutte d'eau face à la catastrophe écologique. Ce sont les pratiques (feux de forêt, pollution massive, corruption endémique) qu'il faut corriger. La vétusté et l'insuffisance du transport ferroviaire et routier, ou l'état des ports, pèsent lourd sur l'économie. La nouvelle administration, forte de ses succès comme le nouveau métro de Djakarta, devrait poursuivre dans cette voie. Le président Jokowi devrait bénéficier d'une majorité parlementaire, contrairement à 2014, qui permettra de relancer la *Reformasi* dont a besoin le pays.

Philippines, Malaisie : des signaux inquiétants

Aux Philippines, les résultats des élections de mi-mandat ont confirmé la popularité de Rodrigo Duterte, lui permettant de contrôler le Sénat, qui bloquait ses projets les plus controversés (rétablissement de la peine de mort, réforme constitutionnelle notamment).

En Malaisie, les élections dans les régions de Cameron Highlands, de Selangor et de Rantau ont vu le retour des représentants du parti United Malays National Organisation (coalition d'opposition au Barisan Nasional) : une alarme pour la coalition du gouvernement Mahathir...

Les progrès de l'islam conservateur

Quand Brunei annonça en 2013 l'introduction progressive de la loi islamique, beaucoup doutèrent que le sultan irait jusqu'au bout. Il l'a pourtant fait, par étapes, la dernière étant la mise en application, le 3 avril, de l'intégralité du Code pénal islamique. La communauté internationale a vivement réagi, et quelques semaines après, le sultan annonçait un moratoire sur la lapidation des homosexuels.

En Malaisie et en Indonésie, où les musulmans sont majoritaires (respectivement 61 % et 87 %), le religieux devient omniprésent dans l'espace public (jusque dans les lieux les plus reculés *via* écoles, hôpitaux ou services publics) et les tendances conservatrices tentent d'imposer une application plus rigoriste des codes musulmans. Ici et là, le modèle de tolérance et de laïcité est attaqué et la poussée conservatrice est préoccupante, inspirée des mouvements salafistes : nourriture *halal*, port du voile, interdiction de l'alcool, police religieuse, tribunaux islamiques, poursuite des musulmans considérés comme libéraux, discriminations contre les minorités... En Indonésie, les débats de la campagne ont beaucoup tourné autour des sujets religieux, certains partis réclamant l'application de la charia. Même tendance en Malaisie, notamment dans les deux États de Kelantan et Terengganu, où la mainmise du Parti islamique pan-malaisien (PAS) – s'est confirmée. La coalition d'opposition, Barisan Nasional, envisage une alliance avec le PAS pour reprendre le pouvoir. L'instrumentalisation de la démocratie est inquiétante : les élections et plates-formes électorales sont transformées en chambre d'écho par les conservateurs qui imposent partout le paramètre religieux.

La poussée chinoise

Depuis plus de vingt ans, on suit les progrès chinois dans une région à la fois mitoyenne (logique de proximité) et symbolique (soutien des pays occidentaux). Les rapprochements entre la Chine et l'Asie du Sud-Est ont avancé à grands pas, le mouvement gagnant tous les terrains de coopération. Pékin a soigneusement préparé ce retournement pour s'autoproclamer « meilleure amie de l'Asie du Sud-Est » : la Chine est le premier partenaire commercial de l'ASEAN (avec un commerce bilatéral de 588 milliards de dollars en 2018, en hausse de 14 % par rapport à 2017), avec laquelle elle enregistre un excédent commercial de « seulement » 45 milliards de dollars. Les investissements croissent dans les deux sens (multipliés par 22 en 15 ans). La construction d'infrastructures et autres projets labellisés BRI devrait entretenir la tendance dans les décennies à venir. Mais la Chine est active sur bien d'autres terrains : échanges académiques (plus de 200 000 étudiants), tourisme (près de 50 millions de passagers dans les deux sens). Nul secteur n'est négligé, et Pékin s'est donné les moyens d'influencer, de l'intérieur, les évolutions locales.

L'Asie du Sud-Est est l'un des grands bénéficiaires de l'émergence chinoise. Singapour a annoncé sa décision de devenir le *hub* financier des Nouvelles routes de la soie – choix qui lie sa croissance future à la réussite de l'externalisation de l'économie chinoise. La vraie question est désormais celle du maintien de l'autonomie d'une région dont la dépendance s'accentue vis-à-vis de son grand voisin.

Tensions en mer de Chine du Sud

La concurrence stratégique croissante entre États-Unis et Chine a produit une politique beaucoup plus affirmée de Washington. En 2018-2019, la flotte américaine a maintenu ses déploiements en mer de Chine du Sud, défendant, comme les marines française, japonaise ou britannique, la liberté de navigation face aux « revendications excessives » de la Chine – revendications qui s'étendent sur la quasi-totalité de cet espace maritime, sanctuarisant ce théâtre quand certains pays d'Asie du Sud-Est estiment que certains îlots ou récifs leur appartiennent.

Sur fond de modernisation des marines de guerre, d'exercices communs (le premier exercice naval commun entre la Chine et certains pays de l'ASEAN date d'octobre 2018), de conflit commercial sino-américain, et de distanciation américaine en Asie du Sud-Est, ces tensions compliquent, en même temps qu'elles pourraient accélérer, la négociation d'un code de conduite entre Pékin et les pays d'Asie du Sud-Est. Les consultations se poursuivent (la 27e réunion du groupe de travail conjoint s'est tenue en mars 2019) dans un exercice diplomatique subtil, tant la marge de manœuvre des pays de l'ASEAN est fine face au mastodonte chinois et à ses pressions multidimensionnelles. Les pays d'Asie du Sud-Est jouent leur avenir dans ce qu'ils souhaiteraient ne pas être un face-à-face.

S. B. du R.

Pour en savoir plus

- *State of Southeast Asia: 2019 Survey*, ASEAN Studies Centre/ISEAS-Yusof Ishak Institute, décembre 2018.
- C. Cabasset et C. Tran (dir.), *L'Asie du Sud-Est 2019. Bilan, enjeux et perspectives*, Paris/Bangkok, Les Indes savantes/IRASEC, 2019.
- W. Doig, *High Speed Empire: Chinese Expansion and the Future of Southeast Asia*, New York, Columbia Global Reports, mai 2018.

Les vingt ans de l'euro

Une aventure complexe

Les économies des pays qui ont créé l'union monétaire étaient fort différentes de celles d'aujourd'hui, et elles ont d'abord divergé au lieu de se rapprocher. La crise de 2008 a contraint les États et la Banque centrale européenne à intervenir directement, et les membres de l'union monétaire à réformer le système. Un système qui demeure incomplet dans son volet d'union bancaire.

Quelles furent les motivations qui guidèrent l'Union européenne (UE) vers l'adoption d'une monnaie unique ? Y était-elle prête ? Est-ce que tout s'est passé comme prévu dès le début ? Et pourquoi une telle crise après une décennie de long fleuve tranquille ? Enfin : le pire est-il derrière nous ?

L'union monétaire, un projet politique aux lourdes conséquences économiques

L'union monétaire apparaissait à son origine comme une suite logique du projet d'intégration européenne : après l'accord commercial sur le charbon et l'acier entre les anciens ennemis, après la création de la Communauté économique européenne, et l'instauration de la libre circulation des personnes, des biens et des capitaux, il semblait naturel d'avancer encore d'un pas vers une « union toujours plus étroite ».

Pourtant, le projet d'union monétaire avait de lourdes implications économiques. En effet, partager la même monnaie signifie renoncer à la sienne et à une politique monétaire autonome au profit d'une seule et même banque centrale pour tous les membres de l'union monétaire. Cela implique que les pays membres d'une telle union ne peuvent plus utiliser la variation du change et le prix de l'argent pour ajuster leur cycle économique aux chocs extérieurs. Si tel événement affecte l'économie française et provoque une hausse du chômage, mais n'a aucun effet en Allemagne, la Banque centrale européenne (BCE) doit décider si elle réagit ou pas.

Dit autrement, avant de décider de partager une même monnaie, il faut s'assurer que les membres de l'union projetée ont des structures économiques relativement semblables, et qu'existent des mécanismes d'ajustement alternatifs à la politique monétaire. Ces principes ont été énoncés par Robert Mundell dès 1960, quand il a développé la théorie des zones monétaires optimales. Le comité Nobel l'a même honoré du prix de la banque de Suède en 1999, année de l'introduction de l'euro, comme pour saluer cette extraordinaire initiative par un geste symbolique fort.

Tout s'est-il passé comme prévu dès le début ?

Est-ce que les membres de la zone euro avaient des structures industrielles semblables, des marchés du travail et des prix convergents en 1999 ? Sans ambiguïté : non. Mais les Européens comptaient sur une convergence progressive des pays membres une fois la monnaie introduite. Malheureusement, c'est exactement l'inverse qui s'est produit, et la première décennie d'existence de l'euro a été marquée par une divergence des économies.

Premièrement, le commerce entre membres ne s'est pas accéléré comme on l'espérait dans les années 1990. L'explication est sans doute qu'il était déjà très intense entre Européens, très soutenu par tous les accords de libre-échange déjà établis entre membres de l'Union européenne (UE). À l'inverse, les échanges financiers se sont considérablement accélérés dès 1999, bien au-delà des attentes. Par exemple, les banques allemandes ont été les principaux investisseurs – directement et indirectement – dans le secteur de la construction en Espagne. La France, elle, s'est spécialisée dans l'intermédiation des flux financiers venant des États-Unis ou du Royaume-Uni, vers les économies méditerranéennes telles l'Italie ou la Grèce. Ces échanges ont nourri le crédit de certains pays et pas celui des autres. En effet, dès 1999, l'Espagne, l'Italie et la Grèce voient la quantité de crédit dans leur économie grimper, alors qu'en Allemagne la croissance du crédit est proche de zéro et qu'en France elle décélère.

Parallèlement, on observe des mouvements relatifs de prix très importants dans la zone, avec des augmentations de prix marquées dans certains pays du Sud, jusque-là plus abordables que les pays du Nord. Dès lors, certains pays deviennent « sur-évalués », c'est-à-dire trop chers par rapport à leur niveau d'équilibre, et d'autres pays « sous-évalués », autrement dit pas assez chers.

Une accumulation de déséquilibres

Toutes ces divergences se retrouvent dans les échanges courants des différents pays, et la décennie s'achève sur une accumulation de déséquilibres sans précédent. Les pays du Nord ont accumulé des excédents courants et dégagé de l'épargne, alors que les pays du Sud ont enregistré des déficits et accumulé des dettes. Ainsi, au cours des dix premières années de l'euro, l'Allemagne a dégagé un surplus courant de plus de 3 % de son PIB chaque année, ce qui revient à dire qu'en dix ans l'Allemagne a reçu des revenus étrangers équivalents à quatre mois de production. Sur la même période, la Grèce et le Portugal ont dépensé plus qu'ils ne gagnaient, et ce à hauteur de près d'une année de production. Les déficits commerciaux du Sud ont été financés par du crédit fourni par des banques du nord de l'Europe.

Cette accumulation de déséquilibres allait tôt ou tard s'avérer insoutenable. Les échanges financiers qui permettaient de financer ces déséquilibres allaient bien finir par se retourner. Et c'est finalement la crise américaine de 2008 qui a fait retentir le glas.

Pourquoi une telle crise après une décennie de fleuve tranquille ?

La crise des *subprimes* aux États-Unis a révélé des failles du système financier américain, qui ont engendré des pertes colossales et produit une interruption brutale des échanges financiers internationaux. La crise s'est transmise par les banques européennes les plus globalisées, les plus connectées au marché américain. En particulier, certaines banques allemandes, très exposées au marché américain, ont souffert de très lourdes pertes et se sont alors retirées des marchés italien et espagnol pour tenter de les compenser. Les banques françaises étaient les premiers prêteurs en Italie, en Espagne et en Grèce (et seconds au Portugal). Elles se sont d'abord substituées aux banques allemandes qui s'étaient retirées, avant de se retirer elles-mêmes en 2011.

Les capitaux privés n'étaient donc plus disposés à financer les déficits. Des flux officiels provenant de la BCE ainsi que, dans une moindre mesure, du Fonds monétaire international (FMI) et des gouvernements européens se sont alors substitués aux capitaux privés. Ce qui a permis d'échapper à un ajustement brutal comme dans les pays baltes – pays membres de l'UE mais non de l'union monétaire.

Un élément singulier de cette crise est pourtant venu amplifier les chocs. Avec la crise sur les dettes privées, un certain nombre de banques ont vu leur bilan se détériorer rapidement. Étant donné que les banques sont au cœur du système des paiements, le gouvernement utilise parfois l'argent public pour renflouer leur bilan et éviter leur faillite. Cela exige des fonds considérables, qui détériorent pour un moment les finances publiques. Or, les banques européennes avaient dans leur bilan beaucoup de titres d'État de leurs propres pays. Ainsi, toute mesure de sauvetage affectant les comptes publics nationaux se répercutait sur elles-mêmes. Comment arrêter ce cercle infernal ? Seul le gouverneur de la BCE, Mario Draghi, avait le pouvoir d'arrêter l'hémorragie. En promettant « qu'il ferait tout ce qu'il faut » pour sauver la zone euro, il envoyait un signal imparable aux investisseurs. En juillet 2012, la zone euro était sauvée…

Les réformes

La crise a révélé l'incomplétude de la monnaie unique. Des mesures d'urgence et des réformes plus profondes ont dès lors été engagées. Premièrement, le Fonds européen, créé en juin 2010 pour venir en aide à la Grèce, est devenu une facilité permanente, appelée Mécanisme européen de stabilité (MES) en 2012 après la ratification d'un nouveau traité. Au total, le MES dispose d'un capital de 800 milliards d'euros, qui constitue un levier pour émettre de la dette dans une plus large proportion.

Deuxièmement, le pacte budgétaire européen a été ratifié pour réformer les règles fiscales et organiser une coordination budgétaire entre les membres de la zone euro. C'est à cette occasion que le Semestre européen a été créé, pour encadrer les orientations budgétaires des États membres (au premier semestre de chaque année, entre janvier et juin), puis veiller à la mise en œuvre des engagements budgétaires (au second semestre, entre juillet et décembre). La réduction des déficits publics est devenue une priorité. Les pays de la zone euro ont réalisé des efforts budgétaires très importants si on les compare aux États-Unis et au Royaume-Uni. La zone prise dans son ensemble est ainsi passée d'un déficit en 2008 à un surplus structurel en 2013. Troisièmement, l'union bancaire a aussi vu le jour après la crise, pour organiser la surveillance et la résolution des difficultés des banques, afin de rompre le cercle vicieux entre risque bancaire et risque souverain, et remédier à la fragmentation observée au cours de la crise. L'union bancaire n'est pas achevée car les pays créditeurs s'opposent toujours au principe d'une assurance commune des dépôts.

L'euro est-il plus solide qu'avant la crise ?

Des réformes ont été incontestablement menées, les divergences se sont réduites, le cycle du crédit est de nouveau en phase, mais les déséquilibres subsistent. Certains pays affichent des dettes privées et publiques très élevées qui suscitent la méfiance des investisseurs et exacerbent les tensions politiques entre les pays du Nord, plutôt créanciers, et les pays du Sud, plutôt débiteurs. Ces conflits entre créanciers et débiteurs polluent toutes les discussions dans la zone et empêchent d'avancer. Depuis 2015, aucune réforme significative n'a ainsi été adoptée.

On relèvera pour conclure que l'Europe est en train de concevoir son propre modèle, très éloigné du modèle américain. La recette européenne consiste à articuler des réformes structurelles pour rendre les marchés plus flexibles et des efforts budgétaires pour résorber les déficits publics. Par contraste, Washington a progressivement adopté une politique budgétaire commune et une assurance-chômage fédérale qui opèrent des transferts d'un État à un autre si nécessaire. Ainsi la Floride a-t-elle reçu des transferts importants en 2008 sans même que les Américains s'en aperçoivent.

En Europe, de tels transferts ne sont pas à l'ordre du jour. L'ajustement au choc est donc organisé par le marché : des réformes structurelles visent à rendre les salaires et les prix plus flexibles pour que les quantités s'ajustent. Toutefois, les réformes structurelles sans accompagnement peuvent être contradictoires avec l'objectif de croissance inclusive, qui reste le meilleur rempart face aux tensions sociales et à la montée des extrêmes. Espérons que les dirigeants européens prendront la mesure du défi.

A.-L. D.

Pour en savoir plus

- M. Aglietta et T. Brand, *Un New Deal pour l'Europe*, Paris, Odile Jacob, 2013.
- M. Bouju, L. Chancel, A.-L. Delatte *et al.*, *Changer l'Europe, c'est possible !*, Paris, Seuil, 2019.
- A.-L. Delatte, « Fixing the Euro Needs to Go beyond Economics », *in* J. Pisani-Ferry et J. Zettelmeyer, *Risk Sharing Plus Market Discipline: A New Paradigm for Euro Area Reform? A Debate*, Centre for Economic Policy Research, 2019.

Climat, biodiversité et instabilité

Heat is coming

Réchauffement climatique et destruction de la biodiversité s'accélèrent, en dépit de l'accord de Paris. Cela a déjà des conséquences sur la stabilité sociale et politique de vastes espaces de la planète. L'ONU semble s'en préoccuper, mais les prochaines COP, dans ces deux domaines, doivent accélérer la prise de conscience et les décisions concrètes.

Le changement climatique progresse : les quatre dernières années ont été marquées par des températures records, avec un accroissement moyen de + 1 °C par rapport à l'ère préindustrielle. La concentration de CO_2 dans l'atmosphère atteint des niveaux sans précédent et les émissions anthropiques de gaz carbonique sont reparties à la hausse en 2017 et 2018, après trois années de stagnation. En dépit des engagements pris par les États dans l'accord de Paris, la trajectoire d'accroissement des températures à l'horizon 2100 est supérieure à + 3 °C [1], alors que l'accord entend limiter cet accroissement à moins de + 2 °C, et, idéalement, à + 1,5 °C.

Si la COP24 a permis des avancées techniques sur la mise en œuvre de l'accord, en particulier sur le volet de la transparence, la mobilisation internationale autour des engagements de baisse des émissions et de la mise en œuvre d'efforts supplémentaires est ébranlée par les stratégies d'obstruction de grandes puissances comme les États-Unis. À cela s'ajoute une absence de volonté européenne forte. L'engagement politique est insuffisant et la dégradation du climat, aux conséquences irréversibles, s'avérera peut-être supérieure aux conjectures actuelles.

Le rapport spécial du Groupe d'experts intergouvernemental sur l'évolution du climat (GIEC) d'octobre 2018 analyse les différences entre un monde où l'accroissement des températures moyennes est de + 2 °C et un monde ou cet accroissement se limite à + 1,5 °C. Ses conclusions sont claires : un monde à + 2 °C est soumis à un stress climatique aux conséquences beaucoup plus déstabilisatrices qu'un monde à + 1,5 °C.

S'ajoutent enfin les menaces sur la biodiversité. Plus d'un million d'espèces sont menacées d'extinction, envisagée pour la plupart d'entre elles dans les prochaines décennies. Ce chiffre ne cesse de croître, et à un rythme sans précédent dans l'histoire de l'humanité.

1. « Emissions Gap Report 2018 », Programme des Nations unies pour l'environnement, novembre 2018.

Le changement climatique et la destruction de la biodiversité, facteurs d'instabilité

Différents auteurs ont publié des ouvrages à fort retentissement, décrivant l'inéluctabilité de guerres climatiques. À cette vision alarmiste répond l'analyse de Bruno Tertrais, pour qui les conflits liés au réchauffement climatique ne sont qu'un mythe moderne, faisant trop souvent l'objet de raccourcis simplistes qui contribuent à occulter les raisons fondamentales de certains conflits. Avec l'intensification des dérèglements climatiques et la diminution de la biodiversité, il devient pourtant de plus en plus difficile de ne pas reconnaître ces éléments comme des facteurs aggravant les risques de conflits liés à l'eau, aux terres et aux autres ressources finies, dans un monde dont la population croît. Le lien n'est cependant pas systématique : l'intensité des effets du réchauffement climatique et l'ampleur de la destruction de la biodiversité diffèrent selon les régions du monde ; ils jouent plutôt le rôle de catalyseurs, exacerbant des facteurs de déséquilibres politiques, sociaux, ou économiques préexistants.

On peut déjà citer plusieurs exemples de conflits et de phénomènes migratoires amplifiés par la dégradation du climat et de la biodiversité. Les tueries entre populations paysannes et éleveurs au Nigéria ont fait plus de 1 300 morts depuis janvier 2018. Suite à la dégradation des sols, les éleveurs du nord du pays ont été contraints de quitter leurs terres et d'aller plus au sud par manque d'eau et de vivres pour leurs troupeaux, entraînant des conflits liés à l'accès aux ressources dans une région déjà instable. Plus récemment, les mouvements de populations en Amérique centrale, notamment la colonne de migrants provenant du Guatemala, du Salvador et du Honduras qui est remontée vers les États-Unis à l'automne 2018, peuvent être considérés comme étant liés au changement climatique. La mauvaise gouvernance et l'absence de perspectives socio-économiques, combinées à la sécheresse et aux faibles rendements agricoles liés à la dégradation des sols, ont poussé des milliers de paysans à gagner les villes. D'où, par la suite, la formation de « caravanes » de migrants, hautement médiatisées, traversant le Mexique pour rejoindre les États-Unis.

Ces phénomènes vont continuer à s'amplifier au cours du siècle. Depuis quarante ans, ce sont plus de 33 % des terres arables qui ont été détruites à cause de l'érosion des sols ou de la pollution. La Plateforme intergouvernementale scientifique et politique sur la biodiversité et les services écosystémiques (IPBES), dans son dernier rapport, est catégorique : la perte massive d'une partie de la biodiversité aura des conséquences très graves sur les écosystèmes, fondements de notre sécurité alimentaire. D'ici 2050, la dégradation des sols et le changement climatique vont réduire le rendement des cultures de 10 % en moyenne au niveau mondial, jusqu'à plus de 50 % dans certaines régions. Ces dégradations seront susceptibles de causer la migration forcée de 50 à 700 millions de personnes.

De même, d'ici 2100, jusqu'à 74 % de la population mondiale pourrait être exposée à des températures mortelles pendant plus de 20 jours par an[2] et, dans 30 ans déjà, 800 millions de personnes et 570 villes seront directement menacées par

2. « Global Risk of Deadly Heat », *Nature Climate Change*, 19 juin 2017.

la montée des eaux[3]. L'insécurité alimentaire et les migrations, liées à d'autres problèmes, économiques ou sociaux, ont un fort potentiel d'instabilité au niveau régional, interétatique, et même intercontinental. Dans cet ordre de raisonnement, l'Afrique est identifiée comme le continent le plus exposé à la menace du dérèglement climatique. Devant l'accroissement démographique considérable de certaines régions, et même si les mouvements migratoires se font d'abord au sein du continent, il est probable que le nombre de réfugiés climatiques, notamment vers l'Europe, augmente, en plus des réfugiés politiques et économiques.

La prise en compte stratégique du changement climatique

La reconnaissance de la dimension stratégique du changement climatique à l'échelle internationale s'est effectuée progressivement au cours de la dernière décennie, avec une montée en puissance ces dernières années.

Le 17 avril 2007, à l'initiative du Royaume-Uni, un premier débat public sur le thème « Énergie, sécurité et climat » a été organisé au Conseil de sécurité des Nations unies, qui a mis clairement en lumière les liens entre changement climatique et problématique sécuritaire. L'année suivante, le groupe des petits États insulaires en développement a obtenu l'adoption par l'Assemblée générale des Nations unies d'une résolution invitant le Secrétaire général à présenter à la prochaine session un rapport détaillé sur les répercussions éventuelles des changements climatiques sur la sécurité. Accompagnant les efforts des Nations unies pour évoluer d'une culture de la réaction vers une culture de la prévention, ce rapport, paru en septembre 2009[4], reconnaissait les changements climatiques comme des « multiplicateurs de menaces », dans la mesure où ils viendraient exacerber des sources existantes de conflit inter- ou intra-étatique. Plus récemment, le Conseil de sécurité a souligné les « effets néfastes des changements climatiques et écologiques, entre autres facteurs », sur la stabilité de certaines zones en particulier, comme l'Afrique de l'Ouest et le Sahel.

Face à la nécessité de s'adapter à cette nouvelle réalité, un nombre croissant de pays, notamment européens, appellent au développement d'une approche de prévention de ce risque sécuritaire. Le 11 juillet 2018, un nouveau débat a été organisé au sein du Conseil de sécurité à l'initiative de la présidence suédoise, dans la perspective d'améliorer encore la compréhension des interactions entre changement climatique et sécurité, mais aussi d'envisager des mesures concrètes de la part des Nations unies. Parmi les propositions avancées figurent notamment l'introduction d'un système d'alerte précoce pour identifier les éventuelles crises, ou encore la création d'un poste de représentant spécial du Secrétaire général des Nations unies sur le Climat et la Sécurité. Ce débat devrait se poursuivre en 2019 et 2020, puisque l'Allemagne, devenue membre non permanent du Conseil de sécurité au 1er janvier, s'est donnée comme priorité de travailler sur les interactions entre

3. « Staying Afloat: The Urban Response to Sea Level Rise », C40 Cities, disponible sur : www.c40.org.
4. « Les changements climatiques et leurs répercussions éventuelles sur la sécurité », Rapport du Secrétaire général des Nations unies, 11 septembre 2009.

climat et sécurité. Des réflexions sont déjà lancées, notamment animées par le Auswärtiges Amt et la Stiftung Wissenschaft und Politik.

Au niveau national, la dimension sécuritaire du changement climatique est déjà manifeste dans la doctrine militaire d'un certain nombre de pays, à commencer par les États-Unis. Dans le cadre de l'Examen quadriennal de la défense de mars 2014, puis dans un rapport de juillet 2015 élaboré à la demande du Congrès, le Département de la Défense reconnaît les effets du changement climatique comme une tendance lourde, qui nécessitera une adaptation opérationnelle de l'outil militaire des États-Unis. En France, la *Revue stratégique de défense et de sécurité nationale* de décembre 2017 pointe l'amplification des risques liés aux dérèglements climatiques. Les institutions de défense doivent prendre en compte ces nouvelles problématiques, en raison de la possible extension des zones de crise et des potentielles multiplications d'opérations de secours aux populations.

Le réchauffement climatique et la destruction de la biodiversité s'accélèrent. Ces dérèglements sont déjà perceptibles et menacent la stabilité de régions entières. Il est plus que temps de renforcer la mobilisation autour des enjeux d'adaptation. De plus, la réduction des émissions de gaz à effet de serre et la lutte pour la préservation de la biodiversité doivent être vues comme des moyens d'investir dans la stabilité et la sécurité à long terme. Dans ce cadre, la dynamique lancée par l'Allemagne aux Nations unies permet d'attirer l'attention sur ces sujets, encore trop souvent négligés. Le dernier G7-environnement à Metz, les 5 et 6 mai 2019, en a été l'illustration.

Les efforts en matière de baisse des émissions sont encore trop faibles, et la plupart des Objectifs d'Aichi ne seront pas atteints d'ici 2020. Dans leur déclaration commune du 26 mars 2019, la France et la Chine ont affiché clairement leur volonté de lutter contre le réchauffement climatique et la perte de la biodiversité. La prochaine COP25 pour le climat se tiendra fin 2019 au Chili. La COP15 pour la biodiversité, qui se tiendra à Pékin en 2020, doit être l'occasion, en particulier pour les gouvernements français et chinois, d'unir leurs efforts diplomatiques, et de susciter une réaction internationale qui soit enfin à la hauteur des enjeux.

H. L. P.

Pour en savoir plus

- « Stopping Nigeria's Spiralling Farmer-Herder Violence », *Africa Report*, n° 262, International Crisis Group, juillet 2018.
- « Sustainability, Stability, Security: Why It Is Vital for Global Security and Stability to Tackle Climate Change and Invest in Sustainability », World Wildlife Fund for Nature (WWF), 2017.
- L. Rüttinger *et al.*, « A New Climate for Peace: Taking Action on Climate and Fragility Risks », Adelphi/International Alert/The Wilson Center/European Union Institute for Security Studies, 2015.

L'affaire Huawei

Un miroir de la guerre technologique sino-américaine

À travers l'affaire Huawei, c'est la place de la Chine dans la géographie numérique et technologique mondiale qui est en question, les États-Unis défendant leur prééminence. L'interdépendance des systèmes de production complexifie l'affaire. L'Europe, quant à elle, se contentera-t-elle d'être spectatrice du combat des puissants ?

Dans la liste des tensions entre Washington et Pékin, le 15 mai 2019 marque une rupture : de commercial, l'affrontement devient technologique et géopolitique. En inscrivant Huawei sur la *Entity List* du Département du Commerce américain, Donald Trump place le fleuron de Shenzhen sous un régime de sanctions contraignant celui-ci à revoir entièrement sa chaîne d'approvisionnement. Toute vente de technologie américaine à Huawei, des semi-conducteurs aux systèmes d'exploitation mobile (tel Android), est interdite sans autorisation préalable. Le décret présidentiel risque de porter un coup quasiment fatal à l'entreprise chinoise, qui dépend de ces technologies critiques pour la fabrication et la mise en service de ses smartphones et, surtout, de ses infrastructures de cinquième génération de communications mobiles (5G).

Un second décret présidentiel confère aux autorités américaines le pouvoir de bloquer toute transaction dans la sphère technologique liée, même de loin, à un « adversaire étranger » (État, entreprise ou personne physique) susceptible de compromettre les infrastructures critiques, l'économie numérique et la sécurité nationale des États-Unis. Il s'agit là d'un levier majeur pour contrôler l'accès des firmes chinoises au marché américain, en des termes suffisamment généraux pour être instrumentalisé à des fins géopolitiques.

Que cache l'enjeu Huawei ?

En s'attaquant à la directrice financière – et fille du fondateur – de Huawei en décembre 2018 au Canada, la justice américaine qui demande son extradition vise les hautes sphères de la *nomenklatura* politique et industrielle chinoise. « Joyau de l'empire », Huawei est le troisième groupe d'électronique au monde en chiffre d'affaires (105,2 milliards de dollars en 2018), derrière Apple et Samsung. Depuis 2018, pour la première fois dans l'histoire du groupe, l'activité grand public, dominée par les smartphones, dépasse l'activité historique d'équipements réseaux pour opérateurs de télécommunications. Premier dépositaire de brevets au monde depuis cette même année, Huawei dépense 14 % de son chiffre d'affaires en recherche et développement (14,7 milliards de dollars en 2018, soit plus que les mêmes budgets cumulés de Nokia et Ericsson). Surtout, la firme chinoise est le premier fournisseur mondial d'équipements 5G – un ensemble de technologies en réseau conçues pour fonctionner ensemble (sans être reliées par des câbles), allant des appareils électroménagers aux hôpitaux en passant par les robots industriels et les voitures automatisées.

Au-delà des risques de sécurité invoqués par Washington (espionnage *via* les réseaux, sabotage des infrastructures), les craintes des dirigeants américains ont une dimension symbolique. Huawei, avec son savoir-faire technologique, ses fonds quasiment illimités et un soutien politique au plus haut niveau, peut devenir l'acteur clé de la révolution promise par la 5G. Ce renversement du cours de l'histoire numérique, traditionnellement faite par les États-Unis, renvoie à une donnée internationale majeure : pour la première fois, une société chinoise prend les devants sur une technologie de pointe. Mais Trump porte un coup d'arrêt à l'expansion internationale de Huawei, et rappelle que les États-Unis disposent de pouvoirs exorbitants sur les chaînes de valeur technologiques mondiales.

La Chine en quête de leadership technologique mondial

Dans les ambitions internationales de la Chine, la technologie joue un rôle éminent. Instrument de puissance et de prestige, moyen de promouvoir sa propre vision de l'ordre international, la technologie est pour Pékin un outil au service d'une quête décomplexée de rang. Dès 2015, le plan *Made in China 2025* annonçait les velléités de leadership chinois : soutenir la montée en gamme de l'économie, réduire sa dépendance à l'égard des technologies étrangères, et développer des secteurs stratégiques comme les batteries électriques, l'Intelligence artificielle (IA) et la 5G.

En d'autres termes, le développement et la sophistication du marché intérieur doivent contribuer à afficher la puissance numérique chinoise. L'objectif de Pékin est de remettre en cause le monopole technologique des pays occidentaux – tout particulièrement américain – en comblant son retard sur les États-Unis puis en dépassant ces derniers à l'horizon 2050.

Avec Huawei, c'est aussi, en partie, le modèle chinois d'internet que les États-Unis tentent de contrer. La Chine ne cache pas qu'elle cherche à étendre sa sphère d'influence grâce à la 5G. Les autorités soutiennent activement cette technologie et ont créé en 2013 une institution composée de régulateurs, d'entreprises et de scientifiques, chargée de concevoir et de contrôler tous les aspects du processus. Comme avec les autres technologies de rupture (IA, crypto-monnaies), la Chine entend imposer ses propres normes et standards techniques autour de la 5G[1].

États-Unis : continuer à régner

L'affaire illustre à la fois le protectionnisme technologique américain – qui tranche avec la doctrine des États-Unis en matière numérique –, et la crainte de Washington de perdre sa supériorité technologique face à Pékin. Depuis deux décennies, Washington a fait du contrôle des données l'axe prioritaire d'une stratégie économique centrée sur ses géants technologiques et sa stratégie de sécurité. Ces deux

1. À ce sujet, lire J. Seaman, « Normes et standards chinois, nouveau facteur de puissance ? », *RAMSES 2019. Les chocs du futur*, Paris, Ifri/Dunod, 2018, p. 130-135.

éléments se conjuguent dans une longue tradition d'*open door policy* visant à l'ouverture des marchés et au maintien de la prééminence américaine. Symbolisée par Obama, cette politique est désormais contestée par Trump.

L'affaire Huawei est un cas typique de la « militarisation de l'interdépendance » – une manière d'affaiblir son adversaire par le biais des liens d'interdépendance économique entre deux pays. En l'espèce, l'interdépendance technologique sino-américaine a été, de part et d'autre, largement sous-estimée. En témoigne le projecteur désormais placé sur l'industrie des semi-conducteurs – l'une des plus mondialisées, qui devient donc otage des tensions bilatérales, au risque de déstabiliser les chaînes d'approvisionnement et d'aboutir à des restructurations ou des coalitions d'intérêts.

Il y a quelques années, le renseignement américain s'était alarmé des velléités de Huawei de construire des câbles sous-marins, craignant de perdre leur prééminence en matière de renseignement d'origine électromagnétique. *Via* les points d'atterrage et d'interconnexion des câbles, les États-Unis peuvent en effet conduire des opérations d'espionnage, de piratage et d'intimidation. La crainte américaine de perdre un avantage concurrentiel en matière de surveillance aurait ainsi été « empaquetée » dans une guerre commerciale plus large entre Washington et Pékin. En contraignant Huawei, l'administration Trump cherche de nouvelles opportunités de « militariser l'interdépendance » entre les deux pays.

L'enjeu est désormais le niveau de pression exercée : en accordant un délai de trois mois à Huawei pour continuer à utiliser certains services de Google, la Maison-Blanche place le géant chinois dans un étau, qu'elle entend serrer ou desserrer à sa guise, en fonction de l'issue de l'accord commercial envisagé par Trump.

Vers l'émergence de deux blocs technologiques ?

Corollaires d'une diplomatie américaine plus coercitive, les tensions sino-américaines autour de Huawei illustrent en accéléré les logiques de fragmentation du champ numérique observées depuis une décennie. L'affaire Huawei – sa violence, ses rebondissements, sa portée – traduit la fin de l'ère de la *global tech*, caractérisée par l'effacement des frontières et la puissance – inédite dans l'histoire – d'acteurs technologiques s'affranchissant des cadres nationaux. On est désormais dans la logique des blocs, avec un vif rejet du multilatéralisme et un protectionnisme exacerbé de part et d'autre.

Va-t-on vers l'émergence d'écosystèmes technologiques parallèles, reflets des choix politiques des dirigeants américains et chinois ? La « guerre froide technologique » ne date pas de l'affaire Huawei, même si celle-ci en constitue l'éruption la plus vive. Elle est également plus vaste que le seul enjeu de la 5G, et embrasse le champ de l'IA ou de l'informatique quantique. Par ailleurs, l'analogie avec la guerre froide trouve sa limite évidente dans l'interdépendance étroite entre les deux écosystèmes. Même si Donald Trump parvient à isoler Huawei, des milliards de données transiteront par des câbles sous-marins en fibre optique – dont la filiale Huawei Marine est un acteur majeur –, et par des satellites connectant les deux environnements rivaux.

La matérialisation de deux camps technologiques distincts se traduit également en récit. L'action du président américain dans l'affaire Huawei a eu pour effet de briser le monopole des États-Unis en matière de récit global sur le numérique. Jusqu'alors, Washington se positionnait – en dépit d'aléas conjoncturels comme les révélations d'Edward Snowden – en héraut de la « liberté de circulation de l'information et des données », accusant les États autoritaires, comme la Chine et la Russie, de « balkaniser » internet. Désormais, la Chine critique une politique américaine qui vise à fragmenter le champ technologique, tout particulièrement en sapant la confiance dans les chaînes d'approvisionnement.

L'Europe convoitée

Les tensions sino-américaines autour de Huawei ne doivent pas occulter un autre enjeu majeur : l'Europe. Si l'affrontement sino-américain a pour objet le leadership technologique au XXIe siècle, il a, à présent, l'Europe pour théâtre principal. C'est du Vieux Continent que Huawei tire l'essentiel de sa croissance en 2018 (plus 19,5 % de hausse du chiffre d'affaires) ; il est d'ailleurs son plus grand marché depuis 2013 derrière la Chine, symbolisant les premiers succès d'une approche technologique qualitative érigée en priorité par les autorités de Pékin. Pour Washington, il s'agit de contrer la démarche de puissance de la Chine, mais aussi de garder l'Europe dans le giron numérique américain. L'ambition de Trump est d'aboutir à terme à un découplage économique entre l'Occident et la Chine – pas seulement en matière de technologie 5G mais dans l'ensemble du champ numérique (politique des données, cybersécurité, etc.)

Du côté européen, les initiatives de Donald Trump risquent de créer un précédent : l'Europe comprend que l'avenir de ses fleurons industriels tient à l'humeur du président américain. Celui-ci joue donc sur la crête, tout en donnant paradoxalement aux Européens la chance d'affronter leurs propres vulnérabilités. À cet égard, l'affaire Huawei et les rivalités de puissance liées au déploiement de la 5G pourraient susciter de nouvelles alliances.

Les Européens utiliseront-ils cette dernière technologie pour structurer une troisième voie, évitant de s'aliéner Pékin alors que Trump a lui-même, en pleine guerre commerciale, conclu des accords avec certaines sociétés chinoises (ZTE) ? Les équipementiers européens concurrents de Huawei – Nokia et Ericsson – pourront-ils s'affirmer aux dépens du géant technologique chinois, en Europe et ailleurs ? De cette capacité dépend largement l'avenir de l'équation technologique pour l'Europe. D'enjeu commercial, l'affaire Huawei pourrait se muer en point de bascule pour un continent qui ne s'est pas encore départi de son statut de colonie numérique.

J. N. & J. S.

Pour en savoir plus

- J. Nocetti, « La Chine, superpuissance numérique ? », *RAMSES 2019. Les chocs du futur*, Paris, Ifri/Dunod, 2018, p. 124-129.
- T. Rühlig, J. Seaman et D. Voelsen, « 5G and the US Tech Rivalry: A Test for Europe's Future in the Digital Age », *SWP Comment*, juin 2019.
- Eurasia Group, The Geopolitics of 5G, Eurasia Group, *White Paper*, novembre 2018.

GAFA : sous feux croisés

vidéo
http://dunod.link/c3qg1j8

Vers de nouvelles régulations ?

Les puissantes GAFA se trouvent de plus en plus sous le feu de critiques leur reprochant leur instrumentalisation politique, leur impuissance à exclure les contenus illégaux, leur évasion fiscale. Elles pourraient même faire l'objet de contestations venant de leurs salariés…

En juin 2019, le géant américain de l'e-commerce Amazon devenait la marque la plus puissante au monde – mettant fin à des années de domination d'Apple et de Google –, en plus de détenir la plus forte capitalisation boursière – plus de 900 milliards de dollars. En moins de 25 ans, la firme de Seattle est devenue tentaculaire et intervient dans presque tous les secteurs de l'économie. Un mois plus tôt, Chris Hughes, un des co-fondateurs de Facebook, appelait au démantèlement du réseau social et à sa régulation. En février, les parlementaires britanniques le qualifiaient même de « gangster du numérique » dans une enquête sur le scandale Cambridge Analytica. Situation inédite pour les grands acteurs occidentaux de l'économie numérique : les GAFA (Google-Amazon-Facebook-Apple), au faîte de leur puissance, n'ont jamais autant été remis en cause qu'en 2018 et 2019.

La part d'ombre de Facebook

Jamais les GAFA n'ont concentré autant de griefs, et jamais ceux-ci ne se sont autant focalisés autour d'un seul acteur : Facebook. Initialement annuaire pour les étudiants de Harvard, la plate-forme créée par Mark Zuckerberg voici quinze ans rassemble aujourd'hui plus de 2,7 milliards d'utilisateurs dans le monde[1], devenant presque un arbitre du processus démocratique mondial.

En un an et demi, Facebook a vu s'enchaîner failles et scandales qui ont durablement altéré son image, et la confiance de ses utilisateurs et régulateurs. La plupart ont leur origine dans des choix arrêtés des années 2010 pour favoriser la croissance de Facebook, auxquels sont venues s'ajouter des erreurs techniques, comme la combinaison de *bugs* qui a permis à des pirates informatiques de subtiliser les données de 29 millions d'utilisateurs en septembre 2018. Mais un tournant politique s'est matérialisé en mars 2018 avec le scandale Cambridge Analytica.

Le *Guardian* et le *New York Times* révèlent alors comment cette entreprise britannique, spécialiste de l'influence politique, a siphonné les données de 87 millions

1. Ce chiffre rassemble l'ensemble des applications Facebook, dont WhatsApp, Messenger et Instagram.

d'utilisateurs de Facebook sans leur consentement. Grâce à ces informations, Cambridge Analytica vantait, dès 2015 lors de la primaire républicaine aux États-Unis, sa capacité à établir des profils psychologiques et politiques d'internautes à partir de leurs données Facebook, pour mieux définir les messages pouvant influencer leur vote.

Si l'on ignore toujours si ces données ont été exploitées pour favoriser la victoire de Donald Trump, l'affaire a renforcé des soupçons latents, et focalisé l'attention des politiques et de la justice. Fin décembre 2018, le procureur général de Washington annonçait lancer des poursuites contre Facebook « pour avoir mal protégé les données de ses utilisateurs ». Au Royaume-Uni, le rôle présumé de Cambridge Analytica pour influencer les électeurs en faveur du Brexit a conduit le Parlement à demander directement des comptes à Facebook. Mark Zuckerberg a été sommé à plusieurs reprises de s'expliquer devant les parlementaires britanniques – ce qu'il a refusé de faire en personne.

En décembre 2018, deux rapports de chercheurs indépendants pour le Sénat américain montraient l'ampleur de l'utilisation de Facebook par des agents de propagande russe, entre 2015 et 2017. À partir de plus de 200 faux comptes Instagram et Facebook, et grâce à certains de ses outils légitimes (notamment sa plate-forme de diffusion publicitaire), des agents russes ont réussi à diffuser plus de 170 000 messages, auxquels ont alors réagi des dizaines de millions de citoyens américains, selon les données transmises par Facebook au Sénat.

Dans d'autres pays, des opérations de propagande sur Facebook ont pu avoir des conséquences dramatiques. Par exemple en Birmanie, où le réseau a été accusé d'avoir laissé des messages de haine, des appels à la violence et de fausses informations proliférer à l'encontre des Rohingya, minorité ethnique victime de « génocide », selon l'Organisation des Nations unies (ONU). Les Nations unies ont estimé que Facebook avait joué un rôle « déterminant », à travers de faux comptes, depuis lors fermés. Ou encore en Nouvelle-Zélande où, durant l'attaque terroriste de Christchurch en mars 2019, la vidéo filmée par l'assaillant a pris une dimension virale, éclairant l'incapacité du réseau à détecter l'utilisation malveillante de ses services.

Face à de tels enjeux, les dirigeants de Facebook ont dû plusieurs fois rendre des comptes. Mark Zuckerberg est ainsi allé au Sénat américain en avril 2018 où, pendant dix heures, il a dû s'excuser pour les failles de Facebook et répondre aux questions sur le rôle de sa société dans la campagne de 2016. L'exercice a également eu lieu devant le Parlement européen en mai 2018.

L'offensive *antitrust* de Washington

Au-delà du seul cas de Facebook, les régulateurs internationaux ont intensifié leurs efforts pour renforcer les obligations des GAFA. Les pouvoirs publics cherchent à s'attaquer aux privilèges de ces plates-formes à partir de la fiscalité et de la politique de concurrence. Pendant près de vingt ans, Google, Facebook, Apple et Amazon se sont développés à l'abri de toute régulation, sous la bienveillance des autorités américaines. Cet environnement exceptionnellement favorable a permis à Google de s'assurer du contrôle de près de 90 % du marché des moteurs de recherche ; à Facebook de séduire 95 % des jeunes adultes américains ; et à Amazon de capter près de 50 % des ventes en ligne aux États-Unis. Les deux premiers absorbent, en outre, les deux tiers des publicités sur internet, tandis que Google et Apple équipent 99 % des téléphones portables. À elles quatre, ces entreprises pèsent désormais en Bourse près de 3 000 milliards de dollars.

L'élection de Donald Trump a modifié la donne. Le président américain entretient des relations tendues avec la Silicon Valley – on se souvient de ses reproches sur la politique fiscale d'Amazon, de ses appels à boycotter Apple, de sa défiance vis-à-vis de Facebook ou du rappel à l'ordre adressé au PDG d'Alphabet, Sundar Pichai, sur la collaboration du groupe avec des instituts de recherche chinois.

Au printemps 2019, les régulateurs de la concurrence – le ministère de la Justice et la Federal Trade Commission (FTC) – ont pris l'initiative de se répartir la supervision de plusieurs entreprises de *tech*, signe annonciateur d'une ou plusieurs enquêtes sur l'aspect *antitrust*. Les débats portent plus sur les pratiques anticoncurrentielles des géants de la *tech* – comme avec Microsoft en 1998 – que sur la fiscalité. Nombre d'analogies sont désormais faites avec l'application de règles *antitrust* dans l'histoire économique des États-Unis.

Le sujet suscite un consensus inhabituel au Congrès, qui souhaite en découdre avec les géants de la *tech*. Les Républicains leur reprochent d'être ouvertement progressistes, d'avoir un biais anti-conservateur ; les Démocrates d'avoir permis l'ingérence de Moscou dans la campagne de 2016. La sénatrice Elizabeth Warren, candidate à l'investiture démocrate, a annoncé vouloir briser le monopole des GAFA en démantelant toutes les plates-formes dégageant plus de 25 milliards de dollars de chiffre d'affaires annuel. À l'évidence, ces entreprises ont anticipé ces initiatives. Sentant le vent tourner dès 2016, elles ont considérablement accru leurs dépenses en *lobbying*, illustrant ainsi le glissement des logiques d'influence de Wall Street et des lobbies traditionnels vers la Silicon Valley.

Vu d'Europe : taxer les GAFA ?

En 2019, pour la troisième année consécutive, Google a écopé d'une amende de la Commission européenne pour abus de position dominante dans la publicité en ligne. Au total, le montant des amendes infligées à Google par l'Union européenne (UE) se chiffre à près de 8,2 milliards d'euros. La Commission s'est cependant montrée jusqu'à présent clémente. L'amende de mars 2019 (1,49 milliard d'euros) équivaut à un peu plus de 1 % du chiffre d'affaires de Google, ce qui est loin de la sanction maximale qui aurait pu être imposée, puisque selon les règles de la concurrence européenne, l'amende peut aller jusqu'à 10 % du chiffre d'affaires.

Sur ce plan comme sur d'autres, l'UE avance en ordre dispersé, les questions fiscales réclamant l'unanimité des États membres. Faute d'un accord ambitieux à l'échelle européenne, les initiatives nationales se multiplient pour taxer les géants du numérique. Les derniers cycles de négociations à Bruxelles ont maintenu les habituelles lignes de faille entre, d'un côté la France, volontariste sur le sujet, et de l'autre l'Irlande, la Suède ou le Danemark, très opposés à ce projet. La frilosité de l'Allemagne s'explique par la crainte de Berlin d'une mise en œuvre d'un principe de taxation fondé sur les ventes et le lieu de consommation des produits plutôt que sur les profits et le lieu du pays d'origine des entreprises.

Le projet français, en cours d'examen malgré le scepticisme de nombreux États, consiste à taxer les GAFA à hauteur de 3 % du chiffre d'affaires réalisé en France. Elle serait le premier État européen à introduire cette taxe GAFA, même si d'autres pays affichent des projets similaires. Le gouvernement espagnol a adopté un impôt de 3 % sur la publicité en ligne, les plates-formes et la revente de données personnelles. La Grande-Bretagne s'apprête à entériner un projet proche du texte européen, à savoir un impôt de 2 % sur le chiffre d'affaires des géants du numérique. Avant l'offensive française, l'Italie avait adopté un prélèvement de 3 % sur les transactions numériques entre entreprises.

D'autres échelons de régulation

Pour les voix critiques, le seul cadre de régulation réaliste est à l'échelle mondiale. L'Organisation de coopération et de développement économiques (OCDE) travaille sur une harmonisation de la taxation des entreprises du numérique à l'échelle de 127 pays à l'horizon 2020 – lesquels représentent 90 % de l'économie mondiale. L'idée générale est d'aboutir à une juste taxation de ces oligopoles, dans les pays où ils ont activités et bénéfices mais où ils ne paient pas d'impôts, ou très peu, faute d'y avoir leur siège ou de grosses implantations. Le G20, qui consacre une partie de ses travaux aux enjeux de régulation numérique, suit les recommandations de l'OCDE. Les discussions achopperaient notamment sur les projets de taxes portés par la France et la Grande-Bretagne, auxquels s'opposent les États-Unis.

Il est enfin une source de contestation grandissante jusque-là occultée par les grands acteurs de la *tech* : leurs salariés eux-mêmes. Au sein de Google, 4 000 employés signataires d'une pétition ont eu raison du contrat Maven de collaboration avec l'armée américaine, et 700 d'entre eux ont obtenu l'arrêt du projet Dragonfly, un moteur de recherche adapté à la censure chinoise. Diffuse, cette contestation concerne surtout l'éthique – autrement dit le non-respect des principes humanistes et libertaires invoqués par les GAFA –, et dessine un nouveau militantisme dont les contours se clarifieront certainement dans les années à venir.

J. N.

Pour en savoir plus

- S. Galloway, *The Four : le règne des quatre. La face cachée d'Amazon, Apple, Facebook et Google*, Paris, Quanto, 2018.
- R. McNamee, *Zucked: Waking Up to the Facebook Catastrophe*, New York, Penguin Press, 2019.
- S. Zuboff, *The Age of Surveillance Capitalism: The Fight for a Human Future at the New Frontier of Power*, New York, Public Affairs, 2019.

Partie 4

Repères

EUROPE

JUILLET 2018

26 – Espagne : Plus de 600 migrants franchissent la frontière espagnole à Ceuta, au nord du Maroc. La police marocaine parvient à en refouler 200 autres.

SEPTEMBRE

13 – Slovénie : Le gouvernement de Marjan Šarec, élu par l'Assemblée en août, remplace celui de Miro Cerar qui avait démissionné en mars.

OCTOBRE

6 – Lettonie : Le parti social-démocrate arrive en tête des élections législatives. Le nouveau parti conservateur *Qui possède l'État ?* arrive en deuxième position.

6-7 – Roumanie : Le référendum constitutionnel visant à modifier la définition de la famille échoue faute d'une participation suffisante. La modification aurait entraîné l'interdiction du mariage homosexuel.

7 – Bosnie-Herzégovine : Les élections générales confirment la domination des partis nationalistes, sauf pour l'élection du croate Željko Komšić à la présidence collégiale. L'ancien président de la République serbe de Bosnie, Milorad Dodik, et le candidat bosniaque Šefik Džaferović sont aussi élus à la présidence tripartite du pays.

14 – Luxembourg : Les élections législatives voient le recul des partis traditionnels au profit des Verts et du parti *Les Pirates*. Xavier Bettel est reconduit dans sa fonction de Premier ministre.

26 – Irlande : Michael D. Higgins est réélu président. Pour la première fois depuis 1966, un président sortant s'est vu opposer d'autres candidats, alors qu'il était d'ordinaire réélu par consensus.

NOVEMBRE

17 – France : La première journée de manifestation du mouvement des Gilets jaunes voit la mobilisation de plus de 280 000 personnes.

25 – Royaume-Uni/Union européenne (UE) : Le Conseil européen approuve l'accord de retrait du Royaume-Uni de l'UE. L'accord devra être ratifié par le Parlement européen et par la Chambre des communes.

DÉCEMBRE

9 – Arménie : Les élections législatives voient une large victoire de l'alliance électorale *Mon pas*, du meneur de la révolution arménienne de 2018 et nouveau Premier ministre Nikol Pachinian.

17 – Pologne : Le président Andrzej Duda promulgue une loi permettant aux juges de la Cour suprême de reprendre leurs fonctions jusqu'à la fin de leur mandat. En avril 2018, la décision d'abaisser l'âge de départ à la retraite des juges avait conduit à une dispute avec la Cour de Justice de l'UE.

18 – Belgique : Le Premier ministre Charles Michel démissionne. Son gouvernement de centre droit était sans majorité à la Chambre des députés depuis que la *Nieuw-Vlaamse Alliantie* (N-VA) avait quitté la coalition en raison de son désaccord sur le Pacte mondial sur les migrations signé début décembre.

JANVIER 2019

1 – UE : La Roumanie prend la présidence tournante de l'UE, succédant à l'Autriche.

22 – Allemagne/France : Signature à Aix-la-Chapelle du traité de coopération et d'intégration franco-allemand, 56 ans après le traité de l'Élysée.

FÉVRIER

12 – Macédoine du Nord : L'accord de Prespa signé en juin 2018 avec la Grèce et approuvé par référendum en septembre entre en vigueur. Le pays a désormais pour nom officiel République de Macédoine du Nord. Il débute ainsi une période de transition qui pourrait lui permettre d'adhérer à l'UE et à l'OTAN.

MARS

20 – Serbie : En raison de son rôle dans le massacre de Srebrenica de juillet 1995, l'ex-président des Serbes de Bosnie Radovan Karadžić est condamné en appel à la prison à perpétuité pour génocide et crime de guerre par le Tribunal pénal international pour l'ex-Yougoslavie.

30 – Slovaquie : Zuzana Čaputová, fondatrice du parti *Slovaquie progressiste*, est élue au deuxième tour de l'élection présidentielle.

AVRIL

10 – Royaume-Uni/UE : Le retrait du Royaume-Uni de l'UE est décalé au 31 octobre 2019, ce qui permet au pays de participer aux élections du Parlement européen en mai 2019.

14 – Finlande : Le *Parti social-démocrate* et le parti de droite et eurosceptique des *Vrais Finlandais* arrivent en tête des élections législatives. Le *Parti du centre* du Premier ministre sortant Juha Sipilä perd plus d'un tiers des sièges.

28 – Espagne : Le *Parti socialiste* du Premier ministre Pedro Sánchez remporte les élections législatives, sans atteindre la majorité. Le parti d'extrême droite *Vox* entre au Parlement pour la première fois.

MAI

5 – Macédoine du Nord : Stevo Pendarovski remporte l'élection présidentielle.

18 – Autriche : Heinz-Christian Strache démissionne de sa fonction de vice-chancelier et de la présidence du parti d'extrême droite *FPÖ* après qu'une vidéo a révélé une tentative de corruption. Les membres du gouvernement appartenant au *FPÖ* démissionnent le 20 mai et le gouvernement est renversé.

24 – Royaume-Uni : La Première ministre Theresa May annonce sa démission, après plusieurs échecs pour faire approuver l'accord de retrait de l'UE.

26 – UE : Les conservateurs et les sociaux-démocrates perdent leur majorité au Parlement européen. Les centristes, les Verts et les forces eurosceptiques renforcent leur position. En France, Hongrie, Italie et au Royaume-Uni, les partis d'extrême droite et anti-européens arrivent en tête aux élections européennes.

26 – Belgique : La *N-VA* remporte les élections législatives fédérales, en perdant des sièges. Le parti d'extrême droite *Vlaams Belang* devient la deuxième force politique du pays et les partis écologistes sont en hausse.

JUIN

5 – Danemark : Le *Parti social-démocrate* remporte la majorité des voix aux élections législatives. Mette Frederiksen remplace Lars Løkke Rasmussen au poste de Premier ministre.

14 – UE : Les dirigeants du groupe Med 7, réunis à Malte, valident plusieurs mesures concernant le climat et le principe d'un salaire minimum.

JUILLET

1 – UE : La Finlande prend la présidence tournante de l'UE.

3 – UE : L'Italien David Sassoli est élu président du Parlement européen.

7 – Grèce : Kyriákos Mitsotákis, leader du parti conservateur *Nouvelle démocratie*, remporte la majorité absolue aux élections législatives et remplace Alexis Tsipras au poste de Premier ministre. Le parti d'extrême droite *Aube dorée* perd tous ses sièges au Parlement.

16 – UE : Ursula von der Leyen, ministre de la Défense allemande, est élue présidente de la Commission européenne.

AMÉRIQUES

JUILLET 2018

14 – Haïti : Le Premier ministre Jack Guy Lafontant démissionne.

OCTOBRE

28 – Brésil : Le candidat d'extrême droite Jair Bolsonaro remporte l'élection présidentielle. Il sera investi le 1er janvier 2019.

NOVEMBRE

6 – États-Unis : Les démocrates remportent la majorité des sièges de la Chambre des représentants, alors que les républicains progressent au Sénat.

DÉCEMBRE

9 – Pérou : La réduction du nombre de mandats des élus, la limitation des financements des campagnes électorales et une réforme de la magistrature sont approuvées par référendum dans un contexte de lutte contre la corruption.

JANVIER 2019

25 – États-Unis : Le gouvernement américain et le Congrès parviennent à un accord temporaire sur le financement de l'administration américaine, mettant fin au plus long *shutdown* de l'histoire des États-Unis. Le financement d'un mur à la frontière avec le Mexique ne fait pas partie de l'accord.

25 – Brésil : La rupture du barrage de Brumadinho, qui retenait des déchets miniers, fait au moins 201 morts et provoque une catastrophe environnementale dans le sud-est du pays.

FÉVRIER

1 – États-Unis/Russie : Le président Donald Trump confirme que les États-Unis vont quitter le Traité sur les forces nucléaires à portée intermédiaire (FNI) de 1987. Le 4 mars, Vladimir Poutine suspend officiellement la participation de la Russie au même traité.

7 – Haïti : Des protestations anti-gouvernementales demandent la démission du président Jovenel Moïse dans de nombreuses villes du pays.

24 – Cuba : Une nouvelle Constitution, qui reconnaît notamment la propriété privée et les investissements étrangers, est approuvée par référendum.

AVRIL

17 – Pérou : L'ancien président péruvien Alan García se suicide après que les autorités judiciaires ont émis un mandat d'arrestation pour blanchiment d'argent, dans le cadre d'une enquête judiciaire sur l'affaire Odebrecht.

MAI

8 – Belize/Guatemala : Avec 55,37 % des voix, le « oui » l'emporte au référendum. La Cour internationale de justice se prononcera donc sur la dispute frontalière entre le Belize et le Guatemala.

JUIN

4 – Cuba/États-Unis : Washington annonce de nouvelles restrictions sur les voyages à Cuba.

14 – Brésil : La grève générale contre la réforme des retraites mobilise plus de 80 villes et paralyse une partie des transports.

JUILLET

10 – États-Unis/Royaume-Uni : L'ambassadeur britannique aux États-Unis, Kim Darroch, démissionne suite à la fuite de notes diplomatiques critiques à l'égard de Donald Trump.

14 – États-Unis : Début d'une vaste opération d'arrestations visant environ 2 000 migrants en situation irrégulière.

L'Amérique latine et ses voisins du Nord

AOÛT 2018

26 – Colombie : Le référendum sur le durcissement des mesures anticorruption n'est pas approuvé, faute de participation suffisante.

SEPTEMBRE

19 – Colombie : L'Office des Nations unies contre la drogue et le crime (ONUDC) présente son rapport annuel à Bogota. La Colombie reste le plus gros producteur de cocaïne au monde, avec une hausse record des plantations et une capacité de transformation accrue.

NOVEMBRE

24 – États-Unis/Mexique : Donald Trump annonce avoir trouvé un accord concernant les demandeurs d'asile qui resteraient au Mexique pendant que leur demande est examinée aux États-Unis. Le Mexique dément l'information.

30 – Canada/États-Unis/Mexique : Signature officielle d'un nouvel accord de libre-échange (ACEUM) remplaçant l'ALENA de 1994.

JANVIER 2019

4 – Les pays du Groupe de Lima, à l'exception du Mexique, annoncent qu'ils ne reconnaîtront pas le deuxième gouvernement de Nicolás Maduro, dont le mandat s'ouvre le 10 janvier.

23 – Venezuela : Le président de l'Assemblée nationale, Juan Guaidó, s'autoproclame président de la République par intérim. Le jour même, l'Organisation des États américains et les présidents des États-Unis, Brésil, Pérou, Canada, Colombie, Argentine et Chili le reconnaissent. Plusieurs pays de l'UE suivront cette décision.

FÉVRIER

23 – Colombie/Venezuela : Le président Maduro rompt les relations diplomatiques avec la Colombie alors que cette dernière tente de faire passer l'aide humanitaire par la frontière.

MARS

6 – Allemagne/Venezuela : Le gouvernement de Nicolás Maduro expulse l'ambassadeur d'Allemagne Daniel Martin Kriener.

17-20 – Brésil/États-Unis : Visite du président brésilien Jair Bolsonaro à la Maison-Blanche.

AVRIL

17 – Guatemala : Le candidat à la présidentielle de l'*Union nationale du changement*, Mario Estrada, est arrêté aux États-Unis. Il aurait comploté avec un cartel de la drogue pour éliminer ses rivaux politiques et gagner l'élection prévue le 16 juin.

30 – Venezuela : Juan Guaidó annonce avoir obtenu l'appui d'une partie de l'armée et appelle à une manifestation générale pour renverser Nicolás Maduro.

MAI

16 – Norvège/Venezuela : Pourparlers entre les délégations de Maduro et Guaidó à Oslo pour trouver un accord sur de nouvelles élections et une sortie de la crise politique.

JUIN

20 – Canada/États-Unis : Justin Trudeau rencontre Donald Trump à Washington.

MONDE RUSSE

AOÛT 2018

21 – Russie/République centrafricaine (RCA) : Signature d'un accord de coopération militaire entre la Russie et la Centrafrique.

31 – Ukraine : Mort dans une explosion d'Alexandre Zakhartchenko, président et Premier ministre de l'autoproclamée République populaire de Donetsk, et dirigeant historique des séparatistes pro-russes au Donbass.

SEPTEMBRE

11-15 – Russie : Exercice militaire de grande ampleur Vostok-2018 en Sibérie orientale et dans l'Extrême-Orient russe, avec la participation des armées chinoise et mongole.

OCTOBRE

4-5 – Russie/Inde : Le président russe Vladimir Poutine finalise la vente de systèmes anti-aériens *S-400* pour une valeur de 5,2 milliards de dollars, lors d'une rencontre avec le Premier ministre indien Narendra Modi.

15 – Russie/Ukraine : L'Église orthodoxe russe rompt ses relations avec le Patriarcat de Constantinople après l'annonce de ce dernier le 11 octobre de son intention de reconnaître l'autocéphalie de l'Église orthodoxe ukrainienne.

NOVEMBRE

19 – Russie/Turquie : Inauguration de la partie sous-marine du gazoduc TurkStream par les présidents russe Vladimir Poutine et turc Recep Tayyip Erdoğan.

25 – Russie/Ukraine : Incident militaire autour du détroit de Kertch avec la capture de trois navires ukrainiens par la Russie. L'Ukraine déclare le lendemain la loi martiale sur une partie de son territoire, pour une durée d'un mois.

28 – Géorgie : Salomé Zourabichvili est élue présidente au deuxième tour.

DÉCEMBRE

13 – UE/Russie : L'Union européenne reconduit les sanctions économiques contre la Russie.

15 – Ukraine : Le président de l'Ukraine Petro Porochenko annonce la création de l'Église orthodoxe ukrainienne.

18 – Ukraine : Le FMI approuve un nouvel accord de crédit de 3,9 milliards à l'Ukraine.

FÉVRIER 2019

4 – Biélorussie : Alexandre Loukachenko annonce le renforcement des frontières après la relance par Moscou du projet de fusion entre la Russie et la Biélorussie.

MARS

20 – Kazakhstan : Démission du président Noursoultan Nazarbaïev après 29 ans au pouvoir. Il est remplacé par Kassym-Jomart Tokaïev. La capitale Astana est renommée Nour-Soultan en son honneur.

AVRIL

18 – Russie/Ukraine : La Russie interdit les exportations de pétrole et de produits pétroliers vers l'Ukraine, en réponse aux sanctions commerciales ukrainiennes contre certains produits russes.

18 – Russie/États-Unis : Publication du rapport du procureur Mueller : il ne permet pas d'engager des poursuites pour collusion de l'équipe de Donald Trump avec la Russie lors des élections américaines de 2016.

21 – Ukraine : Volodymyr Zelensky remporte l'élection présidentielle au second tour avec plus de 73 % des voix face au président sortant Petro Porochenko.

25 – Russie/Corée du Nord : Rencontre entre Vladimir Poutine et Kim Jong-un à Vladivostok.

MAI

1 – Russie : Le président Vladimir Poutine promulgue une loi controversée visant la protection des données contre les menaces informatiques de l'étranger par la création d'un « internet souverain ». La loi oblige les sites internet russes à utiliser des serveurs localisés en Russie.

20 – Ukraine : À peine investi président, Volodymyr Zelensky annonce la dissolution du Parlement et convoque des élections législatives anticipées.

JUIN

9 – Kazakhstan : Le président sortant Kassym-Jomart Tokaïev remporte l'élection présidentielle avec un peu plus de 70 % des voix.

11 – Russie/Turquie : Moscou déclare avoir conclu un accord avec la Turquie pour lui livrer en juillet des systèmes de missiles de défense *S-400*.

12 – Russie : Les autorités arrêtent plus de 400 personnes lors d'une manifestation contre les violences policières et en soutien au journaliste Ivan Golounov, accusé à tort de trafic de drogue et libéré le 11 juin.

15 – Moldavie : Le *Parti démocrate* de l'oligarque Vlad Plahotniuc cède le pouvoir au gouvernement de Maia Sandu, formé par la coalition entre les socialistes, le *Parti action et solidarité* et le parti *Plateforme vérité et dignité*.

20 – Géorgie : Protestations de masse et plusieurs dizaines de blessés à Tbilissi, à la suite de l'intervention d'un député communiste russe assis à la place du président du Parlement géorgien, à l'occasion de l'Assemblée interparlementaire sur l'orthodoxie. Les manifestants dénoncent pendant plusieurs jours une « occupation » de la Russie.

21 – Géorgie/Russie : En réponse aux troubles, le président du Parlement géorgien démissionne. Poutine suspend les vols civils russes vers la Géorgie.

28 – États-Unis/Russie : Rencontre de Trump et Poutine en marge du sommet du G20 à Osaka au Japon.

JUILLET

16 – Russie : Les autorités invalident l'enregistrement de 27 candidats de l'opposition aux élections locales à Moscou, prévues pour septembre.

ASIE-PACIFIQUE

JUILLET 2018

25 – Pakistan : Le *Mouvement du Pakistan pour la justice* remporte les élections législatives. Son leader, Imran Khan, est élu Premier ministre le 17 août.

29 – Cambodge : Le *Parti du peuple cambodgien* du Premier ministre Hun Sen, au pouvoir depuis 33 ans, remporte les élections législatives.

SEPTEMBRE

21 – Vietnam : Mort du président conservateur Tran Dai Quang. Nguyễn Phú Trọng est élu président en octobre.

23 – Maldives : Le candidat d'opposition Ibrahim Mohamed Solih remporte l'élection présidentielle, malgré la répression du gouvernement sortant.

28 – Indonésie : Un séisme suivi d'un tsunami fait plus de 2 000 morts et 5 000 disparus.

18-20 – Corée du Nord/Corée du Sud : Troisième sommet intercoréen de l'année, et premier ayant lieu à Pyongyang.

OCTOBRE

20-21 – Afghanistan : Les élections législatives, reportées depuis 2015, sont marquées par de nombreux attentats des talibans et de l'État islamique (EI).

NOVEMBRE

4 – Nouvelle-Calédonie : Le « non » l'emporte lors du référendum sur l'indépendance, avec 56,4 % des voix.

24 – Taïwan : Défaite du parti pro-indépendantiste au pouvoir, le *Parti démocratique progressiste* (DPP), lors d'élections locales.

DÉCEMBRE

15 – Sri Lanka : Le Premier ministre Mahinda Rajapakse démissionne, après que la Cour suprême a jugé qu'il ne pouvait exercer cette fonction. Le lendemain, l'ancien Premier ministre Ranil Wickremesinghe, évincé par le président le 26 octobre 2018, reprend sa place.

30 – Bangladesh : La *Ligue Awami* remporte les élections législatives marquées par les violences et les dénonciations de fraudes. Sheikh Hasina entame son quatrième mandat comme Premier ministre.

JANVIER 2019

6 – Malaisie : Abdication du sultan Muhammad V, remplacé par Abdullah Shah, élu le 31 janvier.

8 – Inde : La grève générale contre la réforme du travail mobilise 200 millions de personnes pour la hausse du salaire minimum, la sécurité sociale universelle, la lutte contre le chômage et l'arrêt des privatisations.

21 – Afghanistan : Un attentat des talibans contre l'armée afghane fait environ 100 morts.

27 – Philippines : Un attentat revendiqué par l'EI fait au moins 18 morts et plus d'une centaine de blessés dans la cathédrale de Jolo au sud du pays.

FÉVRIER

14 – Inde/Pakistan : L'attaque kamikaze d'un convoi militaire près de Srinagar, dans le Cachemire, au nord-ouest de l'Inde, fait au moins 40 morts. Le groupe terroriste pakistanais Jaish-e-Mohammed revendique l'attaque.

26 – Inde/Pakistan : L'Inde mène des frappes aériennes sur la ligne de contrôle du Cachemire, en prétendant viser des bases militaires servant de camp d'entraînement pour les groupes terroristes. Le Pakistan nie ces accusations et, le lendemain, riposte en attaquant le Cachemire indien.

MARS

15 – Nouvelle-Zélande : Un attentat contre deux mosquées fait au moins 50 morts à Christchurch.

24 – Thaïlande : Le parti proche de la junte militaire au pouvoir remporte les premières élections législatives depuis le coup d'État de 2014, et le Premier ministre Prayut Chan-o-cha est reconduit dans ses fonctions.

31 – Taïwan : Deux chasseurs de l'armée chinoise franchissent la ligne maritime séparant les deux pays dans le détroit de Formose. Taipei condamne l'action et accuse la Chine d'intrusion.

AVRIL

21 – Sri Lanka : Huit attentats font 258 morts et plus de 500 blessés dans plusieurs localités le jour de Pâques.

25-27 – Chine : Le deuxième Forum des Nouvelles routes de la soie se tient à Pékin et se clôture sur des accords de coopération d'une valeur de 57 milliards d'euros.

30 – Japon : Abdication de l'empereur Akihito. Il s'agit de la première abdication d'un empereur depuis presque deux siècles au Japon. Le lendemain, son fils aîné Naruhito prend sa place.

MAI

5 – Thaïlande : Le nouveau roi Maha Vajiralongkorn est couronné.

13 – Philippines : Rodrigo Duterte remporte le contrôle du Sénat et confirme sa majorité à la Chambre des représentants lors des élections générales de mi-mandat.

16 – Chine/États-Unis : Placé sur une liste noire par Washington, le géant chinois des télécoms Huawei ne peut plus se fournir auprès de l'industrie américaine. Le 28 janvier, le Département de la justice américain l'avait accusé de fraude et d'espionnage industriel.

17 – Taïwan : Légalisation du mariage homosexuel, pour la première fois dans un pays d'Asie.

18 – Australie : Le Premier ministre sortant Scott Morrison, à la tête d'une coalition de partis libéraux-conservateurs, remporte les élections fédérales.

21 – Indonésie : Le président sortant Joko Widodo remporte l'élection du 17 avril. Des affrontements entre la police et les manifestants contestant le résultat font 8 morts et des centaines de blessés.

23 – Inde : Le Premier ministre sortant Narendra Modi, à la tête du parti nationaliste hindou *BJP*, est réélu avec une majorité historique au Parlement.

Juin

16 – Hong Kong : Des centaines de milliers de personnes manifestent contre le projet de loi visant à autoriser les extraditions vers la Chine et demandent la démission du chef de l'exécutif Carrie Lam.

20 – Chine/Corée du Nord : Le président chinois Xi Jinping visite la Corée du Nord, une première depuis 14 ans.

JUILLET

1 – Hong Kong : Des militants pro-démocratie investissent le Parlement lors d'une violente manifestation contre le gouvernement, jour de la date anniversaire de la rétrocession du territoire à la Chine.

Sur les mers

AOÛT 2018

12 – Signature de l'accord historique sur le statut juridique de la mer Caspienne entre la Russie, l'Iran, le Kazakhstan, l'Azerbaïdjan et le Turkménistan.

OCTOBRE

1 – Bolivie/Chili : La Cour internationale de justice déboute la Bolivie de sa requête – contre le Chili – visant à obtenir un accès à l'océan Pacifique.

DÉCEMBRE

6 – Europe : Les organisations Médecins sans Frontières et SOS Méditerranée mettent un terme aux activités de sauvetage du navire *Aquarius* en Méditerranée.

JANVIER 2019

17 – Le rapport annuel du Bureau maritime international indique que la piraterie a progressé en 2018, principalement dans le golfe de Guinée où les attaques ont plus que doublé par rapport à 2017.

FÉVRIER

8 – UE/Russie : Les États membres de l'UE trouvent un accord sur le chantier du gazoduc Nord Stream 2. L'Allemagne mènera seule les négociations avec Gazprom.

MAI

6 – Le rapport de l'IPBES sur la biodiversité met l'accent sur la perte des écosystèmes marins : 40 % des espèces d'amphibiens seraient menacées, ainsi que 33 % des récifs coralliens.

9 – États-Unis/Corée du Nord : La justice américaine saisit un cargo nord-coréen qui aurait violé les sanctions internationales en exportant du charbon en Indonésie en 2018.

12 – Émirats arabes unis (EAU)/Iran : Quatre pétroliers auraient été endommagés par des actes de sabotage en mer d'Oman. L'attaque se déroule dans un contexte de tensions croissantes entre Téhéran et Washington.

22 – République de Maurice/Royaume-Uni : L'Assemblée générale de l'ONU approuve une résolution non contraignante demandant à Londres de rendre le contrôle territorial sur l'Archipel des Chagos à la République de Maurice.

23 – États-Unis/Chine : Washington envoie deux navires militaires au large de Taïwan, provoquant la Chine. Une semaine avant, Pékin avait déjà accusé les États-Unis d'interférence en raison de la présence d'un autre navire de guerre américain en mer de Chine méridionale.

JUIN

3 – Chine : Huawei annonce qu'il va vendre sa participation dans Huawei Marine Systems, une entreprise de câbles sous-marins.

13 – États-Unis/Iran : Deux navires pétroliers, japonais et norvégien, prennent feu en mer d'Oman. Les États-Unis accusent aussitôt l'Iran.

20 – États-Unis/Iran : Un drone américain est abattu au-dessus du détroit d'Ormuz, et la tension monte entre Washington et Téhéran.

JUILLET

4 – Royaume-Uni/Iran : La marine britannique arraisonne un tanker iranien dans le détroit de Gibraltar. Le navire transportait du pétrole vers la Syrie, en violant les sanctions européennes. Le 10 juillet, des hommes armés à bord de navires iraniens tentent de s'emparer d'un pétrolier britannique approchant le détroit d'Ormuz.

AFRIQUE

JUILLET 2018

30 – Zimbabwe : Emmerson Mnangagwa est élu président. Dans les jours qui suivent, l'armée déclenche une répression des quartiers ayant voté majoritairement pour son opposant Nelson Chamisa.

AOÛT

7 – Éthiopie : Le Premier ministre Abiy Ahmed signe un accord de paix avec le *Front de libération Oromo*, un groupe rebelle sécessionniste actif depuis les années 1970.

12 – Mali : Le président sortant Ibrahim Boubacar Keïta est réélu.

SEPTEMBRE

2-3 – Rwanda : Le *Front patriotique rwandais* remporte les élections législatives. Un parti de l'opposition, le *Parti vert démocratique*, entre au Parlement pour la première fois depuis 2003.

11 – Érythrée/Éthiopie : Réouverture de la frontière, fermée depuis 1998.

15 – Mauritanie : Les élections législatives voient un progrès du parti au pouvoir, l'*Union pour la République*.

OCTOBRE

7 – Cameroun : Le président Paul Biya est réélu pour un huitième mandat.

25 – Éthiopie : La diplomate Sahle-Work Zewde est élue présidente par le Parlement.

27 – Gabon : Les élections législatives, reportées depuis 2016, voient la victoire du *Parti démocratique gabonais* du président Ali Bongo.

NOVEMBRE

14 – Cameroun : L'armée tue au moins 30 séparatistes de l'Ambazonie durant deux jours d'affrontements dans la région anglophone.

18 – Nigéria : Boko Haram attaque une base militaire à Metele, près de la frontière avec le Niger. L'EI revendique 118 morts lors de cette attaque et plusieurs autres du 16 au 22 novembre.

DÉCEMBRE

19 – Madagascar : L'ancien président Andry Rajoelina remporte l'élection présidentielle.

20 – Togo : L'*Union pour la République*, parti du président Faure Gnassingbé, remporte les élections législatives, marquées par le boycott d'une grande partie de l'opposition.

21 – Burundi : Déplacement de la capitale de Bujumbura à Gitega.

JANVIER 2019

1-2 – Burkina Faso : Massacre de Yirgou (nord du pays). Des populations peules sont l'objet d'une attaque qui fait plus de 200 victimes et plusieurs milliers de déplacés.

7 – Gabon : Tentative ratée de coup d'État d'une faction des forces armées, lors d'un déplacement à l'étranger du président Ali Bongo.

10 – République démocratique du Congo (RDC) : Félix Tshisekedi est proclamé vainqueur de l'élection présidentielle du 30 décembre. Le 20 janvier, la Cour constitutionnelle confirme le résultat, malgré des suspicions de fraude électorale, dénoncée notamment par le candidat Martin Fayulu.

15 – Mali : Une trentaine de civils touaregs sont tués près de Ménaka par des hommes armés suspectés d'être affiliés à l'EI dans le Grand Sahara.

18 – Burkina Faso : Démission du Premier ministre Paul Kaba Thiéba et de son gouvernement.

FÉVRIER

1 – Côte d'Ivoire : Libération sous condition de Laurent Gbagbo et de Charles Blé Goudé par la Cour pénale internationale (CPI), après acquittement de tout chef d'inculpation le 15 janvier. Après la libération quelques mois plus tôt de Jean-Pierre Bemba (RDC), cette décision contribue, pour certains, à discréditer l'institution.

23 – Nigéria : Muhammadu Buhari est réélu à la présidence du pays.

24 – Sénégal : Macky Sall est réélu président.

MARS

10 – Éthiopie : Le vol 302 de Ethiopian Airlines s'écrase après le décollage à Addis-Abeba, provoquant la mort de 157 personnes.

15 – Mozambique/Zimbabwe : Le cyclone Idai fait plus de 1 000 morts et déclenche une crise humanitaire.

23 – Mali : Au moins 150 civils peuls sont massacrés par des miliciens dogons, réputés proches du gouvernement, dans le centre du pays. Plusieurs hauts gradés de l'armée sont limogés et un décret visant la dissolution de la milice Dan Na Ambassagou est approuvé.

24 – Comores : Azali Assoumani est réélu président. L'opposition dénonce un « coup d'État institutionnel ».

AVRIL

11 – Soudan : Le président Omar al-Bachir est contraint à la démission par l'armée. Le 22 février, il avait déclaré l'état d'urgence pour une durée d'un an et dissous le gouvernement. Un conseil intérimaire dirigé par l'armée est mis en place.

18 – Mali : Le Premier ministre Soumeylou Boubèye Maïga et son cabinet démissionnent. Boubou Cissé prend sa place.

MAI

8 – Afrique du Sud : Le *Congrès national africain* remporte les élections législatives en conservant la majorité absolue.

9 – Togo : Le président Faure Gnassingbé parvient à faire approuver une révision constitutionnelle lui permettant de se maintenir au pouvoir jusqu'en 2030.

10 – Burkina Faso/France : Deux otages français, enlevés le 1er mai au Bénin, sont libérés par la force française Barkhane. Deux militaires français sont tués lors de l'opération.

20 – RDC : Après plusieurs mois de négociations et un accord avec l'ancien président Joseph Kabila, le président Tshisekedi nomme Sylvestre Ilunga Ilunkamba Premier ministre.

21 – Malawi : Le président sortant Peter Mutharika, du *Parti démocrate-progressiste*, remporte l'élection présidentielle. Son parti remporte la majorité aux élections législatives, peu avant le *Parti du congrès du Malawi*.

21 – RCA : Des milices armées tuent plus de 30 civils dans le nord-ouest du pays. Il s'agit d'une des attaques les plus meurtrières depuis le nouvel accord de paix signé entre le gouvernement et les groupes rebelles en février 2019.

JUIN

2 – Sénégal : Un reportage de la BBC met en cause le frère du président Macky Sall dans une affaire de corruption liée au secteur gazier.

4 – RDC : Le nombre de morts causés par l'épidémie d'Ebola, déclarée le 1er août 2018 dans l'est du pays, dépasse les 2 000.

9-10 – Mali : Au moins 35 civils sont tués par des hommes armés à Sobane-Kou, dans le centre du pays.

12 – Soudan : L'armée au pouvoir et les opposants rouvrent le dialogue, après des semaines de répression sanglante. Au cours des dix derniers jours, au moins 100 personnes auraient été tuées et 500 blessées.

21 – Tchad : Attaque de Boko Haram, causant la mort de 11 militaires.

22 – Mauritanie : Élection de l'ancien chef d'État-major Mohamed Cheikh El-Ghazouani à la présidence, suivie d'une crise post-électorale.

22 – Éthiopie : Tentative de coup d'État et assassinat du chef d'État-major des armées, le général Seare Mekonnen.

JUILLET

5 – Soudan : L'armée et les représentants de la contestation s'accordent pour partager le pouvoir au sein de l'instance chargée de la période de transition pendant trois ans.

8 – RDC : La CPI reconnaît Bosco Ntaganda, leader d'une milice active dans l'est du pays en 2002 et 2003, coupable de crimes de guerre et de crimes contre l'humanité.

MOYEN-ORIENT, MONDE ARABE

AOÛT 2018

9 – Yémen : Des frappes aériennes contre un bus provoquent la mort de plus de 50 civils.

SEPTEMBRE

4 – Libye : L'ONU annonce la signature d'un cessez-le-feu entre les groupes armés qui s'affrontent à Tripoli depuis le 26 août 2018.

7 – Iran : Les présidents Poutine, Erdoğan et Rohani se rencontrent à Téhéran dans le cadre du processus d'Astana.

22 – Iran : Une attaque contre une parade militaire fait 24 morts et plusieurs dizaines de blessés à Ahvaz, dans le sud-ouest du pays. L'EI revendique l'attaque.

OCTOBRE

2 – Turquie : Assassinat, dans le consulat d'Arabie Saoudite à Istanbul, de Jamal Khashoggi, journaliste saoudien travaillant pour le *Washington Post*.

2 – Irak : Le Kurde Barham Saleh est élu président de la République par le Parlement. Il nomme le chiite Adel Abdel-Mehdi au poste de Premier ministre pour former un gouvernement.

NOVEMBRE

1-14 – Yémen : L'offensive sur la ville portuaire de Hodeïda fait plus de 400 morts. Les combats entre les rebelles houthis soutenus par l'Iran et les forces pro-gouvernementales soutenues par l'Arabie Saoudite et les Émirats arabes unis (EAU) sont brièvement interrompus le 14 novembre.

5 – États-Unis/Iran : Les États-Unis imposent à nouveau un ensemble des sanctions sur l'Iran, après leur retrait de l'accord sur le nucléaire en mai 2018.

12-13 – Israël/Palestine : Des frappes israéliennes à Gaza font six morts et la riposte du Hamas fait une victime en Israël. Le 13 novembre, un cessez-le-feu est conclu entre Israël et le Hamas, avec intercession de l'Égypte et de l'ONU.

DÉCEMBRE

13 – Yémen : Un accord de cessez-le-feu dans la province de Hodeïda est conclu lors d'une semaine de négociations à Rimbo, près de Stockholm, pour permettre l'accès à l'aide humanitaire. Le Conseil de sécurité de l'ONU entérine l'accord le 21 décembre.

19 – États-Unis/Syrie : Le président Trump annonce le retrait complet des troupes américaines de la Syrie.

24 – Israël : Le gouvernement de Benyamin Netanyahou dissout la Knesset et convoque des élections anticipées en avril.

JANVIER 2019

1 – Qatar : Le pays quitte l'Organisation des pays exportateurs de pétrole (OPEP), souhaitant se concentrer sur la production de gaz naturel.

10 – Syrie : Les djihadistes de Hayat Tahrir al-Cham prennent le contrôle de la province d'Idlib après dix jours de combats contre les rebelles pro-turcs du Front national de libération.

20 – Israël/Tchad : Le Premier ministre Benyamin Netanyahou rencontre le président tchadien Idriss Déby. Les deux pays renouent leurs relations diplomatiques au terme de presque 50 ans.

29 – Palestine : Le gouvernement du Premier ministre Rami Hamdallah démissionne en raison des tensions entre organisations palestiniennes.

31 – Liban : Le nouveau gouvernement dirigé par Saad Hariri est formé, après huit mois d'attente.

FÉVRIER

3 – EAU : Premier pape à visiter la péninsule arabique, François se rend à Abou Dabi.

22 – Algérie : Des centaines de milliers de personnes manifestent contre un éventuel cinquième mandat du président Abdelaziz Bouteflika, au pouvoir depuis 1999.

25 – Iran : Mohammad Javad Zarif, ministre des Affaires étrangères depuis 2013 et figure clé dans l'accord sur le nucléaire iranien de 2015, annonce sa démission. Il reprend son poste quelques jours plus tard.

28 – Libye : Khalifa Haftar et Fayez al-Sarraj s'accordent pour la tenue d'élections lors d'un sommet à Abou Dabi sous l'égide du représentant spécial de l'ONU pour la Libye, Ghassan Salamé.

MARS

23 – Syrie : Les Forces démocratiques syriennes, soutenues par la coalition internationale, s'emparent de la poche de Baghouz. L'EI ne contrôle plus aucun territoire en Syrie.

25 – Israël : Sept personnes sont blessées par le tir d'une roquette de Gaza. Le Premier ministre Benyamin Netanyahou écourte son séjour aux États-Unis et promet de riposter, alors que le Hamas nie être l'auteur de l'attaque.

AVRIL

2 – Algérie : Le président Bouteflika remet sa démission au Conseil constitutionnel après 20 ans au pouvoir.

4 – Libye : Khalifa Haftar et l'Armée nationale libyenne lancent une offensive sur Tripoli, contre le Gouvernement d'union nationale. La communauté internationale leur demande à plusieurs reprises de cesser l'opération militaire.

8 – États-Unis/Iran : Le Secrétaire d'État Mike Pompeo annonce la désignation du corps des Gardiens de la Révolution comme organisation terroriste par le département d'État.

16 – États-Unis/Yémen : Le président américain Donald Trump met son véto à une résolution du Congrès visant à mettre fin au soutien des États-Unis à l'intervention militaire de l'Arabie Saoudite au Yémen.

20-22 – Égypte : Le référendum constitutionnel visant, entre autres, à permettre au président al-Sissi de rester au pouvoir jusqu'en 2030 est approuvé dans un contexte de répression et de censure.

29 – Abou Bakr al-Baghdadi, leader de l'EI, apparaît dans une vidéo faisant référence aux attaques de Pâques au Sri Lanka. Il s'agit de sa première apparition vidéo depuis 2014.

MAI

4-5 – Palestine : Des roquettes sont tirées depuis Gaza en direction d'Israël, suite aux frappes aériennes lancées sur le territoire palestinien.

6 – Turquie : L'autorité électorale annule l'élection municipale d'Istanbul, après que le parti d'opposition *CHP* l'a emporté contre l'*AKP* de Recep Tayyip Erdoğan.

7 – Syrie : Les armées syrienne et russe lancent une offensive contre Idlib, l'une des dernières poches contrôlées par les djihadistes dans le pays.

11 – Yémen : Les rebelles houthis se retirent de trois ports, dont celui de Hodeïda, ouvrant la voie à la mise en œuvre de l'accord signé en décembre sous l'égide de l'ONU.

16-22 – Libye : Khalifa Haftar rencontre le Premier ministre italien Giuseppe Conte puis le président Emmanuel Macron. Les semaines précédentes, El-Sarraj avait également rencontré ses homologues en Italie, Allemagne, France et au Royaume-Uni.

20 – Yémen : Deux missiles balistiques ont été tirés par les milices houthis en direction de La Mecque et interceptés par l'Arabie Saoudite. Les Houthis ont démenti avoir pris pour cible le lieu saint.

28 – Irak : Nechirvan Barzani est élu président de la région du Kurdistan.

29 – Israël : La Knesset vote sa propre dissolution, un mois seulement après son élection, suite à l'échec de Benyamin Netanyahou à former un gouvernement. De nouvelles élections sont prévues pour le 17 septembre.

JUIN

20 – Royaume-Uni/Yémen : Londres suspend la vente d'armes pouvant être utilisées au Yémen à l'Arabie Saoudite. La décision suit celle de la Cour d'appel de Londres estimant que ces ventes violent le droit international.

23 – Turquie : Lors de nouvelles élections municipales, l'*AKP* et Binali Yildirim sont battus à Istanbul par Ekrem Imamoglu, le candidat du parti d'opposition *CHP*.

27 – Iran : Téhéran dépasse le seuil quantitatif d'uranium imposé par l'accord de Vienne de 2015 et menace de reprendre le processus d'enrichissement nucléaire.

JUILLET

2 – Libye : Une frappe aérienne attribuée aux forces du maréchal Haftar tue 53 personnes et en blesse 80 dans un centre de détention pour migrants à Tripoli.

MONDE

SEPTEMBRE 2018

25 – Disparition du président d'Interpol Meng Hongwei, aperçu pour la dernière fois en départ pour la Chine. Interpol recevra une lettre de démission de sa part le 7 octobre.

OCTOBRE

5 – Le prix Nobel de la paix est décerné à l'activiste des droits de l'homme Nadia Murad et au gynécologue Denis Mukwege pour leur combat contre les violences sexuelles.

NOVEMBRE

30-1er décembre – Sommet du G20 à Buenos Aires (Argentine).

DÉCEMBRE

2-15 – COP24 à Katowice (Pologne).

19 – Le Pacte mondial sur les migrations, dit « de Marrakech », est adopté par l'Assemblée générale des Nations unies, malgré le changement de position de plusieurs pays, qui ne le signent pas.

JANVIER 2019

7 – Le président de la Banque mondiale Jim Yong Kim démissionne. David Malpass, ancien membre de l'administration Trump, le remplace le 9 avril 2019.

JUIN

28-29 – Sommet du G20 à Osaka (Japon).

Le multilatéralisme sous tension

JUILLET 2018

17 – Japon/UE : Signature de l'accord commercial entre le Japon et l'UE qui entre en vigueur le 1er février 2019. Il crée la plus grande zone de libre-échange au monde.

NOVEMBRE

11-13 – France : Le premier Forum pour la Paix réunit plus d'une soixantaine de chefs d'État et de gouvernement.

17-18 – Papouasie-Nouvelle-Guinée : Les dirigeants réunis au sommet de l'APEC (Coopération économique pour l'Asie-Pacifique) échouent à s'accorder sur une déclaration commune pour la première fois dans l'histoire du forum. Le désaccord aurait été causé par les tensions entre Chine et États-Unis sur les questions commerciales.

DÉCEMBRE

30 – L'Accord de partenariat transpacifique (CPTPP) entre Australie, Canada, Japon, Mexique, Nouvelle-Zélande, Pérou et cinq autres pays entre en vigueur, malgré le désengagement des États-Unis en 2017.

FÉVRIER 2019

27 – Corée du Nord/États-Unis : Deuxième rencontre entre Donald Trump et Kim Jong-un à Hanoï, qui se solde par un échec.

MAI

8 – Iran : Le président Hassan Rohani annonce que son pays suspend une partie de ses engagements au titre du JCPOA et donne 60 jours aux autres signataires pour tenter de sauver cet accord.

8-9 – Iran/UE : Les Européens refusent l'ultimatum lancé par les Iraniens pour sortir leurs secteurs pétrolier de l'isolement bancaire imposé par les sanctions américaines.

9 – Corée du Nord/États-Unis : Pyongyang aurait lancé deux missiles de courte portée après l'arrivée de l'émissaire américain pour la Corée du Nord à Séoul. Sa visite vise à relancer les négociations de dénucléarisation.

10 – Chine/États-Unis : Les États-Unis augmentent les droits de douane de 10 % à 25 % sur un ensemble de produits chinois importés pour une valeur d'au moins 200 milliards de dollars. Le 13 mai, Pékin annonce qu'il va aussi augmenter ses droits de douane sur les importations américaines pour une valeur de 60 milliards de dollars, à partir du 1er juin.

JUIN

15 – États-Unis/Inde : New Delhi augmente les droits de douane jusqu'à 70 % sur 28 produits importés des États-Unis. La mesure est annoncée suite à la décision de Washington de mettre fin au traitement commercial préférentiel de l'Inde.

30 – Corée du Nord/États-Unis : Troisième rencontre entre Donald Trump et Kim Jong-un, à la frontière coréenne.

La richesse mondiale

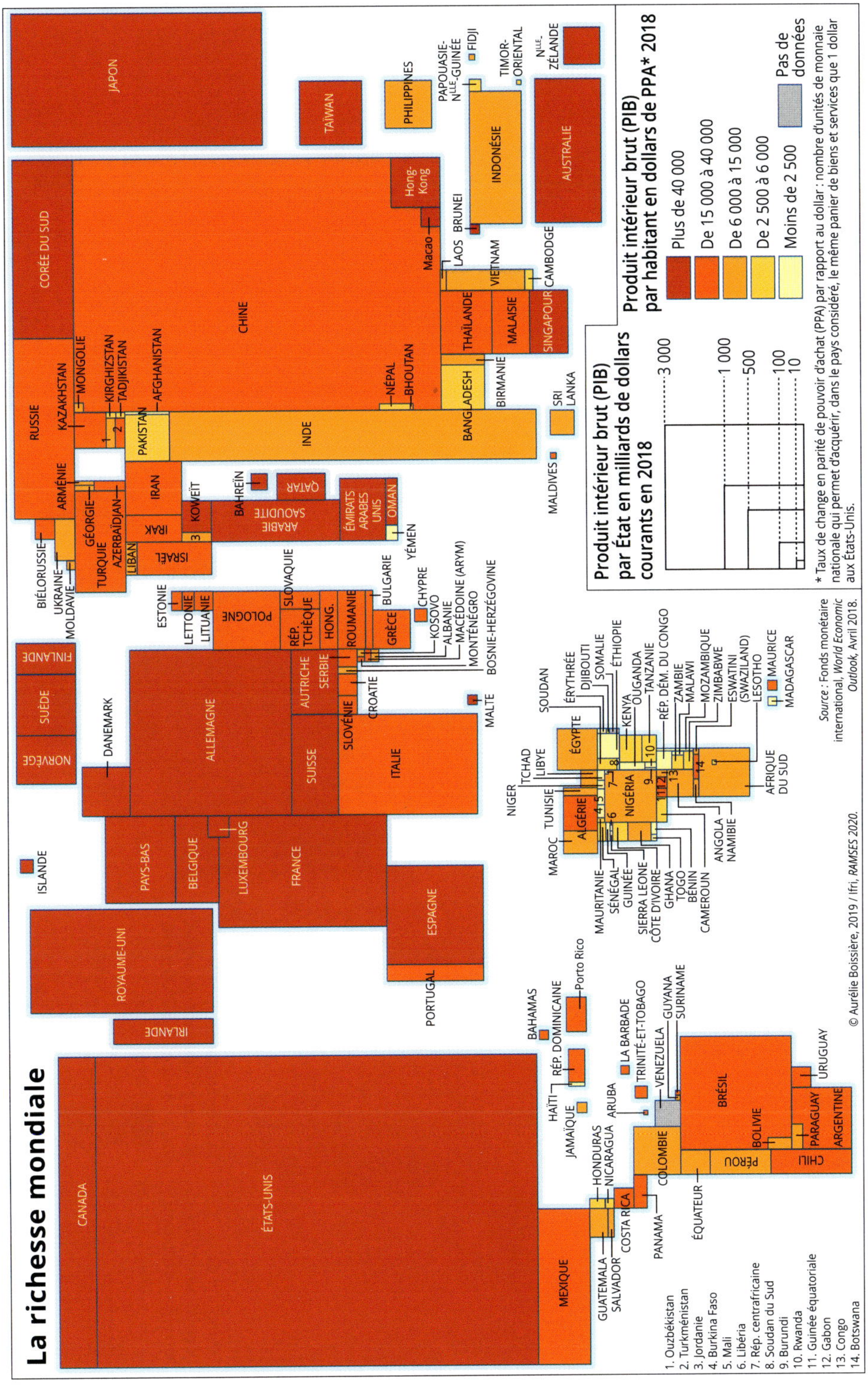

La dynamique de la population mondiale

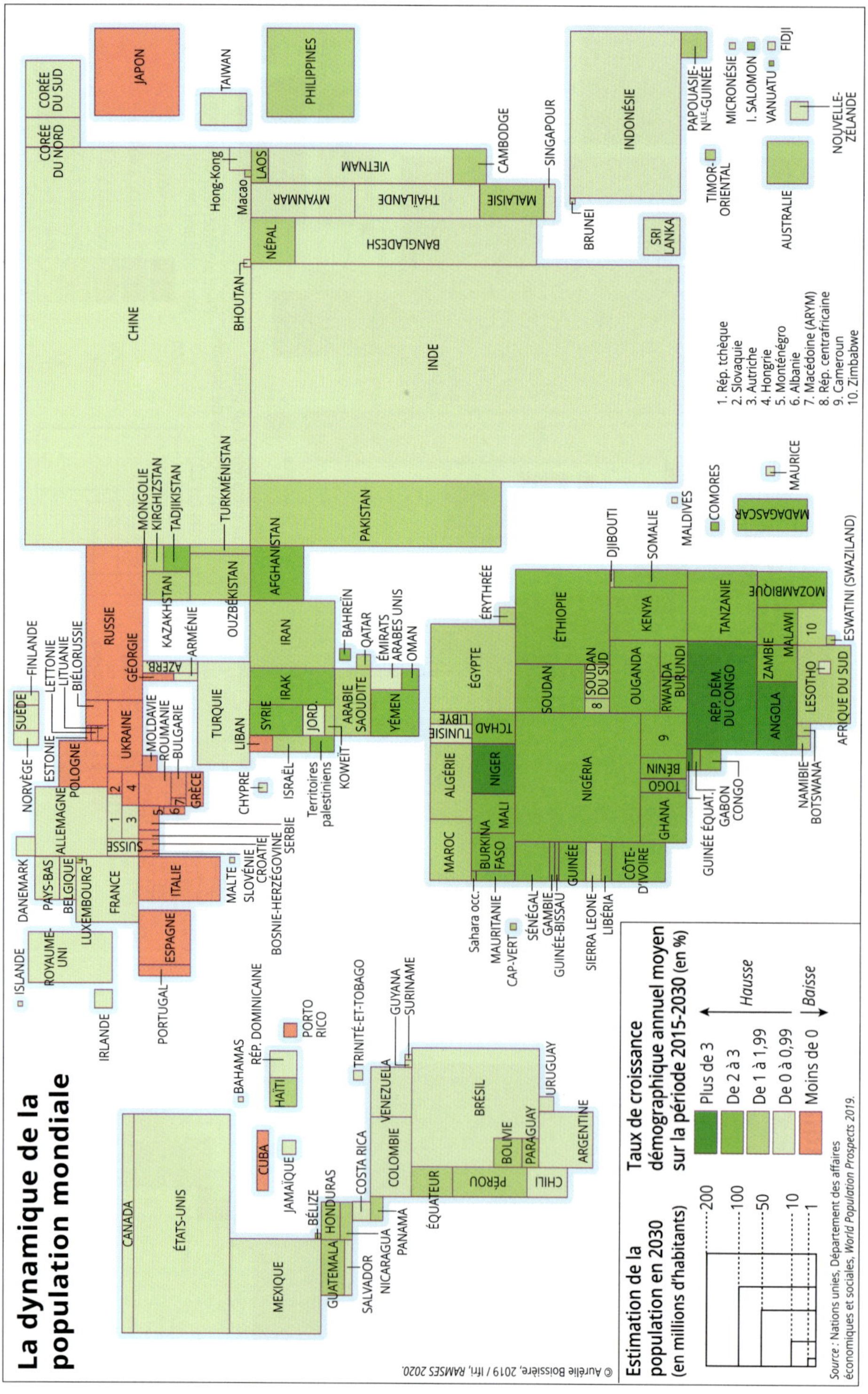

La piraterie dans le monde en 2019

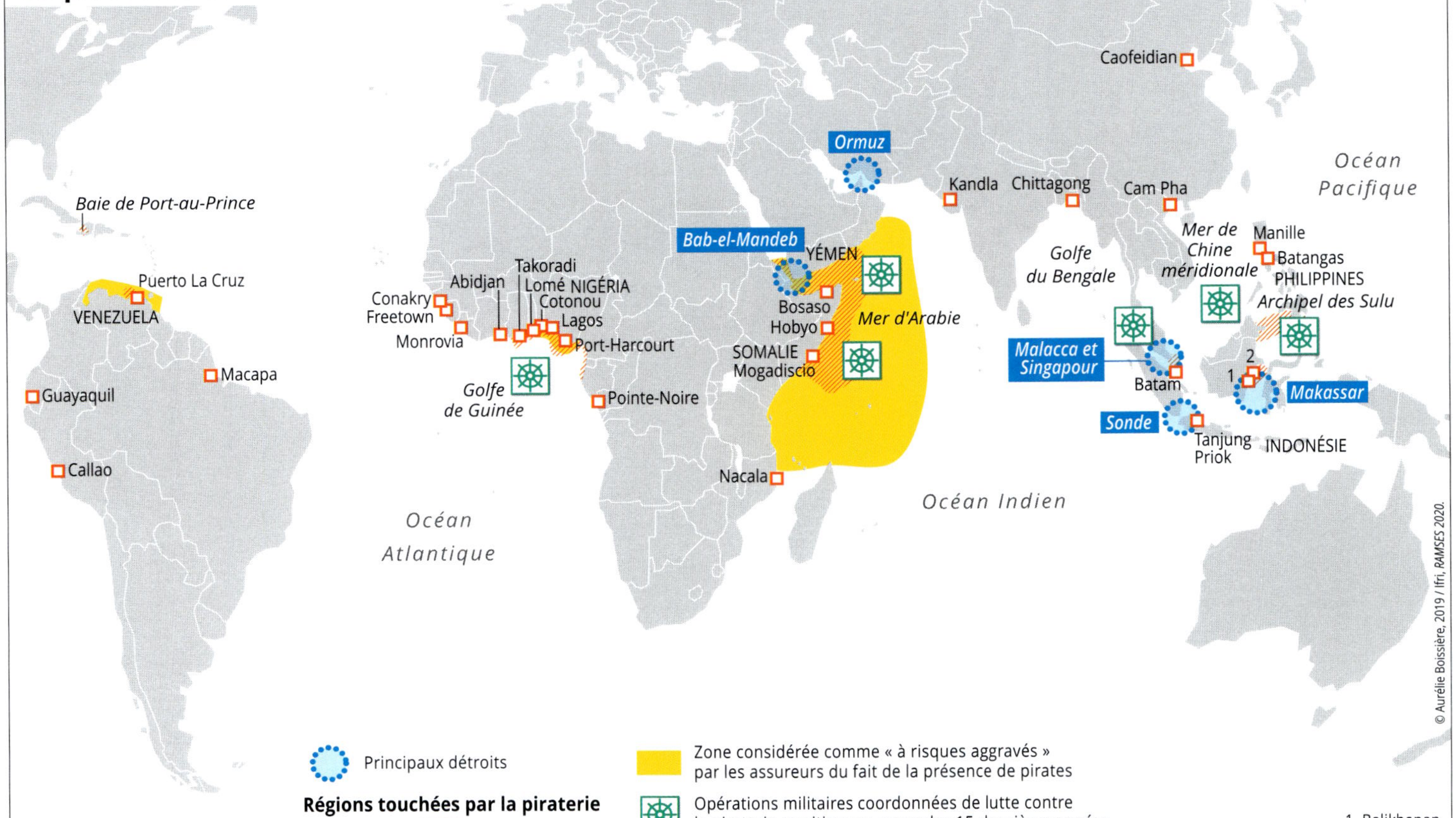

Sources : GRIMM Partners ; Joint War Committee Listed Areas, Ifri.

Les mers : commerce et transits

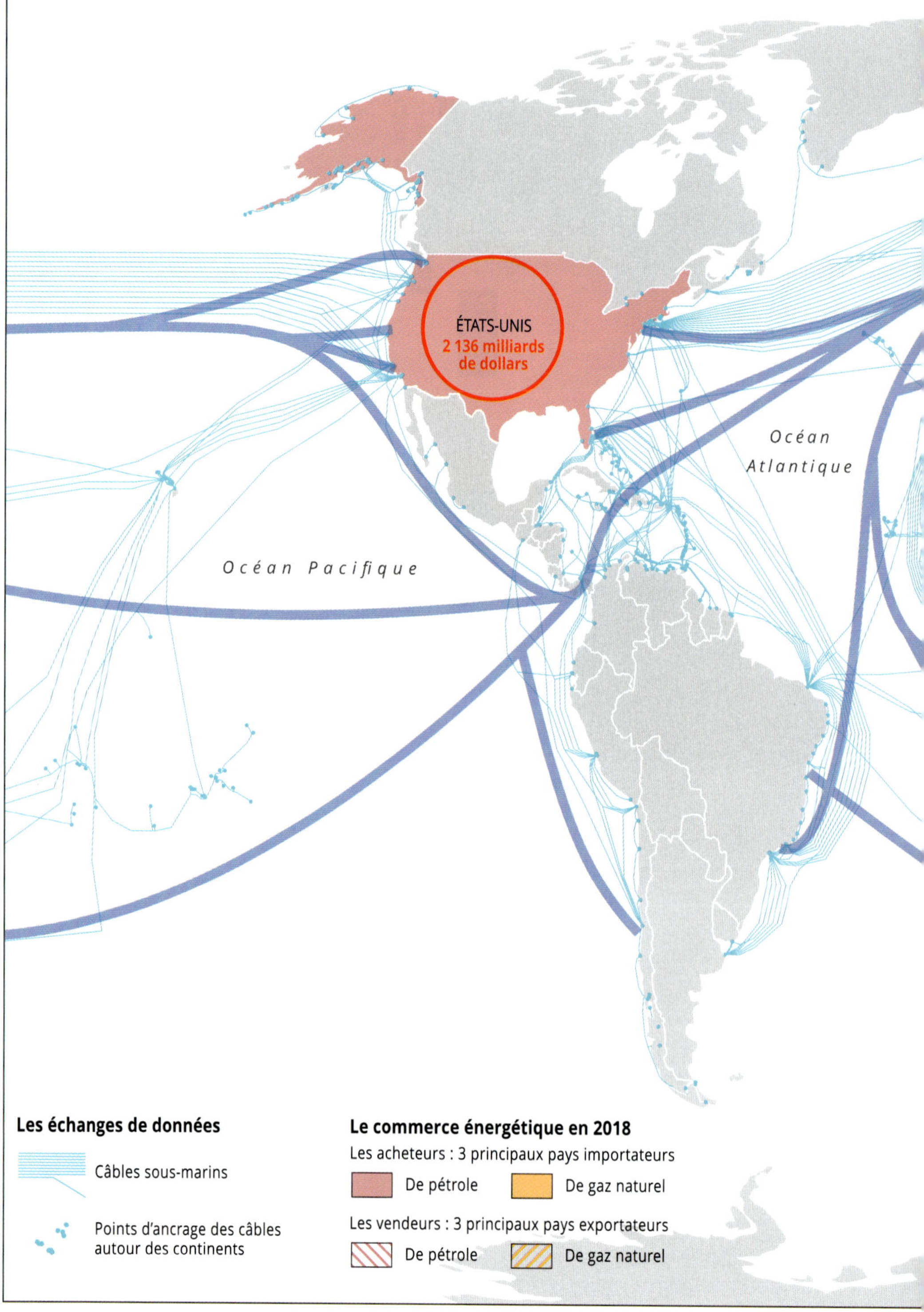

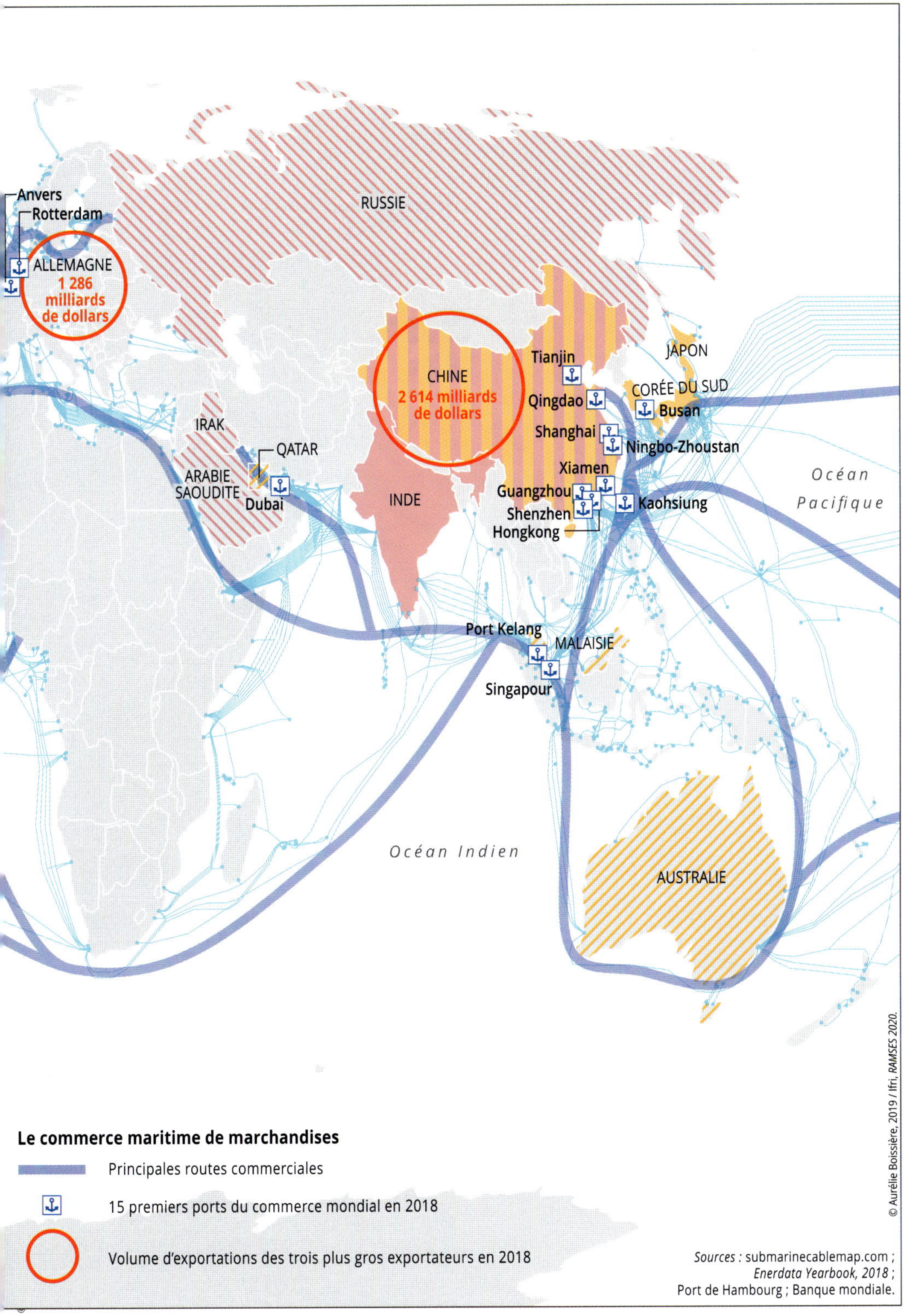

Sources : submarinecablemap.com ; *Enerdata Yearbook, 2018* ; Port de Hambourg ; Banque mondiale.

Multilatéralisme : fondements et remises en question

ÉTATS-UNIS ET ACCORDS INTERNATIONAUX

26 décembre 2017
Les États-Unis annoncent une réduction de leur contribution au budget de l'ONU.

8 mai 2018
Les États-Unis se retirent de l'accord de Vienne sur le nucléaire iranien (JCPOA). Nouvelles sanctions contre l'Iran.

14 mai 2018
Inauguration de l'ambassade américaine à Jérusalem.

19 juin 2018
Retrait américain du Conseil des droits de l'homme de l'ONU

30 décembre 2018
Retrait des États-Unis de l'UNESCO.

27 février 2019
Deuxième rencontre entre Donald Trump et Kim Jong-un à Hanoï, après le sommet de Singapour de juin 2018. Aucun accord n'est trouvé sur le nucléaire.

12 avril 2019
Les États-Unis diffusent une liste de produits européens prochainement taxés, pour une valeur de 21 milliards de dollars.

10 mai 2019
Les États-Unis augmentent les droits de douane de 10 % à 25 % sur certains produits chinois importés pour une valeur d'au moins 200 milliards de dollars.

29 juin 2019
Washington et Pékin annoncent un trêve commerciale, en marge du sommet du G20 à Osaka.

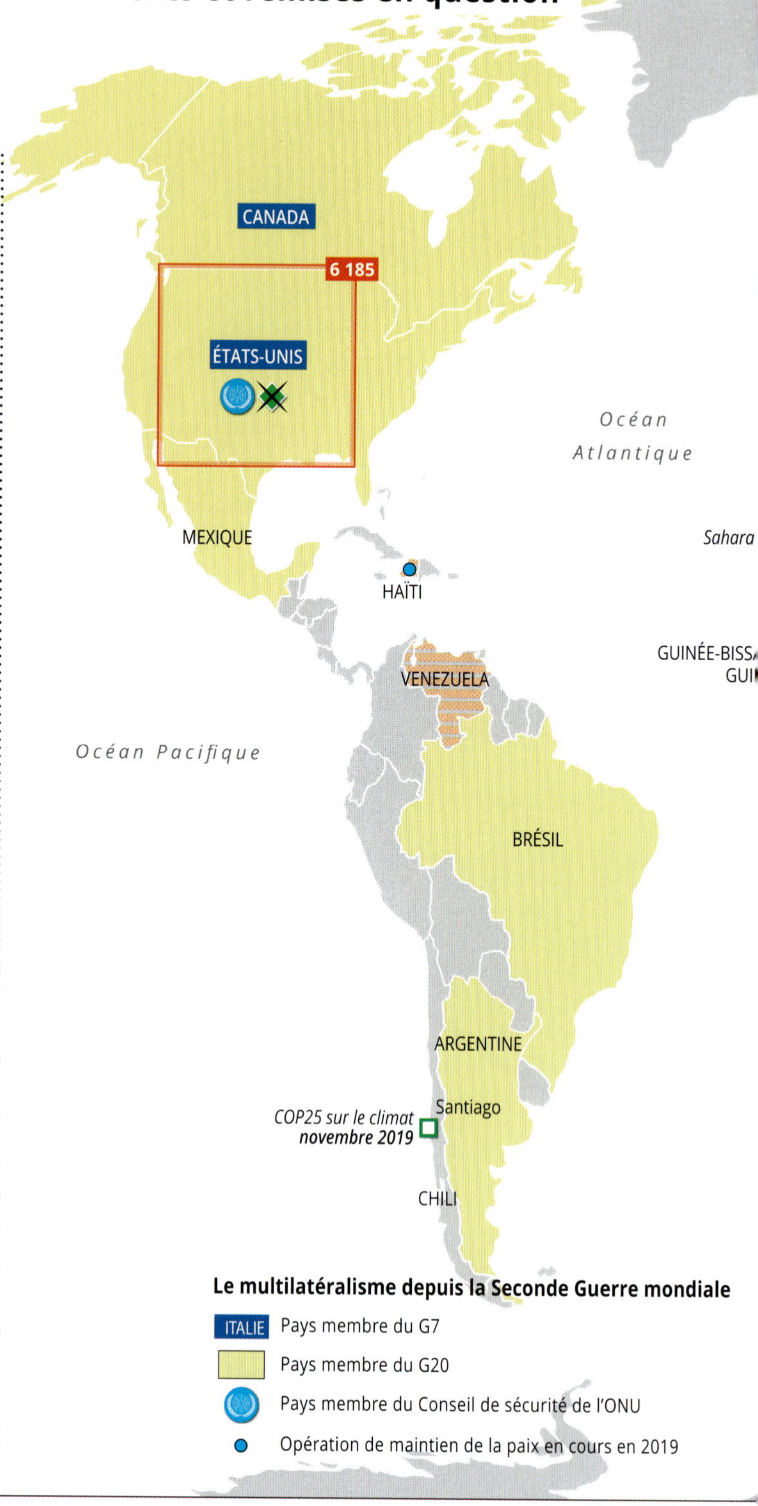

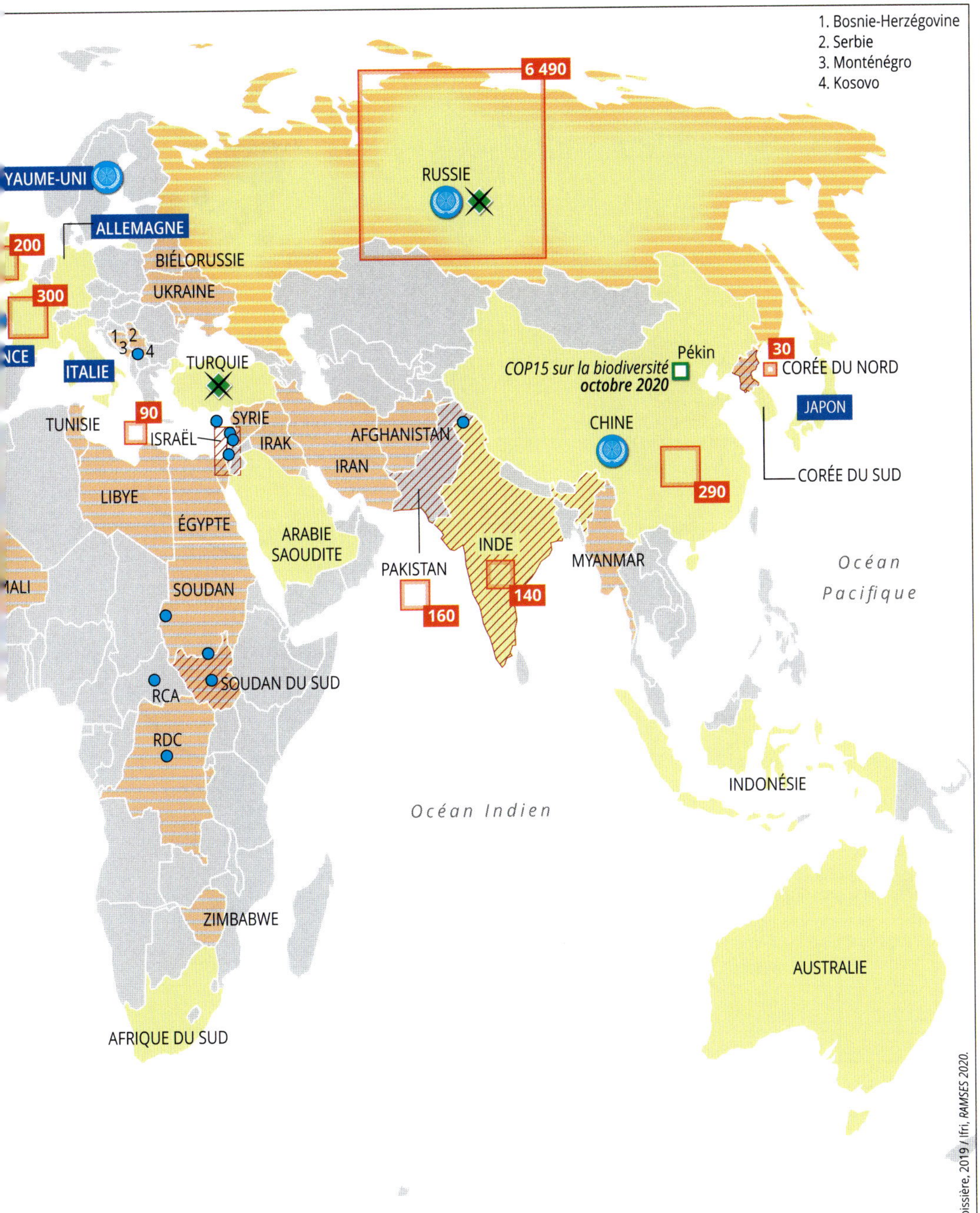

Le multilatéralisme à l'épreuve de la montée des antagonismes

- État non signataire du traité sur la non-prolifération des armes nucléaires (TNP) ou s'en étant retiré
- 200 Estimation des arsenaux nucléaires en 2019
- Pays n'ayant pas ratifié l'accord de Paris ou s'en étant retiré
- Grande conférence sur le climat dans les mois à venir
- Pays soumis à des sanctions de l'Union européenne

Sources : SIPRI ; UN Peacekeeping Operations ; EU Sanctions Map.

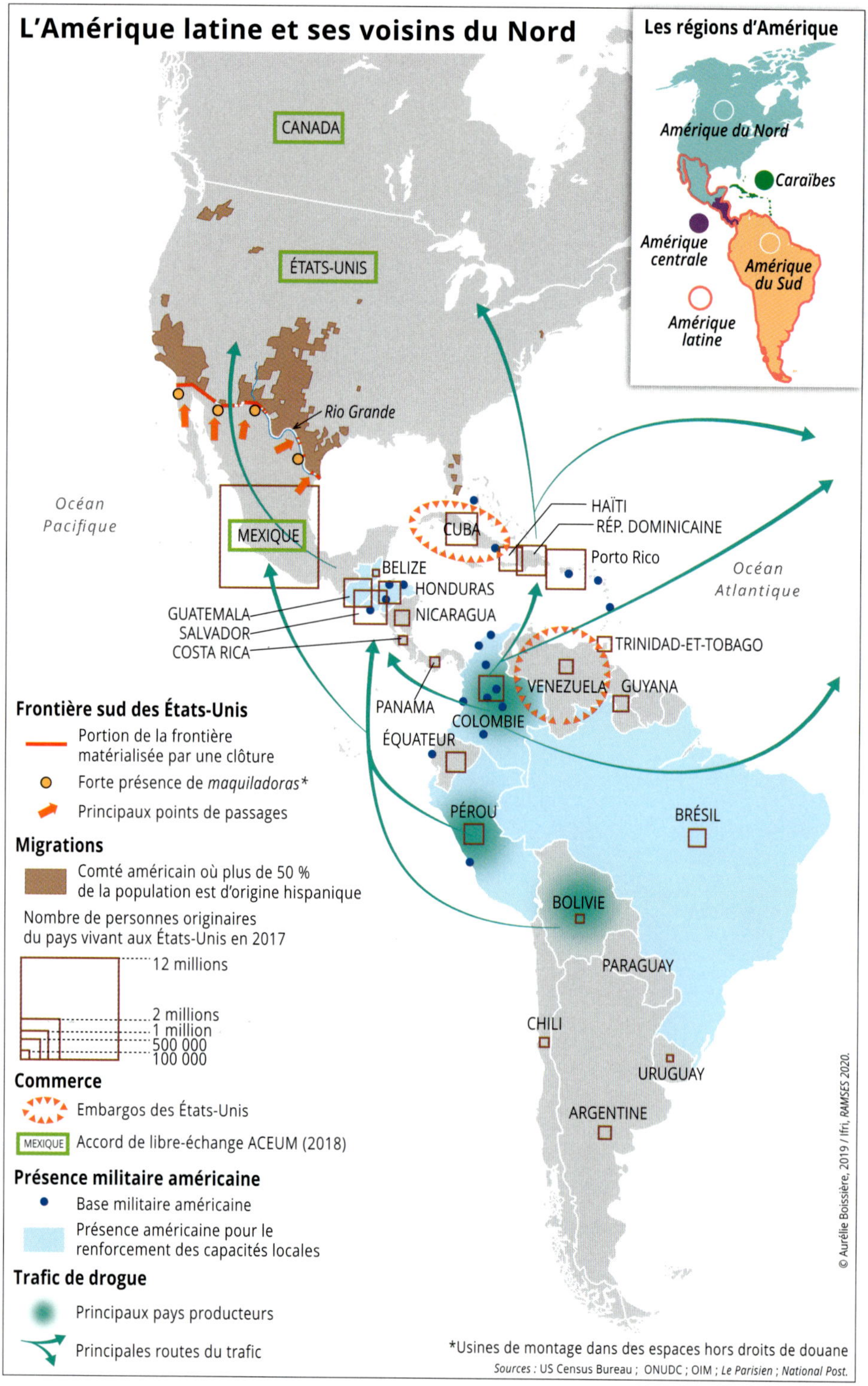
L'Amérique latine et ses voisins du Nord
Les régions d'Amérique
Amérique du Nord
Caraïbes
Amérique centrale
Amérique du Sud
Amérique latine
CANADA
ÉTATS-UNIS
Rio Grande
Océan Pacifique
MEXIQUE
CUBA
HAÏTI
RÉP. DOMINICAINE
Porto Rico
Océan Atlantique
BELIZE
HONDURAS
NICARAGUA
GUATEMALA
SALVADOR
COSTA RICA
TRINIDAD-ET-TOBAGO
VENEZUELA
GUYANA
PANAMA
COLOMBIE
ÉQUATEUR
PÉROU
BRÉSIL
BOLIVIE
PARAGUAY
CHILI
URUGUAY
ARGENTINE
Frontière sud des États-Unis
Portion de la frontière matérialisée par une clôture
Forte présence de maquiladoras*
Principaux points de passages
Migrations
Comté américain où plus de 50 % de la population est d'origine hispanique
Nombre de personnes originaires du pays vivant aux États-Unis en 2017
12 millions
2 millions
1 million
500 000
100 000
Commerce
Embargos des États-Unis
MEXIQUE
Accord de libre-échange ACEUM (2018)
Présence militaire américaine
Base militaire américaine
Présence américaine pour le renforcement des capacités locales
Trafic de drogue
Principaux pays producteurs
Principales routes du trafic
*Usines de montage dans des espaces hors droits de douane
Sources : US Census Bureau ; ONUDC ; OIM ; Le Parisien ; National Post.
© Aurélie Boissière, 2019 / Ifri, RAMSES 2020.

La diplomatie internationale et le Venezuela

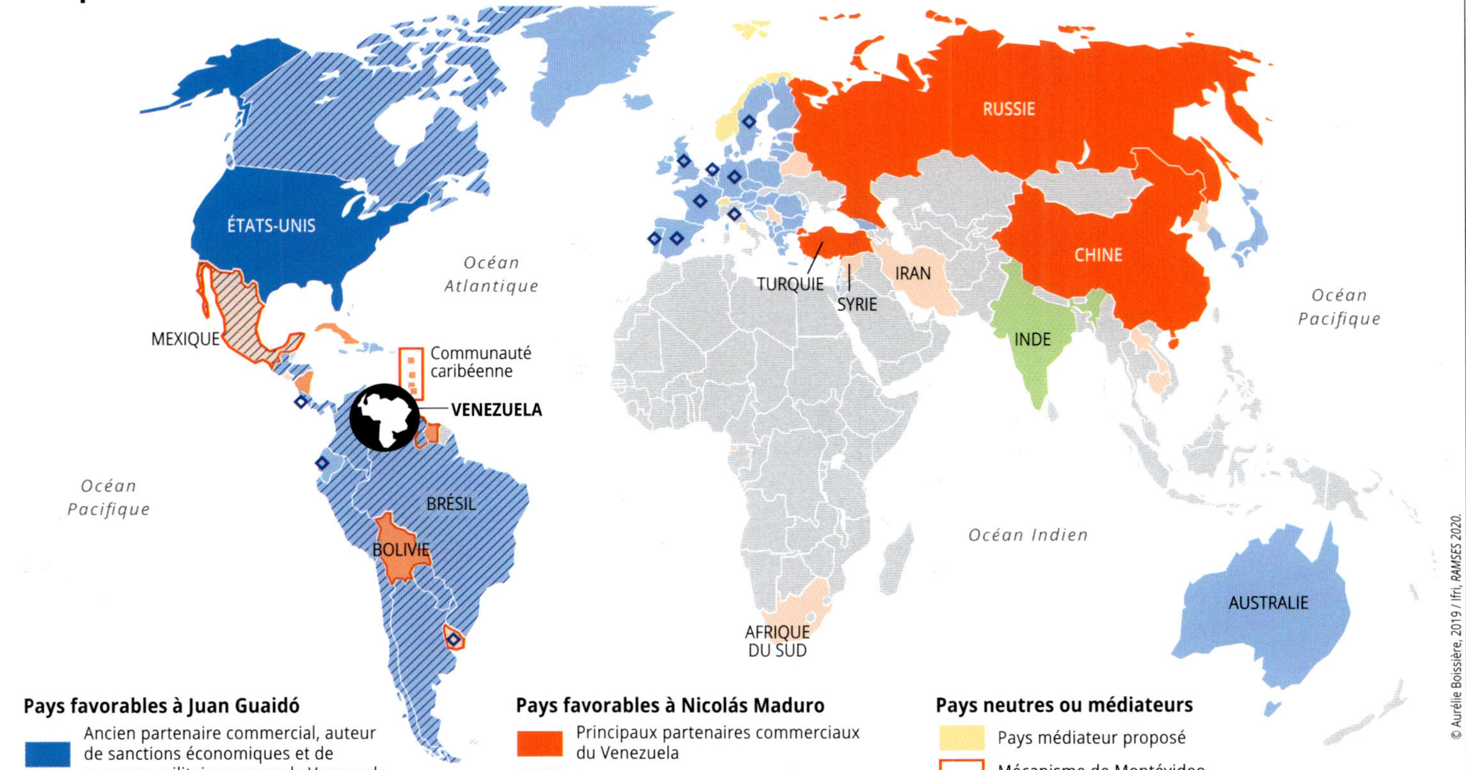

Pays favorables à Juan Guaidó

- Ancien partenaire commercial, auteur de sanctions économiques et de menaces militaires envers le Venezuela
- Autre État reconnaissant J. Guaidó
- Groupe de Lima (en faveur d'une sortie de crise pacifique)

Pays favorables à Nicolás Maduro

- Principaux partenaires commerciaux du Venezuela
- Pays allié au sein de l'ALBA-TCP*
- Autre état reconnaissant N. Maduro

* Alliance bolivarienne pour les peuples de notre Amérique – Traité de commerce des peuples

Pays neutres ou médiateurs

- Pays médiateur proposé
- Mécanisme de Montévideo
- Groupe international de contact
- Partenaire commercial non engagé dans la crise

Source : Ifri, 15 juillet 2019.

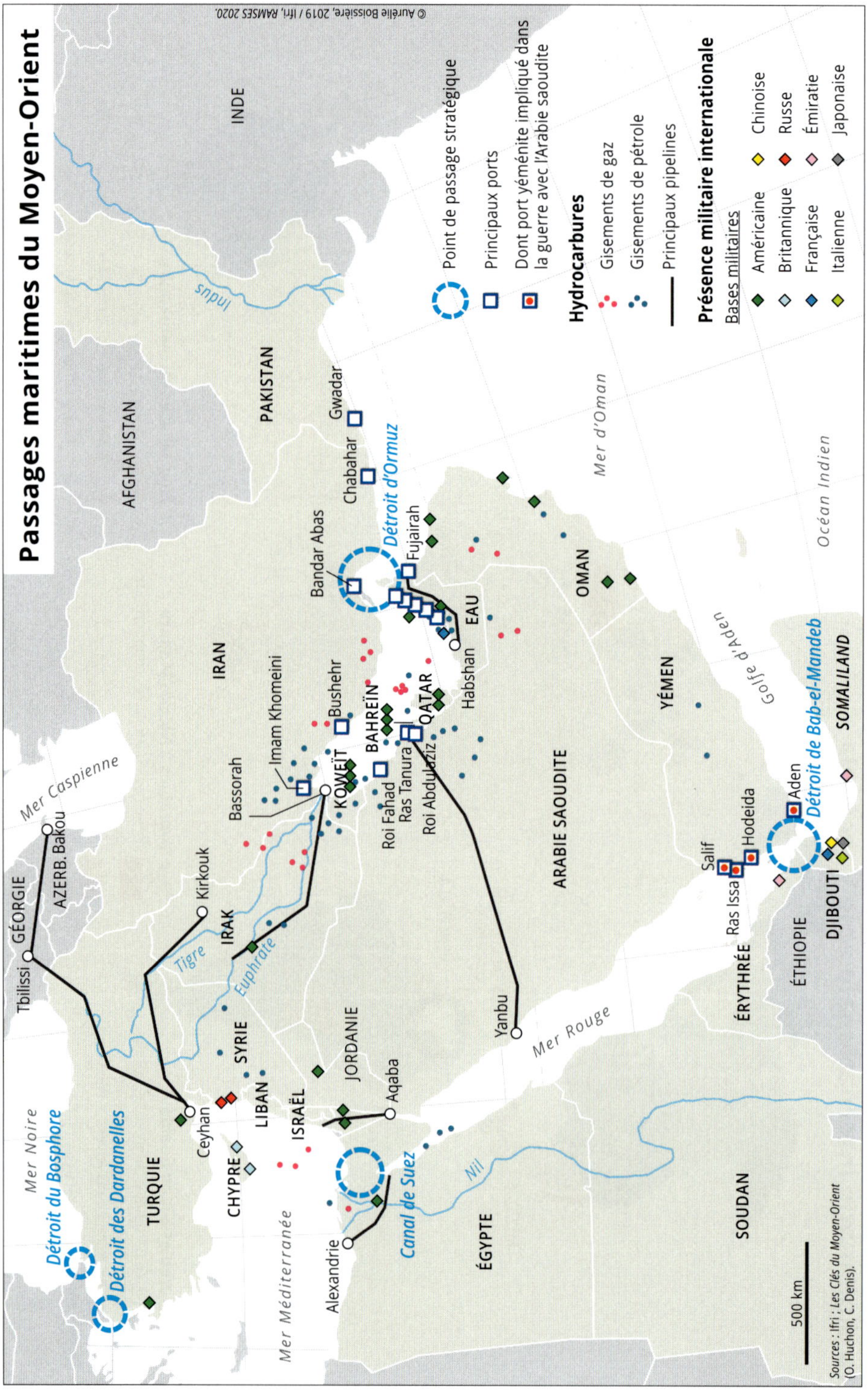

Passages maritimes du Moyen-Orient
Point de passage stratégique
Principaux ports
Dont port yéménite impliqué dans la guerre avec l'Arabie saoudite
Hydrocarbures
Gisements de gaz
Gisements de pétrole
Principaux pipelines
Présence militaire internationale
Bases militaires
Américaine
Britannique
Française
Italienne
Chinoise
Russe
Émiratie
Japonaise
Détroit du Bosphore
Détroit des Dardanelles
Mer Noire
Mer Méditerranée
Mer Caspienne
Mer Rouge
Mer d'Oman
Golfe d'Aden
Océan Indien
Canal de Suez
Détroit d'Ormuz
Détroit de Bab-el-Mandeb
TURQUIE
CHYPRE
SYRIE
LIBAN
ISRAËL
JORDANIE
ÉGYPTE
GÉORGIE
AZERB.
IRAK
IRAN
AFGHANISTAN
PAKISTAN
INDE
KOWEÏT
BAHREÏN
QATAR
EAU
OMAN
ARABIE SAOUDITE
YÉMEN
SOUDAN
ÉRYTHRÉE
ÉTHIOPIE
DJIBOUTI
SOMALILAND
Tbilissi
Bakou
Kirkouk
Ceyhan
Alexandrie
Aqaba
Yanbu
Bassorah
Imam Khomeini
Bushehr
Roi Fahad
Ras Tanura
Roi Abdulaziz
Habshan
Bandar Abas
Fujairah
Chabahar
Gwadar
Salif
Ras Issa
Hodeida
Aden
Tigre
Euphrate
Nil
Indus
500 km
Sources : Ifri ; Les Clés du Moyen-Orient (O. Huchon, C. Denis).
© Aurélie Boissière, 2019 / Ifri, RAMSES 2020.

Le terrorisme dans la bande sahélo-saharienne

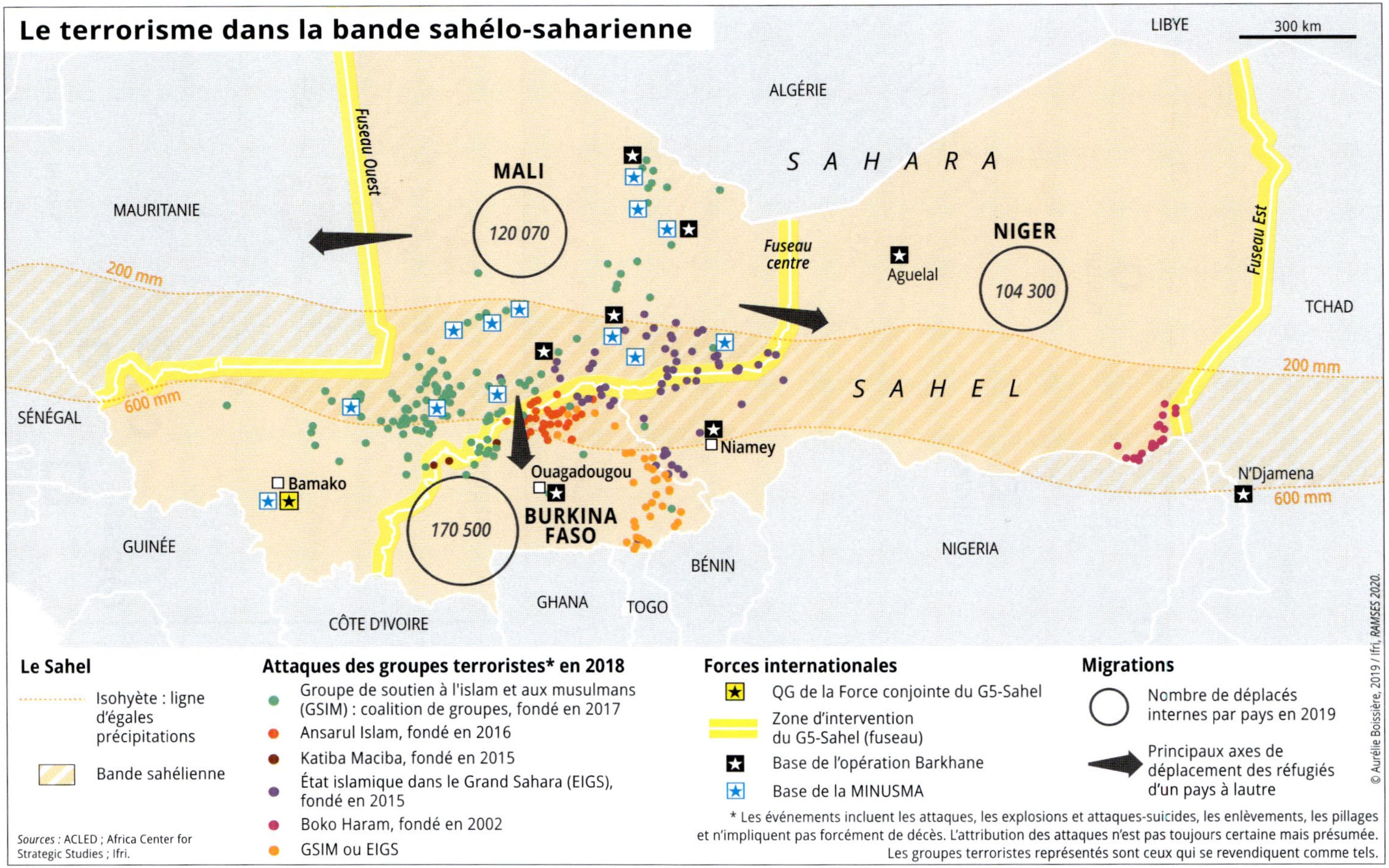

Les conflits en Afrique du Nord et au Moyen-Orient

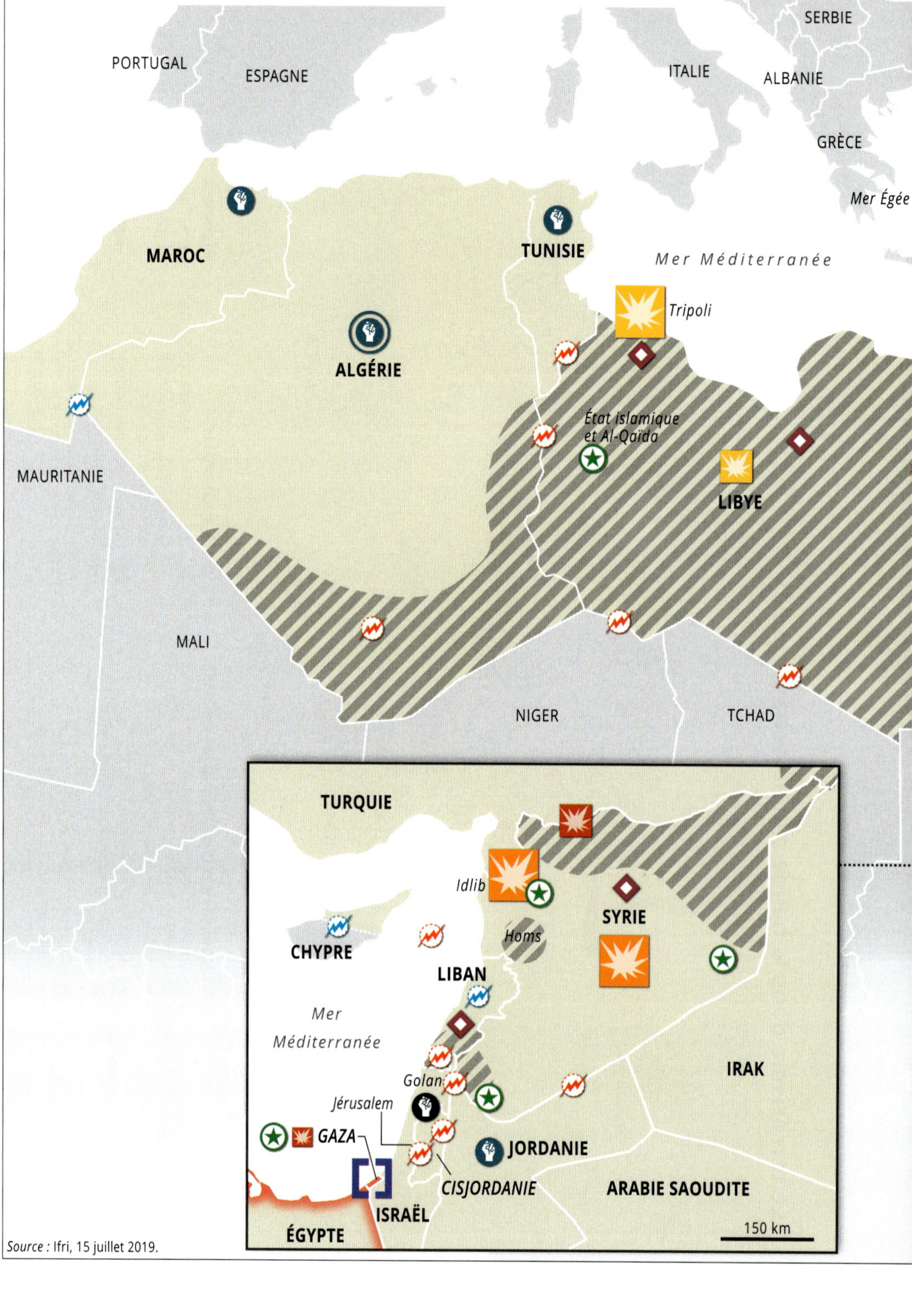

Source : Ifri, 15 juillet 2019.

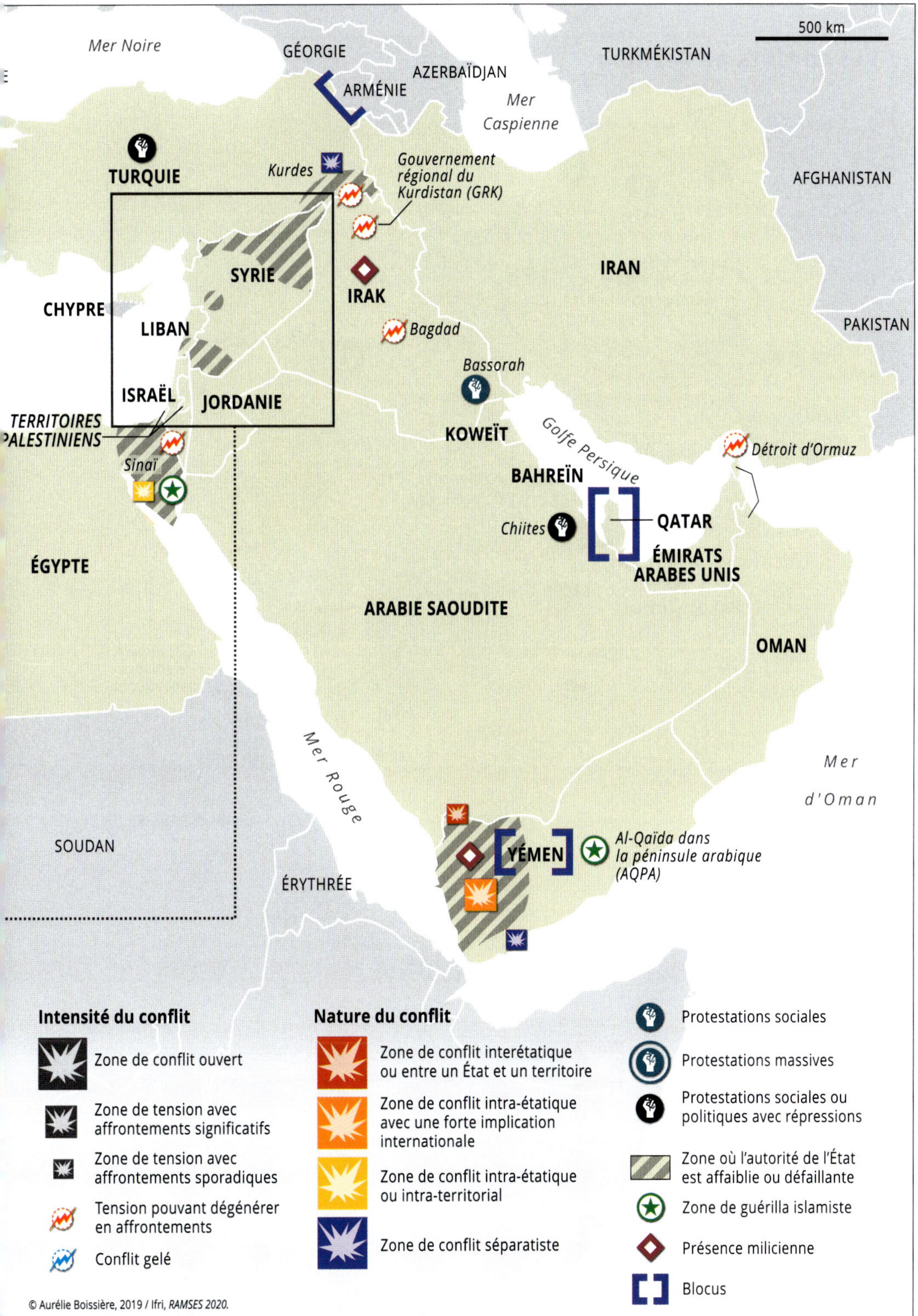
500 km
Mer Noire
GÉORGIE
AZERBAÏDJAN
ARMÉNIE
TURKMÉKISTAN
Mer Caspienne
TURQUIE
Kurdes
Gouvernement régional du Kurdistan (GRK)
AFGHANISTAN
SYRIE
IRAK
IRAN
CHYPRE
LIBAN
Bagdad
PAKISTAN
Bassorah
ISRAËL
JORDANIE
TERRITOIRES PALESTINIENS
KOWEÏT
Golfe Persique
Détroit d'Ormuz
Sinaï
BAHREÏN
Chiites
QATAR
ÉMIRATS ARABES UNIS
ÉGYPTE
ARABIE SAOUDITE
OMAN
Mer Rouge
Mer d'Oman
SOUDAN
ÉRYTHRÉE
YÉMEN
Al-Qaïda dans la péninsule arabique (AQPA)
Intensité du conflit
Zone de conflit ouvert
Zone de tension avec affrontements significatifs
Zone de tension avec affrontements sporadiques
Tension pouvant dégénérer en affrontements
Conflit gelé
Nature du conflit
Zone de conflit interétatique ou entre un État et un territoire
Zone de conflit intra-étatique avec une forte implication internationale
Zone de conflit intra-étatique ou intra-territorial
Zone de conflit séparatiste
Protestations sociales
Protestations massives
Protestations sociales ou politiques avec répressions
Zone où l'autorité de l'État est affaiblie ou défaillante
Zone de guérilla islamiste
Présence milicienne
Blocus

Les conflits en Afrique

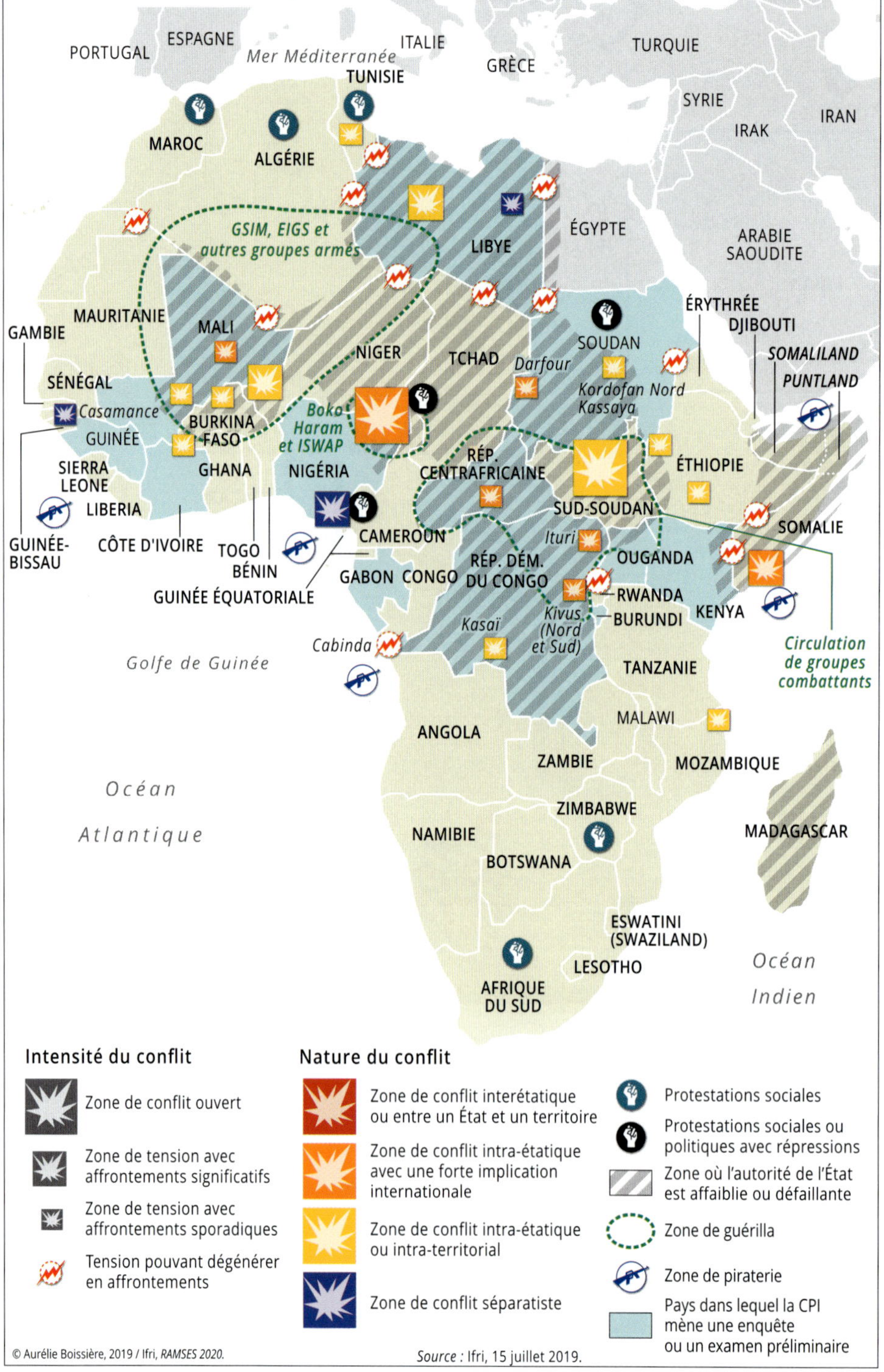

Les conflits dans la zone Russie - Nouveaux États indépendants (NEI)

© Aurélie Boissière, 2019 / Ifri, *RAMSES 2020*.

Source : Ifri, 15 juillet 2019.

Les conflits dans la zone Asie-Pacifique

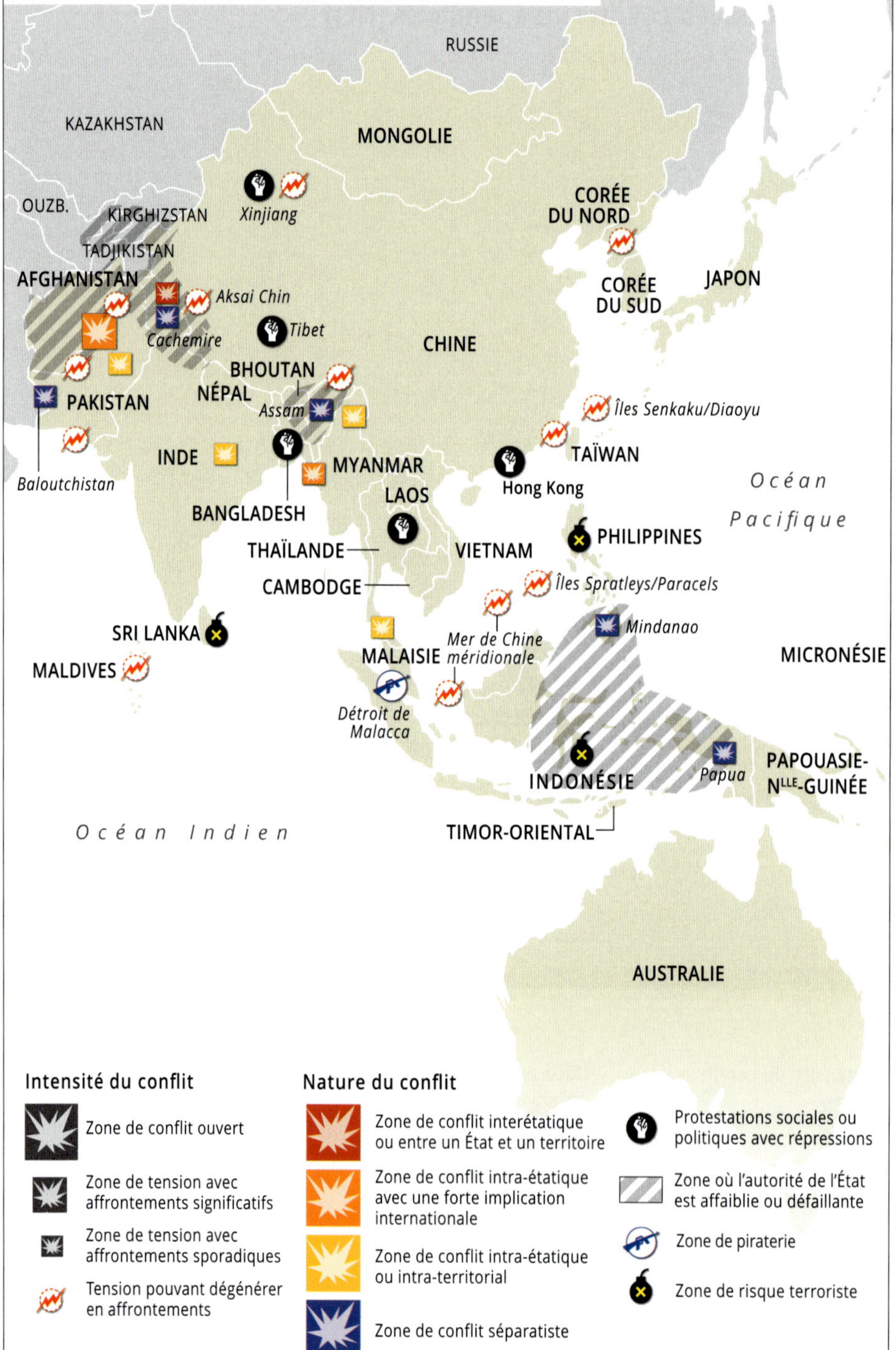

© Aurélie Boissière, 2019 / Ifri, *RAMSES 2020*.

Source : Ifri, 15 juillet 2019.

Le monde en chiffres

Démographie/Développement humain

Population : nombre total d'habitants, en millions, en 2018
Source : Nations unies, Département des affaires économiques et sociales, *World Population Prospects: The 2019 Revision*, 2019

Taux de fécondité : nombre moyen d'enfants par femme, en 2017
Source : Banque mondiale, *World Development Indicators*, 2019

Espérance de vie : espérance de vie à la naissance, en années, en 2017

Urbanisation : population vivant dans les zones urbaines en % de la population totale, en 2017
Source : Programme des Nations unies pour le développement, *Indices et indicateurs de développement humain : Mise à jour statistique 2018*, 2018

Économie

Alphabétisation : population sachant lire et écrire en % de la population totale de 15 ans et plus, en 2017 (estimations de l'UIS)
Source : UNESCO, *Institute for Statistics*, 2018

RNB total : revenu national brut, en milliards de dollars de parité de pouvoir d'achat, en 2017 (RNB = PNB + flux nets de revenu primaire de non-résidents)

RNB par habitant : revenu national brut par habitant, en dollars de parité de pouvoir d'achat, en 2017
Source : Banque mondiale, *World Development Indicators*, 2019

Croissance du PIB : taux de croissance annuel moyen du produit intérieur brut, en %, en 2018

Taux de chômage : taux de chômage en % de la population active, en 2018

Inflation : indice des prix à la consommation, croissance annuelle moyenne, en %, en 2018

Taux d'épargne national en % du PIB, en 2018
Source : Fonds monétaire international, *World Economic Outlook*, 2019

Politique/Sécurité

Démocratie : indice de démocratie (0-10), en 2018
Démocratie à part entière (8-10), démocratie imparfaite (6-7,9), régime hybride démocratique/autoritaire (4-5,9), régime autoritaire (< 4,00)
Source : Economist Intelligence Unit, *Democracy Index*, 2018

Liberté de la presse (0-100), en 2019
Situation bonne (0-13), situation plutôt bonne (13,1-24,99), problèmes sensibles (25-34,1), situation difficile (34,2-55), situation très grave (55,1-100)
Source : Reporters sans frontières, *Classement mondial de la liberté de la presse 2019*, 2019

Stabilité de l'État : indice des États fragiles, 0-120, en 2019
Situation d'alerte (> 90), situation préoccupante (60-89,9), stabilité (30-59,9), grande stabilité (< 30)
Source : The Fund for Peace, *Fragile States Index 2019*, 2019

Corruption : indice de perception de la corruption (0-100), en 2018
État considéré comme très corrompu (0), État considéré comme non corrompu (100)
Source : Transparency International, *Corruption Perceptions Index 2018*, 2018

Budget de défense : proportion du budget de défense dans le PIB national, en %, en 2018
Source : Stockholm International Peace Research Institute, *SIPRI Military Expenditure Database 1988-2018*, 2018

Europe

Europe

Pays	Démographie/Développement humain				Économie			
	Population 2018	Taux de fécondité	Espérance de vie	Urbanisation	Alphabétisation	RNB total PPA	RNB par habitant	Croissance du PIB
Albanie	2 883	1,7	78,5	59,4	n/d	37,5	13 050	3,84*
Allemagne	83 124	1,6	81,2	77,3	n/d	4 437	53 660	1,45
Autriche	8 891	1,5	81,8	58,1	n/d	472,7	53 740	2,55*
Belgique	11 482	1,7	81,3	98	n/d	568,7	49 960	1,69*
Bosnie-Herzégovine	3 324	1,4	77,1	47,9	n/d	45,8	13 050	2,97*
Bulgarie	7 052	1,5	74,9	74,7	n/d	150,2	21 220	3,2
Chypre	1 189	1,3	80,7	66,8	n/d	30,1	35 030	3,88
Croatie	4 156	1,4	77,8	56,7	n/d	106,5	25 820	2,92*
Danemark	5 752	1,8	80,9	87,8	n/d	315,7	54 760	1,22
Espagne	46 693	1,3	83,3	80,1	98,25**	1 816,9	38 990	2,53
Estonie	1 323	1,6	77,7	68,7	n/d	43,2	32 790	3,87
Finlande	5 523	1,6	81,5	85,3	n/d	258,2	46 880	2,43
France	64 991	1,9	82,7	80,2	n/d	3 028,1	45 120	2,16*
Grèce	10 522	1,4	81,4	78,7	n/d	308	28 640	1,51*
Hongrie	9 707	1,5	76,1	71,1	n/d	270,6	27 650	4,94
Irlande	4 819	1,8	81,6	62,9	n/d	294,1	61 120	7,21*
Islande	337	1,7	82,9	93,8	n/d	18,6	54 140	4,61
Italie	60 627	1,3	83,2	70,1	n/d	2 491,3	41 150	1,6*
Kosovo	n/d	2	n/d	n/d	n/d	20,2	11 050	4
Lettonie	1 928	1,7	74,7	68,1	n/d	54,7	28 170	4,77
Lituanie	2 801	1,7	74,8	67,5	n/d	n/d	n/d	3,45
Luxembourg	604	1,4	82	90,7	n/d	45,5	76 300	1,55*

* Données pour 2017
** Données pour 2016
*** Prévisions

Économie			Politique/Sécurité				
Taux de chômage	Inflation	Taux d'épargne national	Démocratie	Liberté de la presse	Stabilité de l'État	Corruption	Budget de défense
15,2**	2,03	17,43*	5,98	29,84	58,9	36	1,2
3,39	1,93	28,56	8,68	14,6	24,7	80	1,2
4,85	2,12	27,09*	8,29	15,33	25	76	0,7
7,12*	2,22*	25,3*	7,78	12,07	28,6	75	0,9
20,5*	1,37	11,19*	4,98	29,02	71,3	38	1,1
5,2	2,63	23,19	7,03	35,11	50,6	42	1,7
8,35	0,78	13,41	7,59	21,74	57,8	59	1,6
12,43*	1,5	24,96*	6,57	29,03	47,5	48	1,5***
4,96	0,71	28,69	9,22	9,87	19,5	88	1,2
15,26	1,68	22,68	8,08	21,99	40,7	58	1,3
5,41	3,41	29,02	7,97	12,27	40,8	73	2,1
8,59*	0,84*	22,53	9,14	7,9	16,9	85	1,4
9,11	2,1	22,89*	7,8	22,21	32	72	2,3
21,45*	0,77	10,12*	7,29	29,08	53,9	45	2,4
3,71	2,85	27,55	6,63	30,44	49,6	46	1,1
6,73*	0,72	33,21*	9,15	15	20,6	73	0,3
2,74	2,68	25,52	9,58	14,71	19,8	76	n/d
11,26*	1,24	20,44*	7,71	24,98	43,8	52	1,3
n/d	1,06	17,77	n/d	29,68	n/d	37	0,8
7,42	2,55	23,01	7,38	19,53	43,9	58	1,5**
7,07*	2,53	19,96	7,5	22,06	38,1	59	2
4,96	2,02	23,94*	8,81	15,66	20,4	82	0,6***

Europe

	Démographie/Développement humain				Économie			
Pays	Population 2018	Taux de fécondité	Espérance de vie	Urbanisation	Alphabétisation	RNB total PPA	RNB par habitant	Croissance du PIB
Macédoine du Nord	2 083	1,5	75,9	57,7	n/d	30,6	14 680	2,67
Malte	439	1,4	81	94,5	n/d	18	38 390	6,65*
Montenegro	628	1,7	77,3	66,5	n/d	12,3	19 750	4,72*
Norvège	5 338	1,7	82,3	81,9	n/d	341,8	64 760	1,98*
Pays-Bas	17 060	1,7	82	91,1	n/d	936,1	54 650	2,54
Pologne	37 922	1,4	77,8	60,1	n/d	1 091,3	28 740	5,1
Portugal	10 256	1,4	81,4	64,7	n/d	328	31 840	2,8*
Roumanie	19 506	1,6	75,6	53,9	n/d	508,1	25 950	4,13
Royaume-Uni	67 142	1,8	81,7	83,1	n/d	2 910,9	44 090	1,4
Serbie	8 803	1,5	75,3	55,9^	98,84**	100,8	14 360	2,05*
Slovaquie	5 453	1,5	77	53,8	n/d	172,6	31 730	3,19*
Slovénie	2 078	1,6	81,1	54,3	n/d	73,4	35 500	4,88*
Suède	9 972	1,9	82,6	87,1	n/d	524,3	52 130	2,34
Suisse	8 526	1,5	83,5	73,8	n/d	568,1	67 220	1,68*
République tchèque	10 666	1,6	78,9	73,7	n/d	377,9	35 670	4,35*

* Données pour 2017
** Données pour 2016
*** Prévisions
^ Inclut le Kosovo

Économie			Politique/Sécurité				
Chômage	Inflation	Taux d'épargne national	Démocratie	Liberté de la presse	Stabilité de l'État	Corruption	Budget de défense
19,4	1,46	32,69	5,87	31,66	64,6	37	1
4,01*	1,74	29,67*	8,21	29,74	34,5	54	0,5
n/d	2,6	14,13*	5,74	32,74	55,3	45	1,5
4,22*	2,77	33,81*	9,87	7,82	18	84	1,6
3,84	1,6	30,99	8,89	8,63	24,8	82	1,2
3,79	1,6	20	6,67	28,89	42,8	60	2
8,87*	1,17	17,09*	7,84	12,63	25,3	64	1,8
4,2	4,63	18,96	6,38	25,67	47,8	47	1,9
4,08	2,48	13,34	8,53	22,23	36,7	80	1,8
14,05*	1,96	14,35*	6,41	31,18	68	39	1,9***
6,59	2,53	20,56*	7,1	23,58	40,5	50	1,2
6,6*	1,74	27,34*	7,5	22,31	28	60	1
6,68*	2,04	28,29	9,39	8,31	20,3	85	1
3,19*	0,53*	30,64*	9,03	10,52	18,7	85	0,7
2,89*	2,16	26,95*	7,69	24,89	37,6	59	1,1

Russie/NEI

	Démographie/Développement humain				Économie			
Pays	Population 2018	Taux de fécondité	Espérance de vie	Urbanisation	Alphabétisation	RNB total PPA	RNB par habitant	Croissance du PIB
Arménie	2 952	1,6	74,8	63,1	n/d	29,5	10 060	7,48*
Azerbaïdjan	9 950	1,9	72,1	55,3	99,79**	164,5	16 700	0,11*
Biélorussie	9 453	1,5	73,1	78,1	n/d	172,7	18 180	2,53*
Géorgie	4 003	2	73,4	58,2	n/d	37,6	10 100	2,85**
Kazakhstan	18 320	2,7	70	57,3	n/d	425,2	23 580	4,1*
Kirghizistan	6 304	3	71,1	36,1	n/d	22,5	3 630	4,34**
Moldavie	4 052	1,2	71,7	42,6	n/d	21,7	6 100	4,69*
Ouzbékistan	32 476	2,5	71,4	50,6	99,99**	231,3	7 140	8,87*
Russie	145 734	1,8	71,2	74,3	n/d	3 688,4	25 120	1,65*
Tadjikistan	9 101	3,3	71,2	27	n/d	33	3 690	7,1*
Turkménistan	5 851	2,8	68	51,2	n/d	100	17 280	6,47*
Ukraine	44 246	1,4	72,1	69,2	n/d	379,5	8 930	2,53*

* Données pour 2017
** Données pour 2016
*** Prévisions

Économie			Politique/Sécurité				
Chômage	Inflation	Taux d'épargne national	Démocratie	Liberté de la presse	Stabilité de l'État	Corruption	Budget de défense
18,14***	2,52	17,82*	4,79	28,98	66,7	35	4,8
5,04*	12,84*	27,13*	2,65	59,13	73,2	25	3,8
0,77*	6,03*	26,40*	3,13	51,66	68,2	44	1,3
n/d	6,04*	19,59**	5,5	28,98	72	58	1,9
4,95*	7,43*	23,26*	2,94	52,82	61,6	31	1
6,89*	3,18*	20,11**	5,11	29,92	76,2	29	1,6
4,13*	6,58*	16,56*	5,85	31,21	67,1	33	0,3
n/d	17,9	33,22*	2,01	53,52	75,7	23	3,6
4,8	2,88	25,97	2,94	50,31	74,7	28	3,9
n/d	7,31*	25,66*	1,93	54,02	77,7	25	n/d
n/d	8,04*	n/d	1,72	85,44	71,4	20	n/d
9,65*	14,44*	18,57*	5,69	32,46	71	32	3,8***

Moyen-Orient/Maghreb

	Démographie/Développement humain				Économie			
Pays	Population 2018	Taux de fécondité	Espérance de vie	Urbanisation	Alphabétisation	RNB total PPA	RNB par habitant	Croissance du PIB
Algérie	42 228	2,7	76,3	72,1	n/d	622,1	15 060	1,4*
Arabie Saoudite	33 703	2,5	74,7	83,6	n/d	1 805,7	54 820	2,22
Bahreïn	1 569	2	77	89,2	94,89**	67,2	45 030	3,8*
Égypte	98 424	3,2	71,7	42,7	71,17	1 110,5	11 380	5,31
Émirats arabes unis	9 631	1,7	77,4	86,2	n/d	701	74 570	0,79*
Irak	38 434	4,3	70	70,3	n/d	633,9	16 560	-1,7*
Iran	81 800	1,6	76,2	74,4	85,54**	1 698,2	20 920	7,21*
Israël	8 382	3,1	82,7	92,3	n/d	335,2	38 470	3,46*
Jordanie	9 965	3,3	74,5	90,7	n/d	88,5	9 130	2,12*
Koweït	4 137	2	74,8	100	96,04	345,3	83 490	-3,48*
Liban	6 859	1,7	79,8	88,4	n/d	87,4	14 380	0,55*
Libye	6 679	2,2	72,1	79,8	n/d	127,5	20 000	-7,39**
Maroc	36 029	2,5	76,1	61,9	n/d	292	8 050	1,13**
Oman	4 829	2,6	77,3	83,6	96,11	189,9	40 950	-0,93*
Palestine, État de****	4 863	3,9	73,6	75,9	96,93**	26,1	5 570	n/d
Qatar	2 782	1,9	78,3	99,1	93,15***	338,7	128 320	2,18
Syrie	16 945	2,9	71	53,5	n/d	n/d	n/d	n/d
Tunisie	11 565	2,2	75,9	68,6	n/d	133,3	11 560	1,96*
Turquie	82 340	2	76	74,6	96,17**	2 231,4	27 640	2,57
Yémen	28 499	3,9	65,2	36	n/d	73,4	2 600	-5,94*

* Données pour 2017
** Données pour 2016
*** Prévisions
**** Données pour Cisjordanie et Gaza
***** Données pour Israël avec Cisjordanie et sans Gaza

Économie			Politique/Sécurité				
Chômage	Inflation	Taux d'épargne national	Démocratie	Liberté de la presse	Stabilité de l'État	Corruption	Budget de défense
11,71*	5,59*	37,75*	3,5	45,75	75,4	35	6,4**
6*	2,48	34,21	1,93	65,88	70,4	49	8,8***
3,7**	2,1	28,8*	2,71	61,31	63,8	36	3,6
10,93	20,86	14,27	3,36	56,47	88,4	35	1,2
n/d	3,08	28,51*	2,76	43,63	40,1	70	n/d
n/d	0,1*	18,83*	4,06	52,6	99,1	18	2,7***
11,81*	9,64*	42,64	2,45	64,41	83	28	2,7
4,25*	0,24*	23,47*	7,79	30,8	76,5*****	61	4,3
18,28	4,46	8,74*	3,93	43,11	75,9	49	4,7
1,32***	0,7	39,59*	3,85	33,86	53,2	41	5,1
n/d	6,07	-6,06*	4,63	32,44	85	28	5***
n/d	28,53*	n/d	2,19	55,77	92,2	17	n/d
9,9**	0,75*	28,37**	4,99	43,98	73	43	3,1
n/d	0,9	16,15*	3,04	43,42	50	52	8,2***
n/d	n/d	n/d	4,39	44,68	n/d	n/d	n/d
n/d	0,22	55,13	3,19	42,51	45,4	62	n/d
n/d	n/d	n/d	1,43	71,78	111,5	13	n/d
15,54**	3,63**	9,61*	6,41	29,61	70,1	43	2,1
10,96	16,33	26,6	4,37	52,81	80,3	41	2,5
n/d	24,66*	1,96*	1,95	61,66	113,5	14	n/d

Asie-Pacifique

	Démographie/Développement humain				Économie			
Pays	Population 2018	Taux de fécondité	Espérance de vie	Urbanisation	Alphabétisation	RNB total PPA	RNB par habitant	Croissance du PIB
Afghanistan	37 172	4,5	64	25,2	n/d	70,6	1 990	2,67*
Australie	24 898	1,8	83,1	85,9	n/d	1 182,2	48 050	2,81
Bangladesh	161 377	2,1	72,8	35,9	72,89	665,9	4 040	7,58*
Cambodge	16 250	2,5	69,3	23	n/d	60,4	3 770	7*
Chine	1 427 648	1,6	76,4	58	n/d	23 290,8	16 800	6,57
Corée du Nord	25 550	1,9	71,9	61,7	n/d	n/d	n/d	n/d
Corée du Sud	51 172	1,1	82,4	81,5	n/d	1 998,2	38 830	3,06*
Hong Kong	7 372	1,1	84,1	100	n/d	474,8	64 240	3,02
Inde	1 352 642	2,3	68,8	33,6	n/d	9 311,8	6 950	7,05
Indonésie	267 671	2,3	69,4	54,7	95,38**	3 144,1	11 910	5,17
Japon	127 202	1,4	83,9	91,5	n/d	5 520,6	43 540	0,81
Laos	7 062	2,6	67	34,4	n/d	45,7	6 670	6,83*
Malaisie	31 528	2	75,5	75,4	93,73**	908,2	28 720	4,72
Mongolie	3 170	2,7	69,5	68,4	n/d	34,2	11 120	1,17**
Myanmar (Birmanie)	53 708	2,2	66,7	30,3	75,55***	321,6	6 030	6,69
Népal	28 096	2,1	70,6	19,3	n/d	80,1	2 730	6,29
Nouvelle-Zélande	4 743	1,8	82	86,5	n/d	188,7	39 350	2,56*
Pakistan	212 228	3,4	66,6	36,4	n/d	1 150,9	5 840	5,23
Philippines	106 651	2,9	69,2	46,7	n/d	1 054,8	10 050	6,2
Singapour	5 757	1,2	83,2	100	97,05**	509,4	90 750	3,93*
Sri Lanka	21 229	2	75,5	18,4	91,9	268,4	12 520	3,31*
Taiwan	23 726	n/d	n/d	n/d	n/d	n/d	n/d	2,63
Thaïlande	69 428	1,5	75,5	49,2	n/d	1 179	17 080	4,02*
Timor-oriental	1 268	5,4	69,2	30,2	n/d	8,2	6 350	5,32**
Vietnam	95 546	1,9	76,5	35,2	n/d	617,5	6 460	7,08

* Données pour 2017 ; ** Données pour 2016 ; *** Prévisions

Économie			Politique/Sécurité				
Chômage	Inflation	Taux d'épargne national	Démocratie	Liberté de la presse	Stabilité de l'État	Corruption	Budget de défense
n/d	4,98*	22,46**	2,97	36,55	105	16	1
5,29	1,98	21,64	9,09	16,55	19,7	77	1,9
n/d	5,61*	28,55*	5,57	50,74	87,7	26	1,4
n/d	2,39	14,18*	3,59	45,9	82,5	20	2,2***
3,9*	2,1	44,59	3,32	78,92	71,1	39	1,9***
n/d	n/d	n/d	1,08	83,4	92,7	14	n/d
3,68*	1,94*	35,99	8	24,94	33,7	57	2,6
2,81	2,41	25,16	6,15	29,65	n/d	76	n/d
n/d	3,48	29,07	7,23	45,67	74,4	41	2,4
5,34	3,2	31,43	6,39	36,77	70,4	38	0,7
2,82*	0,98	27,93	7,99	29,36	34,3	73	0,9
n/d	2,04	n/d	2,37	64,49	78,7	29	n/d
3,33	0,97	25,96	6,88	36,74	60,5	47	1
10***	4,62*	19,47**	6,5	29,51	54,1	37	0,8
4***	5,94	31,93	3,83	44,92	94,3	29	2,9***
n/d	4,15	43,6	5,18	33,4	84,7	31	1,4
4,7*	1,85*	20,34	9,26	10,75	20,1	87	1,2
6,08***	3,93	10,35	4,17	45,83	94,2	33	4
5,73*	5,21	24,46	6,71	43,91	83,1	36	1,1
2,18*	0,58*	44,47*	6,38	51,41	28,1	85	3,1
4,4*	4,27	33,81*	6,19	39,61	84	38	1,9
3,76	1,46	33	7,73	24,98	n/d	63	1,8
1,2*	1,06	33,86	4,63	44,1	73,1	36	1,3
n/d	2,29	n/d	7,19	29,93	85,5	35	0,6
2,21*	3,54	29,6	3,08	74,93	66,1	33	2,3***

Afrique subsaharienne

Afrique subsaharienne

	Démographie/Développement humain				Économie			
Pays	Population 2018	Taux de fécondité	Espérance de vie	Urbanisation	Alphabétisation	RNB total PPA	RNB par habitant	Croissance du PIB
Afrique du Sud	57 793	2,4	63,4	65,8	n/d	744,2	13 120	1,42*
Angola	30 810	5,6	61,8	64,8	n/d	192,2	6 450	-0,15*
Bénin	11 485	4,9	61,2	46,8	n/d	25,3	2 260	6,55***
Botswana	2 254	2,7	67,6	68,7	n/d	37,7	16 460	2,91*
Burkina Faso	19 751	5,3	60,8	28,7	n/d	34,6	1 810	6,32*
Burundi	11 175	5,6	57,9	12,7	n/d	8	730	0,15***
Cameroun	25 216	4,6	58,6	55,8	n/d	87,8	3 650	3,55*
République Centrafricaine	4 666	4,8	52,9	41	n/d	3,4	730	4,34***
Congo	5 244	4,6	65,1	66,5	n/d	25,9	4 930	-3,11*
Congo (RDC)	84 068	6	60	43,9	77,04**	70,9	870	3,95
Côte d'Ivoire	25 069	4,8	54,1	50,3	n/d	92,9	3 820	7,97**
Érythrée	3 453	4,1	65,5	39,5	n/d	n/d	n/d	4,19***
Éthiopie	109 224	4,1	65,9	20,3	n/d	198,5	1 890	10,15*
Gabon	2 119	3,7	66,5	89	n/d	34,4	16 980	0,5*
Gambie	2 280	5,4	61,4	60,6	n/d	3,5	1 660	6,6
Ghana	29 767	3,9	63	55,4	n/d	123,8	4 290	8,14*
Guinée	12 414	4,8	60,6	35,8	n/d	28,4	2 240	10,46**
Guinée-Bissau	1 874	4,6	57,8	42,9	n/d	3,2	1 710	5,92*
Kenya	51 393	3,8	67,3	26,6	n/d	161,9	3 260	4,87*
Libéria	4 819	4,5	63	50,7	n/d	5,5	1 170	2,47*

* Données pour 2017
** Données pour 2016
*** Prévisions

Économie			Politique/Sécurité				
Chômage	Inflation	Taux d'épargne national	Démocratie	Liberté de la presse	Stabilité de l'État	Corruption	Budget de défense
27,45*	5,27*	16,43*	7,24	22,19	71,1	43	1
n/d	19,63	23,35*	3,62	34,96	87,8	19	1,8
n/d	0,14*	16,6***	5,74	31,74	73,6	40	0,9
n/d	3,24	40,62*	7,81	25,09	59,5	61	2,8
n/d	0,35*	7,97*	4,75	24,53	83,9	41	2,1
n/d	16,64*	-7,36***	2,33	52,89	98,2	17	2,1**
n/d	0,94	25,46*	3,28	43,32	97	25	1,3
n/d	3***	7,35***	1,52	47,27	108,9	26	1,4
n/d	1,15	25,75*	3,31	36,04	92,5	19	2,5
n/d	29,3	11,96	1,49	51,71	110,2	20	0,7
n/d	0,83*	16,11**	4,15	29,52	92,1	35	1,4
n/d	9***	5,6***	2,37	80,26	96,4	24	n/d
n/d	10,69*	29,18*	3,35	35,11	94,2	34	0,6***
n/d	4,77*	26,11*	3,61	35,6	70,5	31	1,5
n/d	6,52	8,35	4,31	31,35	83,9	37	1,1
n/d	12,37*	20,67*	6,63	20,81	65,9	41	0,4
n/d	8,91*	-6,8**	3,14	33,49	99,4	28	2,5
n/d	1,06*	8,42*	1,98	30,95	95,5	16	n/d
n/d	4,69	9,88*	5,11	32,44	93,5	27	1,2
n/d	12,44*	n/d	5,35	31,49	90,2	32	0,8

Afrique subsaharienne

	Démographie/Développement humain				Économie			
Pays	Population 2018	Taux de fécondité	Espérance de vie	Urbanisation	Alphabétisation	RNB total PPA	RNB par habitant	Croissance du PIB
Madagascar	26 262	4,1	66,3	36,5	n/d	38,6	1 510	4,18**
Malawi	18 143	4,5	63,7	16,7	n/d	21,9	1 180	3,17***
Mali	19 078	6	58,5	41,6	n/d	40,1	2 160	5,77**
Maurice	1 267	1,4	74,9	40,8	93,16**	28,6	22 650	3,8
Mauritanie	4 403	4,6	63,4	52,8	n/d	17,2	3 900	3,01***
Mozambique	29 496	5,2	58,9	35,5	n/d	35,9	1 210	3,74*
Namibie	2 448	3,4	64,9	49	n/d	26,1	10 320	-0,95*
Niger	22 443	7,2	60,4	16,4	n/d	21,4	1 000	4,93**
Nigéria	195 875	5,5	53,9	49,5	n/d	1 089,4	5 710	1,94
Ouganda	42 729	5,5	60,2	23,2	n/d	78,2	1 820	4,98*
Rwanda	12 302	3,8	67,5	17,1	n/d	24,4	2 000	6,15*
Sénégal	15 854	4,7	67,5	46,7	51,9	53,3	3 360	6,16
Sierra Leone	7 650	4,4	52,2	41,6	n/d	11,4	1 510	3,77*
Somalie	15 008	6,2	56,7	44,4	n/d	n/d	n/d	4,85**
Soudan	41 802	4,5	64,7	34,4	n/d	182,1	4 490	-2,13***
Soudan du Sud	10 976	4,8	57,3	19,3	n/d	17,6**	1.440**	-5,5
Tanzanie	56 313	5	66,3	33,1	n/d	160,3	2 880	6,78*
Tchad	15 478	5,8	53,2	22,9	22,31**	28,6	1 920	-3,14*
Togo	7 889	4,4	60,5	41,2	n/d	13,4	1 720	5,56**
Zambie	17 352	4,9	62,3	43	n/d	66,6	3 900	3,4*
Zimbabwe	14 439	3,7	61,7	32,2	n/d	36,6	2 220	3,45***

* Données pour 2017
** Données pour 2016
*** Prévisions

Économie			Politique/Sécurité				
Chômage	Inflation	Taux d'épargne national	Démocratie	Liberté de la presse	Stabilité de l'État	Corruption	Budget de défense
n/d	8,28*	19,12**	5,22	27,76	80,9	25	0,6
n/d	9,21	1,63***	5,49	29,36	83,3	32	0,8
n/d	1,76*	11,6***	5,41	35,23	94,5	32	2,9
7,3**	3,23	16,82	8,22	28,46	38,9	51	0,2
n/d	2,27*	22,65***	3,82	31,65	90,1	27	3
n/d	15,11*	19,02*	3,85	32,66	88,7	23	1
n/d	6,15*	11,37*	6,25	18,95	66,4	53	3,3
n/d	3	21,11**	3,76	29,26	96,2	34	2,5
22,56	12,09	15,84	4,44	36,5	98,5	27	0,5
n/d	2,63	20,15*	5,2	39,42	95,3	26	1,4***
n/d	4,84*	12,05*	3,35	52,43	87,5	56	1,2
n/d	0,47	19,05	6,15	25,81	77,2	45	1,9
n/d	18,22*	9,99*	4,66	30,36	86,8	30	0,8
n/d	n/d	n/d	n/d	57,24	112,3	10	n/d
19,5***	63,29	6,22***	2,15	72,45	108	16	2,3
n/d	187,87*	2,4*	n/d	46,65	112,2	13	1,3
n/d	5,32*	30,34*	5,41	36,28	80,1	36	1,2
n/d	-0,94*	15,46*	1,61	36,71	108,5	19	2,1
n/d	0,73	16,81**	3,1	26,69	87,4	30	2
n/d	7,04	37,12*	5,61	36,38	85,7	35	1,4
n/d	10,61	7,6***	3,16	42,23	99,5	22	2,2

Amériques

Pays	Démographie/Développement humain				Économie			
	Population 2018	Taux de fécondité	Espérance de vie	Urbanisation	Alphabétisation	RNB total PPA	RNB par habitant	Croissance du PIB
Argentine	44 361	2,3	76,7	91,7	99,13***	898,4	20 290	-2,52
Bolivie	11 353	2,8	69,5	69,1	n/d	81,3	7 350	4,2*
Brésil	209 469	1,7	75,7	86,3	n/d	3 194,8	15 270	1,11
Canada	37 075	1,5	82,5	81,4	n/d	1 688,8	46 010	1,83
Chili	18 729	1,8	79,7	87,5	n/d	429,4	23 780	4,02
Colombie	49 661	1,8	74,6	80,4	94,65**	692,6	14 120	1,35*
Costa Rica	4 999	1,8	80	78,6	n/d	79,6	16 230	3,4*
Cuba	11 338	1,7	79,9	77	n/d	n/d	n/d	n/d
République dominicaine	10 627	2,4	74	80,3	93,78**	165	15 330	4,55*
Équateur	17 084	2,5	76,6	63,7	94,35**	188,7	11 350	1,05
États-Unis	327 096	1,8	79,5	82,1	n/d	19 872,2	61 120	2,86
Guatemala	17 248	2,9	73,7	50,7	n/d	135,7	8 020	2,76*
Haïti	11 123	2,9	63,6	54,3	n/d	20,1	1 830	1,48
Honduras	9 588	2,4	73,8	56,5	88,99**	43	4 640	4,93*
Jamaïque	2 935	2	76,1	55,4	n/d	25,3	8 760	0,66*
Mexique	126 191	2,2	77,3	79,9	94,86**	2 352,5	18 210	2,07*
Nicaragua	6 466	2,2	75,7	58,3	n/d	35,4	5 690	4,86*
Panama	4 177	2,5	78,2	67,4	n/d	91,1	22 230	5,32*
Paraguay	6 956	2,5	73,2	61,3	94,65**	86,6	12 710	4,96*
Pérou	31 989	2,4	75,2	77,7	94,15	415,1	12 900	3,99
Salvador	6 421	2,1	73,8	71,3	88,48	48,2	7 550	2,54
Trinité-et-Tobago	1 390	1,7	70,8	53,2	n/d	41,9	30 590	-2,03*
Uruguay	3 449	2	77,6	95,2	98,62	75,8	21 920	2,67*
Venezuela	28 887	2,3	74,7	88,2	97,13**	n/d	n/d	-15,67*

* Données pour 2017
** Données pour 2016
*** Prévisions

Économie			Politique/Sécurité				
Chômage	Inflation	Taux d'épargne national	Démocratie	Liberté de la presse	Stabilité de l'État	Corruption	Budget de défense
9,2	34,28	15,42	7,02	28,3	46	40	0,9
4***	2,33	16,49*	5,7	35,38	72,9	29	1,5
12,26	3,67	15	6,97	32,79	71,8	35	1,5
5,83	2,24	20,38	9,15	15,69	20	81	1,3
6,67*	2,32	19,5	7,97	25,65	38,9	67	1,9
9,4*	4,31*	19,04*	6,96	42,82	75,7	36	3,2
10,2	2,31	15,81*	8,07	12,24	42	56	0
n/d	n/d	n/d	3	63,81	60,8	47	2,9*
5,1*	3,28*	21,61*	6,54	27,9	66,2	30	0,7
3,69	-0,22	24,73	6,27	31,88	71,2	34	2,4
4,35	2,14	17,45	7,96	25,69	38	71	3,2
n/d	3,75	13,64*	5,6	35,94	81,4	27	0,4
n/d	13,48	24,92	4,91	29	99,3	20	0
4,46*	4,35	22,39*	5,63	48,53	77,8	29	1,7**
11,6	3,73	17,98*	7,02	11,13	61,2	44	1,4
3,33	4,9	21,28*	6,19	46,78	69,7	28	0,5
6,41*	4,97	23,96*	3,63	35,53	78,1	25	0,6
6*	0,88*	35,75*	7,05	29,78	47	37	0
5,2*	3,61*	24,31*	6,24	32,4	67	29	0,9
6,88*	1,32	20,34	6,6	30,22	68,2	35	1,2
6,8*	1,01*	15,36*	5,96	29,81	69,8	35	1**
4,83*	1,06	21,62*	7,16	24,74	53	41	0,8
7,93*	7,61	16,43*	8,38	16,06	34	70	2
35,03***	493,6*	-9,87*	3,16	49,1	89,3	18	n/d

Index

A

B

C

D

E

F

G

M

N

O

P

Q

R

S

L'équipe du RAMSES 2020

Alain Antil : chercheur ; directeur du Centre Afrique subsaharienne de l'Ifri ; chargé de cours à Sciences Po Lille.

Denis Bauchard : ancien ambassadeur ; conseiller pour le Moyen-Orient à l'Ifri.

Pavel Baev : chercheur associé au Centre Russie/NEI de l'Ifri.

Sébastien Benotti : consultant ; président-fondateur du cabinet de conseil en gestion des risques GRIMM Partners ; chargé de cours à l'Institut d'administration des entreprises (IAE) de Paris – Sorbonne Business School et à l'université Paris 13.

Justin Berli : géomaticien et ingénieur d'études au Centre national de la recherche scientifique (CNRS) – UMR 8504 Géographie-cités.

Christophe Bertossi : chercheur ; directeur du Centre Migrations et Citoyenneté de l'Ifri.

Ilan Bizberg : professeur et chercheur au El Colegio de México ; spécialiste en économie politique d'Amérique latine.

Sophie Boisseau du Rocher : chercheur associé au Centre Asie de l'Ifri, à Asia Centre (Paris) et à l'Institut de recherche sur l'Asie du Sud-Est contemporaine (IRASEC, Bangkok).

Corentin Brustlein : chercheur ; directeur du Centre des études de sécurité de l'Ifri et du programme Dissuasion et prolifération.

Silvio Cascione : analyste senior à l'Eurasia Group au Brésil.

Olivier Dabène : professeur de science politique à Sciences Po ; président de l'Observatoire politique de l'Amérique latine et des Caraïbes (OPALC).

Dominique David : conseiller du président de l'Ifri ; rédacteur en chef de *Politique étrangère* et co-directeur du *RAMSES*.

Alain Dejammet : ambassadeur de France ; ancien représentant de la France aux Nations unies.

Anne-Laure Delatte : économiste ; chargée de recherches au Centre national de la recherche scientifique (CNRS) et directrice adjointe du Centre d'études prospectives et d'informations internationales (CEPII).

César Ducruet : géographe et directeur de recherches au Centre national de la recherche scientifique (CNRS) – UMR 8504 Géographie-cités.

Alice Ekman : chercheur au Centre Asie de l'Ifri ; responsable des activités Chine.

Renée Fregosi : docteur en philosophie et en science politique ; spécialiste des ambivalences de la démocratie et de la complexité des phénomènes autoritaires.

Antoine Frémont : directeur de recherches à l'université Paris-Est au sein de l'Institut français des sciences et technologies des transports, de l'aménagement et des réseaux (IFSTTAR).

Dalia Ghanem-Yazbeck : chercheur associé à l'Ifri et au Carnegie Middle East Center.

Françoise Gaill : biologiste, océanographe et conseillère scientifique à l'Institut écologie et environnement (INEE).

Pierre Grosser : historien ; spécialiste de relations internationales ; enseignant à Sciences Po.

Sabine Guez : anthropologue ; post-doctorante à l'École des hautes études en sciences sociales (EHESS).

Benjamin Haddad : directeur de la *Future Europe Initiative* à l'Atlantic Council, à Washington.

Rémy Hémez : officier de l'armée de Terre ; ancien chercheur au Laboratoire de recherche sur la défense (LRD) de l'Ifri.

Maya Kandel : chercheur associé à l'université Paris 3 Sorbonne-Nouvelle (CREW) ; actuellement en charge des États-Unis au CAPS (Ministère de l'Europe et des Affaires étrangères).

Tatiana Kastouéva-Jean : chercheur ; directrice du Centre Russie/NEI de l'Ifri.

Marie-Esther Lacuisse : post-doctorante au Centre de recherche et de documentation des Amériques (CREDA).

Hugo Le Picard : chercheur au Centre Énergie de l'Ifri.

Victor Magnani : chercheur ; chargé de projets au Centre Afrique subsaharienne de l'Ifri.

Éric-André Martin : chargé de mission auprès du directeur de l'Ifri ; conseiller sur les questions européennes.

Carole Mathieu : chercheur au Centre Énergie de l'Ifri ; responsable des Politiques énergétiques européennes de l'énergie et du climat.

Thierry de Montbrial : membre de l'Académie des sciences morales et politiques ; professeur émérite du Conservatoire national des arts et métiers (CNAM) ; fondateur et président de l'Ifri.

Camille Morel : doctorante au Centre lyonnais d'études de sécurité internationale et de défense (CLESID) ; associée à l'Institut de recherche stratégique de l'École militaire (IRSEM).

Clélie Nallet : chercheur au Centre Afrique subsaharienne de l'Ifri.

Laurence Nardon : chercheur ; responsable des programmes Amérique du Nord et Espace de l'Ifri.

Françoise Nicolas : chercheur ; directeur du Centre Asie de l'Ifri.

Julien Nocetti : chercheur au Centre Russie/NEI de l'Ifri.

Lamia Oualalou : journaliste, spécialiste de l'Amérique latine ; auteur de *Jésus t'aime ! La déferlante évangélique* (Paris, Cerf, 2018).

Morgan Paglia : chercheur au Centre des études de sécurité de l'Ifri.

Céline Pajon : chercheur au Centre Asie de l'Ifri ; responsable des activités Japon.

Vivien Pertusot : chercheur associé à l'Ifri ; consultant chez BPI France.

Thomas Posado : chercheur rattaché au Centre de recherches sociologiques et politiques de Paris (CRESPPA-CSU) de l'université Paris 8.

Bruno Reis : directeur du département Amérique latine au bureau d'Eurasia Group, à New York.

Isabelle Saint-Mézard : chercheur associé au Centre Asie de l'Ifri.

Dorothée Schmid : chercheur ; responsable du programme Turquie/Moyen-Orient de l'Ifri.

John Seaman : chercheur au Centre Asie de l'Ifri.

Corentin Sellin : professeur agrégé d'histoire en classes préparatoires aux grandes écoles littéraires, lycée Carnot (Dijon).

Krzysztof Soloch : chercheur associé à la RAND Corporation ; spécialiste des pays d'Europe centrale et orientale et de l'Europe du Nord.

Emma Soubrier : chercheur associé au Centre Michel de l'Hospital de l'université Clermont Auvergne ; post-doctorante à l'Institute of Middle East Studies de George Washington University.

Hans Stark : secrétaire général du Comité d'études des relations franco-allemandes (Cerfa) de l'Ifri ; professeur à l'université Paris-Sorbonne.

Serge Sur : professeur émérite de Droit public de l'université Panthéon-Assas (Paris 2) ; directeur de l'*Annuaire français de relations internationales* (*AFRI*) ; rédacteur en chef de *Questions internationales*.

Matthieu Tardis : chercheur au Centre Migrations et Citoyenneté de l'Ifri.

Amin Tarzi : directeur du département des Middle East Studies à la Marine Corps University.

Anne de Tinguy : professeur des universités émérite à l'Institut national des langues et civilisations orientales (INALCO) ; chercheur au CERI-Sciences Po.

Julien Tourreille : chercheur en résidence à la Chaire Raoul-Dandurand en études stratégiques et diplomatiques de l'Université du Québec à Montréal (UQAM).

***

Chronologie de l'année (15 juillet 2018-14 juillet 2019) : Silvia Rizzotto

Le monde en cartes :
- **conception :** Gabrielle Bravo Gala, Sharleen Lavergne
- **réalisation :** Aurélie Boissière

Le monde en chiffres : David Blohm

Index : Marie Naudet

Fabrication : Valérie Briotet, Maud Gilles

Réalisation de la couverture : Pierre-André Gualino

Responsable de l'édition : Sharleen Lavergne

ifri

Institut français des relations internationales

DEVENIR MEMBRE INDIVIDUEL DE L'IFRI

Un accès privilégié à nos manifestations

L'Ifri, organise plus d'une centaine d'événements par an à Paris : **conférences internationales**, **petits déjeuners débats** ou **tables rondes**.

Outre l'accès à ces manifestations, vous bénéficiez :

- d'un **cycle de conférences** qui vous est **exclusivement réservé** ;
- d'un **accès privilégié** à la **conférence annuelle de présentation du *RAMSES*** (Rapport annuel mondial sur le système économique et les stratégies).

Des informations et publications en continu

- la revue trimestrielle *Politique étrangère* à un tarif préférentiel ;
- le rapport annuel *RAMSES* ;
- les *Études de l'Ifri*, les *Notes de l'Ifri* et les *Éditoriaux de l'Ifri*, publications électroniques de nos 10 unités de recherche ;
- la *newsletter* mensuelle de l'Ifri, *Ifri Actualités*.

Une implication dans la vie de l'Ifri

Être membre de l'Ifri c'est voter à son Assemblée générale et recevoir un exemplaire du rapport annuel d'activité.

Tarifs 2019 :

Catégories de membres individuels	Adhésion avec publications	Adhésion sans publications
Résident dans l'Union européenne	230 €	145 €
Résident hors de l'Union européenne	260 €	170 €
Étudiant et demandeurs d'emploi	50 € (uniquement RAMSES)	30 €

Tout soutien financier apporté à l'Ifri (association reconnue d'utilité publique) constitue **un don**. **Au titre du mécénat**, la cotisation individuelle (145 €) permet un **abattement fiscal de 66 % à déduire de l'impôt sur le revenu** (soit 95 €). La cotisation versée revient donc à 49 €, auxquels s'ajoute le coût des publications (non déductibles), soit un **total de 134 €.**

Pour de plus amples informations sur les modalités d'adhésion : **Barbara MChiri**, chargée des relations avec les membres individuels

E-mail : **mchiri@ifri.org** ou tél. : **+33 (0)1 40 61 60 73**

80113 - (I) - CSB 90° - 689 - BPA - MGS

Achevé d'imprimer
dans les ateliers de Normandie Roto Impression s.a.s.
61250 Lonrai

Dépôt légal : septembre 2019
N° d'impression : 1902718

Imprimé en France